Meters Series 7

Into the Silence Vol. I

Wade Davis

Words 294,063

Pages 576

7.4 x 5.04 inches

靜謐的榮光『上』

鄭煥昇＝譯

詹偉雄＝策畫．選書．導讀

臉譜

meters

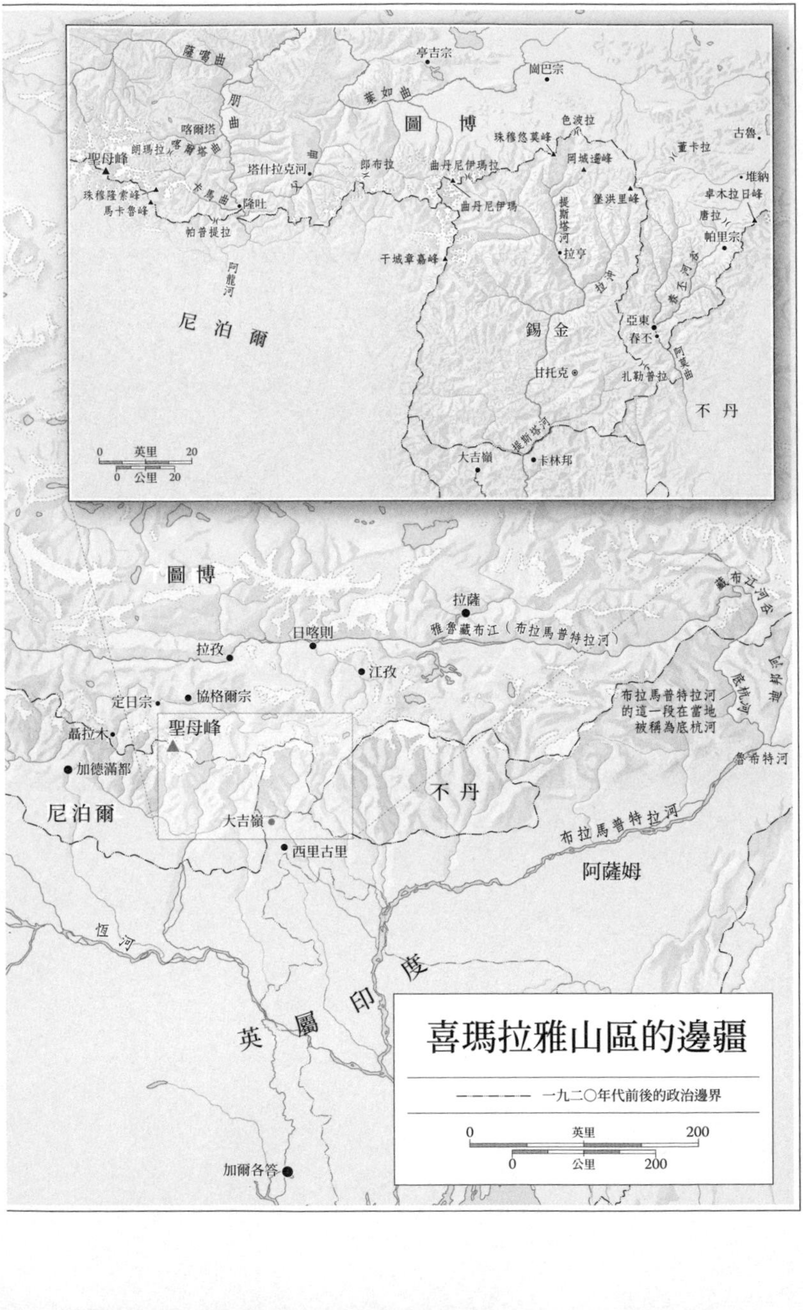
喜瑪拉雅山區的邊疆
一九二〇年代前後的政治邊界
英里
0
200
公里
0
200
薩嘎曲
朋曲
葉如曲
亭吉宗
崗巴宗
圖博
色波拉
古魯
喀爾塔
喀爾塔曲
朗瑪拉
聖母峰
珠穆悠莫峰
董卡拉
阿城邊峰
塔什拉克河
郎布拉
曲丹尼伊瑪拉
堆納
卓木拉日峰
珠穆隆索峰
卡馬曲
隆吐
曲丹尼伊瑪
堡洪里峰
馬卡魯峰
帕普提拉
提斯塔河
唐拉
帕里宗
阿龍河
干城章嘉峰
拉亨
尼泊爾
錫金
亞東
春丕
阿莫曲
甘托克
扎勒普拉
不丹
提斯塔河
大吉嶺
卡林邦
拉薩
日喀則
雅魯藏布江（布拉馬普特拉河）
藏布江河谷
拉孜
江孜
定日宗
協格爾宗
布拉馬普特拉河的這一段在當地被稱為底杭河
底杭河
聶拉木
加德滿都
魯希特河
西里古里
布拉馬普特拉河
阿薩姆
恆河
英屬印度
加爾各答

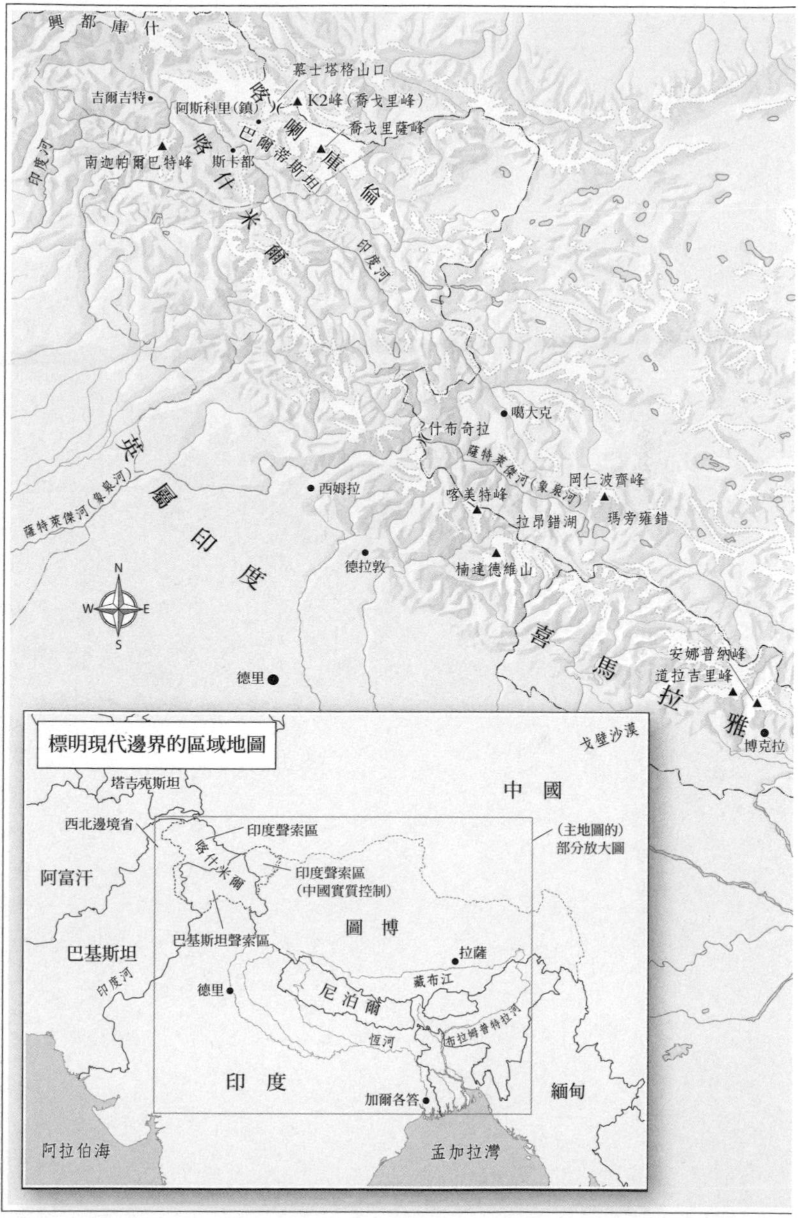
興都庫什
慕士塔格山口
喀喇崑崙
K2峰（喬戈里峰）
吉爾吉特
阿斯科里（鎮）
巴爾蒂斯坦
喬戈里薩峰
南迦帕爾巴特峰
斯卡都
喀什米爾
印度河
印度河
噶大克
什布奇拉
薩特萊傑河（象泉河）
岡仁波齊峰
西姆拉
喀美特峰
瑪旁雍錯
拉昂錯湖
英屬印度
薩特萊傑河（象泉河）
德拉敦
楠達德維山
N
W
E
S
喜馬拉雅
安娜普納峰
道拉吉里峰
德里
博克拉
標明現代邊界的區域地圖
戈壁沙漠
塔吉克斯坦
中國
西北邊境省
印度聲索區
(主地圖的)
部分放大圖
喀什米爾
印度聲索區
(中國實質控制)
阿富汗
圖博
巴基斯坦聲索區
巴基斯坦
拉薩
印度河
德里
藏布江
尼泊爾
布拉姆普特拉河
恆河
印度
緬甸
加爾各答
阿拉伯海
孟加拉灣

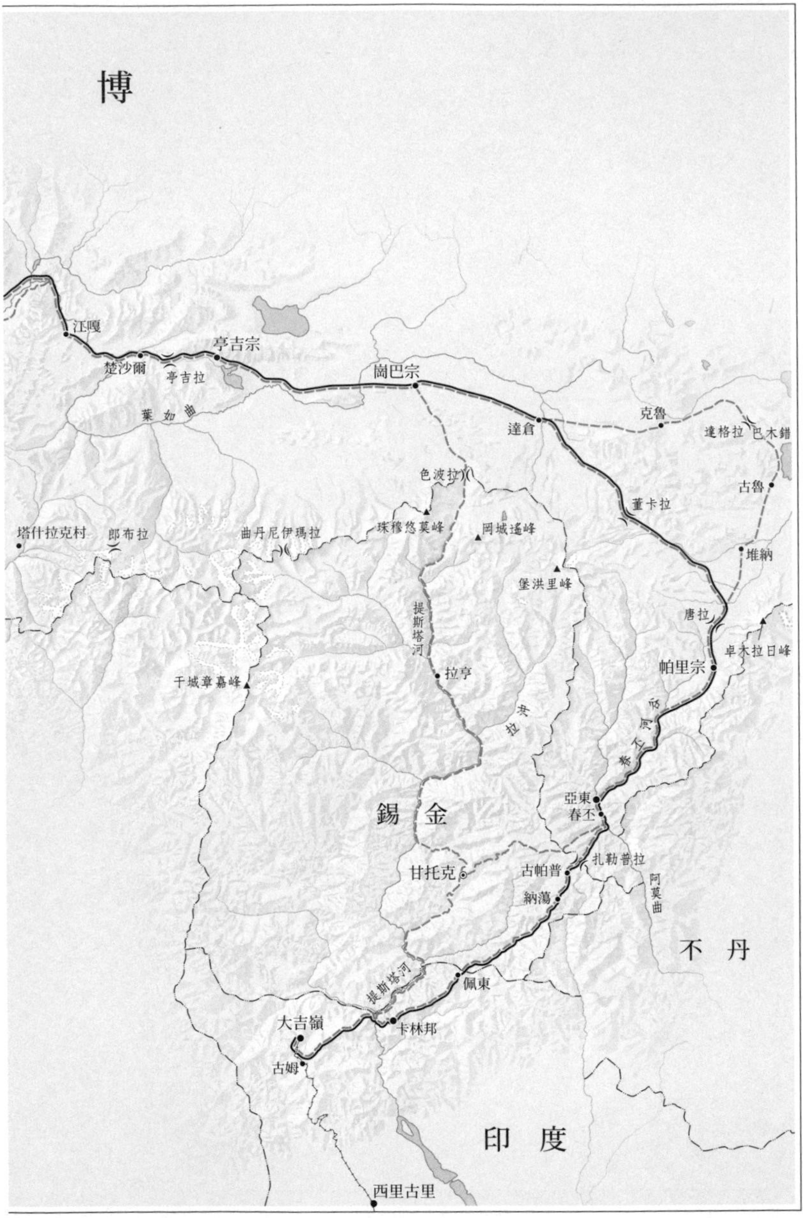

博
江嘎
楚沙爾
亭吉拉
亭吉宗
崗巴宗
葉如曲
達倉
克魯
達格拉
巴木錯
古魯
色波拉
董卡拉
塔什拉克村
郎布拉
曲丹尼伊瑪拉
珠穆悠莫峰
岡城遙峰
堆納
堡洪里峰
提斯塔河
唐拉
卓木拉日峰
帕里宗
拉亭
干城章嘉峰
拉洪
春丕河
亞東
春丕
錫金
扎勒普拉
甘托克
古帕普
納蕩
阿莫曲
不丹
提斯塔河
佩東
大吉嶺
卡林邦
古姆
印度
西里古里

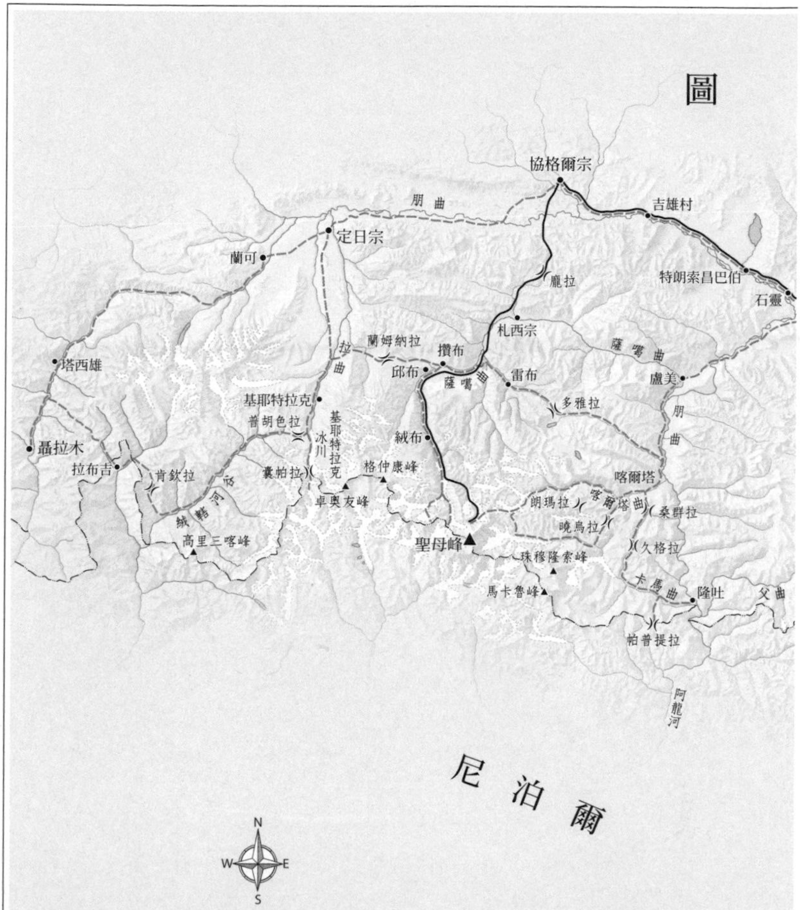
圖
協格爾宗
吉雄村
朋曲
定日宗
蘭可
特朗索昌巴伯
石靈
龐拉
札西宗
薩嘎曲
塔西雄
拉曲
蘭姆納拉
攢布
邱布
薩嘎曲
雷布
盧美
基耶特拉克
多雅拉
朋曲
普胡色拉
基耶特拉克冰川
聶拉木
絨布
喀爾塔
拉布吉
肯欽拉
囊帕拉
格仲康峰
絨轄河
卓奧友峰
朗瑪拉
喀爾塔曲
桑群拉
曉烏拉
高里三喀峰
聖母峰
久格拉
珠穆隆索峰
卡馬曲
馬卡魯峰
隆吐
父曲
帕普提拉
阿龍河
尼泊爾
N
W
E
S
前往聖母峰的入山之路
探險隊路線
一九二一
一九二二與一九二四
0
英里
200
0
公里
200

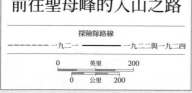

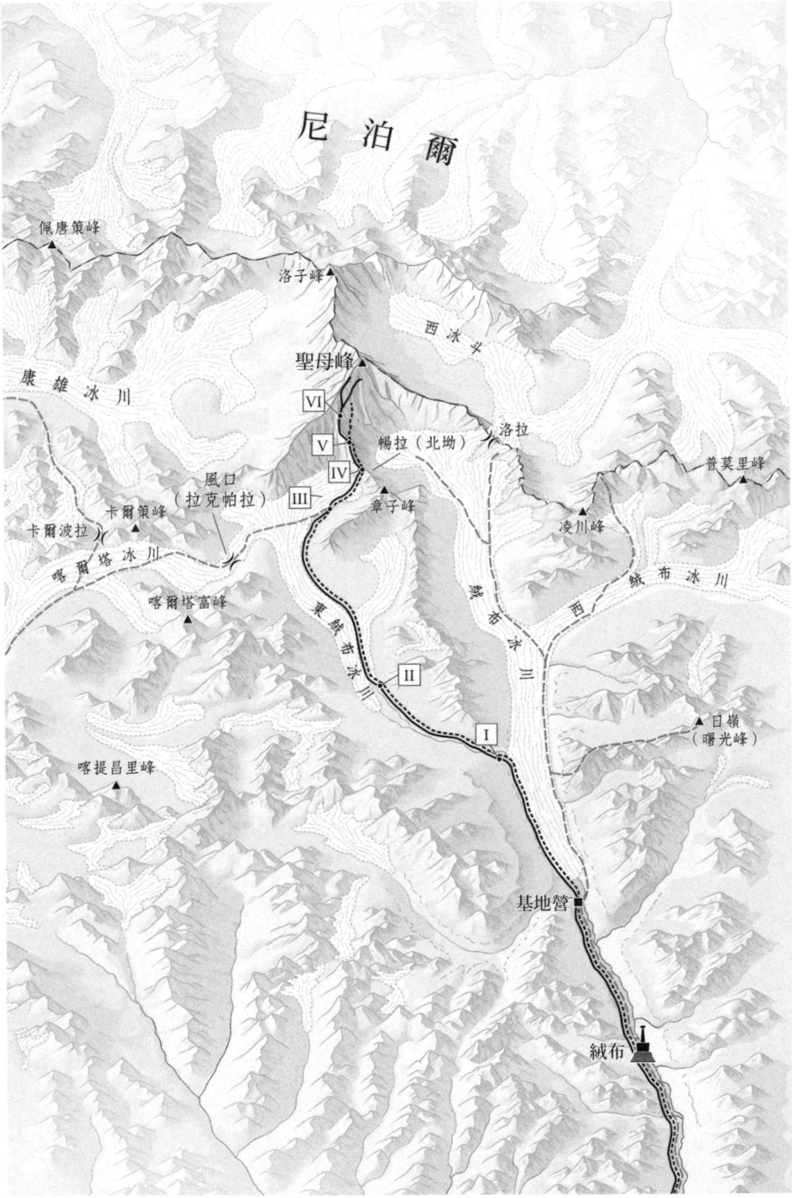
尼泊爾
佩唐策峰
洛子峰
西冰斗
聖母峰
康雄冰川
VI
V
IV
III
暢拉（北坳）
洛拉
普莫里峰
風口
（拉克帕拉）
卡爾策峰
卡爾波拉
章子峰
凌川峰
喀爾塔冰川
西絨布冰川
喀爾塔富峰
東絨布冰川
絨布冰川
II
I
日嶺
（曙光峰）
喀提昌里峰
基地營
絨布

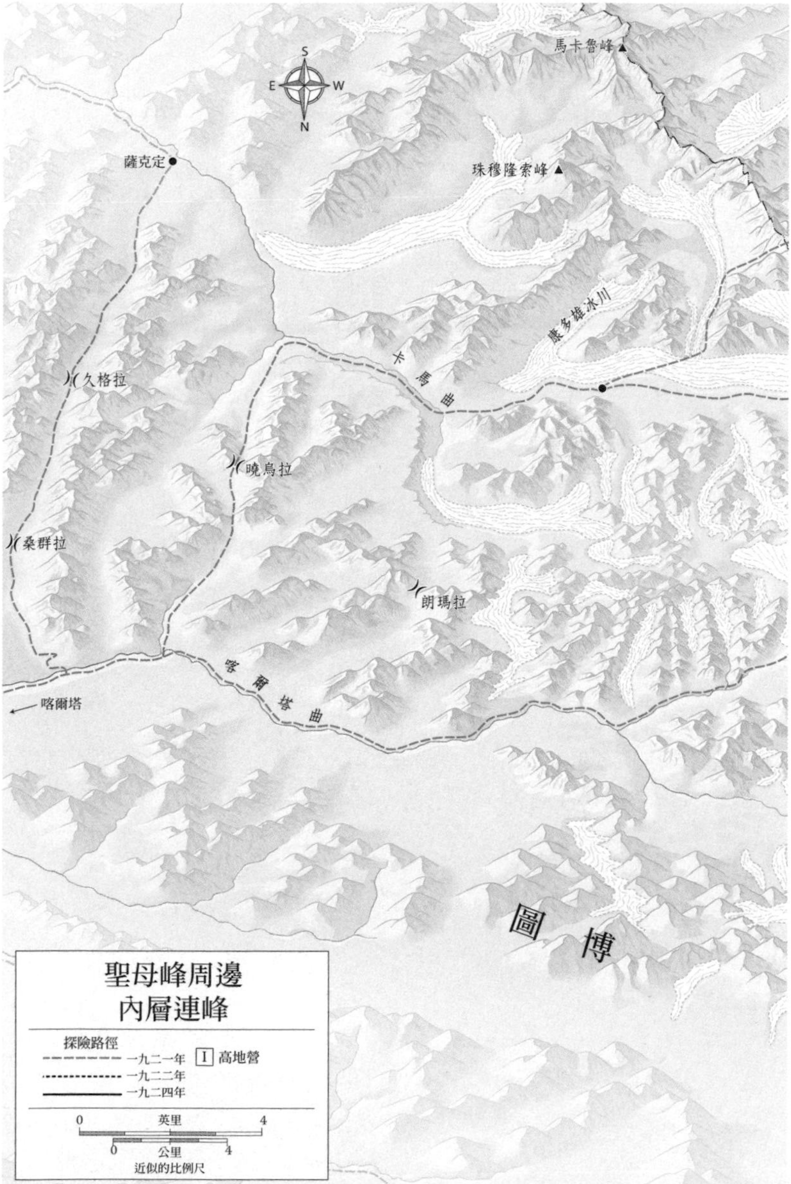

S
E
W
N
馬卡魯峰
珠穆隆索峰
薩克定
康多雄冰川
卡馬曲
久格拉
曉烏拉
桑群拉
朗瑪拉
喀爾塔
喀爾塔曲
圖博
聖母峰周邊
內層連峰
探險路徑
一九二一年
一九二二年
一九二四年
I 高地營
0
英里
4
0
公里
4
近似的比例尺

上冊

下冊

各界讚譽

誠如書名，書頁從一戰，再轉入大英帝國和圖博政府紛爭，最後才帶入遠征行程……不得不說作者學識淵博，考據引證相當詳盡清晰，把故事說得娓娓動聽，引人入勝。在讀畢全書後，我才驚覺這不就是歷史重演荷馬史詩《伊利亞特》情節嗎？聖母峰是座特洛伊，希臘遠征軍裡英雄們圍城十年，而代價是雙方一場又一場的悲劇啊！

——伍元和，台灣山徑古道協會理事長

攀登聖母峰到底需要準備什麼？前置作業攸關成功與否？特別是人類的首次接觸，從龐大的人力、物力到細膩的心思，甚至登山者的博學素養與當地文化宗教等磨合、發酵，勾勒出一幅幅豐富且珍貴的抽象畫，人在大自然裡如何渺小？又為何透過攀登它們能讓人類的心變得偉大？看真正的世界第一人——馬洛里與他們的團隊，在歷經第一次世界大戰洗禮後，帶著傷痕累累的靈魂繼續追尋著聖母峰。

透過歷史長河從源頭到流經之處所留下的蛛絲馬跡……正如八千公尺高峰任何一面峭壁的形成至少得千萬年，能夠攀爬在上何其有幸！即使身心俱疲，靈魂卻因此被撫慰。現代，當世界高峰變成幾個小時的速攀，而非幾個月的走讀，這途中我們所失去的身心靈體悟，將遠遠超過所獲得的。閱讀此書，你可以從不同的面向觀看攀登聖母峰的實質意義與追求的價值。

——江秀真，台灣福爾摩莎山域教育推廣協會理事長

聽到聖母峰，這個字眼讓我腦海中浮現那座岩雪山體，穿越了一百年的攀登歷史。它是地球表面上的最高點，攀登者的心之殿堂。在我二〇一七年第一次前往尼泊爾攀登時，我先到了位於南崎巴札（Namche Bazaar，標高三四四〇公尺）的一個村落，那是山區裡最熱鬧的村落。我來到這地方的日子，還不在攀登健行的季節裡，沿途穿梭於揹著貨物及趕牛的當地人之間，各個都為了季節來臨忙碌整備，滿頭大汗。懶散的狗兒偶而抬頭看看我們這些散客，如舊有的五峰旗翩然在沿途的吊橋上隨意放鬆。陰暗而蕭瑟冷清的村落裡，高點有一座聖母峰博物館，直直面對著遠方聖母峰，丹增．諾蓋銅像拿著一支冰斧聳立在那邊，而聖母峰在灰暗下若隱若現，充滿神祕感。那是我真正與祂的初識，令人肅然起敬，卻也讓我閉鎖著眉頭。面對著不久的未

來，我將貼近祂的懷中，命運勾勒出一股致命的引力，在我這代中深埋於幽閉光環下的崇高地位。短短的初次見面，在離去時又不知如何說起告別，雖然還無法立即吸引我趨前去敲開祂的大門，但我知道不遠了。

——呂忠翰，世界公民兼探險家

山靜默不語，故事卻從涉足其間的生命中蔓生而出。順著那生於冰面、石面、土表乃至樹幹上的翠綠，一脈輕撫到它的基部，這才發現：故事的根，從整個大地吸取養分，織成一片綿密的大網。

關於聖母峰的首登，英國做為一個掙扎著從戰爭廢墟中站起的老巨人，恐怕再也沒有一個國家付出的代價能出其右。

喬治．馬洛里經典的一句：「因為它在那裡。」成為無數攀登之人向山緣由的詮釋，便是從那個日不落帝國落腳亞洲古文明之鄉——印度做為開端。歷經慘無人道的一次世界大戰洗禮，「首登聖母峰」成為了重振帝國雄風的精神聖杯，驅使著熬過烽火的一整代人們，在那個冰雪的絕境中，超脫生死，寫下了三次遠征的不朽史詩。

我們可以透過《靜謐的榮光》看見作者縝密的調查與精心的編排，藉由大量穿插的書信、戰史描寫與人物甚至風土刻畫，為讀者帶來「人類追尋聖母峰」的起源和過程，以及整個追尋帝國榮光的淒絕大時代，是如何催生這可歌可泣的一切。

各國政治、軍事的角力，在聖母峰的冒險中扮演了至關重要的角色。這部混合著火藥與血的史詩，將冰峰染紅、把我們從攀登的純粹中拉出，使攀登者們得以再一次思考，究竟當代的我們，是為何而攀、又追尋著什麼呢？

——雪羊視界，山岳攝影師

爬山的人與許都曾閃過挑戰聖母峰的念頭，在聖母峰已可商業攀登的年代，我們隨意作著登頂夢，卻往往不知為何而夢。《靜謐的榮光》以「戰爭」為梭，編織出二十世紀初，二十六位參與聖母峰遠征的英國登山家的生平。一如書中代表人物馬洛里所言，挑戰聖母峰，只因祂在那裡，那是源於天賦的吸引，但《靜謐的榮光》也進一步揭示，這群登山家對聖母峰的企盼，亦可能源於戰後，內心深處對一個不再有戰爭的新生（或死亡）的追尋。儘管末了，你也許會將《靜謐的榮光》視為一部充滿細節的登山史。但若你能意識到，當年的登山者，面對喜馬拉雅巨峰時的無懼竟是由對戰爭的驚懼所豢養，你此生也許將不再興起登頂聖母峰的念頭，因為你明白，於人類而言，它原是一個如此特別，需要被保留的場域。其存在是為真正無畏之人的救贖與昇華，而非到此一遊的登頂。

——游旨价，台大森林系博士、《通往世界的植物》作者

是登山者引領時代，還是時代造就登山者？是登頂賦予攀登意義，還是過程的漫漫長路？迴盪世界屋脊與政局民情兩極間，小至兒女情長，大至殺戮戰場；從帝國子民心繫的巔峰舞台，到遠征隊員的內心小劇場，戰爭與榮耀、幻滅與創傷、私情與大義、沉淪與救贖，千絲萬縷的相互作用力，盡在《靜謐的榮光》。

——董威言，城市山人Mountain Urbanite

登山與現代——meters書系總序

詹偉雄｜meters書系總策畫

現代人，也是登山的人；或者說——終究會去登山的人。

現代文明創造了城市，但也發掘了一條條的山徑，遠離城市而去。

現代人孤獨而行，直上雲際，在那孤高的山巔，他得以俯仰今昔，穿透人生迷惘。漫長的山徑，創造身體與心靈的無盡對話；危險的海拔，試探著攀行者的身手與決斷；所有的冒險，顛顛簸簸，讓天地與個人成為完滿、整全、雄渾的一體。

「要追逐天使，還是逃離惡魔？登山去吧！」山岳是最立體與抒情的自然，人們置身其中，遠離塵囂，模鑄自我，山上的遭遇一次次更新人生的視野，城市得以收斂爆發之氣，生活則有創造之心。十九世紀以來，現代人因登山而能敬天愛人，因登山而有博雅情懷，因登山而對未知永恆好奇。

離開地面，是永恆的現代性，理當有文學來捕捉人類心靈最躍動的一面。

山岳文學的旨趣，可概分為由淺到深的三層：最基本，對歷程作一完整的報告與紀錄；進一步，能對登山者的內在動機與情感，給予有特色的描繪；最好的境界，則是能在山岳的壯美中沉澱思緒，指出那些深刻影響我們的事事物物——地理、歷史、星辰、神話與冰、雪、風、雲……。

登山文學帶給讀者的最大滿足，是智識、感官與精神的，興奮著去知道與明白事物，渴望企及那極限與極限後的未知世界。

這個書系陸續出版的書，每一本，都期望能帶你離開地面！

導讀

死亡之前，要過足人生／The Price of Life Is Death
——馬洛里漣漪與《靜謐的榮光》

詹偉雄

到了一九一六年底，與我共舞過的每一個男孩都已經變成死人。

——黛安娜．古柏（Diana Cooper，二十世紀初倫敦貴族名媛）

一條卡其色的腿、一排三顆腦袋，每個人身體的其他部分都埋在地下，給人一種印象，彷彿他們用盡自己最後一分力，讓頭高過高漲的水位。在另一座迷你魚塘裡，唯一還能看到的是一隻還緊緊抓著步槍的手，它的隔壁池塘則被鋼盔和半顆腦袋占據，瞪大的雙眼冷冰冰看著漫得幾乎與他們同高的綠色泥漿。

——李昂．吳爾夫（Leon Wolff，美國歷史學家），摘自《置身法蘭德斯田野：一九一七戰役》（*In Flanders Fields : The 1917 Campaign*）

（一座）你可以從九個方向看到的山、（一座）你沒辦法從近處看見的山、（一座）高到鳥兒飛過會目盲的山。

——大衛・麥當諾（David MacDonald，英國貿易代表〔一九〇五～一九二五〕）

這次的勝算是五十比一，我們是一，但我們還是會全力以赴，讓大家以我們為榮。

——喬治・馬洛里（George Mallory，聖母峰遠征隊攀登隊長），〈致妻子茹絲的信〉

八八四八公尺高的聖母峰與其登山者的故事，主要有兩個：

二十世紀的人，鍾情於紐西蘭養蜂人艾德蒙・希拉瑞（Edmund Hillary）與雪巴夥伴丹增・諾蓋（Tenzing Norgay）的版本，他們兩人在一九五三年五月二十九日那天，經由尼泊爾端的南坳路線成功登上了絕頂，而且平安下山。消息傳回倫敦已是六月二日，當日適逢英國女王伊莉莎白二世登基，因此英國媒體延後了二十四小時才發布消息。

二十一世紀的人則偏愛失敗者的故事：一九二四年六月八日，英國當時最富盛名的登山家喬治・馬洛里（George Mallory）帶著他來自牛津大學的年輕同伴（二十一歲）、機械整治天才（負責氧氣鋼瓶和面罩校準）——安德魯・柯明・「山帝」・爾文（Andrew Comyn "Sandy" Irvine），聯袂走向連結圖博端北坳營地與東北脊的冰雪之中。在他們永久地消失前，隊友、地質學家諾艾爾．歐德爾（Noel Odell）透過望遠鏡目睹了他們最後的身影：「小黑點在移動，另一個小黑點往上移動與第一個會合於岩壁上，……但這個迷人的景象很快就消失了，雲層再一次包圍了它。」這是馬洛里參與的第三次聖母峰遠征隊，他與爾文的殉山，使得英國皇家地理學會與英國山岳會聯手的、密集的「聖母峰行動」嘎然而止。

當然，這兩個組織的雄心並沒有終止，直到希拉瑞和諾蓋在二十九年後完成了它們發端於十九世紀末的願望。

二十一世紀的人更熱切地想記住馬洛里的故事。我們難以究其全因，但可以確認的是，這與一九九九年，馬洛里的遺體在聖母峰北壁八二三〇公尺處的山麓被一支搜尋遠征隊發現有關：馬洛里與爾文是否已經成功地登頂，繼而在下山途中失足墜落？如果如此，那麼希拉瑞和諾蓋就不是前兩個登上世界絕頂的人，而是自始至終（從發現它、探勘它到征服它）都永誌不渝的「純正英國人」——馬洛里與爾文，馬洛里揣在外套懷中的護目雪鏡被當作推論的證據之一，因為唯有登頂下山臨近入夜之時，登山者才會摘下保護眼睛的重要裝備……。有了這樣的推想，馬洛里做為一個「失敗者英雄」的故事就更完備了，短短一年，英語世界就有八本關於他的新書出版。

或者，也有其更深沉的原因，我猜測這本書的作者韋德．戴維斯（Wade Davis）也有近似於這樣的念頭與想法，也就是說：在愈來愈世俗化、消費主義主導的新世紀，許多人的內心其實渴望著仍有一個神聖的所在，得以孺慕或追尋。在後記裡，戴維斯這麼說：「為什麼在命運的那一日，他（馬洛里）理應明知自己走下去會送命，卻仍堅持著繼續前進。……他們看多了，因此死亡再不能讓他們動彈不得。比起死，更重要的是人如何活過。」在這一層意義上，那樁將近一百年前的兩位青年的死亡，就連結上當下苦於生命意義的讀者了。事實上，如果你讀完《靜謐的榮光》，可感受到能與你共鳴的逝者，就不僅止於馬洛里和爾文，還包含著三次遠征的二十六名隊友、命喪於一次世界大戰的兩百五十萬名年輕士兵與軍官。

在此，容我來說說兩件最近所發現的兩幅畫面，它們於我，是所謂的「馬洛里漣漪」的一部分：

在我閱讀《靜謐的榮光》最後校稿、撰寫這篇導讀的時刻，英格蘭超級足球聯賽正舉行第十六輪的比賽，踢完這輪，二十支球隊將停賽六週，讓旗下球員回到母國國家隊去踢卡達舉辦的第二十二屆世界盃。這一輪的賽事，正逢英國的「追憶的星期日」（Remembrance Sunday），因此賽事開始前都有一個儀式：一名年邁的軍號手，手持沒有氣閥的銅質號角，伴隨著兩側退伍軍人護持，加上兩位（通常是）地區公職人員代表捧上罌粟花編織的紅色花圈，一齊走上球場的正中央，將花圈放置於翠綠草地致意。同時，這位老邁的號手會吹上一首名為〈最後的崗哨〉(Last Post)的樂曲，它的音高和響度全由老人的唇齒和腮幫子控制，因而不免有些力有未殆地吃緊，但這正是典禮希冀的效果：藉由樂音提引，全場要緬懷喪生於一次世界大戰的一百多萬名軍士官兵，以及昔日為國殉職的公務人員。對在場者而言，這些都是垂垂老矣的過往，滄桑不僅恰當而且合宜。烽火四年的一次大戰於一九一八年十一月十一日十一時宣布停火，英王喬治五世於隔年的白金漢宮首度舉行了紀念式，大英國協成員後續決定在每年十一月最接近十一日的星期日，於各個公眾場合舉辦儀式，而罌粟花即是大戰中西線戰場上盛開的花種，大戰中的生命在它們之間倒下，也滋潤了後起綻放的花苞。

在英超的賽場上，號手左右的兩隊隊員與當年入伍生年歲相當，知道故事的人即便每年都看到畫面，仍不免小小心驚而且悲涼：在一九一四年大戰方啟，那一年的英格蘭足球季中，就有五十萬人應召入伍，他們絕大多數都沒有回來。在一九一六年七月開啟、號稱一戰最慘烈的索姆河戰役(Battle of the Somme)中，一名帶隊上尉威爾菲德・內維爾(Wilfred B. Nevill)將他從倫敦帶來的四顆足球分給每一排一顆，號召士兵們誰能把球踢進對面德軍的戰壕，就能獲得他的獎品。這個願望當然沒有實現，內維爾在衝鋒出去的那一刻就死了，他的身體懸掛在德軍的鐵絲網上，右手似乎要掏出一顆手榴彈拋擲，但掃射來的機槍子彈迅速了結了他。四顆足球中唯一存留的一顆，目前典藏於多佛城堡的皇家軍團博物館。

這個故事和馬洛里的關係是：馬洛里也是第一次世界大戰的入伍成員，他也參與了英、法、德軍總共死亡超過一百四十萬人的索姆河戰役；事實上，聖母峰三次遠征隊（一九二一、二二、二四）負責登山任務的二十六名隊員中，有二十名參與過大戰。根據《靜謐的榮光》作者戴維斯透過戰地通訊與傷兵醫院鉅細靡遺紀錄（這是我視本書為非虛構類寫作「聖典」的主要原因之一），他們所經所歷的慘絕人寰程度遠遠超過馬洛里。即便是以豪奢生活和派頭聞名的第二梯次領隊查爾斯・格蘭維爾・布魯斯（Charles Granville Bruce）准將，雙腿也在戰役中被成排的機槍子彈掃斷過。

第二幅畫面，來自英國山岳會（Alpine Club）於去年六月二十一日舉辦的〈聖母峰：那些曾在那兒過的人〉（Everest: By Those Who Were There）的百年文物紀念展，當年的遠征隊是由皇家地理學會與山岳會共同組成的「聖母峰委員會」推動，雙方約好一方要搞定政治與財務，另一邊則要選派出最強的登山者。不巧一百年紀念日撞見Covid-19尾聲，山岳會挑選了幾十件重要文物放上網路，因而我有幸地看見了第二、三次遠征隊中僅次於馬洛里的重要成員——霍華・森默維爾（Howard Somervell）的一幅水彩畫。在這幅題名「從隘口龐拉所繪的聖母峰，四十五英里之外」（Everest from Pang La, 45 miles away）的水彩畫中，聖母峰交織著雪溝的黑褐山體，被一群白色的山峰和冰河簇擁著，頂上是透著水色的青空，淡淡顯著層次；近處是土黃色的圖博高原，蔓延往觀者這邊又是一片水色，也許是雲，也或許就是畫家想讓主景浮凸出來的烘托，也或許是札卡曲的河面……。據說森默維爾都是用暗褐色的包裝紙來作畫，因為圖博一望無際的平坦地帶就是這個顏色。如果是這樣，那他僅是運用青色與白水彩，就顯影了世界第一高峰的北壁立面。

這幅畫是我見識過上千百個聖母峰影像以來，第一幅如此柔軟、飽滿詩意而又恬適愉悅的畫面，但作畫的森默維爾（由遠征隊的團體照可看出）卻是一個外型非常粗獷、一戰中開過上千台戰地手術，兩次遠征行程中都爬到比馬洛里更高處的壯漢（他被選入遠征隊的理由之一正是「壯得像牛一樣」）。為什麼這麼一位強悍的人卻有如此溫柔的表達？是我們以貌取人的刻板印象所導致的偏見，還是圖博高原的連番遠征行動，對他的靈魂進行了某種程度的揉捏與改造？

當我讀了《靜謐的榮光》後，算是真正補充了去年觀畫時的疑問。與馬洛里同樣出身劍橋大學，森默維爾是唯一在帳篷裡和馬洛里讀莎士比亞（《羅密歐與茱麗葉》、《哈姆雷特》、《奧賽羅》與《李爾王》）劇本的成員。一次大戰的血腥記憶與遠征行程的失敗與傷亡，扭轉了他生命的軌道，一九二四年後，他留在印度創辦醫院，成為外科教授，一直到一九六一年（聖母峰被首登後八年）他才返回英國。除了短暫接任英國山岳會會長（一九六二～六五）外，森默維爾選擇以非常安靜（除了看診，就是繪畫）的方式，過完他的餘生。一九七五年逝世之後，他的兒子大衛整理父親遺物，發現一具沉甸甸的盒子，打開一看，那是一面由一九二四奧運委員會主席、有「奧運之父」之稱的法國男爵皮耶・德・古柏坦（Pierre de Coubertin）所頒贈給他的一面冬季奧運金牌，表彰的是他在二二年那次登上二六八九五英尺高點的成就。「父親生前從來沒跟我說過這事，」大衛・森默維爾告訴英國《衛報》記者說。根據山岳會紀錄，森默維爾可考的畫作有六百幅，其中一百二十六件與聖母峰遠征有關，山岳會本身收藏了三十幅。從他的畫作，讀者可以一窺聖母峰冷冽恐怖外的另一個視角，也可以想像，當年這群遠征隊成員心靈圖譜的變化是何種模樣？相較於我們這一世代的世界登山者，是我們失落得多，還是他們失落得多？

要完整地理解「聖母峰與馬洛里」（或人類高海拔探險史）這一棵巨型知識樹，前面所列的兩樁生活小事，只是向著光線抽長到枝枒最外面的幾株葉叢，為關心者增添一些生活的興味而已，《靜謐的榮光》的企圖當然不僅於此。韋德・戴維斯在寫作此書之前，已經是非常有名望的植物民族誌學者與人類學家，一九八六年的著作《毒蛇與彩虹》（*The Serpent and the Rainbow*）是一本學術意味飽滿，卻寫作生動而又有啟發性的暢銷書：

加勒比海上，與西非奴隸買賣市場有著好幾個世紀淵源的海地島，民間流行著巫毒教（Voodoo）的神祕信仰，相傳部落裡的祭司（bokor）有能力招喚出「喪屍」（Zombis，一種於人死後從墳墓中復生的「新」賤民），為出得起錢的雇主擔任苦力的工作。戴維斯和他哈佛大學的老師理查・伊文斯・舒爾茲（Richard Evans Schultes）對這個研究題材非常好奇，他們潛入海地，明查暗訪，甚至與兩位「喪屍」晤面，結果卻發現了驚人的實情：當祭師相準了目標活人後，會在他家的門檻上抹上帶有神經毒性、由河豚毒和蛤蟆毒提煉而成的粉末，經由皮膚滲入，讓此人昏迷且達到器官幾乎停止運作的類死亡狀態，接著舉辦葬禮，讓此人於眾目睽睽間下葬，然後再於夜深時分，掘開木棺，餵食這人以一種由曼陀羅植物葉萃取出的膠狀物。這種富含癲茄鹼（atropine）的天然藥物能分解之前讓人瀕死的河豚毒素，慢慢讓其復生與甦醒，但同時裡頭另含的莨菪鹼（scopolamine）與莨菪素（hyoscyamine）卻又是威力強大的致幻物質，讓服用者非常容易在外力作用下受到脅迫，祭師在喚醒「喪屍」後對其進行高強度做法，讓「喪屍」真的相信自己來到新世界，獲得了新生，也變成了賤民。

但這些恐怖的情節，卻有著彩虹般高張力的解釋意涵：在海地的鄉村地帶，這曾是一種普及的訓育系統，那些被選中的人，多半是社群中製造麻煩、無法融入群體的個體，透過「喪屍化」（Zombification），社會反而獲致平靜，而資本主義的工場（甘蔗製糖尤為大宗）於此而獲得源源不斷的勞動力供給。《毒蛇與彩虹》是戴維斯發揮其為植物民族誌學者本職學能的奇才之作，靠的是非常冒險的田野浸入和生存技巧，書評家認為「他能活著回來」就已經為著作創造了最高價值。在他另外一樁對安地斯山與亞馬遜河所作的探險旅程裡，戴維斯可以置身叢林和高地超過三年，浪跡八個國家與十五個原住民族群部落，蒐集了六千件植物標本，完成了《一條河：亞馬遜雨林中的探險與發現》（*One River: Explorations and Discoveries in the Amazon Rain Forest*）這本書，《戶外》（*Outside*）雜誌對它的評語是：「科學與神話重疊、記憶和幻覺交織、時間變化莫測，以招牌的狂野說故事方式，將傳統的傳記寫作與拉丁美洲最強大遺產的魔幻寫實主義融為一體，最適於他選擇的弘大主題（larger than life subjects）。」此一獨特的評語，拿來判準讀者眼前的這本《靜謐的榮光》，不客氣地說——同樣精準受用。

一九二三年三月十八日週日版的《紐約時報》，刊出了關於喬治．馬洛里的四分之一版頭題報導，在這篇題名為〈攀登聖母峰是超人的工作〉（Climbing Mount Everest is Work for Supermen）的側寫裡，遠道渡海來北美演講的馬洛里（演講酬勞是他三次遠征期間失業時的主要收入）回答記者「為什麼要爬聖母峰？」的問題時，隨口回了一句：「因為它就在那兒（Because it's there）！」在接下來的一個多世紀裡，這句短語成了人人都明白，卻又難思其解的登山形而上學謎團。

然而，在一九九六年由四川成都出發，橫渡過圖博高原，途經拉薩而抵達尼泊爾加德滿都的六千四百公里行旅中，韋德．戴維斯卻並不買單這麼簡潔的答案。身為一位有著前述老道田野經驗的民族誌學者和人類學家，他敏感到沿途走過的巨大自然地景、針鋒相對著西方價值觀的圖博文明，以及一戰後馬洛里與遠征隊員破碎的心靈狀態（置身於邱吉爾所說「沾染了血污的新世紀」），還有日不落帝國寸瓦崩解下的集體挫敗國民意識，都流露了蛛絲馬跡，共同建構了「因為它就在那兒！」的形而下社會基礎。有了這樣的起心動念，戴維斯開展了他龐大的寫作計畫，包括兩次再度重回圖博的田野，其中一次還復刻了遠征隊由圖博高原進入東絨布冰河，抵達北坳下當年第三營的路線。在野宿於面對聖母峰東面康雄壁（Kangshung Face）的培當仁木（Pethang Ringmo）營地之時，他有無限感慨。除了腳下的高度已經高過整個北美洲，目睹整個山稜線的懾人心魄，促使他與當年「一身粗花呢獵裝」、「雪中讀著莎士比亞」的劍橋黃金世代間湧生出一股同理之心，「能文能武的他們究竟是什麼樣的一群人？拉動著他們前進的又是什麼樣的一股精神？」順著這樣的追索，戴維斯去到了英國國家檔案局、劍橋大學圖書館、帝國戰爭博物館、大英博物館以及皇家地理學會和英國山岳會卷帙浩繁的檔案庫，造訪大多數遠征隊員的後代，並獲得好幾大卷日記手稿。為了理解當年絨布寺住持札珠仁波切接待英國人時的看法，他還僱請資深翻譯將仁波切的回憶錄《南塔》譯成英文，並親自走一趟絨布寺避難中國遷居尼泊爾的法林寺；他也讀遍了所有關於聖母峰和馬洛里的經典書籍、傳記和八卦，蒐羅了劍橋菁英與布魯姆斯伯里（Bloomsbury）學圈（如今看來）匪夷所思的同志性愛情書與日記。

二〇一二年付梓出版的《靜謐的榮光》，是「聖母峰與馬洛里」知識樹的孤峰之作，難以想像還會有另外一個作者，投注以如此龐大的知識熱忱與時間，嘗試為曾祖輩的青春歲月，尋找這樣絲絲縷縷、漂浮於喜馬拉雅天際線的幽微意義解釋。巨大的時代、巨大的地景、巨大的死亡，君臨在渺小一瞬的個人頭頂，除了昂首走去，誰還能做些什麼呢？

問題的骨幹是清楚的：為什麼在命運的那一日，馬洛里明知自己走下去會送命，卻仍堅持著繼續前進。幾個關鍵的分支提供了個人抉擇的命運背景——如卡爾．馬克思所言：人們創造自己的歷史，但並不是隨心所欲地創造，而是在直接碰到、既定、從過去承繼下來的條件下創造——其一，是英帝國與俄羅斯在中亞的大博奕，征服聖母峰意味著地理探勘的完成與掌控，延續了自庫克船長以來聚焦於「冒險」和「發現」的國格定位；第二，第一次世界大戰結束的一九二〇年代，英國有兩百萬民眾失業，外加五十萬退伍老兵漂流街頭，社會急須一個振奮人心的行動，再次凝聚帝國的向心力；其三，對於歷劫歸來的倖存者，他們在戰爭中徹底喪失了對人的信心，如何找出活著的意義？蒼蒼雪峰與圖博高原、峽谷的「神聖地景」(sacred landscape)或可協助解惑（「他們都是行走在奧祕的空間中」）；第四，所有工業化國家都進入了媒體時代與商業社會，新社會迫切需要全新的故事與商品，聖母峰遠征的獨家報導「賣」給了《泰晤士報》，遠征隊「代言」的商品都對應著贊助收入，第三次遠征的主要經費甚至來自電影的「預付款」。

有了理路清楚的分析骨幹，讀起來便舒服、自然，但也許最吸引人的，是作者窮盡了洪荒之力（詳見精采萬分的「註釋書目」），重建了三次遠征隊中二十六位成員的生命史，戴維斯並沒有一股腦地把資料塞在流水帳的章節中，而是順著第一次世界大戰的幾場關鍵「戰役」與三次圖博「遠征」（這些軍事術語，隱隱諷刺著現代性思維中的侵略本質），慢慢透過主人翁視角鋪張開來。於此，個人的命運裸露在政治權力話術、機槍連發子彈和凶猛冷酷的自然裡，織錦著行動者對意義感的追尋，直直催人落淚。它們為說理的知識骨骼添加了迎風搖曳的花葉，每一個人面向圖博文化世界的不同反思，深邃地建構了這棵知識樹更豐富與沉潛的內裡。

在這些故事中，身為一九二一年探險隊隊長的查爾斯・肯尼斯・霍華－貝瑞中校（Lieutenant Colonel Charles Kenneth Howard-Bury）可能不為聖母峰史學家所熟知，但書中他的故事每每讓我著迷：生為父母兩家貴族的後裔，他有著「霍華－貝瑞」這個二合一的獨特姓氏。照理講，他可以進入牛津與劍橋，但卻選擇了皇家桑赫德斯特軍事學院。在一戰前，他數度化妝整容於中國邊境探險，並把一隻哈薩克小熊（名喚「Agu」）帶回家，撫養牠一生。戰時入伍，霍華－貝瑞數次被俘，因貴族身分躲過一死，並於戰俘營開展出經典般的逃亡，獲動不少。他因可以說二十七種流利的歐、亞語言而被選入第一次聖母峰遠征隊。過程中，他徹底被大自然與圖博性靈文化所折服，後半生成為一名業餘但資深的植物學家，書中一段由他的手記所寫的描繪是這麼寫道：

返程重新翻越了桑群拉，整個喀爾塔已來到他腳邊時，霍華—貝瑞休息了一下，這是他獨自行動時的習慣。這裡的空氣很清澈，也沒有跡象要下雨，或是下雪。他注意到一隻胸前是紅色的文鳥立在一株侏儒杜鵑上。另外從一欉柳樹上，傳來一隻噪鶥的呼聲，外加烏鶇的刺耳叫聲。整片山谷上，有渡鴉與黑耳鳶飛在非凡的高度上，而在天空的頂點，他看見了一隻胡兀鷲的黑色剪影，朝著東方愈飛愈高。從山口望去，喀爾塔曲就像一條銀線，兩側夾著在廣袤地景上有如玩具的田野與村落。

《靜謐的榮光》同時也是一本信實的著作，甚而可說：信實到近乎髮指的地步，例如對於軍備品的統計：「除了一億零八百萬組綁帶與野戰敷料，皇家陸軍醫療隊還——截至戰爭結束——用掉了兩萬兩千三百八十六隻義眼」、對遺骸的大體解剖學素描：「更讓人不忍卒睹的是臉部的創傷：少年的嘴巴沒了雙唇，該是鼻孔的地方變成了鮮血淋漓的孔洞，一簇金髮連在被砲彈削掉頭皮的腦殼上」、對布魯斯准將豪奢作風的窮追不捨：「在這些補給品中有六十罐鵝肝鶉鶉罐頭，外加四十八瓶香檳，而且還是將軍最鍾愛的牌子與年分：一九一五年的蒙特貝羅（Montebello）」、對馬洛里遺物的掌握：「兩條手帕，其中一條是酒紅、綠、藍色，另一條則是紅、藍、黃色，兩條都繡上了他的姓名縮寫GLM」。在註釋書目中戴維斯說，他與團隊的研究工夫可以準確到「幾乎完整地確認出了每一個人在一戰中的每一天，分別被派駐在哪個地點」，身為讀者，我們只能鼓掌、自勉，好好暗地說聲：Bravo！

為什麼在二〇二二的台灣，我們值得花上一大把勁，來讀上一本英語世界十年前出版、講述一樁一百年前遺事的遙遠之書？除了高超的寫作技藝、研究與見識，還有呢？

「融入這世界上曾有過的最高貴的幾個心靈」，是我的由衷建議。正如同作者戴維斯在書的扉頁上所提：「這本書獻給我的祖父（丹尼爾．魏德．戴維斯上尉）」，所有歷史寫作的初衷，都是試圖理解我們的前代人們，在與我們近似年紀的時候，懷抱著什麼樣的世界觀和意義感。作者和讀者都試著挪用自己的生命體驗，接近或揣想他們的感受，從而達成一種貫穿時空的聯繫，以解消現代人無邊際、沒來由的孤寂意識。這本書猶有更勝之處，是它還涵蓋了聖母峰與圖博高原這兩個最孤高、最荒遠的神聖地界，它們沒有隨人類主角的亡故而消失，反而在我們向之訪問之際，不斷揭露逝者體察聖境後的各種生命智慧，不論是馬洛里的，還是札珠仁波切的。探險隊的二十六個主角之一約翰．諾艾爾（John Baptist Lucius Noel）說：聖母峰是天空中的崗哨，一個有希望與救贖在等待人前往探尋的目的地；一個在這瘋狂的世界裡，讓人感覺到有些什麼仍一如往昔的象徵。

台灣當下獨特的生命處境是：我們離一切都太近了，也高度地功利導向，所有一切都錙銖必較，卻少了慷慨付出生命的意義感；《靜謐的榮光》對應著當年英國和現今英語世界的心靈困境，說出：「The price of life is death（死亡之前，要過足人生）！」，對台灣仍深有啟發。

一九二四年第三次遠征隊隊長艾德華．諾頓（Edward Norton）在鎩羽歸來之際，曾悠悠地自語：「在這樂音悠揚的承平時代，還有什麼比像極地與聖母峰這樣的壯舉，更能為大英帝國得以繼續其命脈，為如今已有如風中殘燭的冒險與創業精神，留下一絲火種？」雖然帝國國族的意義在這本書裡不斷地展示其虛妄的面貌，但意義的追索，仍然是一種人之所以為人的根本力量——讀一本有重量的書，其實也就是說：我們的探索，永遠在路上。

一九二四年六月八日，山岩攀登社在大山牆的山頂宣布戰爭紀念碑揭牌。

查爾斯・貝爾爵士、圖博第十三世達賴喇嘛殿下（右座）與錫金儲君錫東祖古（中立者；Maharaj Kumar Sidkeong Trul-ku）合影。

一九二一年探險隊合照，拍攝者為山帝・沃拉斯頓。後排（左至右）：居伊・布洛克、亨利・莫斯海德、奧立佛・惠勒與喬治・馬洛里。前排（左至右）：A・M・赫倫、山帝・沃拉斯頓、查爾斯・霍華－貝瑞與哈洛・瑞彭。

亞歷山大・凱拉斯醫師在崗巴宗的埋骨之處，他於一九二一年殞命在前往聖母峰的途中。一九二二年由約翰・諾艾爾所攝。

奧立佛・惠勒與他的攝影調查隊，由山帝・沃拉斯頓攝於一九二一年。

從拉克帕拉望過去的聖母峰頂與北坳，一九二一年由查爾斯·霍華－貝瑞所攝。

一九二二年探險隊在基地營的合照，由約翰・諾艾爾藉三腳架跟定時器完成拍攝。後排（左至右）：亨利・莫斯海德、傑佛瑞・布魯斯、約翰・諾艾爾、亞瑟・威克菲爾、霍華・桑默維爾、約翰・莫里斯與泰迪・諾頓。前排（左至右）：喬治・馬洛里、喬治・芬奇、湯姆・隆斯塔夫、布魯斯將軍、艾德華・史卓拉特與柯林・克勞佛。

以聖母峰北坡為背景的絨布寺，一九二二年由約翰・諾艾爾所攝。

從暢拉（北坳）拍攝聖母峰攀登過程的約翰·諾艾爾自拍照，攝於一九二二年。

傑佛瑞・布魯斯（左）與喬治・芬奇，一九二二年由約翰・諾艾爾攝於兩人在兩萬七千三百英尺處創下攀高紀錄後。

傑佛瑞・布魯斯與喬治・芬奇在他們一九二二年創下紀錄的攀爬之後重返兩萬三千英尺處的五號營。由約翰・諾艾爾所攝。

喬治·馬洛里（上左）與他的雪巴隊員，一九二二年六月七日由約翰·諾艾爾所攝，此時他們正在前往四號營的途中休息。這當中沒一個人會到達北坳，因為不到一個小時後，一場雪崩就會將他們其中七人掃向死亡。

由約翰・諾艾爾拍下的一九二四年探險隊。後排（左至右）：山帝・爾文、喬治・馬洛里、泰迪・諾頓、諾艾爾・歐德爾與約翰・麥唐諾（通譯）。前排（左至右）：艾德華・薛貝爾、傑佛瑞・布魯斯、霍華・森默維爾與班特利・畢瑟姆。

山帝・爾文與他的供氧裝備，由他的恩師諾艾爾・歐德爾攝於一九二四年的協格爾。

坐著的由左至右為傑佛瑞・布魯斯、喬治・馬洛里與泰迪・諾頓，他們在等待絨布寺住持高僧札珠仁波切的降福，一九二四年由諾艾爾・歐德爾所攝。

泰迪・諾頓，一九二四年由霍華・森默維爾攝於諾頓在兩萬八千一百二十六英尺處掉頭放棄攻頂聖母峰之前。這是攝影史上曝光海拔高度最高的一幀影像。

喬治・馬洛里（左）與山帝・爾文的最後一張照片，由諾艾爾・歐德爾於一九二四年六月六日攝於在北坳的四號營。

謹以本書獻給我的祖父——丹尼爾・魏德・戴維斯上尉（Captain Daniel Wade Davis）。

他曾以醫官身分，先後服役皇家陸軍醫療隊第八十野戰救護車隊的

第三十二師救護火車（1915-1916，法國）與加拿大陸軍醫療隊（1916-1918，英國）

序
Preface

一九二四年六月六日早晨，在高懸於海拔兩萬三千英尺（約七一一〇公尺）處一個雄踞在東絨布冰川（East Rongbuk Glacier）上，只比聖母峰北坳岩面邊緣低一點點的冰架營地中，探險隊隊長艾德華・諾頓中校（Lieutenant Colonel Edward Norton）送別了兩名即將孤注一擲來嘗試攻頂的同伴。其中三十七歲的喬治・雷・馬洛里（George Leigh Mallory）是當時英國登山界的翹楚，而年僅二十二的山帝・爾文（Sandy Irvine）[1]則是青年才俊的牛津學生，登山經驗趨近於零。至為關鍵的，是時間。天氣雖然晴朗，但南方的天際有捲起千堆雪，足可驚濤裂岸的雲海，而這顯示季風已經抵達孟加拉，不久就會席捲喜馬拉雅山區，然後如一名登山者所說的，「途經之處將灰飛煙滅，無人倖免。」但馬洛里還是不改其樂天的本色。這樣的他在寄回英國的信中寫道：「我們這次絕對要一帆風順地攻頂，願上帝與我們同在，否則就算是咬著牙含著風，我們

1 一九〇二～一九二四，全名安德魯・柯明・「山帝」・爾文（Andrew Comyn "Sandy" Irvine），山岳相關書籍中亦見譯為「安德魯・歐文」，山帝為其小名，亦為本書作者在文中對其的主要稱呼。

也要一步步踩到聖母峰。」

諾頓比較樂觀不起來。「毫無疑問地，」他私下對探險隊的攝影師，在喜馬拉雅探險資歷豐富的約翰．諾艾爾（John Noel）說，「馬洛里知道自己這一趟希望渺茫。」口出此言，或許代表記憶中逝去生命的重量壓在了諾頓的心上：一九二二年，七名雪巴人（Sherpa）被留在山上一命嗚呼，外加這一季又添了兩條雪巴冤魂；一九二一年，蘇格蘭醫師亞歷山大．凱拉斯（Dr. Alexander Kellas）於入山與偵察途中埋骨崗巴宗（Kampa Dzong）。更不用說有多少人曾在鬼門關前走了一遭了。馬洛里本身是一名身段與力量過人的登山大家，但連他都曾在聖母峰三次與死神擦身而過。

諾頓見識過崇山峻嶺的冷酷無情。以北坳為起點，攻頂的路線會經過北脊，而北脊會在極富戲劇性地抽高數千英尺之後，融入東北脊，然後東北脊又會接棒通往聖母峰頂。就在前一天，他跟霍華．森默維爾（Howard Somervell）曾從北脊高度兩萬六千八百英尺（約八一六八公尺）的一處前進營出發。避開了席捲東北脊的刺骨寒風，他們向上攻抵了切開聖母峰北壁，並從形如金字塔的聖母峰峰體底座急墜一萬英尺，直達絨布冰川的大雪溝。森默維爾在兩萬八千英尺（約八五三四公尺）處放棄。凍得發抖的諾頓繼續挺進，但身體顫動到他懷疑自己是不是染上了瘧疾。當天稍早爬在黑色岩石上的時候，他誤判形勢地脫下了護目鏡。抵達雪溝之際，他眼前已經開始出現疊影，勉強站著已經用盡他所有的力氣。他只得在海拔二八一二六英尺，距離峰頂僅九百英尺處掉頭，之後他得到了森默維爾的搭救，並在森默維爾的協助下通過了被雪覆蓋的岩板。在撤退回北坳的過程中，森默維爾自己也突然崩潰，無法呼吸。他重擊自己的胸膛，鬆開了阻塞物，然後咳出了一整片喉嚨內襯。

到了早晨，諾頓已經失去了視覺，暫時性因為陽光而變得目盲。在極度的痛苦中，他思考了馬洛里的攻頂計畫。馬洛里與爾文捨棄了北壁，改而選擇取道東北脊，那兒只有兩道障礙阻擋著通往峰頂金字塔的路：首先是本體為黑岩，存在感十足的巨塔，名為「第一台階」，再過去的「第二台階」是一百英尺的斷崖，沒有辦法行走，只能加以攀登。爾文的經驗不足固然令他擔心，但諾頓並未對此一搭檔的組成加以干預。馬洛里已經全神貫注到老僧入定。身為無役不與、英國探險隊的三朝元老，世上再沒有人比他對聖母峰的狀況更明瞭。

兩天之後，六月八日的早晨，馬洛里與爾文踏出了高地營，朝聖母峰邁進。隨著透光的雲堤通過了山脈的頭頂，燦爛的朝陽也騰出了位子給柔和的雲影。諾艾爾．歐德爾（Noel Odell）做為從旁襄助他們的優秀登山者，最後看到他們活著是在午後十二點五十分。他遠遠從峭壁上眺望著模糊的馬洛里與爾文：兩個微小的人影在山脊上踽踽前進。隨著雲霧緩緩湧入，兩人留給世人的記憶也被裹上了一團謎霧，惟有歐德爾親眼目睹。馬洛里與爾文從此再無聲息，而他們的失蹤除了讓一整個國家久久不能自已，也就此成為了人類登山史上難再有事件能出其右的無解之謎。

歐德爾從未須臾質疑過兩人在大限之前抵達了聖母峰頂，也衷心相信讓兩人從印度出發跋涉數百英里，穿越圖博，只為來到山腳下，背後推動著他們的是何等崇高而美好的使命。歐德爾用筆，寫下了他對兩位故人的永恆思念：「我最後的那驚鴻一瞥，看到的是一個秉性如此迷人，任誰都會忍不住要與之親近的靈魂，是天賦的才華洋溢與身心所散發出的無比潛能；我看到的，是他正『勇往直前』，並與伴他同行的另一個正直之人分享著那一幕的神聖莊嚴。能親眼目睹那一幕，是生而有涯之凡人的殊榮；而在有幸能親炙這一幕的幸運兒當中，更寥寥有人能向前邁去，終與那超凡入聖的絕景融為一體。」

1

大山牆 Great Gable

就在喬治．馬洛里與山帝．爾文兩人在聖母峰[1]失蹤的同一天，另一隊英國登山者正在風貌迥異的另一座山上，徐徐朝著巔峰前進。後者，是個非常不同的場合。以區區二九四九英尺（八百九十九公尺）的海拔高度而言，大山牆（Great Gable）[2]不值得誰大驚小怪，爬起來也不困難，但卻有一說它是「英國群峰中最美不勝收的一座」。大山牆錨定了坎布里亞的各路山勢，登頂遠眺，視野所及是十餘座圓丘與峭壁，一一分布於湖區（Lake District）[3]，不知凡幾的英國登山者正是在這裡初嘗開闊空間的自由滋味，還有冰冷的雙手卡在花崗岩與板岩縫隙間，任由

1　聖母峰屬於喜馬拉雅山脈，為中國與尼泊爾邊界上，海拔八八四八公尺的世界第一高峰，藏語音譯為珠穆朗瑪峰，簡稱「珠峰」，聖母峰為藏語意譯，取其「大地之母」之意。其英文名埃佛勒斯峰（Mt. Everest）中的埃佛勒斯為曾任英屬印度測量局局長的喬治．埃佛勒斯爵士。聖母峰為世界最高峰即由該單位於一八五〇年代測定。（本書隨頁注若無特別說明，則皆為中文版譯注。）

2　英格蘭湖區著名的山峰，從湖區西部的沃斯岱爾（Wasdale）望過去為三角形的山牆形狀，因而得名。

風、雨、霰[4]落在上頭的感覺。

這男女夾雜、莊嚴肅穆的一行人約八十之眾，多數以成員身分隸屬於「山岩攀登社」（FRCC）[5]這個成立於一九〇六年，一心以禮讚英格蘭山丘為宗旨的柔性團體。這天出席者的身影裡有萊斯利．森默維爾（Leslie Somervell），身為社團幹事的他，是當時聖母峰探險隊的隊員中，霍華．森默維爾的胞弟。此外也看得到亞瑟．威克菲爾（Arthur Wakefield），社團自一九二三年起的理事長。威克菲爾在一九二二年的聖母峰遠征中擔任過醫官，也在聖母峰北坳（North Col）[6]那場活埋了七名雪巴人挑夫的雪崩發生之際一馬當先，衝去對被捲走的登山者伸出援手。死亡，於他並不陌生。

不過說到這一天在大山壁上，最為德高望重者，還得算是在妻子蓮（Len）的扶持下殿後的傑佛瑞．溫斯洛普．楊恩（Geoffrey Winthrop Young，亦譯葛福瑞．溫斯洛普．楊），只見他不畏將背上披風颳起的猛烈風雨，艱辛地跨過巨岩與濕滑的石粒。身為許多人心目中的一代偉大英國登山家，楊恩是馬洛里的恩師。馬洛里與威克菲爾能獲邀加入聖母峰的遠征，正是因著他的關係。曾在義大利伊松佐河戰線（Isonzo Front）[7]服役的他，於一九一七年八月三十一日晚間在聖加百列山（Monte San Gabriele），被奧匈帝國的一枚砲彈奪走左腿。從那以來，這還是他第一次登山。假以時日，他會靠著自行設計的義肢攻頂馬特洪峰（Matterhorn）[8]，但此刻的他，還只能勉力別失去平衡，力求穩當地爬著山坡，朝同行其他人的方向前進。做為一名才華洋溢的喬治國王[9]時代詩人，又是出色的演說者，他這日是應威克菲爾之邀前來協助兩件事情。其一是為上頭刻著死難者姓名的銅製銘牌揭牌，藉此紀念山岩攀登社因為戰爭而失去的夥伴，其二是將由倖存者購置的約三千英畝土地獻給對逝去夥伴們的緬懷。他們願將這片土地致贈給國家，做為永世長存的自然紀念碑。實際上的地契，已經於數月前的一九二三年十月十三日，山岩攀登社舉辦於距此不遠處，柯尼斯頓（Coniston）村太陽酒店（Sun Hotel）裡的年度晚宴上，由威克菲爾

3 英格蘭西北部坎布里亞郡的名勝，精華地帶被劃歸國家公園，為英國屈指可數的代表性山麓地帶，事實上英格蘭所有海拔高於三千英尺的山勢，都集中在此。做為英國桂冠詩人威廉・華茲華斯（William Wordsworth）的故居地，湖區於二〇一七年由聯合國教科文組織列入世界遺產，人文與天然美景可見一斑。

4 大氣底層溫度高於零度，造成雪花在下降過程中部分融化的雨雪夾雜現象。

5 英文全稱為Fell and Rock Climbing Club，其中Fell源自於北歐古諾斯語（Old Norse）的fjall，同mountain有高山曠野之意，為北英格蘭部分地區與蘇格蘭的常見用法。

6 坳為低窪地形，坳口為山脈可通過處，意同山口。

7 伊松佐河河谷於一戰時是阿爾卑斯山戰線的一部，義大利王國與奧匈帝國交戰處，史稱伊松佐河戰線。

8 馬特洪峰為瑞士的地標，位於阿爾卑斯山脈，海拔四四七八公尺，是一座冰河侵蝕形成的角峰。

9 指喬治五世（George V，一八六五～一九三六），一九一〇年即位，現任英女王伊莉莎白二世的祖父。

遞交給了英國國民信託組織（National Trust）[10]的代表。

「這些地契，」他告訴當晚出席的來賓說，「代表著我們成員中為國捐軀者的生命，多少回我們並肩走過這片山嶽，他們的友情於我們無比珍貴。這代價不可謂不大。閣下，請容我們將這些地契交到您的手上，並於此同時懷抱著希望與信念。我們期盼，也堅信未來的世世代代都能夠受到感召，進而胸懷犧牲小我，完成大我的情操，即便得付出生命也在所不惜，正如捨身取義，並由我們獻上這片土地來紀念的每一位典範。」接著逝者一一獲得唱名，生者肅立聆聽，然後現場同一批男女當中的許多人，聚攏在了大山牆峰頂上的一顆大石旁。覆蓋著紀念銘牌的，是被雨水浸濕了的聯合王國旗幟。精確地說，是曾於日德蘭海戰（Battle of Jutland）[11]中，飄揚在皇家海軍第五戰鬥分艦隊，巴勒姆號戰艦（HMS *Barham*）艦橋上的那面聯合王國旗幟。在將揭開旗幟，讓銅牌得見天日之前，亞瑟．威克菲爾站了出來，開始談起了土地，談起了碉頭的氣息，談起了自由的精神是如何讓他們有動力走上戰場。那是一場引發了無數共鳴的演講，現場一名《曼徹斯特衛報》（*Manchester Guardian*）的記者如是寫道，那是一場讓那些年的奮鬥與煎熬與犧牲，一股腦湧上心頭的演講。

威克菲爾的一字一句，都極其動人而誠懇，但他的氣色與外貌卻讓楊恩有點吃不消，畢竟楊恩上一次見到威克菲爾的面，已經是戰前的事情了。同為英國菁英階層的子弟，都生於一八七六年而生日相差半年的兩人是一同念的大學。他們上的是劍橋大學的三一學院，而你要知道在那個時代，英國國會不少於一百九十五名議員，也就是下議院的整整三分之一席位，都是劍橋人，而這當中又有六十八人出身三一學院。楊恩猶記得威克菲爾是個個子不高、肩膀很寬、留著捲髮，有著迷人笑容的北部小帥哥，人緣也極好。不過讓楊恩起心動念，把他推薦給英國山岳會（The Alpine Club）[12]的波西．法拉爾（Percy Farrar）隊長跟聖母峰委員會（The Mount Everest Committee）[13]，使其成為聖母峰探險隊成員候選人的原因，還是他過人的力量。友人間管他叫威克的威克菲爾，是個把走路當興趣的人。一九〇五年，他破紀錄地在湖區縱走了斯科費爾峰（Scafell Pike）、赫爾維林峰（Helvellyn）、斯基道峰（Skiddaw）、綠山牆（Green Gable）、柯克荒原（Kirk Fell）、斯蒂普爾峰（Steeple）、紅峰（Red Pike）與一票其他的山峰，累計位移五十九英里，

10 英國國民信託組織成立於一八九五年，獨立於政府之外，旨在過度開發和工業化的背景下扮演英國國土守護者的角色。

11 日德蘭海戰發生於一九一六年五月三十一日到六月一日，為英國皇家海軍偕同澳洲加拿大海軍，與德意志帝國海軍在北海海域上爆發的一場海戰，也是一戰中規模最大，交戰雙方唯一一次全面出動的海軍主力決戰。旗艦級的巴勒姆號到二次大戰時，才於一九四一年十一月二十五日遭德國潛艦擊沉。

12 一八五七年成立於英國倫敦，全英也是全球第一個登山性質的菁英社團。

13 創立於一九二一年一月，由英國山岳會和皇家地理學會共同組成，統籌資助一九二一年起英國聖母峰探險隊考察工作的機構，運作至一九四七年為止。

垂直升降達到約兩萬三千五百英尺，但所花的時間僅二十二小時又七分鐘。他一八九三年時在瑞士爬山，一八九四年春第一次接觸到湖區的山岩，精確地說是湖區大終山（Great End）的中央溪谷（Central Gully）。兼具力量、細心與方法，這樣的他每一步都例無虛發。

但那並不是此刻站在楊恩身邊，準備要揭開旗幟，讓逝者的姓名顯露出來的那個人。此刻站出來的，只是一道影子，他曾經認識的威克菲爾已不復見。這道影子的雙眼似乎注視著某個不知名的遙遠過往，彷彿那兒有一道無法為人擁抱的記憶，一則無法蒸餾提取的心念。然後一轉眼，在大家的意料之外，雨過天青；楊恩猶記得「陽光從雲間找到了破口，而他則以最高的一落岩石為舞臺，在上頭發表了演說，而在那略帶銀光的耀眼白日與模模糊糊的雲霧光暈中，我瞬間又瞥見了當年那個朝氣蓬勃，曖曖內含光的陽光青年。」其餘的見證人，則記得威克菲爾先是在猶豫間頓了一拍，然後緩緩地啜泣了起來，旗幟在此時被拉開，呈現出來的姓氏與名字屬於在戰場上消逝的生命：卡在鐵絲網上的生命；溺斃在泥濘中的生命；吸到毒氣而嗆死在油膩口沫中的生命；被爆炸化為一團血霧的生命；被支解成殘肢，在燒黑的破碎樹幹上懸著的生命；遺體發黑腫脹而有蒼蠅紛飛在一旁的生命；頭顱遭到鼠輩囓啃的生命；軀幹卡在壕溝兩側，日漸以變化的顏色展現出死亡原貌的生命。按威克菲爾的兒子所說，那是他父親最後一次顯露出屬於人的感情。之後他終其一生，都未曾再隻字片語提起過戰爭。吞噬著他的，是對德國一草一木那揮之不去的恨意。

一名赫伯・肯恩先生（Mr. Herbert Cain）開始不疾不徐宣讀起逝者的姓名：S・班布里吉、J・E・班恩、H・S・P・布萊爾、A・J・克雷、J・N・佛萊契……一共二十個人，而他們出身於一個男女老幼齊聚一堂，合計有四百五十名會員的登山社團。這樣的名單，楊恩早已一點都不陌生。他將自己於一九二〇年出版的近作《登山技術論》（*On Mountain Craft*），獻給了死去的五十名友人——當中有些人在山嶽間遇難，但多數人卻是在壕溝中殞命。在他的另外一本著作《斯諾登尼亞的群山》（*The Mountains of Snowdonia*）中，他回憶了戰前那天真爛漫、與世無爭的歲月，那是一段登山這事兒透有清晨新鮮滋味的歲月，有一整個世代最傑出的登山者，包括舉世若干最頂尖的人才——喬治・馬洛里、齊格飛・赫爾福（Siegfried Herford）、約翰・梅納德・凱因斯（兄；知名經濟學家：John Maynard Keynes）、傑佛瑞・凱因斯（弟；外科醫師兼作家：Geoffrey Langdon Keynes）、柯蒂・山德斯（Cottie Sanders：瑪莉・安・多林・山德斯〔Mary Ann Dolling Sanders〕的小名）、鄧肯・葛蘭特（Duncan Grant）、勞勃・葛瑞夫斯（Robert Graves）、喬治・麥考利・特里維廉（George Macaulay Trevelyan）等無法一一詳列的菁英——會合在威爾斯的蘭貝里斯山口（Llanberis Pass），一處叫做佩尼通隘口（Pen y Pass）的地方。他們白天爬山，晚上就唱歌、誦詩、辯論、拌嘴。以現代的我們看來清白到不可思議的方式，他們探索著由純淨與使命感所構築的夢境，因為在那個新世紀裡，唯一要緊的事情是真實與美麗，是忠誠與友誼。楊恩是這些聚會的靈魂人物，一人分飾二角地扮演著服務大家的領班與排定節目的經理。從一九〇三年的第一場集會起，他就把節目或活動一一拍成照片，然後集結成了他口中的「佩尼通隘口日記」。可惜了那些線條深邃的美麗臉龐，那些清澈無瑕的眼眸與目光——他們當中至少將戰死二十三位男性，外加十一人會傷重到得克服肢體上的萬難，才能重新開始爬山，一如楊恩所經歷的那一段。

惟在這個凜冽的強風天，從銅牌上以濃稠情緒被唸出的名字裡，有兩個讓楊恩格外心如刀割。其中一個是希爾頓・勞倫斯・史林斯比（Hilton Laurence Slingsby），他髮妻蓮的哥哥，而蓮此刻就整個人繃著，倚於他的身邊。傑佛瑞比蓮大二十歲，而眼神隨山岩一路望穿雲霧，他依稀又看到了希爾頓那張稚嫩的臉，想當年他頭一回領著這孩子爬上腳下的這同一座山嶽，那時希爾頓才九歲。他還記得命運的那一天——一九一七年的八月二十日——他在義大利收到一封信，內容是告知他說希爾頓在歷經了三年的前線生活，包括從重傷中活下來之後，最後還是在戰鬥中陣亡（Killed in Action），但當然像「在戰鬥中陣亡」這種含糊的官方說法，可能代表著任何一種真相。

第二個讓他刻骨銘心的死者名字，是一九一五年在比利時伊珀爾（Ypres）戰歿的齊格飛・

赫爾福（Siegfreid Herford）。做為馬洛里的好友，齊格飛在同期攀岩者中絕對是一流中的一流，而楊恩記憶中的他「在內心住了一位詩人」，一個來去「自在地像一陣風，其精神與山嶽上的光與奇是如此之沒有距離，以至於你會覺得他在峭壁上做的每件壯舉都是那麼地自然寫意，那麼地不足為奇」。就跟來到佩尼通的每一個人一樣，赫爾福也啟發了楊恩的夢想。「隨著我們的聚首，」他後來會如此寫道，「在那高處的空氣中，所有的憂愁似乎都從我們身上掉落，就像雲朵向下沒入那隘口左右的遠景之中。」

惟紛至沓來的死訊，讓佩尼通的氣氛陷入低迷。一九一七年八月，眾人都開始有了一種戰事將永遠無法停歇的感覺，而楊恩便於此時利用自己的日記，寫下了死去摯友的名單，且人數不下二十五，而這還沒算他以熟人相稱的死者，那又是二十五個人。一九一五年在伊珀爾，他提筆寫下了收錄於其《忘懷的恩典》（*The Grace of Forgetting*）這本著作中的一段話語，那是他在對死去的朋友訴說一首更親暱、更深情的衷曲：

> 在我們身邊的新軍裡，我知道有許多年輕的朋友若不來作戰，原本應該在登山界大放異彩，也在我們的祖國成為領袖。我與其擦身而過而有一面之緣的，包括特威基．安德森（Twiggy Anderson）這名出類拔萃的跨欄選手兼活潑的學者，而且又是一個伊頓的校友；出

身劍橋國王學院，很多登山愛好者的好友，特倫斯．希克曼（Terrence Hickman）；還有J．拉斐爾（J. Raphael）這名我帶去威爾斯爬山的足球員。拉斐爾去到每一座山，都會用力跑上每一段陡坡，活像有彈簧安在腳趾上，而且自己這麼跑不說，他還會跟我解釋為何這才是真正正確的登山之道。

這樣的他們，在離我們不遠的地方遇害，而緩緩地傳來的消息總是噩耗。悲劇造成的人命損失，在登山的好友圈內外，不斷地累積。其中我們最親愛的那些，有在拉巴塞（La Bassée）陣亡的威爾伯．史賓瑟（Wilbert Spencer）、經典的運動員肯尼斯．鮑爾（Kenneth Powell）、摯友奈傑．馬丹（Nigel Madan）、國王學院的韋納（Werner）、約翰與霍拉斯．甘迺迪（John & Horas Kennedy）這對表兄弟。在其他的戰線上，我們還失去了C．K．卡爾菲（C. K. Carfrae）、居伊．巴特林（Guy Butlin）、魯伯與巴塞爾．布魯克（Rupert & Basil Brooke）兄弟、朱利安與比利．葛倫菲爾（Julian & Billy Grenfell）兄弟……吉爾伯．赫斯古德（Gilbert Hosegood）這名修長的翩翩少年曾興高采烈地跑來找我，因為他在隨部隊行進通過伊珀爾時偶遇了他的親兄弟，兩人還就此一路邊走邊聊，天南地北、無所不談地走完了整條梅寧路（Menin Road）。隔沒多久，我就駕車送他到南邊的前線去給自家兄弟掃墓，那是個安詳美麗的長眠之地，而他兄弟的上校長官居伊．杜．莫里爾（Guy du Maurier）也非常客氣地協助了我們。沒想到我們人都還沒真正回到伊珀爾，就聽聞了莫里爾上校的死訊。赫斯古德沒多久便加入了戰鬥，他說是要去取代兄弟的位子；結果他也一去不回。

一九一四年那個軟綿綿的夏天，楊恩原本在瑞士的策馬特（Zermatt）[14]與赫爾福共享登山之樂。當時，整個歐洲都容光煥發於那晴朗美好到會為人緬懷一整個世代的天氣裡，事實上很多人會在腦中召喚那年夏天的記憶，是因為他們想要想起曾經這個世界不只是腳下的泥濘與頭頂的灰暗天際，也不只有日正當中的太陽能讓生者不忘記自己還沒被埋進土裡，或還沒被當成將死之人留在路旁遺棄。帶著各種複雜而震撼的情緒——恐怖、無法置信、病態的期望、害怕與混亂茫然——楊恩回到了倫敦，然後他發現「狂人已將預言寫在牆上」。他記得，「我出席了辦在特拉法加廣場上的和平集會，那是在和平與文明中成長的我們，最後的一聲抗議：緊接著戰爭的惡犬就吠聲大作地傾巢而出。」光陰荏苒四十年過去，在人生的盡頭前方，他將如此寫道：「兩次戰爭的結果使得此心如鐵，我再難回想人生架構的崩塌與諸多行為標準的瓦解，是如何地毀天滅地，而這兩點，正是野蠻戰爭的一再復發對我們這一代人所註記的意義。」

14 位於瑞士南部馬特洪峰山腳下的知名觀光小鎮。

他生於一個有資格養尊處優的家庭。身為喬治・楊恩爵士（Sir George Young）的二公子，他住在名為「福爾摩沙公館」（Formosa Place）的鄉間別墅裡。那是一棟氣宇軒昂的十八世紀建築，自帶花園與玫瑰棲息在泰晤士河岸邊。他有一位愛爾蘭裔的母親，而他母親說得一口好故事，又善於以女主人的身分招待賓客，由此他們家往來無白丁，經常送往迎來能讓任何宅邸都蓬蓽生輝的不凡貴客，略舉數例便有：童子軍的創辦人與解除梅富根（Mafikeng）之圍[15]的英雄，羅伯特・貝登堡（Robert Baden-Powell）；桂冠詩人阿弗列・丁尼生男爵（Alfred, Lord Tennyson）；還有愛爾蘭民族主義者兼謎樣的人權鬥士，羅傑・凱斯曼（Roger Casement）。其中凱斯曼先於一九一一年因為揭發了在比屬剛果發生的暴行而受封騎士，卻又在一九一六年因叛國罪被處以絞刑。在三兄弟裡，他與弟弟希爾頓最親，而希爾頓將會在戰爭裡失去一條手臂。他的童年若有一個主題，那就是停不下來的身體與愛幻想的腦筋，他永遠都在外頭跑來跑去，不分四季晴雨，他都穿梭於苦櫻與銀樺之間，與垂柳跟紫杉為伴，而那如畫的鄉間即景，也讓他在心中孕育出了一份愛，如此長大的他熱愛色彩與自然、愛風兒與河川，也愛雨、愛山。他從未在正統的意義上有過宗教信仰，但終其一生，他都滿懷著憧憬在追尋著令人讚嘆的美與名為友誼的善，追尋著那股可稱之為生命力，身而為人的純然。

就讀於馬爾堡公學（Marlborough）這所後來會送七百三十三名少年到壕溝中作戰的寄宿學

校裡，楊恩最出名的就是他的帥氣，他的詩句，以及他過人的運動能力。進入劍橋大學後，他成為了一名登山者，但他不單爬山，他也爬劍橋裡各學院的哥德式屋頂。調皮搗蛋的他用一桿健筆，匿名寫下了一本《三一學院的屋頂攀爬指南》(*The Roof Climber's Guide to Trinity*)，並就此開啟了劍橋學生無視校規，在大半夜裡飛簷走壁，把石板、鉛瓦與石像鬼都踩在腳底的悠久傳統。一八九八年從劍橋畢業後他選擇出國，為期三年的旅法與旅德生活讓他兩種外語都可以俐落地開口。不過論及真愛，他的心屬於德國；為此他翻譯了詩人席勒（Schiller）的抒情作品，以及神學家狄特里希．潘霍華（Dietrich Bonhoeffer）獻給主的讚美詩。一九〇二年他返回英格蘭，接下了伊頓的教職；在伊頓他結識了年輕的約翰．梅納德．凱因斯，而凱因斯日後也將隨他前往阿爾卑斯山攀爬。

一九〇九年在劍橋的一場晚宴上，楊恩結識了馬洛里，那是他們緣分的開端。接著在復活節那天，他邀請了馬洛里登上佩尼通隘口，然後隔年夏天這兩人便結伴在楊恩的資助下，前往了阿爾卑斯山，在那兒會合了唐諾．羅伯森（Donald Robertson）這名楊恩幼弟希爾頓的同儕好友。他們三人爬了不只一座山峰，但其中最驚心動魄的得算是內斯特山（Nesthorn）的東南脊，

15 指一八九九年十月至一九〇〇年五月發生於南非梅富根的圍城之戰，由羅伯特．貝登堡帶領的英軍以一千五百人的軍隊抵抗七千五百名波耳人軍隊長達兩百一十七天，最終等到援軍馳援而獲勝，也為第二次波耳戰爭英國的勝利打下基礎。

因為馬洛里差點在那裡丟掉小命。當時的情形是楊恩帶頭，在凹槽狀的冰面上摸索著前進，為的是想找出條路徑來繞過擋在通往東南脊路上，那四座高塔中的第三座。楊恩後來回憶起他是如何被嚇了一跳：「我看到靴子從山壁邊一閃而過，完全沒有擦到東西，接著同樣無聲無息，一道灰色的人影向下晃過了我，然後消失在我的視線中。他撐在上頭許久的那面山壁，是如此地外凸，以至於從他失去著力點的那一瞬間起，馬洛里就什麼東西都沒再碰到，直到繩索將他扯住，掛在下頭是冰川的半空中。我一邊把身體向前甩往那條固定在繩栓上的繩索，過程中讓身體跟雙手都磨擦著岩板，一邊心裡想著應該沒有繩索可以經得起這樣的猛力拉扯；我甚至還在腦中盤算了下一步該怎麼做——真的是說時遲，那時快。」最後奇蹟似地，繩子撐住了，而馬洛里也毫髮無傷。

在另外一本書《在高丘上》（*On High Hills*）裡，楊恩回憶並讚揚了在那次戲劇性登山過程中的兩名旅伴：「對他們倆而言，生命都是無價之寶，但生命也同時是一種應該為了對人有所裨益而拿出來投資的天賦，於是他們倆都毫不遲疑地冒著血本無歸的危險賭上性命，只求能將人類的偉大冒險精神完好留在這個世間。」羅伯森會在一年之後，殞命在威爾斯的一處岩石表面。一座小教堂為了懷念他而興建，紀念碑豎立在能看到那面懸崖的地點。甚至於為了繼續讓更多的英國年輕人能夠走進這片山嶽，眾人還以羅伯森之名成立了基金會。這，就是大戰即將爆發前，那個時代的浪漫，那是一個雄壯威武的大男人也可以臉不紅氣不喘地把愛啊、美啊掛在嘴邊的時代，是一個日落日升還沒有變成畫家保羅・奈許（Paul Nash）筆下「對人類的嘲諷」、還不是對上帝與信仰褻瀆，也還不是在為了死亡揭開序幕的時代。

三十八歲的「高齡」，讓傑佛瑞・楊恩在一九一四年已經不適合從軍。但七月二十八日從瑞士返英後不到一星期，英國於八月四日正式參戰的兩天之前，他已經動身前往法國擔任《每日新聞》（*Daily News*）的戰地特派員。當時德國的五路大軍，逾百萬之眾，已經挺進到法國北部，並已開始以包圍之勢橫掃比利時，劍指巴黎。此時在比利時南邊，法軍已經中了德國的計，開始將兵力向東調往阿登（Ardennes）與亞爾薩斯（Alsace），數十萬大軍身穿亮紅長褲與電藍色制服，一身勁裝，浩浩蕩蕩像在遊行似地穿過開放的戰場。法軍掉進陷阱的結果，是人類戰史上空前的一場屠殺。在這場「邊境戰役」（Battle of the Frontiers）裡，超過三十萬法軍在短短兩週內陣亡。當楊恩在比利時陣線的那慕爾（Namur）進行報導時，從八月二十日起算的三天裡，法軍就死了四萬人，包括八月二十二日一天死了兩萬七千人。時間來到聖誕節，才進行了四個月，未來還有四年要走的戰事，就已經讓法國累積了近百萬的傷亡。

相對於德國以八十七個師的兵力出擊，法國回應以六十二個師的兵力，英國遠征軍（British

Expeditionary Force）則只匆忙地擠出了寥寥四個師的志願者投入比利時的芒斯（Mons）戰線。在那兒的礦渣堆與煤礦坑口之間，十萬名英國正規軍在一比三的人數劣勢下，挑上了整支德國第一軍。不得不撤退之際，英國士兵滿腳是血地走著，事實上他們的腳腫到靴子一旦褪下就再也穿不回去。就在這種狼狽的狀況下，英軍且戰且走地後撤了一百七十英里，途中幾乎沒有休息。

就在英國撤退，並在勒卡托（Le Cateau）打出經典斷後戰役的同時，德軍指揮官赫爾穆特．馮．毛奇（Helmut von Moltke）莫名失去了勇氣，由此他放棄了由巴黎西邊合圍法國首都的戰略，令麾下的三路法北德軍掉頭往南，而這就讓他的側翼在馬恩河（Marne River）前暴露在法軍的攻擊範圍內。法軍在九月五日發動的攻勢，讓雙方合計超過兩百萬人陷入戰鬥，而雙方的死傷都超過五十萬人。馬恩河之役讓德國的攻勢被擋下，但並未被瓦解。而以此為起點，兩軍展開了以海岸線為目標的拉鋸纏鬥，史稱「逐海之爭」（Race to the Sea）。過程中雙方不斷向北、向西嘗試包圍敵人的側翼，讓戰線轉而對自己有利，而一天天過去，一條條壕溝也讓戰線更加深刻地畫在法國的身上與土裡。德軍想在英吉利海峽邊上搶占敦克爾克（Dunkirk）、布洛涅（Boulogne）、卡萊（Calais）等港都的最後一搏，遭到了英軍在中世紀古鎮伊珀爾（Ypres）的攔阻，而那場「第一次伊珀爾之役」，也成為了德國人記憶中的Kindermord zu Ypren——以伊珀爾為舞臺，「無辜者遭受的大屠殺」，其中無辜者指的是做為後備部隊，投筆從戎的德國學子。

英軍遭受的正面攻擊自十月二十日開始以來，就一直持續到十一月的第三個禮拜。他們把陣線守了下來，但也為此付出了慘痛的代價。等到四十年來最潮濕的冬雨把火炮都澆熄了之後，幾乎等於整個帝國正規軍的英國遠征軍，已經不復存在。十六萬名遠征軍士兵有三分之一陣亡，且其在八月登船奔赴法國之時，遠征軍的平均配置應該是每營四十名軍官加一千名士兵，而打到最後只剩下各營平均一名軍官加三十位士兵。其中在十月抵達法國的第七師原有四百名軍官加上一萬兩千人兵力，事實證明他們會在短短十八天內折損九千名士兵。

封印了這成千上萬名英軍士兵命運的，是一個戰略性兼戰術性的決定。話說在伊珀爾，英軍選擇了在從東邊包覆古鎮的低緩山丘帶上，採取了守勢，由此讓防線上鼓出了一塊，創造出了軍事術語中說的「突出部」(salient)，而這個突出部在整場戰事中宛如甕中之鱉，只能被穩居另外三方制高點的德軍砲兵狂轟猛炸。為了捍衛伊珀爾突出部，這塊縱深不到四英里，最寬處也不超過十二英里的據點，英軍得在整場一戰中前前後後犧牲九萬人的生命，外加四十一萬名弟兄負傷，更別說還有另外八萬九千八百八十人會憑空消失，他們不是被泥濘吞沒，就是被炮火蒸發在空中。德國的損失也不遑多讓。四年當中，這塊雙腳可以用一天時間走完，支離破碎的土地，會見證不少於一百七十萬人的傷亡。在這死亡熔爐的懷抱中，伊珀爾的中世紀鎮中心會連同其高貴的建物與偉大的布館（Cloth Hall）[16]，一起在被火燻黑、被炮火擊毀後消失殆盡，剩下的只有變成瓦礫堆的斷垣殘壁，與被砲彈轟到不成人形的大街小徑；那兒不分平民還是士兵，都在戰時過起了地窖中的穴居生活，任由雨水、油漬與血跡匯流在一起，澆滅了他們對和平僅存的所有記憶。

由此在一九一四年的最後幾個星期裡，世界末日的善惡決戰在地表上搭好了舞臺。綿延四百六十英里的壕溝從瑞士邊境拉到英吉利海峽邊，其中英軍段包含最狀況最惡劣，且最無天險可守的地面。法蘭德斯（Flanders）的低地不但平，而且基本上全泡在水裡。由於你看不到任何一樣海拔超過兩百英尺的地形，所有小到不能再小的山丘都具有戰略意義。雙方以數千兵力前仆後繼，爭得頭破血流的那一點點高度與土地，若是被放到丘陵起伏凹凸有緻的英格蘭薩里（Surrey），則根本不會有人搭理。實際上的英軍壕溝陣線，短得出奇。北邊從伊珀爾到英吉利海峽這一段，控制在比利時手裡。而在南邊，法軍的控制區則從皮卡第（Picardy）與索姆（Somme）一路延伸到瑞士邊境。英軍段相形之下在阿爾芒蒂耶爾（Armentières）、阿拉斯（Arras）與阿爾貝（Albert）等樞紐城鎮的聯繫下，從伊珀爾出發往南，微微轉東進入法北，穿過朗斯（Lens）的地雷、途經維米嶺（Vimy Ridge）、跨越阿拉斯附近的斯卡爾普河（Scarpe River），最終來到索姆。一戰中大部分的時候，英國段都僅僅八十五英里長，而即便是其最長的時候，也不曾超過一百二十五英里。

事實上，英軍整體的作戰區域，即便有上百萬人曾在其中生活、訓練與死去，其面積也不過寬五十英里、長六十英里，約莫等同於英格蘭林肯郡（Lincolnshire）的大小。這塊戰區的西邊是距離英軍尾巴最遠不超過五十英里的海邊，另外就是埃塔普勒（Étaples）、勒哈佛爾（Le Havre）與羅恩（Rouen）等重要的集結港口與基地。戰區東邊就是德國人。為了補給並堅守大約一百英里長的戰線，英軍挖出了逾六千英里的壕溝。相較於一般在戰時，鏟子的戰備數量是兩千五百支；英軍在法蘭德斯的泥濘中用上了超過一千萬把鏟子。不下兩萬五千名英國煤礦礦工被找來挖掘通往敵後的隧道，而且是二十四小時不分晝夜。最終埋下的炸藥在引爆之際，會爆出連遠在倫敦都聽得到的威力。

「瘋狂的故事不勝枚舉。」楊恩在一九一五年二月的日記裡寫下了自己的心聲。「在精準的炮火之下，有著無人能承擔的壓力緊張。英軍一處壕溝好不容易輪到相隔四天的換班交接，裡頭的官兵卻已全數陣亡。一名倖存下來的基層軍官能夠撐下來，是因為他喝光了阿兵哥的白蘭地把自己灌醉，而在這之前他已先用刺刀固定住他發了瘋的長官，免得對方會舉槍自盡。」

楊恩待在伊珀爾的時間，是從一九一四年的十一月到一九一五年的七月底。他集結在《來

16 布館是歐洲許多城鎮裡，位於其主要市集中心的歷史古蹟，主要建於從中古時代到十八世紀這段時期。布館裡有貿易用的攤位來進行以布料為主的交易，但此外也不乏皮革、蠟、鹽巴與異國舶來品如絲綢與香料的買賣。

自壕溝》（*From the Trenches*）一書中的特稿，是對這場前所未見的戰爭一段相當早也非常專業的目擊紀錄。這不是戰爭，他寫道，這是文明的醜惡翻轉。稱之為戰爭，似乎意味著一部份的太陽還存在著，但事實上你能看到的，只剩下瘀傷的天際在苦澀的夜裡下著鈷藍色的雨。他回憶說，「一次又一次在前方的黑暗中，路旁祠堂（wayside shrine）[17]裡的祈願蠟燭光線，炫目地落在路面。等我將車子停下，突然的沉靜中傳來一名女性用麻木漠然的聲音呼喊著：『那是死亡嗎？』」

源源不絕的人間苦難，與懼怕恐怖德軍而踏上逃亡之路的難民，像潮水一樣淹沒了比利時的交通要道。殘存的市鎮裡遊晃著負了傷而腦袋一片空白的英國士兵，身上是乾硬掉的泥巴，有人只能上氣不接下氣地爬在被炸到體無完膚的街道上。戰線另一端那有如得了痲瘋病的大地上，散落著動輒千百具腫脹而焦黑的青春遺體，而無所不在飄散在萬事萬物上的，是那股腐屍的駭人惡臭。

「在半露在外，疑似原本是存放聖衣聖器的教堂儲藏間殘跡裡，」楊恩寫道，「一名年紀輕輕，皇家陸軍醫療隊（Royal Army Medical Corps, RAMC）[18]的外科醫師正在以颶風般的速度孤軍奮戰，因為不論是被扛進來、被領進來，或是躺在血汙破碎地板上的所有傷兵，都等著他處理。他的臉就像是張面具，他蔚藍的眼睛像鋼鐵般堅硬。他用刀劃開軍服、包紮傷口、給傷肢上繃帶，然後默默轉到下一個病患處的精準程度，就跟他的工作效率一樣令人讚嘆。摩肩擦踵的臨時診所裡頭一片血淋淋，而外頭的噪音十分令人分心；從斷垣殘壁上空，爆炸的流彈彈片噴出帶著餘溫的灰塵，覆蓋在我們身上。或搬或攙著將傷員送進診所的擔架兵，很多自己也不是沒有傷口在身。我看呆了——怎麼會有人能在這樣的工作環境下撐下去，一待好幾小時，而且孤身一人？」

眼前的苦難讓他深感震懾，亟待醫療的士兵慘狀則讓他的良心過不去，楊恩於是放下了報導工作，開始在他自創的救護單位中出一份力。他放下了臉皮，動用了一切關係來讓自己的人馬盡可能接近前線，因為愈前線愈能救到性命。先在法蘭德斯，後於義大利，楊恩與其同僚救援了超過十萬名傷員，直到最後他自己也成為傷患的其中一員。伊珀爾啟發了這一切。他一直在那兒待到一九一五年的四月二十二日。那一天，德國人第一次用毒氣進行了攻擊。

「那轟炸，」他寫道，

17 歐洲路邊或十字路口處會有的天主教或東正教祠堂，小小的亭子給予人心的安慰。日本的神道教也有類似的物件。

18 不同於皇家海軍與空軍，英國陸軍其實並未真正擁有皇家的頭銜，這是因為在歷史上的皇室與國會抗爭中，英國陸軍始終選擇站在國會這一邊。惟這並不妨礙若干陸軍單位套用皇家二字在名稱中來代表英國。

感覺比平日更加沉重，更加有威脅性……我惶惶不安地巡過了病房與辦公室。一名傷兵在（我們後來得知是）因為「砲彈休克」而陷入的半昏迷之中，一邊接受診治，一邊喃喃自語地說著，「好多白色的臉……月光……白色的臉」……我去到外頭。我看到的是在往回跑的人影，那圈黃色雲霧升得更高了，然後又一次，一點一點的卡其服人影開始匆忙往前衝，穿過平原，來到我們的東北方……傷者開始湧入……毒氣的第一批受害者。這種恐怖，一開始會駭人到令人難以置信……但等那景象來到面前，即便我已經離得數月前的文明世界好遠好遠，那當中所包藏的野蠻，那士兵口吐黃沫而窒息，最終曝屍在地板或荒野上的畫面，讓我心頭湧上了一股怒火。那種程度的憤慨，日後我再沒有被人類的其他殘酷行徑重新點燃，就連後來在德國那些慘不忍睹的集中營裡，那種由同為人類者所犯下的喪心病狂，都不曾再讓我的內心那麼激動；只因為那時我們還相信，人性，是每個人都有的東西。

亞瑟·威克菲爾的煎熬與失落，走的是另外一條路。他在戰爭開始時，是一個滿懷虔誠宗教信仰的男人，一個堅定的聖公會（英國國教）教徒。這樣的他滴酒不沾，也從來不缺席任何一個主日的禮拜。在傑佛瑞·楊恩的記憶裡，堂堂五呎八吋（約一七二到一七三公分），體重一百六十磅（約七十二到七十三公斤），外加胸圍是三十一吋的亞瑟．威克菲爾，是一個強壯的猛男，一個大學裡的冠軍拳手與划船選手。他生著明亮的藍眼睛，還有一副勇於冒險的秉性，而那也讓他在一九〇〇年擱下了醫學院的學業，報名成為第一帝國義勇軍七十連的騎兵隊與狙擊手，準備前往波耳戰爭（Boer War）中為國效力。在南非稀樹草原上所待的那一年，引爆了他對於帝國榮耀的想像，也點燃了他身為一個基督徒與國民的使命感與責任感。在英國愛丁堡與德國海德堡完成醫學訓練後，他加入了英國皇家深海漁業服務團（Royal National Mission to Deep Sea Fishermen）[19]。而這項選擇讓他結識了沿紐芬蘭與拉布拉多——日不落國最早與最古老的一塊財產——的岩岸建立一系列偏遠服務據點的威爾弗雷．格蘭菲爾爵士（Sir Wilfred Grenfell）。

威克菲爾抵達紐芬蘭那年，是一九〇八年，那是個鱈魚仍多到可以把海面染黑，毛鱗魚產卵潮會大到卵把岩石都軟化，魚油讓每吋海岸線都油膩膩的時代。前後長達六年的時間，他過起了相當艱苦的生活：冬天刺骨的寒風，夏天成群的蚊蚋，除了麵粉、油脂、糖蜜、茶、馴鹿肉與鹹魚以外乏善可陳的飲食。交通有時候靠狗兒結隊拉車，有時候靠馬匹或馴鹿，再不濟就雙腳萬能或靠小艇走水路。就這樣，拉布拉多將近五千英里、斷斷續續的海岸線，都是他巡邏

19 縮寫為RNMDSF，並簡稱「漁業服務團」。這個任務成立於一八八一年，宗旨為在英國與曼島的七十處港口提供財務、心理與宗教服務給遠洋漁業從業者與其眷屬，具體而言他們提供沐浴、洗衣、住宿、餐飲、輔導與休閒活動。

的範疇。身為這一整片大地上唯二的合格醫師之一，威克菲爾看病是來者不拒，從腳氣病、結核病、被熊抓傷，或是被子彈射傷，統統在他的守備範圍內。有一天，他破紀錄地拔了至少一百四十九顆牙。將自己奉獻給上帝與國王的他無畏於肉體上的艱辛，並身懷被他救活的許多人眼中有如巫師般的醫術。這樣的威克菲爾站在這片英帝國的荒涼邊疆上，巍巍然是殖民統治的中流砥柱。威克菲爾家族相簿裡的一張照片，你會看到他身穿內衣往某塊冰山上一站，那是他準備要縱身躍入深色海裡，進行他晨泳鍛鍊的身影。

戰爭的影響波及紐芬蘭，是在夏季，而那正是整個紐芬蘭都在海上捕鱈魚的時節。打仗的消息一傳到拉布拉多，威克菲爾就立刻動身前往首都聖約翰（St. John's），為此他乘的是一條名為「安珀捷克號」(*Amber Jack*，意為琥珀魚，即俗稱的鰤魚）的小帆船。他在八月十日出席了一場高階的政府會議。仍保有上尉軍階的威克菲爾能在會議桌上有一席之地，是因為他積極參與創建了拓荒者兵團（Legion of Frontiersmen）的紐芬蘭分支，拓荒者軍團是遍及整個大英帝國，源自波耳戰爭中的民兵團體，而威克菲爾用了家族的錢，完成了整支在地武力的裝備。

一九一四年，步槍在紐芬蘭奇貨可居。於是當英國政府在八月二十一日發布五百名志願者的召集令，承諾給予相當於加拿大志願者的薪餉，並提供從殖民地的任何一角到首府聖約翰的免費交通時，已由威克菲爾募集並武裝完成的志願者便自然而然地成為了首批應募的人員。這些少年與青年，全都是威克菲爾看著長大的教師、陷阱獵人、莊稼漢與漁夫，分別出身自上百處海灣、溪谷、小鎮與傳教站。就這樣以亞瑟・威克菲爾個人的使命感與責任感為土壤，孕育出的是具有傳奇色彩的「五百壯士」（First Five Hundred）。從這最初的五百人核心為起點，紐芬蘭兵團（Newfound Regiment）假以時日將派遣七千餘人加入作戰，而這當中每兩個人就有一個非死即傷。

在命運的一九一四年十月三日那天，威克菲爾偕子弟兵行軍通過聖約翰夾道歡送的人群中時，這樣的傷亡還是他們所難以想像的。停泊在碼頭的皇家海軍佛羅利澤號（HMS *Florizel*）運兵船，將載著他們前往英格蘭。少年們滿腔熱血地緊握著他們固定好刺刀的步槍，雄糾糾氣昂昂地將兵團旗幟護送到了船上。群眾歡呼著，在場鄉親父老包含要出征的子弟們，眾口一聲地爆出了〈往日時光〉（Auld Lang Syne）[20]的激情歌聲。

佛羅利澤號於隔夜出航，她首先駛出了聖約翰港的「狹窄水道」（The Narrows），然後往南與三十一條船組成的小型艦隊在黑夜中會合。負責護航的是排水量兩萬六千噸的戰鬥巡洋艦「皇家公主號」（*Princess Royal*），其任務是將紐芬蘭兵團與含近七千匹馬在內的第一批加拿大部

20 中文〈驪歌〉原曲。

隊，一起平安運抵英格蘭。橫越大西洋的航程花了十一天。主日那天，當眾人聚在一起禱告，威克菲爾被選任來負責講道。在普利茅斯港下船之後，部隊被轉送到索爾茲伯里平原（Salisbury Plains）的一處訓練營。他們在那裡度過了一個漫長的秋天與潮溼的冬天，四個月內泡在兩英寸（約五十點八公釐）的雨裡，這雨量是正常值的兩倍，而他們就在這樣的天氣裡操演、行進、練習各種在軍事訓練手冊裡強調到不得了，但到了法國幾乎都派不上用場的戰技。

英國已經一世紀沒在歐陸進行大規模作戰了，無怪乎指揮高層會展現出一種時不時與現實脫節到令人髮指的顢頇。根據在開戰之前的三年間所進行的一項調查，高達百分之九十五的英國軍官從來沒閱讀過任何一本軍事專書。軍中有這種對於作戰專業的自我棄絕，有這種軍事反智的邪魔歪道，自然就有基本上都愚不可及的領導階層，除了少數搶眼的例外。這些人固執地抗拒改變，也從整體上絕緣於創新的思想與行為。這就說明了何以在一八九八年打過恩圖曼之役（Battle of Omdurman）[21]的同一群人——他們在這場殖民戰爭中以僅僅四十八名英軍陣亡的代價，拿馬克沁機槍掃平了一萬一千名蘇丹士兵，另外還打傷了一萬五千人——竟會在一九一四年翻臉否認機槍在戰爭上的應用價值。晚至一九一六年三月，也就是經歷了二十個月的作戰之後，曾以司令荷瑞修・赫伯・基秦納（Horatio Herbert Kitchener）的參謀身分參與恩圖曼作戰，如今貴為英軍總司令的道格拉斯・海格（Douglas Haig）做了一件不可思議的事情：他開始設法減少每營的機槍數量，理由是機槍的存在不利於戰士的拚戰精神。他也以類似的理由，對經證實能讓頭部創傷減少七成五的鋼盔說了聲「不」。回溯到一九一四年的夏天，他曾不屑一顧地說飛機這玩意是種被高估了的噱頭，一面也把輕型迫擊砲甩在一邊，殊不知輕迫擊砲假以時日，將成為壕溝戰裡最致命的武器。不過這也不意外，因為即便是步槍，都得面對他疑神疑鬼的眼光。他惟二放在眼裡的，只有軍刀與戰馬。

「我們必須當成原則來接受，」一九〇七年的《騎兵訓練》（*Cavalry Training*）手冊裡寫道，「步槍固然作戰效果卓著，但其產生的（心理）效果將永遠無法取代戰馬疾馳的速度、部隊衝刺產生的魅力，以及寒冷的鋼鐵所能誘發的恐懼。」

就這樣一直到戰爭結束，海格都堅持養著整整三個後備騎兵師，五萬大軍就這樣全天候等著永遠等不到的前線突破。即便快轉到一九二六年，當全國軍民仍哀悼著近百萬將士的殉難之際，海格筆下對未來戰爭的看法仍是：「我仍相信戰馬的價值，也相信馬兒仍有不遜以往的機會在戰場上大放異彩。飛行機與坦克車，只不過是軍人與戰馬的配件，感覺告訴我假以時日，

21 一八九八年，英國遠征蘇丹恩圖曼的一場戰役，交戰方分別是英埃聯軍與當地的伊斯蘭馬赫迪軍。英國在此戰中大量使用馬克沁機槍，造成蘇丹士兵的慘重傷亡。

各位還是會幡然醒悟到馬在戰場上能管的大用——我說的是細心培育出的良駒——就跟各位從前所熟悉的狀況一樣。」當然，前線的官兵腦袋清醒得多。談到後備的騎兵，一名第一線的士兵是這麼評論的：「他們養他媽的玩具木馬就行了，反正效果是一樣的。」

當然這一切，都不在紐芬蘭兵團的所知或預期之內，他們還是戰戰兢兢、勤勤勉勉地在索爾茲伯里平原上的濕潤操場上訓練。他們受的教育是一支準備好要接受合理傷亡的勁旅，可以靠著「毅力、決心與潛伏獵人的特質」，順利地攻克一處機槍陣地。成功的關鍵前提，根據一九〇九年的官方訓練守則所言，是戰士必須在整場攻擊行動中保持「不列顛民族與生俱來，每個人都有的競技精神」，就是他們得在衝刺時全程放聲吶喊，「以便讓敵軍受到聲波振動的恫嚇」。決戰的武器會是刺刀，而刺刀的刀尖「應瞄準敵人的咽喉，因為只有對得夠準，你才能不費吹灰之力地把刀送進去，而且在僅短短插入幾吋後便要了對方的命。同時因為刀尖與眼睛很接近，所以敵人會因此瑟縮不已。其他往往會暴露在外的弱點還包括臉部、胸部、下腹部與大腿處，另外就是敵軍轉身背對你時的左右雙臂一帶。插入深度達四到六吋為宜，因為這深度已足以讓對方失去戰鬥能力，且有助於你拔刀的效率。一路插到底，往往會讓你的刺刀連著槍，卡在對方身體裡。真遇到這種狀況，正確的做法是擊發一槍子彈來清除阻力。」就事論事，刺刀刀傷只在一戰中造成遠不及百分之一的傷亡。真正的殺手包含步槍與機槍，造成了三分之一的傷亡，剩下的則統統得算在高爆彈這大魔王的帳上。大部分的陣亡將士，在鋼鐵與火焰合組的風暴從天而降時，都緊貼在壕溝滿是爛泥的牆上，等待著命運來臨。

身為醫官，亞瑟．威克菲爾治軍甚嚴，他篤信清潔與整齊是良好健康與士氣的前提。他在紐芬蘭兵團成員間的一個外號是「掉掉」（Droppings），因為他真的很在意別人垃圾到處掉。另外每天早上，子弟兵都會站在一邊，不可置信地看著威克菲爾踏進一個金屬盆子裡，光溜溜地頂著大冬天，一桶接著一桶地把冷水往身上澆。一方面他年紀大到足以當多數阿兵哥的父親，加上他又是另一場遙遠戰爭的老兵，亞瑟因此很關心、很照顧年輕部屬的身心健康。但也因為如此，大家才那麼訝異在一九一五年的八月十七日，他竟然會天外飛來一筆地緊急申請轉調到RAMC——皇家陸軍醫療隊。

威克菲爾請調離開兵團的理由，已不可考，但我們合理確信他不是怯戰而臨陣脫逃，因為短短一週內，他就已經成為了第二十九傷員分流站（Casualty Clearing Station）[22]的一員，準備前

22 傷員分流站做為軍事醫療設施，負責在距前線不遠處對傷員進行收容、初步治療與後送，地點多設於敵軍炮火射程的邊緣以外一點，且往往鄰近對外交通線（如鐵路）。傷員分流站的傷兵來自位於作戰區域內的軍團急救（哨）站。無法在分流站內獲得完整治療的傷患，會在其狀況穩定後轉送野戰醫院或正式的軍醫院。

往若干戰事最激烈的法國戰場。他加入的時點，正好是英國開始慢慢意識到野戰醫療挑戰非同小可的時候。一戰開打了幾個月，死傷便達到超乎想像的數量，且士兵受到的盡是在類型與嚴重性上都前所未見的創傷，各種令人瞠目結舌的嶄新病態，從根本上淹沒了醫學院教給這些醫生們的一切知識，皇家陸軍醫療隊只能盡可能嘗試提供可能的任何一點照護。從一開始，那些從前線被送回來、不成人形但還有一口氣在的士兵，就只能被連同擔架放在地上，任由法蘭德斯沃土裡的那些不知名之病原體，讓他們的傷口發炎潰爛。南非那些無菌的沙子，是外科軍醫們美好的記憶，因為他們如今得處理的是「氣性壞疽」(gas gangrene)，一發不可收拾的感染讓每一間急就章的病房裡的氣氛變差。那氣息聞起來就像死亡，再怎麼懂得自制的年輕護士都忍不住噁心反胃，說吐就吐。

截肢與根除手術成了常態，因為醫生得與時間賽跑，防止傷口潰爛隨感染不斷擴散。能用來對抗細菌的抗生素，當時自然還沒有問世，醫生對於細菌理論所知極其淺薄。X光技術還很原始，所以想在被流彈彈片打成蜂窩的身體上找到金屬的位置，可謂難上加難。輸血技術會在一戰間慢慢發展出來，而居功厥偉的正是馬洛里的好友傑佛瑞．凱因斯醫師。只不過在剛開始的戰役中，還是有數千名傷者活活流血至死。眾多醫官，包括威克菲爾與他後來聖母峰探險隊的同仁霍華．森默維爾在內，距離用水蛭吸血、用植物大黃的瀉劑來治療傷寒，甚至用蚊子來處理梅毒的醫學道統，都只隔了短短一個世代。

第一項挑戰，是如何將傷者從前線帶出來。還能走或爬的人，會自行抵達一般位於前線或備用壕溝裡的兵團急救哨站。站內的醫官會先在檢傷後給傷兵貼上標籤，上頭會註明他所屬的單位與傷勢的性質，並用不會脫落的墨水在士兵額頭上標示出誰還有救，誰死定了，然後包紮傷口，注射嗎啡，必要時（靠簡陋的刀具）切除血肉模糊的殘肢。「擱淺」在雙方前線之間的人，就只能在無助中咬牙等待黑夜來臨，希望到時候會有擔架兵發現他們。但這樣的希望並不大，因為每個營多達一千名的兵力中，只有三十二人被指派負責傷患與陣亡者的後送，換句話說擔架只有十六床。這樣的後送能力要疏散死傷動輒過半的戰場，可以說是杯水車薪。趁著夜幕，摸黑涉險穿過潮濕泥濘的地面與滿布屍體的崩塌壕溝，舉步維艱地跨越早先戰鬥留下的人馬腐肉，甚而時不時還得冒著生命危險，這就是擔架兵的工作內容。他們動不動就得扛著人走一個小時以上，才能抵達兵團急救哨站，或是抵達某條路口，才有救護車可通往鄰近的分流站——戰地醫療救援鏈中的關鍵。

與敵火射程邊緣近到不能再近的傷員分流站也是一種醫院，且兼具治療與檢傷分流的雙重任務。站內有醫護團隊，普遍的編制是八名外科醫師二十四小時輪班，每兩名醫師一組值班六小時。至於傷患則經過檢傷程序，分成狀況還行，經得起立即由鐵路後送至基地醫院的傷兵，以及傷勢較重，必須要進行緊急手術的傷兵。這之外的第三類，則屬於傷勢重到藥石罔效的人，這些人會被安上紅色的標籤，然後安置於某處有著垂死氣氛的病房，在那兒接受鎮靜劑或稍事清洗，並由溫柔的護士盡其所能給予安慰，讓這些年輕人在死之將至的命運前能獲得一點緩衝。到了隔天早晨，軍方的喪葬人員會將他們殘破的遺體縫進毯子裡，然後用推車送至萬人塚。直到戰爭結束很久很久以後，專屬於每個英靈的十字架才會一排排整齊地立起，聊表對他們的敬意——惟那也只是一個讓生者稍感安慰的表象，於逝者已無意義。

軍醫在分流站執勤壓力之嚴峻，訴不盡於三言兩語。他們一方面得在社會傳統、內心良知與軍令如山的共同敦促下，盡可能地保持心態上的正面樂觀；但另一方面，身為外科醫師的他們又得經手無止盡的血肉糢糊，通宵達旦地在砲聲隆隆中徹夜工作。而在被信號彈與照明彈打亮的夜空之下，身穿卡其制服的士兵裹在染血的毛毯裡，成了鬼魅般的剪影。他們氣力放盡而垂盪著分類標籤的身軀，被送進帳篷裡，而帳篷中隨風搖曳的乙炔火炬，只能勉強提供起碼的光線讓醫師判定傷勢是重是輕。

身上套著浸滿鮮血的罩衫，鼻子聞著由敗血症、科代火藥（cordite）[23]與人類糞便集結在手術室裡所混合成的嗆鼻惡臭，他們對著不來前線行醫絕對見識不到的傷口又切又割，又鋸又燒。時速兩千英里的高速子彈，足以擊破橡樹的基底，當然也可以削斷人類的足脛。殺傷力最強的首推流彈，因為這種有著醜陋鋸齒狀邊緣的火熱碎裂鋼片，會把瓦礫、軍服的布片、腐屍的肉屑，都深深地塞到傷口裡面。砲彈炸裂會扯破人的肺葉，讓器官衰竭，讓大腦溢血，所以你會看到一具看不出有外傷的士兵，死在另一具不成人形到無法辨識的屍體旁。比起被鋼鐵切斷的手腳、滴著腦漿的人頭、原本該是下體的地方變成一個肚破腸流的窟窿，更讓人不忍卒睹的是臉部的創傷：少年的嘴巴沒了雙唇，該是鼻孔的地方變成了鮮血淋漓的孔洞，一簇金髮連在被砲彈削掉頭皮的腦殼上。事實上整形外科的誕生，就源於一戰，源於一種盡可能將面容修復的需求中。說「盡可能」，是因為那些倖存者的臉，被殘害到終其一生都只能活在面具背後，只能去到鄉間，物以類聚地苟活在特別為他們安排的特殊營區中。只有在那裡，他們才能用扭曲如鬼怪的五官去感受風兒拂面的恬靜，不用擔心旁人的嘲弄或憐憫。除了一億零八百萬組繃帶與野戰敷料，皇家陸軍醫療隊還——截至戰爭結束——用掉了兩萬兩千三百八十六隻義眼。

面對這樣的高壓，分流站的外科醫師必須想辦法在瘋狂之中找到屬於自己的平靜。有些人選擇以最直接的方式無視戰爭，專心一意履行自己的職責，就好像在曳動的燈影以外，乃至於他們手術刀所能觸及的範圍以外，所有的東西都不具有任何本質上的現實意義。戰時的某天深

23 供子彈發射用的繩狀無煙火藥（相對於有煙的黑火藥）。

夜，馬洛里的好友傑佛瑞・凱因斯醫師在杜朗（Doullens）一處碉堡的地窖裡替一名年輕士兵開刀，他的情況是下體受到砲彈彈片的重創。開著開著，傑佛瑞為了抹掉眉頭上的汗滴而頓了一拍，順勢抬了個頭，結果他赫然發現旁邊有個人在觀察手術的進行——那個人是喬治五世，英國的國王。惟傑佛瑞遜沒說一個字也沒做任何表示，繼續專心開他的刀，完全無視於身旁站的是一國之君。

霍華・森默維爾，馬洛里在聖母峰上最親近的友人，在一戰時隸屬索姆河戰線的第三十四傷員分流站，地點在亞眠（Amiens）與阿爾貝之間的韋克蒙（Vecquemont）。跟威克菲爾一樣，森默維爾也是出身湖區，一名宗教信仰堅定的少年。他於一八九〇年誕生於威斯摩蘭的肯德爾（Kendal, Westmoreland）一個虔誠的長老教會與福音派新教家庭，家中有著生意興隆的製靴家業。身強體壯但卻有著藝術性向的霍華，在自然、音樂與藝術的世界裡長大，由此年輕時的他會隨興地跨上自行車，從薩塞克斯的萊伊（Rye, Sussex）騎到倫敦的女王陛下音樂廳（Queen's Hall），只因為他想在一年一度的古典音樂節「逍遙音樂會」（Promenade Concerts）上聆聽貝多芬、蕭邦、舒曼的古典樂演出，來回距離大約一百五十英里。

在從拉格比公學（Rugby School）畢業之後，他取得科學獎學金，進入了劍橋大學的凱烏斯學院（Caius College）就讀。此後他有一段時間與無神論打得火熱，並加入了一個名為「異教徒」

（Heretics）的社團。回憶起這段時間，他說「我所有視如珍寶的宗教信念，都被砸到了地上。有兩年的時間我用盡了吃奶的力氣來抗拒對神的信仰」。但來到了大學第二年的年底，他機緣巧合闖進了劍橋在地的一場祈禱會裡。等再出來時，他已經在會中茅塞頓開，成為一個忠貞而滿腔熱情的福音派教徒。「不消多久，」他補充說，「我就已經抖著一雙發軟的膝蓋，跳著一顆蹦蹦作響的心臟，在劍橋市集的露天會議裡講道傳福音了。」惟假以時日，他會感悟到自己人生的這個階段——用他自己的話來講——是代表著「他在播撒著形而上的野燕麥種，用一種精神上的濫交去取代普通的性愛，那不外乎是一種自然而然，年輕能量想轉換或昇華進精神管道裡的過程。」他的福音信仰熱忱會慢慢熟成而變得恬靜醇香，但堅定不移的是他強烈的宗教信仰，他篤信禱告的力量，祈禱於他是一種銘感五內的真相。

做為一名醫學生適逢大戰之初，森默維爾曾有過放下學業，立即從軍報國的衝動，所幸他的恩師，費德列克・特雷弗斯爵士（Sir Frederick Treves），適時將其勸阻。特雷佛斯爵士預見了外科醫生的大用，於是領著森默維爾在皇家外科醫學院（Royal College of Surgeons）繼續深造。後來在獲授階為上尉之後，進入到西蘭開夏兵團（West Lancs）之後，他終於在一九一五年成為皇家陸軍醫療隊的一員。他的外科病歷，是極少數未於一九四〇年毀於德國閃電戰戰火中的行醫紀錄，上頭精確而詳實地記載了在戰爭期間，森默維爾經手的每一次療程與手術。就以一九一八年的八月十八日為例，那天他治療了一名隸屬於林肯郡兵團第一營（1st Lincolns）的上等兵（lance corporal）[24]——G・A・迪金遜（G. A. Dickenson）。這個二十出頭的強壯年輕人有眼睛、臉部、手臂、肩膀、胸部與腹壁等多處受到砲彈炸傷。森默維爾替他切除了右眼，還動了數隻手指的截肢手術。

我們從隨機挑選的紀錄中發現接下來有其中兩天，森默維爾先是在八號病房處理一處砲彈造成的肩傷，然後又跑到五號病房治療左臂的槍傷，接著又立刻從那裡趕赴皇家威爾斯燧槍兵團第二營（2nd Royal Welsh Fusiliers）一名A・葛瑞菲斯（A. Griffiths）二等兵的擔架床邊，因為二等兵的腿「因為膝蓋關節碎裂亟需進行髁上截肢手術」。手術動完，他又回到八號病房給多塞特兵團第六營（6th Dorsets）的一名李德（Lead）二等兵治療頭部槍傷，最後再回到五號病房給西約克郡兵團第十營（10th West Yorks）的F・桑頓（F. thornton）上等兵截掉腳踝中彈的左腿。

隔天早上，同樣的例行公事接續進行。林肯郡兵團第七營的羅素（Russell）二等兵被子彈擊碎左臂。五號病房裡，西約克郡兵團第十營的W・D・史密斯（W. D. Smith）被砲彈炸到兩隻大腿盡皆骨折。森默維爾移動到六號病房，替林肯郡兵團第一營的一名基層尉官移除肺部的碎骨。接著他又料理了好幾例的槍傷，然後才衝到五號病房想救看看威爾斯兵團第十五營W・R・菲爾頓（W. R. Filton）二等兵的那張臉，他中的那槍讓其上下顎同時骨折，臉部的幾條動脈也被切斷。在菲爾頓之後等著的，還有西約克郡兵團第十營的贛恩（Gunn）二等兵，他右臂的砲彈炸傷裡有被衝力帶進深處的布料與塵土。贛恩的傷處理好，他又轉檯到九號病房去治療也屬於林肯郡兵團第一營的一名J・曼恩（J. Mann）二等兵，其裂開的胸口跟斷裂的肋骨都需要外科醫師出手。再來他的下一個病人又是個被槍打傷的阿兵哥，這打在其背上的一槍，摧毀了他的肩胛骨與第三根肋骨。最後，森默維爾返回到五號病房去處理一名李察茲（Richards）二等兵的左臀槍傷。總計他兩天內動完十二台大手術，外加截肢兩例，嚴重顏面創傷一例，還有不勝枚舉的骨折與被炸開的屁股。所有你想得到的憤怒心情，加上上方所述的病房大混戰，統統擠在四十八小時內經歷完。這樣的日子你將之拉長為兩年，密度大致不變，就是森默維爾的軍醫生涯寫照。

森默維爾在戰爭中自我調適的方式，似乎是精準而嚴謹地將心思集中在學術研究的無窮抽象潛力上。他進階成為了外科醫師中的外科醫師，因為雖然只是個年僅二十二歲的實習醫生，但森默維爾已經把人想得到跟想不到的每一種外科創傷，都手眼並用地體驗過了。自由放風的時候，他會去外頭寫生，此時他的雙眼如他後來筆下所寫，會受到大自然裡最最不起眼的物體

24 一譯「準下士」，但只是準備著而已，並非真正的士官階級。

吸引，而他的一顆心，則渴望著對每一樣有生命的活物都給予其應得的尊重。他的信仰堅強依舊，但又在對人類精神一種新的體悟，對其脆弱的一種包容之中，變得更加和緩而溫柔。值勤時的任何一瞬間，他都可能一走進某棟建築或某頂帳篷，就發現遍地的屍首，跟截肢過後堆成小山的斷腳與斷手。夜裡在某間病房裡，他會聽到傷者的痛苦呻吟與詛咒，聽到年輕人在譫妄中大吼大叫，也聽到少年用吃奶的力氣喊著「衝啊！」。然後等時間來到破曉，川流不息的死者與傷者會暫時被遺忘，至少一個早上的時間，你看到的不會是死屍與斷肢，而會是升起的旭日，會是蝴蝶振翅降落在燒焦的樹木殘株上，也降落在被戰爭炙燒成一片黑暗的破碎地景上。他會偕其他軍醫弟兄一起去不在前線範圍內的橡樹與楓樹叢中野餐，聽那裡的雲雀與知更鳥用歌聲使他們一時間忘卻恐懼、忘卻焦慮，忘卻精疲力竭的煎熬與痛苦。就這樣，戰爭成了一處夢境，而這種對現實的翻轉也讓信仰的可能性被保持了下來。

從一九一五年的最後一段日子開始，亞瑟·威克菲爾就一直駐紮在索姆防線的後方。在戰役開打前的幾週當中，他隸屬於第二十九傷員分流站，紮營處在熱贊庫爾（Gézaincourt）這個杜朗西南方的村莊，距離森默維爾所在的韋克蒙走路不用一天。他一則則日記裡那鮮明到引人側目的千篇一律，代表著是他與他那一代人的共同價值，還不包括為了供人分析與反思而顯露出性情中人的一面。他在日記裡描述了自己日常的規律生活：清晨先去越野跑個步，然後泡個熱水澡，吃個他口中的「breaker」，也就是早餐。接著他會巡房、幫每天早上掛病號的士兵看診、處理傷員、盡一已之力督導宗教儀式，看那些讓下午的氣氛總變得沉重的流水席葬禮能否產生出些意義。晚上要麼是他閱讀與寫作的時候，要麼是他跟同袍醫官邊吃飯邊「用嘴巴打毛線」，也就是大家天南地北扯淡的時候。另外跟森默維爾一樣，他也會一有時間就從前線的寂寥索然與淒涼灰暗溜開，去複習什麼叫做生命與色彩。他種植了一個花園，設了抓兔子的陷阱，享受著皮卡第春天的野花成群，但與此同時，萬事萬物的上空都盤旋著有點遠又不太遠的炮聲隆隆。他一天一頁地撰寫著日記，而每一頁日記都結束在對天候的描述之中。

關於自己的工作與經手的傷患，他基本上隻字不談，我們唯有去看第二十九傷員分流站的官方戰爭日誌，才能一窺日日夜夜被送進站內的傷亡規模，差不多是每天五十到一百人，而此時——一九一六年的初春——還算是前線相對安穩的時節。在天高皇帝遠的城堡中，高談闊論的指揮高層嘴裡，有一個術語將這種持續性的人員消耗叫做「減員」（wastage）。想真正對傷亡的程度有個概念，我們必須要跳進這場進行了四年又四個月的戰爭脈絡裡面，即便只看英軍，其每日平均的人員消耗就是六百左右死，一千七百左右傷。

四月四日那天，威克菲爾記錄下了第二十九師的到來，而讓他既吃驚又欣喜的是當中也包含了紐芬蘭兵團。自從前一年的夏天以來，他跟拉布拉多的孩子們就沒有直接聯繫上過，主要是他當時留在了法國，而擴編為營級兵力的紐芬蘭兵團則登船前往埃及，參與了知名的加里波利（Gallipoli）戰役。他從無法證實的八卦中得知他們登陸在蘇弗拉灣（Suvla Bay），然後有六個月的時間一邊為霍亂、痢疾、傷寒、壕溝足病（trench foot）所苦，一邊還得面對腥風血雨的戰事考驗，直到一九一六年初才終於得以從達達尼爾（Dardanelles）撤離，然後三月二十二日登陸馬賽港，如今方得以與威克菲爾重聚。出於巧合中的巧合，威克菲爾的傷員分流站就設在子弟兵們將作戰的那一段前線後面。相當以孩子們為榮的威克菲爾立於熱贊庫爾的路旁，用目光搜索著熟悉的臉龐。那是一幅兆頭不祥，看了令人惴惴不安的光景：一萬兩千名士兵、六千匹戰馬，外加大小不一的火炮、輜重馬車、救護車、野戰廚房，綿延在頭尾十五英里的路上。在這一日陰雨連綿的寒天當中，第二十九師光通過鎮上就耗費了五個小時。「空氣中瀰漫著期待的氣氛，而關於我們的動向有各種謠言甚囂塵上。」威克菲爾在那晚的日記裡寫道。「休假已經暫停，休假中的人也全被召回。」

五月十六日星期二，威克菲爾開了個小差，騎著自行車穿過博凱訥（Beauquesne）與馬里厄（Marieux），為的是去盧旺庫爾（Louvencourt）拜訪紐芬蘭兵團。關於晴朗而美麗的那一天，他後來寫道：與高階人員午餐，然後參觀了連本部，並在那兒見著了基層年輕軍官，跟阿兵哥們

「打屁聊天」。在營本部喝完茶之後，他於晚間六點離開，並踩了一個小時的鐵馬回到分流站，那是在吹著溫柔南風、萬里無雲的日子裡，一個「令人心滿意足的美好小旅行」。他不會想到那天便是他與那天每一個人的生死訣別。一個月後，四方的道路會被槍砲彈藥阻塞住。六月二十一日，威克菲爾寫道：「針對大規模推進可預期會創造出的傷患，一切的因應準備都已經完成。空氣中開始無一處不可嗅到名為期待的氣氛。風向西南，溫和、舒服、有太陽，氣溫偏暖。」

對索姆河的攻擊，前後的籌畫耗費了六個月的時間。歷經了一九一五年種種的不堪回首——包括一九一五年三月在訥弗夏佩勒（Neuve Chapelle）嘗試突破但未能得手，包括鎩羽於達達尼爾海峽所留下的失落，包括加拿大部隊四月底在第二次伊珀爾戰爭進行的自殺性反抗，五月份奧伯斯山脊（Aubers Ridge）作戰的潰敗，還有九月底盧斯（Loos）戰役的慘劇導致德國人稱之為「屍橫遍野的盧斯」（*Der Leichenfeld von Loos*）——英國把所有的希望都寄託於用一次大型的攻勢來突破德國的陣線，將海岸平原解鎖成為可在上頭移動的戰場。能做到如此，壓力極大的法國就可以稍微鬆口氣，統帥與士兵們也將終於可以從壕塹所代表的落魄與折磨中解脫。至少放眼第四軍從上到下，這個期望像是海浪般席捲了足足五十萬人，由此他們對於攻擊已經蓄勢待發。

考量到戰爭的勝敗——乃至於帝國的命運盛衰——都在此一舉，任何細節都不能率性地交付給機率。相較於一九一四年解法國之危的第一次馬恩河之役雖說是一場大戰，其戰鬥命令不過寥寥六段文字就交代完畢，索姆河之役有著檔次完全不同的規格。英軍在位於大後方，距離前線有一大段距離的蒙特勒伊（Montreuil），建立了位於海格名下豪華城堡裡的參謀本部，大約三百名軍官在海格的指揮之下寫出了一份洋洋灑灑厚達五十七頁的文件，當中鉅細靡遺地勾勒出了每分鐘各該做些什麼的時間表。他們考慮了每一個細節、指定了每一個動作、預期了每一種結果。那是紙上談兵的巔峰，怎麼看都絕對會成功。自一九一四年起算，英國陸軍的規模已從四個師擴大到五十八個師。在索姆河，英軍的兵力相較德軍會擁有七比一的優勢。關於準備預先進行的轟炸，海格計畫準備近三百萬枚砲彈。到時候一星期發射的火炮次數，將比英軍參戰以來的總量還多。確實光是在索姆河之戰的頭七天，英國就朝德國戰線轟進了將近兩萬噸的鋼鐵。轟完之後，就輪到戰士們上場了。第一波的攻勢動用了十三個師，六萬六千人的兵力沿十四英里長的壕溝中奮起。惟在勝利在望的同時，一份參謀文件也提出警告說「眾人必須要有傷亡慘重的心理準備」。關於這一點，不只一名歷史學家表示英軍最終損失如此多人命，是其在戰術上作法自斃。

英國的眾將軍對他們的士兵們缺少一份信任，他們不覺得士兵有能力在戰鬥爆發後把戰場控制住。這場戰爭在規模與火力上已經進入工業時代，但通訊技術仍非常原始。無線電技術才剛開始萌芽，電話線與電纜很少能撐過轟炸。所以一旦炮火狂轟猛炸完，士兵從壕溝中爬到地面上，他們基本上就是單兵作戰，僅存與英國防線的聯繫只有比手畫腳與信號彈，頂多再加上用鉛筆在紙上鬼畫符，然後由傳令兵或信鴿將訊息帶回防線。有一項計畫是把鑽石型的反光錫片縫在士兵的背上，希望透過從空中俯瞰來辨識不同單位，但人算不如天算的是混亂的戰鬥一開打，這種做法的效果只剩下讓阿兵哥變成發亮的活靶。本部的一項命令，動輒得六小時後才到得了前線各營的手裡，而且這些命令因為脫節於瞬息萬變的戰情，所以往往幫了一堆倒忙，不然就是沒有人要搭理——除非那軍令是上頭大發慈悲要他們撤退。

對海格與本部的眾多參謀而言，勝負最大的變數在於他們指揮下的部隊素質。在南非與蘇丹、在印度西北邊境（North-West Frontier）[25]，還有在從直布羅陀到巴貝多的上百個遙遠帝國前哨為這些將軍們出生入死，為他們帶來榮光的正規軍兄弟，現已了無生息地橫屍在法蘭德斯的泥濘裡。英國領地的部隊，包括各地的民兵、志願者與義勇軍，已於一九一四年尾聲被急就章地編成十四個步兵師，外加十四個騎兵旅。這些領地部隊一開始是被派駐到海外來接替各地的駐防部隊，好讓駐防部隊能騰出手來去法國服役，但慢慢地這群領地部隊也全都投入了壕溝戰

25 西北邊境省（North-West Frontier Province）是英屬印度行政劃分中的一省，也就是後來的巴基斯坦。西北邊境省於一九〇一年建省，而西北邊境的地名一直沿用到二〇一〇年為止。

中。死亡的日常，讓從軍的體格標準逐月下降。戰爭開打時，男性得身長五呎八（一七二到一七三公分）才能入伍；到了一九一四年的十一月，五呎三（一百六十公分）的嬌小士兵也搶手的不得了。

時任英國戰爭部長的基秦納爵士不同於國內其他的政治領袖的一點，是他從戰事初始就預料這會是一場漫長而血腥，對各國財富進行吞噬的工業時代戰爭。他並不把各領地的部隊當回事，因為那些「小鎮公務員組成的部隊」不值得他有所期待。他身為戰爭部長的任務，是要以在戰爭頭十八個月裡，匯集到紅白藍旗幟下的兩百萬志願者為材料，按他的理想打造出一支「新軍」(New Army)，然後由這支勁旅來贏得勝利、落實和平。到了一九一六年，基秦納撒手人寰時——他在因公前往俄羅斯時溺死在途中的海上——他的新軍已經就緒，英國擁有了舉國有史以來規模最浩大、裝備最精良、訓練最扎實的部隊。一九一四年，他從大大小小的行會、社團與自發性民間協會所召募的那批少年與成年男性出身自每個村落、每片山谷、每個街角，構成了英國陸軍的基礎。在預定於索姆河發動攻擊的一百四十三個營當中，扎扎實實地有九十七營新軍。新軍成員中有不少人都是相偕前來報名，主要是基秦納答應過一起入伍的人就可以一起打仗。新軍的士兵共有一股近乎謎樣的愛國之情，並心懷一種今日我們難以想像的責任與榮譽。常有人說他們是花樣的英國少年與青年，這點無庸置疑。

惟身為總司令的道格拉斯・海格還是有他的疑慮。基秦納找來的這些士兵都沒有經過實戰的測試，而他卻要將這樣的菜鳥派去對付如日中天的德軍。新軍的軍官要麼同樣年輕而欠缺經驗，要麼就是從英屬印度陸軍的退役指揮官、領著退休金的人員，或是民兵上校這群老人家之間拉人過來，而他們在海格的口中，是一群「熱情過剩的業餘人士」。到了一九一六年，差不多任何英國男士只要有意願，都不難弄到個軍官做做，但不保證他們一定會打仗。戰前的老兵與舊部，三三兩兩散落在攻擊部隊中，惟預定前往索姆河作戰的各營中，沒一個營有超過四分之一的充員兵拉自九死一生活下來的正規軍。而在排定要出戰的第四軍共十一個師裡，竟有六個師完全未經過戰火的洗禮。

面對這種青黃不接的情形，海格的應對之道是將這場作戰視為一場繁瑣異常的演習，一次使用實彈，真刀真槍的閱兵。第四師收到的命令，把話挑得很明：「弟兄們必須要學會不假思索地以本能服從命令。整個推進的過程必須一個口令一個動作。」高層完全不考慮在作戰中加入奇襲的元素。在規模與威力都前所未見的預先轟炸過後，地面部隊便會開始按有規律的節奏，一波一波排隊前進。分別都有一千人的兩營兵力將爬上梯子，離開壕溝，成四路縱隊將部隊展開，一路縱隊就是一連，每個人前後相距兩碼（約一點八公尺）遠，而各縱隊則相隔二十碼（約十八公尺）。每一名戰士除了基本的步槍與刺刀以外，還會攜帶六十六磅（約三十公斤）重的各類裝備：鐵絲剪、兩百二十發的彈藥、野炊套件、空沙包袋、信號彈、壕溝鏟、野戰包紮敷料、防毒面具兩副、手榴彈兩枚。這麼驚人的負重，戰士們整隊變得遲緩而無法隨心所欲，而軍官手中只有一根指揮棒能壓過噪音維持秩序：愛爾蘭兵團用的是拋光過的黑刺李材質，其他部隊則用的是馬六甲手杖或白蠟木。說這些是指揮棒，還真沒冤枉它們，因為真正打起仗來，這些手杖的作用就跟樂團指揮手中的那根差不了多少。軍官的職責所在是領軍，而不是殺敵，所以除了一把制式左輪以外，戰場上的軍官就沒有任何其他武裝了。為了確保紀律與秩序，海格堅持讓部隊刻意以步行的速率朝德軍戰線挺進。英德兩方的陣線並不平行，所以各處的距離不一，有些地方會寬達一點五英里，但英軍指揮高層對此並不以為意，因為他們認定砲轟將讓德軍鐵絲網肝腸寸斷，同時也根本不會有德國士兵能活下來造成進軍的阻礙。

六月二十五日星期日，威克菲爾寫下了短短一則日記。「大轟炸於昨夜展開。我們聽不到太多聲音，但深夜裡我們可以看到炮火在天空中閃了又閃，不見中斷。風向西，不強。天氣大致晴朗，只有小雨幾場。溫度熱。」

接下來的七天，天空夜以繼日地把鋼鐵像雨一樣下在德軍的頭上。在倫敦，漢普斯特德荒野公園（Hampstead Heath）的空氣像心臟一樣搏動，整片英格蘭南部也都感受得到戰爭的聲聲脈動。在天搖地動的前線，英軍會因對地面的震波穿透軍靴而感到舉步維艱。一如一名加拿大二等兵所寫，「你整個身體會瘋也似地陷入某種恐怖的獵奇舞步……我感覺自己只要伸出手指，就可以碰觸到一堵有形的音牆，聲音變成了一種彷彿固態的存在。」

這場轟炸由小而大，示範了什麼叫中氣十足的漸強（crescendo）。魔音穿腦的尖聲像颶風一樣，盤旋在整條前線的上空。人類戰爭史上出現如此場面，這是頭一遭。拿破崙在滑鐵盧開炮兩萬發；索姆河的英軍架起了一千五百三十七個砲陣地，每個陣地都足以單日落彈一千枚。曼徹斯特步槍兵團第二十二營（22nd Manchester Rifles）的一名士官對當時的轟炸有過這樣的評語：「那些砲聲的特異之處，不光是規模浩大，而是連音質也有所不同，我有生以來沒聽過那樣的聲音……那聲音懸在我們頭頂，就好像那空氣裡瀰漫著無邊無際而痛不欲生的激情，一會兒爆出呻吟與嘆息，一會兒又化作是刮耳的尖叫聲與令人不忍的嗚咽哭泣；那空氣一面在令人膽寒的轟擊之間瑟瑟顫抖，一面被撕裂於不似人間的如鞭聲勢中，另外也在巨大羽翼那莊嚴肅穆的拍擊過程裡，與之同步震動。那超自然的紛亂嘈雜並不自南向北，也非從東到西，它沒有方向性，沒有要從哪裡到哪裡；它並不從無到有，也不由弱轉強，更沒有終點在前頭等它。它只是自顧自地以空氣為家，一種靜止不動、全景般的聲響，那種大氣層的自然狀態，人類理應做不出來。」

前線的部隊不禁同情起敵軍，因為他們知道在這種攻勢的面前，人有多麼徬徨與無能為力：在駭人噩夢般的炮火紛飛與在足以震碎人神經的爆炸聲浪裡，等著一聲哨音，還有哨音後那粉身碎骨、死無全屍的醜惡命運。坐困壕溝裡任由外頭狂轟濫炸，一名士兵的形容是那就像人在綁縛在柱子上，任憑仇敵手拿大榔頭重槌攻擊。那榔頭會蓄勢往後，呼嘯向前，然後「敲在你的腦殼邊緣，柱子的碎片四濺，一遍又一遍。暴露在猛烈轟炸之中，完全就是這種感覺。」全身的血液都往上集中在腦子裡，全身體溫高到像在燃燒，神經則被拉扯到極限，隨時都會斷裂。失控的士兵有人哭泣，有人呻吟，而他們的雙眼會深陷進再也無法重見光明的眼窩裡。

如雷貫耳的砲彈聲，讓英軍心中充滿了將狠狠被戳破的希望。海格之所以選擇索姆河發動攻擊，部分的原因是這裡能讓他的部隊避開法蘭德斯的濕潤平野與泥濘，他評估這一點將讓突破德軍戰線變成一種可以期待的可能性。但讓海格青睞皮卡第做為突破口的相同條件，也讓德軍得以在地底進行挖掘，而這也確實是德國採取的戰略。他們在地無三里平的戰場底下約四十到六十英尺的白堊岩層中，挖出了坑道與防空洞。在這種深度，人完全感受不到英國帶來不算特別多的重榴彈砲轟擊。而這就帶出了另外一個問題：絕大多數的英國火炮，打出去的都是榴（霰）彈（裡頭裝著大量彈丸的砲彈；貌似多子的石榴，故名），而這打出去的視覺效果很好，因為德軍的鐵網會被拋向天際，而地上的土壤則會如水花四濺。但榴彈顧上面子卻失了裡子，因為塵埃落定之後，德軍的鐵絲網還是好端端地在那兒，沒有被切斷，同時榴彈更完全沒有穿透地表的效果。更糟糕的是，英軍射出的東西有三分之一是啞彈。德軍這邊在英方並不知情的狀況下，又驚又懼的士兵常會因為砲彈造成的腦震盪壓力，而從耳朵與鼻孔流出血來。這些德軍士兵瑟瑟發抖於死亡的恐懼裡，但又還沒做好準備要接受死亡。他們在地底深處蟄伏著，就等著英軍的總攻勢找上門來。

德軍的指揮官為防禦守勢準備了兩年，而英方的海格也不是個憑衝動或直覺行事之人，但他確實有種「天分」，總能找到敵軍陣線最強的點，與其硬碰硬。德軍逐高地建立了三條連續的防線，包括將溫和起伏的農地打造成鐵網的叢林，並以四千碼以上的縱深串起了交叉火網，遠超過英軍最重型炮火的射程範圍。英軍想要推進，不僅得先突破前線與備用的壕溝，他們得克服整整十二條防線，然後才能伸手擁抱開闊的鄉間。在一條總長十八英里的前線上，德軍把九個村莊強化為固若金湯的防禦據點，也讓這九個村的名字在史冊上迴響：蒙托邦（Montauban）、馬梅斯（Mametz）、弗里庫爾（Fricourt）、拉布瓦塞勒（La Boisselle）、奧維萊爾（Ovillers）、蒂耶普瓦勒（Thiepval）、博蒙阿梅爾（Beaumont-Hamel）、塞爾（Serre）與戈默庫爾（Gommecourt）。德軍防線蜿蜒穿過或從上方跨越過每片高地的制高點，同時每一處岬角也都進行了防禦工事。他們安排了逾千把機槍。任何來犯的部隊想要進攻，都只能在「頂著炮火從正面攻堅」與「忍受被四面夾擊而嘗試從側面突破」這兩個令人同樣無法接受的選擇之間，進退維谷。

不同於英軍，德軍已經徹底領略機關槍的威力。再怎麼優秀的士兵拿著步槍，都得選擇目標、屏除干擾、對傷兵的哀號充耳不聞，然後每分鐘射速頂多十五發，而這還得倚靠平日的訓練有素。相對之下，機關槍簡直是戰爭行為的濃縮精華。操作者不需要瞄準，甚至不需要發射武器。他們只需要把帶狀的彈藥餵進後膛，看管好冷卻劑的水位，加上運用「兩吋敲擊」（Two-inch taps）[26]的吋勁讓槍口以不多不少兩英寸的幅度在火力範圍內橫移，釋放出川流不息的子彈，其密度就足以讓人即便在一英里以外，都甭想站直了走路而不被打得稀巴爛。機槍完成了殺人的機械化過程；只要調校得宜，再加上片刻工夫的安裝，機槍即可就定位，隨時用子彈的風暴來掃平敵方壕溝邊緣的胸牆，而這也正是德軍所做到了的事情。

一九一六年六月三十日夜裡，攻擊的前夕，亞瑟．威克菲爾寫下了這樣的字句：「天空因為炮火而閃著光，但我們幾乎聽不到任何回報。我的一個病患告訴我說，我們大量使用了一種至毒的毒氣，他只吸了一口就變這樣了。他說有群特遣隊滲透到敵後，而他們回報說德軍壕溝裡堆滿了死人。風向西南，風勢輕微；午前陣雨，午後沉悶，然後放晴為一個美麗的夜晚。」前一天，威克菲爾曾另外從一對老朋友處聽得其他消息，他們一個是葛林（Green），一個是史隆（Strong），兩人都是紐芬蘭兵團的年輕軍官，也都在兵團對德國戰線發動突襲時身受重傷，其中葛林一個人就殺死了六名德軍。威克菲爾提到說，「跟他們天南地北聊了一下，然後走回分流站，在那裡陪他們到上火車。然後我去巡了房。午餐之後我看了新的病例，忙了一點園藝。風向西北，風勢溫和到強，整日多雲但晴朗。」他輕描淡寫的新病例，其實多達一百三十五人，是平日的兩倍。這讓威克菲爾心頭一震，因為這讓他知道苗頭不對了。但當然他當時不會知道的，是葛林與史隆這兩名年輕軍官有多麼幸運，因為整個紐芬蘭兵團除了他們，以及指揮官與他的副官，再沒有人活過索姆河第一天的戰鬥。

六月三十日的下午，海格將軍一身勁裝，在他的輕騎兵陪伴下帥氣登場——馬兒都經過仔細梳理，發著完美亮光的是打過蠟的馬鞍與馬具。他領著騎兵從位於蒙特勒伊（Montreuil）城堡的大本營出發，小跑步踏上了林蔭大道，然後從夾道的參天法國梧桐之間揚長而去。既然戰事的一切都已經準備就緒，跑馬的日常就沒理由不加以延續，另外他午後的體能鍛鍊也是生活的一大亮點。跨在他最鍾愛的駿馬上，身旁有他一表人才，講究到連一顆鈕扣或一枚扣環都不馬虎的隨扈陪著他，讓他得以維持住一個假象：這仍是一個紳士與秩序的世界，而做為一場演習的戰爭，也尚未流逝其光輝與榮耀。在大英帝國部署到戰場上，有史以來最大的一支軍隊裡，一支光在法國與比利時就會遭逢兩百五十六萬八千八百三十四名傷亡的部隊裡，海格當了

26 透過練習，槍手可以學會用掌心去敲擊機槍的後膛側邊，以恰到好處的力道與橫移螺栓的阻力達成平衡，並藉此讓槍口移動兩英寸的距離。

四年的頭，而他親赴前線的紀錄連一次都沒有，甚至他也從來沒有去探視過自家的傷兵。直到戰爭結束了很久之後，海格的兒子才嘗試做出了這樣的解釋：「弟兄們在大戰中蒙受的苦難，讓家父痛苦難耐。我相信他是因為秉持著職責所在，才刻意要求自己不前往傷員分流站，因為他知道自己如果到了現場，生理上將無法承擔。」

在索姆河戰役的前夕，海格相信天命是勝負的關鍵所在，而神就走在他身邊與他為伴。「我可以感覺到自己計畫中的每一步，」他對妻子傾訴說，「都是在聖駕的扶持下跨出。朝氣蓬勃的弟兄們精神抖擻……鐵絲網從來未剪除得如此徹底，火砲也從未準備得如此周詳。」經過為期數月的訓練與期待，英軍的士氣不可謂不高，但真相是鐵絲網沒有被很徹底地切斷。事實上在德軍前線中的前線，一共二十七英里的距離裡，鐵絲網幾乎完好無缺。

在攻擊發動前的最後一小時裡，德軍戰線上的落彈數超越二十五萬枚。轟炸完之後是一片寂靜——一種與眾不同，而且稍縱即逝的寂靜。一種空洞而歷經震撼之後的呆滯，就好像大地本身得到了緩刑而得以喘一口氣。時間在佇立中暫停。擠在爬梯底部的英軍可以聽見敵軍壕溝殘骸中傳來傷兵哀怨的呻吟，可以聽到大片成群的蒼蠅發出的嗡嗡聲，可以聽到鼠輩的尖銳叫聲，甚至可以在起霧的這天聽到不知名的鳥兒、雲雀與似乎在憑弔著什麼的鴿兒發出絕美的歌聲——詩人暨戰士希格夫里．薩松（Siegfried Sassoon）後來描述那是種「平日我們習於稱為天籟」的聲音。壕溝中的即景是灰暗的面容、對過時間的手錶、少許的海軍蘭姆酒、用刀插在壕溝壁上給至親的訣別信、沒有大聲說出口的禱告、與戰友的一個眼神交流、有點勉強但再沒有機會重來的笑容；壕溝裡的氣息是恐懼、是汗滴、是血液、是嘔吐物、是糞便、是科代火藥味、是腐爛的屍臭味。上午七點半一到，充滿穿透力的刺耳哨音準時響起，英軍發動攻擊。八十四個營共六萬六千名士兵沿著十四英里長的前線，從各壕溝中一擁而上，掙扎著要爬出到戰場上。在同一個瞬間，從規模與複雜程度都是英軍前所未見且難以想像的地底深處中，德軍前線六個師的倖存者衝到了陽光下。就在英軍抵達胸牆所花的一分鐘之內，戰鬥的勝敗就已經沒有了懸念。

英軍的攻擊對德軍來說，當然不是什麼意外。連著好幾個禮拜，德國在倫敦的間諜就已經一直公開聽到「大推進」的事情。索姆河陣線後的能量蓄積、數百英里長的軌道、車道與通信用壕溝在土木大興、數百萬枚砲彈的囤積、空中與陸上交通的流量變得密集，亨利・羅林森將軍（General Henry Rawlinson）麾下第四軍約兩千門火砲與數以萬計的士兵集結在同一地，都是不可能掩人耳目的事情。轟炸是總攻擊的序曲，而德軍早在英國士兵從壕溝中現身之前，就已經確知了轟炸會結束的時點。海格永遠都是在一陣砲轟之後的早上七點三十分，準時發動地面攻擊。海格無法想像到任何聰明一點的做法，比方說微妙地暫停一陣子炮火，把德軍從坑洞騙回壕溝裡頭，然後再重新開砲把他們都炸死。更糟糕的是，羅林森在凌晨兩點四十五分發給第三十四師的軍令，遭到德軍截獲，所以他不僅知道英軍會發動猛攻，而且還知道那攻擊會發生在早上幾點幾分。

真正嚇到德國人的，是英軍的戰術。卡爾．布連克（Karl Blenk）這名第一六九兵團的德國機槍手曾寫道過：「當英國人開始挺進的時候，我們原本非常擔心；他們看上去一副要把我們的壕溝踏平的感覺。但隨即我們就很驚訝地發現一件事情，那就是他們的前進是用走的，這可讓我們長了見識。我們環顧四方都是英軍的身影；他們應該有數以百計之眾，其中走在最前面的是軍官。我注意到其中一名軍官走得好整以暇，手裡還拄著一支手杖。開槍時我們根本不用著急，有充分的時間可以射完子彈然後重新裝填，一遍又一遍，然後他們就應聲而成百地倒下。瞄準沒有什麼必要，只需要大概朝他們射過去就好。其實他們只要跑起來，其攻勢一定可以輾壓我們。」

希格夫里．薩松身為挺進過程的目擊者，見證了英軍士兵是如何爬出壕溝，來到地面整隊，然後肩並著肩，身負（有些人高達上百磅的）沉重裝備還有固定好刺刀的長槍，開始重心朝前地與來襲的鉛彈風暴面對面。七點四十五分，他看見後備壕溝中有士兵在歡欣鼓舞地送同袍出征，氣氛就好像他們在看足球賽似的。經過兩個小時，他寫道，「鳥兒一隻隻都變得傻怔怔的；某隻雲雀原本翻飛向上，然後愈飛愈有氣無力，似乎是覺得沒必要飛得那麼起勁。其他的鳥兒則在壕溝上方漫無目的飛翔，一邊還發出像是在抱怨什麼的嘈雜叫聲，揮翅也很無力。」十點十五分，他說「我見識到光天化日下的地獄是何等光景，而微風依舊搖晃著發黃的野草，罌粟花在克勞利嶺（Crawley Ridge）底下閃耀，幾分鐘前剛有幾枚砲彈在那兒落腳。」午後兩點三十分：「我能看到有個人側躺著地上，上下揮動他的雙臂，整張臉血紅一片。」

在第一波出戰的各營當中，二十個營遭到全殲於無人地帶。在第一個小時裡，或許甚至在頭幾分鐘裡，戰場上的傷亡就突破了三萬人。來到這天的尾聲，德國鐵絲網內已經沒有英國士兵活著。但付出這樣的代價，英國沒有拿下一個村莊，也沒有達成任何一個重要的戰略目標。機槍對人掃射的模樣，就像鐮刀從草的側面砍下。少數得以抵達德國前線的英軍，要麼被火焰槍燒成灰燼，要麼被炸彈炸到屍骨無存，再不然就是被子彈射成蜂窩，然後慘慘地掛在鐵絲網上曝屍荒野，就像「被擊落在堤防上的烏鴉」，直到血肉從骨頭上脫落。

這是英軍戰史上最大的一宗慘案。有此一說是英軍當時想記錄死者姓名，但卻連這需要的「文書人力」都拿不出來。英軍一共一萬九千兩百四十人在那天殉難，日後列成清冊之後，兩百一十二頁滿到沒有一處空白。傷者人數則超過三萬五千人，這個數字還會在戰鬥的第三天結束後翻成兩倍，而這慘烈的一役最後肆虐了四個月。戰線從頭到尾的各個兵團，都承受了百分之七十五的戰損。時間來到一九一六年的七月一日早晨結束，基秦納的新軍已然不復存在，只剩下一排排屍體，身上是被血染紅的軍裝。「打造出我們需要兩年的光陰，」里茲結伴營（Leeds Pals）二等兵A・V・皮爾森（A. V. Pearson）寫道，「摧毀我們卻只花了十分鐘。」[27]

在戰線後方的傷員分流站裡，如森默維爾與亞瑟・威克菲爾一般的醫官正等候著如山洪暴發湧入的傷患。七月一日是威克菲爾唯一忙到沒空寫日記的一天。他在七月二日的日記上，回憶起了等待時那幾個小時的心境：「我們感覺到空氣裡似乎有什麼東西，不論望向何方，你都可以感覺到事物底下有種通了電的興奮暗流。我們知道就在幾英里外不遠的地方，成千上萬的士兵不是在殺人，就是在被殺，而雖然我們什麼都沒聽到，也沒看到，但大戰與帝國的最終歷史恐怕正在一筆筆寫下。」

第一批滿載著傷兵的火車車廂抵達於下午兩點半，並陸續一共載來了最終超過兩千名的負傷或垂死士兵，將醫療帳篷四下擠得水泄不通。「你很難假裝沒聽到他們求助的哀號，」一名醫療勤務兵寫道，「但我們必須要專心救治那些還有得救的人。」

「我盡了全力，用最快的速度給傷員上敷料，」威克菲爾寫道，「就算胡亂吞下些吃的也只會歇手兩三分鐘的工夫……但我們從來沒有一刻把傷兵統統處理完。他們就像一條無止盡的河流……新的火車車隊在（晚間）九點半接踵而至，而我替他們清創、敷藥、包紮直到凌晨兩點半，然後隨著增援的醫官與醫務兵到場，我們才開始換班。我交班的時候已經是凌晨三點多了，大約四點被叫醒說是新湧入一批病患，五點半才全數清空，然後我才又去睡到上午十點半。風向不定，風勢不強，溫暖、有太陽。夜裡極冷。」

在韋克蒙的第三十四傷員分流站中，森默維爾原本得到的通知是在戰事的頭一天，傷患應該不會超過一千人，結果他跟另外一名外科醫師發現自己身陷由傷員所聚成的天葬場中央，成百上千了無生氣的身形有的還是少年，有的是已成年的男子，但都同樣裹在染血的綳帶裡，也都同樣蒼白、寒冷而沒有動靜：

整場戰爭下來，我們從沒有在其他地方看過這副駭人的景象。川流不息的救護車排到有一英里長，全都是在等著卸下傷者……傷患不僅得席地躺在我們的帳篷裡跟建物裡，還得躺在毗鄰的農舍中，乃至於整個分流站營區的範圍內，那片地固然足足有五、六英畝[28]大，上頭卻一個貼一個地停滿了擔架，每個擔架上都躺著一個痛不欲生或瀕死之人。醫務

27 各地的結伴營（Pals Battalion）就是那些官方承諾只要好朋友一起報名入伍，到時候就可以在戰場上並肩作戰，不會因為被拆開而落單的營隊。

兵四處奔波著遞送喝的跟吃的，不然就是盡可能替人包紮傷口。我們身為外科醫師則在只是個棚子的手術室裡拚起老命，撐起四張手術台。偶爾我們會抬起頭來，迅速環顧一下四周，從數千名病患中挑選出幾位我們判斷其性命或肢體還來得及救下的幸運兒。那真的是慘絕人寰。即便到現在，我都還忘不了曾有雙年輕而明亮的眼睛，是如何在我們從一排排傷患身邊經過時，對我們投以讓人往心裡去的急切眼神。

他們幾乎沒有人說一個字，頂多是開口要水或止痛藥。我不記得有誰曾明示暗示要我們優先救他而非旁邊的那個人。他們只是躺著，只是在沉默中大聲呼救，而我們則是抓緊時間檢視傷口，看看誰才是最有機會救回的傢伙。傷在腹部等需要長時間手術來處理的地方，代表你會被我們跳過，也就代表你只能等死了。我們不得不優先處理花個幾分鐘截肢就可以保住一命的人，或是把傷口好好撐開就可以留下手腳而免於殘疾的人。就這樣，各種殘破、受重創，還有垂死的士兵躺在四下，將我們團團圍住，而他們原本都是青春在英國開出的花朵——若這幅畫面還不叫作恐怖，那我真不知道恐怖二字還能用在何處。

一整夜下來，伴隨著炮火閃動，炫目的片狀黃光不時被打上天空，森默維爾與同事忙到不得一點空。浸濕他們的雙臂與罩衫的血液，來自那一日踏足韋克蒙戰地的一萬兩千名傷兵。索姆河之役的頭一日，英軍光第四軍就累積出三萬兩千名傷員，而前線後方的所有醫療設施加起來，其接收能力不過九千五百人。就這樣一具具的人體不斷湧入，有的還能站著，有的只能躺在擔架上，尤有甚者會有人陷在推車裡，勉強攤在錫製的浪板上，由傷勢較輕的士兵運送著。還有救與沒救了的傷者躺在地上——就像一截截的圓木，至少一名士兵是這樣記得的——只有自生自滅的份兒。他們只能壓抑著自己的痛楚，任由開放的傷口無人照料，然後祈禱著雨不要落下。

從威克菲爾的日記內容看來，這場災難的全貌是經過了好幾個禮拜才為人得知。倫敦的大小報紙明明一天之內就抵達了前線，卻只是當起了官方軍事布告欄的傳聲筒，而那與現實有著極大的落差。「道格拉斯．海格爵士昨晚來電，」《泰晤士報》（*Times*）在七月三日報導，「表示整體戰局相當樂觀……各項情勢的發展都相當順利……推進不僅有效，而且戰果相當可觀……我們第一波的挺進堪稱直搗黃龍，由此我們找不到理由不看好最終的結果。我們的部隊不負所託地完成了任務，敵人所有的反攻都只換得一頓排頭，大量的俘虜成為了我們的階下囚。」為了把用謊言來粉飾太平的論調推動到底，《觀察家報》（*Observer*）表示，「新軍在戰鬥中發揚了前所未見

28　一英畝是四千多平方公尺，大約一千兩百多坪。

的英勇與堅韌，其表現超乎我們至高的期待。」

包含《每日郵報》（*Daily Mail*）在內，不少報紙都搬出華麗的詞藻，將死者包裝成了某種典範，就好像話只要說得夠誇張，就可以讓這些人重新活過來。「這些逝者表現出的態度，」《每日郵報》宣稱，「在他們積極向前挺進而倒下的瞬間，表現在了一種充滿了期待的眼神當中。你可以說他們是眼中閃爍著勝利在望的光芒死去。」七月四日，《泰晤士報》公開說這是一場無懈可擊的成功戰役，其中尤其提到傷者的「鬥志與勇氣都令人激賞」。報導中描述多數的士兵負傷甚輕，永久性身障的比例微不足道。此外，報紙還欲罷不能地肯定著轟炸的成效，惟「少部分地方有個別壕溝或做為防禦工事的鐵絲網，奇蹟似地逃過了炮火，而其中沒有被炸斷的鐵絲網，讓我們進攻的步兵弟兄蒙受了可觀的損失。」

這些人員「損失」的證據，就橫陳在亞瑟．威克菲爾的四周，就在第二十九傷員分流站的範圍內。然而當他走在遍野傷者之間，判斷著該誰有機會活下去跟誰註定要殞命在此的時候，竟沒有一個少年或男人講話有他熟悉到不行的口音，沒有一個人身著專屬於紐芬蘭兵團的藍色綁腿，也沒有任何一個士兵的小帽上乘載著紐芬蘭兵團的徽章：金色花圈中的馴鹿頭。那感覺就像是紐芬蘭兵團憑空消失了似的。

直到戰爭開打後將近一星期，時間來到七月六日，威克菲爾才第一次聽到目擊者親口說出哪怕只是一名紐芬蘭子弟兵的命運。那一天在傾盆大雨裡，穿著麥金塔雨衣與橡膠雨鞋，他步行到了杜朗，拚了命想到找到子弟兵的一點蛛絲馬跡。「那天六點到八點有電影放映，」他在那天晚上寫道，「但我沒有去看。貝利中尉來了，我被告知了達夫上尉陣亡，而他的營也被打散掉了。達夫帶領弟兄衝鋒，但人才跨出胸牆就被打傷了手臂。他起身繼續前進，胸部又挨上一槍，但他還是再接再厲地站了起來。最後他帶著僅存的幾名兄弟抵達了德國佬的壕溝。他事前在自己身上綁滿了炸彈，而在自己的頭顱被砲彈炸飛之前，他也用這些炸彈幹掉了三十個匈奴蠻人（Huns，指德國人）。風向西南，風勢輕微，午前天氣晴朗，下午五點三十分陣雨，雨後沉悶但恢復了晴天。」

兩天之後，威克菲爾在他工作的病房裡遇上了一個老鄉，一名叫做桑默斯，因為砲彈休克而啞掉了跟陷入木僵狀態的軍官。他接著又治療了兩名毒氣壞疽的患者，而他認出了其中一人是同樣來自紐芬蘭兵團的少年，名喚甘迪納。「我跟他大聊特聊了一番，代他寫了封信。然後去散了個小步，在開始一天的混戰之前去洗了個澡。風向北，風勢輕。天晴、有陽光、溫暖。」很顯然根據威克菲爾的日記，他要到七月二十一日，才會徹底知道他鍾愛的紐芬蘭兵團在第一天的索姆河之役，到底經歷了什麼樣的遭遇。而這段遭遇，這個故事，也徹底擊垮了他的心靈，讓他終其一生都滿懷著擺脫不掉的怒氣。這股怒氣，讓他在戰後隱居到加拿大的山林，讓他在一九二三年豁出一切但又不抱希望地一搏於聖母峰，也讓他在喬治．馬洛里與山帝．爾文於聖母峰走向人生盡頭的同一天，心如刀割地在大山牆峰頂發出了痛苦的呼號。殊不知在博蒙阿梅爾殉難的每一個人，都是由他帶到這裡的。

索姆河戰役發動的當天早上，紐芬蘭兵團被劃歸第八軍團一共四個師裡面的第二十九師。他們預定要在戰場最北端，總長三英里的前線處，對德軍戰線發動攻擊。鞏固住德軍守勢核心的，是博蒙阿梅爾一處可以扼控山谷的碉堡，而那片山谷，正是被英軍用做為攻勢發動啟動的地方。此處的無人地帶有著不一而足的寬度，較窄之北端僅有兩百碼，攻勢發起線的南邊則可寬至五百碼，不變的是每一處都是空門大開地將弱點暴露在外，毫無可用的掩護。事實上該戰場生著一副羅馬圓形劇場的形狀，碉堡的兩側都有高地拱衛。而在這樣的高地上，德軍花了兩年的時間挖掘坑道，建立地堡，然後水泄不通地將每一吋戰場都覆蓋上機槍的火線。受制於此地形，英軍打起仗來是半瞎的狀態，他們甚至無法就德軍戰線的各個段落進行觀察，所以也無法判斷先期轟炸造成了敵方多少的損傷。

在攻擊發動前的幾個星期裡，英軍工兵把地下隧道挖到了距離德軍陣線不到三十碼的地方。七月一日的凌晨兩點，這些隧道正式完工，成為了史托克斯迫擊砲（Stokes mortar）的陣地。此外，皇家工兵還埋設了四萬磅的阿莫納炸藥在正對著博蒙阿梅爾村，位於霍桑嶺堡壘（Hawthorn Redoubt）高點那條德軍戰線的正下方，要知道該堡壘正好可以壓制英軍所據的山谷頂點。惟英軍並沒有好好地在事前或在發動攻擊的當下引爆這些炸藥。相對於此，英軍參謀本部堅持要準時在早上七點二十分引爆炸藥，但這樣的爆炸時間就像是精心設計好的鬧鐘，在提醒德軍要為地面攻擊做好準備一樣。

德軍的一份團級報告留下了這樣的文字：「四面八方的土地都因為白堊（岩）的石礫碎塊而看起來一片白，就好像剛下過雪似的；同時一個直徑逾五十碼的巨大彈坑出現在山丘的側邊，活像個合不起來的傷口。此一爆炸，正好是英軍步兵要發動攻擊的信號，我們每個人都為此做好了準備，手握步槍在在坑道的下層階梯處等著轟炸結束。短短幾分鐘內，轟炸就告一段落，然後我們就魚貫衝上了階梯，來到地面上，然後在彈坑裡就好定位。我們的前方開始有一波又一波的英軍士兵爬出他們的壕溝，然後用走路的速度朝我們方向接近。你可以看到他們的刺刀閃耀在陽光下。」

地雷的爆炸揚起了灰塵到四千英尺的高空，而德軍則用火砲發動反擊。利用六十六處沒有被發現，所以也毫髮無損的砲陣地，德軍對聚集在壕溝中，準備要發動攻擊的英軍步兵發動了猛烈的攻擊。英軍將鐵絲網切開，用來讓步兵穿過的通道數量不足，寬度也太窄，而德軍的機槍逐個掃描缺口，一有人冒出頭來就殺無赦，直到最後光是想通過鐵絲網的缺口，都有相當的難度，因為當中卡了太多自己人的屍體，以至於後續的士兵光是想抵達無人地帶，都得手腳並用地翻爬過人體疊成的山丘。壕溝當中變得寸步難行，一舉一動都充滿了挑戰性。因傷而在痛苦中蠕動的士兵，嗚咽啜泣地像個孩子。頭不見了的軀幹、著了火的臉蛋、變成噴泉的鋼盔有三英尺長的血柱噴散；被炮火五馬分屍的人體殘骸，活像是屠戶店裡四分五裂的肉塊；上頭插著一段段鋼片的腦袋；斷裂的脊骨與脊髓在泥濘中鬧著性子，像蟲一樣又扭又翻。

在屬於戰鬥的喧鬧、混亂與恐怖當中，各種通訊全面崩潰。一份光榮勝利的假報告，讓更多兵力被餵進大屠殺當中。上午九點十五分，紐芬蘭兵團受命前進，但兵團的右翼虛懸，主要是屍體造成的壅塞讓照輪下一個該上場的單位——埃薩克斯兵團第一營——沒能準時在起始點就定位。砲彈降落在屍體上，飛散的血肉與碎骨蒙蔽了生者的視線。全身被熊熊烈火燒著的戰士失去了理智，敵我不分地相殘而亡。對威克菲爾有著特殊意義的紐芬蘭兵團費了一番工夫，才爬出壕溝，而一爬出來，他們就一個個失去了重心，死在了己方的胸牆上。他們的編隊隊形在德軍的機槍掃射下不堪一擊。少數能跨出步伐出發的人，也只能踩著溫吞的腳步，在沉甸甸的負重下跌跌撞撞地向前。他們把身體前傾，像在鞠躬似地頂著槍彈的風暴走著，似乎是覺得這樣可以盡量降低與子彈的接觸面積。英軍講究到以秒為單位來排定的空襲行程，已經推進到了更前方，與第一線的戰場拉開了距離。戰場上，每一碼的土地都有士兵死去，但紐芬蘭兵團還是沒有停下腳步。少數人奇蹟似地抵達了德軍陣線，但也只落得中彈而葬身於泥濘中或被鐵網插進體內而身亡的下場，因為轟炸根本沒切斷德軍的鐵絲網。事實上，不少這些勇士在精疲力盡而喘不過氣，在渾身血跡斑斑，也在因為恐懼而難以保持理智的人生盡頭，很多人腦中的最後一個念頭是一道恐怖的領悟：原來德軍的陣線根本完好無缺。空襲根本什麼目標都沒有炸到，德軍的防禦工事毫髮無傷。在氣憤難平中，他們衝進了鐵網當中，擲出了手榴彈，然後你可以聽到人腦部被擊中時會發出的喉嚨咕嚕聲，那讓他們連最後盡情呼喊一次都做不到。

以總數而言，那天早上的紐芬蘭兵團有八百一十名成員跨出了壕溝，來到了地面。而只有六十八人從戰鬥中全身而退，其中軍官無一倖存，包括三名原本不應該參與戰鬥的軍官。最後只剩指揮官與副官還有命領取參謀本部的稱讚。「訓練有素與紀律嚴明的勇氣，在此役中精采地展露無遺，」海格的一名幕僚對紐芬蘭總理說，「而兵團與成功失之交臂，只是因為死人沒辦法繼續挺進。」

歷經一九一六年七月一日的慘劇，海格不得不承認自己一敗塗地，然後宣布索姆河攻擊喊停。由此他重新定義了作戰的目標，並改口對外宣稱自己原本的用意就是要打一場持久的消耗戰，而不是尋求軍事上的突破。索姆河之役最後打了一百四十天，付出了死傷逾六十萬人的代價，英軍防線卻僅推進了六英里，由此協約國距離巴波姆（Bapaume）還有四英里，而那是海格計畫在戰事第一天就要拿下的據點。三千萬枚砲彈在此間被發射出去，德軍死傷達六十萬之眾，而四個月的仗打下來，數十平方英里大小的戰場鋪滿了一層又一層的屍首，深度可達三到四個人，當中有腫脹的遺體，有不按規律插出地面的人骨，有因為藍色身體的大頭蒼蠅聚集而黑麻麻的面容。

一九一六年十月十二日，正當索姆河戰役仍打得如火如荼，威克菲爾的軍旅生涯告一段落。在歷經了兩年的役期後，他退伍回到加拿大。十月二十一日在布洛涅（Boulogne），他睡到了睽違一年的床鋪。接著在倫敦待了一星期之後，他搭上伊奧尼亞人號（*SS Ionian*）這艘從加里波利之役中歷劫歸來，甲板上還有血汙的殘破蒸汽船，接著歷經海上的狂風暴雨，在十一月十三日抵達了蒙特婁。他並沒有在家鄉停留太久。聖誕節的前兩天，他加入了加拿大軍隊，然後有一年的時間先在醫療船拉提西亞（*Letitia*）號上，後於阿拉瓜亞（*Araguaya*）號上服役，跟著船一起往返於大西洋兩端的利物浦與哈利法克斯（Halifax）之間。威克菲爾寫於一九一七年的書信，已然佚失。家人認為應該是被燒了。惟這些航程的官方紀錄顯示有數以百計的年輕人擠在一張張狹窄的軍床上，承受著痛苦難耐的重傷。威克菲爾負責的是傷勢最重的那一群：擔架上的傷者、截肢的病人，還有受創的心靈破碎到拼不回正常，不得不用皮帶綁在精神專門病房裡的那些人。多如牛毛的例行公事讓人忙到麻木不仁。再怎麼巡也巡不完的病房裡，看不完的病人有的苦於失憶，有的被毒氣弄瞎了眼睛，有人面目全非到令人難以置信。八點要跟病房軍官共進早餐，正午在用完餐後也要開會，會後回到病房直到午茶，然後換正裝出席六點晚餐前還有甲板上的運動要做。

每橫越大西洋一趟，威克菲爾的心靈就被侵蝕掉一點。他仍不失為是一位幹練的軍官；憑著一己之力，他在一九一七年的八月一日組織了傷者的救援行動，當時的狀況是從從利物浦出港後十天，當安全的哈利法克斯港僅在十英里開外，大霧卻讓拉提西亞號在此時擱淺。不過比起這些，真正讓他耿耿於懷的是那些很多人不會注意到的小事，比方說在九月十九日的午後，他的病人裡有個被戰爭弄瘋到生活無法自理的傷者，翻過船舷跳了下去。「那天的海象非常惡劣，」威克菲爾回憶說，「浪頭都會打到船上頭。兩枚救生圈被船尾的瞭望員第一時間拋到海面，其中一個就落在那名傷兵的旁邊，但他只是任憑自己沉入海中，就此消失在這世間。」

威克菲爾在阿拉瓜亞號上服役直到一九一七年的十二月十二日。這次退役之後相隔兩週，他人來到了英格蘭。然後在十二月二十九日，他動身前往肯特（Kent）去好友的家中拜訪。那朋友是一名叫作萊格特（Leggett）的年輕人，而且是其家中四個兒子裡，唯一活下來的人，另外三個都死在了法國。隨著新的一年展開，威克菲爾來到了四十二歲。他從戰爭一開始就從軍，而且隨時都有回家的自由，但他並沒有這麼做，反倒是一而再再而三地加入了行伍。就這樣到了一九一八年的二月份，他又回到了法國，這次他任職的單位是加拿大的野戰醫院，包括一開始位於海邊的儲備基地，還有後來在距離前線較近的烏特羅（Outreau）。他對於德國人的恨意，已經可以從一九一八年起的信裡清楚感覺到。在日記裡，他曾寫到有年幼的孩子在幫助一個飢腸轆轆的戰俘，結果被開槍射殺，曾提到過有醫師的妻子被以頭髮綁在自家的房子上，還有數十件真實或想像的行為，全都被算在了一個被他痛斥為「禽獸德國佬」的民族帳上。他期待著一場勝利，因為勝利可以成為一個契機，讓那些他認為該為戰爭負責的人，付出應付的代價——而他認為該負責的，是德國整個民族，是當中每一個恣意妄為，在他看來卻絲毫未因自己的行徑而承受過任何痛苦或後果的男男女女。這是一種永遠報不完的仇。一九一八年十二月四日，他從屬於德國領土的土能（Thounnen）捎來了一封信，並在信裡寫道：「德國佬壓根不知道什麼是戰爭。把這事兒教會給他們，就要靠我們了。我可以向你保證我非常努力在這麼做。」

事隔六年，威克菲爾來到大山牆的山頂，見證雲霧散去，並按照一名地方記者所說，「讓開了空間給金色的光線，」使陽光驅策著聚集的群眾褪去了身上的雨衣，昂首朝向陽光璀璨處。傑佛瑞・楊恩跨上了紀念銅牌上方的一塊巨岩，並在威克菲爾的示意下緩緩開始發言。他的聲音低沉而強韌，並在空間開闊的沉默中朝著遠方傳播。僅僅抵達綠山牆頂峰的山友隔著「風口」（Windy Gap），都在事後表示他們每個字都聽得一清二楚，每個字都像參與紀念儀式的小號吹奏一樣清脆響亮。「他們向我提出的要求是詩歌，」楊恩後來回憶說，「但我知道這一定要散文才對味。當然我心中想著的是蓋茲堡演說[29]。一唸起那篇演說，我便感覺到文思泉湧。」

就在這座山巔，我們今天相聚於此，將這片山丘獻給自由。這塊岩石上，刻劃的是許多人的姓名——而這些人是我們的兄弟，是我們在這片山崖上的同志——他們，跟我們一樣，都堅信一片土地上的人類精神如果受到禁錮，那這片土地就不會擁有自由；這由山丘、風兒與陽光所組成的情誼與夥伴關係，有他們的一席之地。是他們奉獻出了自己，才讓這塊土地上的自由，才讓我們的精神自由，得以不滅而延續……

這紀念碑所象徵，所確立的，是雙重的信念：這片山丘靠一己之力，便可以給予它們每個孩子的東西，不論是在自由當中所應具備的強大自我要求，還是透過熱忱服務所給予心

29 美國總統林肯於一八六三年十一月十九日，發表於蓋茲堡戰役結束四個半月後的演說，為南北戰爭中最為人稱道的一篇演講，當中揭櫫了民有民治民享的民主精神。

靈之開闊，這些自由的山丘日後也將再度、也將永世將之傳承給更多的孩子。

關於這群山的孩子所付出過的一切，他們的盡忠職守，還有他們留下的典範與啟發，完滿而不朽；這顆我們共有山丘裡的自由之心，將永遠為他們的記憶守候。

演說告一段落後，一群來自聖比斯學校（St. Bees School）的學子領唱兩首讚美詩，〈慈光導引〉（Lead, Kindly Light）與〈真神是人千古保障〉（O God Our Help in Ages Past）。天氣再度由晴轉陰，而「在霧氣的旋轉當中，」《廣告人報》的在地特派員報導說，「那歌聲令人耳目一新。傑佛瑞・撒立先生朗讀了詩篇中的『我將舉目向山，看我的幫助從何而來』[30]，而J・H・史密斯牧師（J. H. Smith）則講出了他的奉獻祈禱文。」

在這整段時間裡，雲朵不斷地跨越過山頭，把影子投射在了山岩攀登社的每一位成員臉上，威克菲爾沒有祈禱，也沒有低頭鞠躬。事實上終其一生，他都沒有再提起上帝二字，也沒有再去做過禮拜。就連他的孩子，也再也不曾於他的面前走進教堂。

大山牆上的這場紀念儀式，結束於〈天佑吾王〉的合唱歌聲中。

30 聖經詩篇第一百二十一篇。

2

想像中的聖母峰
Everest Imagined

喬治・納桑尼爾・寇松（George Nathaniel Curzon），英帝國的第十一任印度總督，有著先天性脊椎側彎的毛病。假以時日，這會讓他不得不穿上鐵製的矯正馬甲，他每踏出一步都會痛苦不堪。惟這並沒有妨礙他好幾回徒步或騎馬橫越半壁亞洲。以一八八七年為起點，他開始了一段走海路與鐵道，不趕時間的環球壯遊，西至加拿大，然後再從那前進到亞洲的日本、香港、印度、亞丁港，然後返回英國家鄉。一年之後，他貫穿了中亞的各汗國，然後從莫斯科走陸路，越過裏海，靠鐵路移動到布哈拉（Bukhara）與撒馬爾罕（Samarkand），然後再搭馬拉車抵達塔什干與黑海。一八八九年，他遊歷了波斯，每天馬一騎就是七十五英里也不稀奇，而且過程中還得承受沙漠的灼燒，但即便如此，他精準而獨到的觀察還是一字一句填滿了動輒數百頁的一本本札記。這些札記後來集結成擲地有聲的全兩冊第一手見聞《波斯與波斯問題》（*Persia and the Persian Question*），在一八九二年出版後廣獲好評。他有著一雙間諜的眼睛，世上似乎沒有什麼東西能逃過他的注意。

一八九四年，在第二趟環遊世界後，寇松隻身一人旅行到印度，然後在經過一番死纏爛打後，獲得了英屬印度的許可去阿富汗執行外交任務，主要目標是拜見其新上位的埃米爾（emir；國君之意）。他刻意把這趟路走得九彎十八拐。首先他從吉爾吉特（Gilgit）向北跋涉到帕米爾高原（Pamirs），見識了罕薩河谷（Hunza）的蠻荒之美，然後繼續向北前進，最終成為了第一個沿鄂克薩斯河（Oxus River；即阿姆河〔Amu Darya〕）前進，在俄屬突厥斯坦溯源成功的西方人，而這一探險上的壯舉，也讓他後來獲頒令人垂涎的皇家地理學會（Royal Geographical Society）金牌。好不容易能進入喀布爾，他也沒忘了讓自己看起來風風光光。他早就未雨綢繆地在倫敦與一位戲服設計師合作，請對方幫自己準備了一套帥氣的制服，上頭滿滿的是充滿存在感的金色肩章、一整排閃閃發光的獎牌與飾品，外加一把巨大的彎刀。你可以想像這一整套行頭，是完全出自於想像力的美術作品，其力量與意義，完全源自於衣裝下那個人的果敢與勇氣。

在冷冽的篤定中度過一生的他，用一名同儕所形容「上了層琺瑯的自信」掩蓋著自己彆扭的步伐。這樣的寇松爵士在許多方面上，都像化身一樣代表著英國統治印度時的精髓與各種矛盾。做為一個有著七百年歷史的貴族王朝後裔，他有著一位疏遠的父親，至於照顧他的則是一個有著虐待狂的保姆。說這人有虐待狂，是因為她曾經逼著他手撰一封信給家中的管家，要管家去安排訂製一支手杖，好讓家裡有個像樣的東西可以用來打小寇松。在就讀伊頓中學與牛津大學期間，他養成了一可名之為「難以言喻的優越感」之氣質。在倫敦的社交圈裡，他最出名的除了聰明才智，大概就要算是他的風流多情了。他繼承了頭銜與土地，但讓他致富的是與面貌姣好的美國富家女——瑪莉・萊特（Mary Leiter）——的婚姻。他家族在德比郡的宅邸凱德斯頓莊園（Kedleston Hall），在加爾各答成為了皇宮建築的靈感來源，所以說一八九九年，當他在四十歲的生日前夕實現了從政以來的夢想，成為了印度總督時，那感覺可說是順理成章而毫不勉強。

一如英國勇闖印度的整個過程，寇松集自大虛榮、勤勤懇懇與進取的狠勁於一身，而且堅定地把道德優越性當成其全心投入的任務。他寫了不只一本關於印度地毯的書籍，重振了泰姬瑪哈陵的榮景，守護住了拉合爾的珍珠清真寺（Pearl Mosque of Lahore）、緬甸的曼德勒皇宮（Mandalay Palace）與位於克久拉霍（Khajuraho）的古廟宇聚落。他尋求看不見摸不著的正義，要求軍中要對其成員的行為究責，由此他只因為一個印度女人遭到侵犯，就連坐處罰了整個兵團。惟同一時間，他所屬的英國政府卻對橫掃了整片大地的饑荒袖手旁觀，任由孩子們的腐屍餵養了不斷匯聚的豺狼與野犬。一如他的女王，那個頂著印度女皇頭銜，對印度所知卻完全來自於公文箱與身邊僕役的表現，只因為她從未親訪過這顆帝國瑰寶的維多利亞女王，寇松相信自己對真正的印度人，那群色彩繽紛而怪得可愛的印度庶民，有一種特殊的感受，認為他們與他鄙視的那些受過教育的知識階層截然不同。「印度政府裡沒有半個人是印度土著出身，」他曾如此評論，「因為放眼次大陸上的三億人口裡，沒有一個人能勝任這樣的工作。」讓帝國的想像在寇松的腦中熊熊燃燒著的，只是印度這個概念，而不是現實中的印度。

身為總督，他鶴立雞群地端坐在印度文官體制（Indian Civil Service）裡一千三百名英國公門菁英的頂峰，率領這群菁英統治著全世界五分之一的人口。強大的印度軍隊訓練有素，但其人數只有寥寥二十萬人，而且其中只有三分之一是英國兵團，然後還從暹羅一路分散到波斯。在次大陸大部分的地區，英國的權威都只繫於一名地區官員，由這名官員日復一日在馬鞍上一個村子接著一個村子地移動，在數千平方英里的廣大土地上為動輒數百萬之眾的人口裁定紛爭、徵收稅款、執行法律，乃至於維持秩序。熱切的商貿之心、鐵腕的軍事反擊，還有對本地精英的進行的顛覆打擊，都是英屬印度得以維持下去的部分原因，但真正讓這個政治實體得以延續而不至於分崩離析的真正關鍵，仍在於這場冒險行動的勇氣與決心，仍在於一蕞爾島國展現了純然的膽識。這個島國明明沒有妄想過能做到什麼地步，最後卻意氣風發地成為了世界的霸主。

整個大英帝國在印度的命脈，按照寇松的全盤理解，得倚賴權威的建立，而權威的建立，又有賴於持之以恆，每日上萬筆各式各樣的壓制行動，還有就是一種其用意在於把自己天生劣等的意識灌輸到印度民眾心中的意志力。這，就是所謂的殖民主義。形象決定了一切。位於西姆拉（Simla）的夏宮僱用了三百名在地的僕役，外加不少於一百名廚師。每一季正常來講，總督都要熱熱鬧鬧地辦上十二場五十人等級的豪華晚宴，而這還沒算上二十九場相對低調的場合，惟這些全部加起來，都還只是配角而已，因為夏季真正的活動主角如下：國宴一場、豪奢程度一點不輸的另一場華服舞會、一場辦給小朋友參加的舞會、兩場晚間的派對、兩場午後的千人花園派對，還有六場會有兩百五十名賓客受邀的舞會。在對儀式細節與規定都甚為講究的寇松堅持下，他的僕役都要穿上由白色馬褲與長筒絲襪組成的制服，另外像要在典禮場合中展開於他面前的紅地毯，他也會一絲不苟地去測量長度。

維多利亞女王在一八九八年歡慶名為「鑽禧」（Diamond Jubilee）的即位六十周年，而那也成為了人類有史以來舉辦過花費最大的一場活動，但若論及豐富的色調與滿滿的異國風情，寇松為慶祝女王的兒子愛德華七世加冕而策畫辦在一九〇二年的杜爾巴大會（Durbar）[1]，可以說完全把鑽禧給比了下去。由於新王無法親赴德里與會，而必須由他的弟弟康諾特公爵（Duke of Connaught）代表出席，因此為期兩週的整場盛會就一如寇松所料，成為了向總督致敬的活動。他最風光的時刻，發生在新年當天，當時有上百萬印度人在德里街上大排長龍，就是為了要一

1 杜爾巴是一個源自波斯語的詞語，原意指的是「波斯統治者的宮廷」。在英屬印度時期的德里一帶，杜爾巴代表的是正規的社交聚會，也是社會名流對英帝國公開輸誠的場合。

睹帝國遊行隊伍從市區前進到高原上的丰采，而高原上建了五英里的鐵路，只為了因應高達十七萬三千名受訪的賓客人流。壯觀的圓型劇場巍然建成，而沿著進場的軸線有華美的攤位，當中陳列著有史以來最完備的印度藝術作品展示──數英畝範圍內盡是地毯與絲綢、陶器與琺瑯，乃至於無價的骨董。印度大小區域均有其代表的營地，而各營地也都有華美的絲綢旗幟可供辨識。那些旗幟在遊行隊伍的塵埃中反射著太陽，閃閃發光。

在五十來個土邦使節如孔雀開屏的左右簇擁下，總督接見了印度所有的土著頭目。同時間祈禱聲與讚美詩歌聲不絕於耳，是因為有男男女女對英屬印度的效忠與服務受到肯定而前來受銜。飄散在平野之上的黃色塵煙中，約莫六十七個中隊的騎兵與三十五個營的步兵、砲兵與工兵正小跑步或踏著正步，接受著前後長達三個小時的校閱。最終一名騎在馬上的傳令者接近了主舞臺與王座，然後用不失禮於這排場的花俏動作，昭告了新王的加冕。當帝國一百零一響的禮炮依然迴盪在耳際，寇松移動到了正中央的前方，號召忠心的廣大臣民為大英帝國王室的無敵霸業繼續效力。「世界歷史上，」他後來寫道，「從未出現過像大英帝國這樣這樣偉大的功績，也從未有過這樣一種偉大的工具可以傳遞人類的福祉與利益。」

英國人確實改造了印度的面貌。他們興建了數千英里的運河與鐵道，讓一座座城市從無到有地出現。但深究之，英國在印度的存在不過是張虛無飄渺的面紗，其下蓋住的印度大地與其說是一個真正的民族國家，不如說是一個存自於心靈裡的抽象概念，一個歷經風風雨雨而存在了四千年的古文明。這樣的印度更像是一個由各種觀念所組成的集合體，而不是一個有著明確領土與疆界的帝國。印度曾一遍又一遍地退讓在侵略者的力量之前，但他們總能在最後勝出，將外邦帶來的各種脈動加以吸收，然後憑藉自身歷史的重量，促成異國元素的突變，使得每一樣看似嶄新的影響，都無可避免地重生成為一筆無可抹滅，屬於印度的財產。

於此同時，印度本身又是英國人的發明，一處被想像出來的地方，而定義這些想像的，則是疆域不斷在改變與擴張的政治與商業利益。而假以時日這些政商利益，將會被織就進由印度調查局（Survey of India）裡眾多數學家與技術人員所編纂出的印度現實裡。地圖，是現代印度概念的濫觴與關鍵。地圖在二維平面上繪製出這片次大陸上的地理與文化特徵，並同時創造出了英國進駐印度的正當性與合理性。一朝被簡化為一張地圖紙，想像中的印度大地就霎時變得具體而有意義。由此，十九世紀最偉大的科學事業會是印度的具體量測，而地球最高峰會在這番事業中獲得發現，不是什麼機緣巧合的偶然，而是一種必然。

地理學家早就懷疑的一件事情，是地球既然兩極是平的，那這行星就不會是一顆完美的球體。

但地球偏離完美球體的扭曲到底達到什麼程度，做為一個對科學與製圖學而言至為關鍵的問題，仍是一個謎。一八〇六年，「三角測量大調查」（The Great Trigonometrical Survey）正式出發，要去解開關於地球真正形狀與弧度的謎團，而他們的計畫，是要以從前無法想像的精度去測量縱貫印度表面的那段經度。其基本的概念不算複雜：我們只要在一片地表上確立三個可見的點，且其中兩點的距離已知，那我們就可以分別測量出未知第三點與這兩點的夾角，然後再以三角學（Trigonometry）計算出第三點的距離與位置。一旦第三點的資訊就此確立，它就可以與已知的任意另一點組成一個新三角形的底邊，再重複一樣的過程推導出地平線上又一新參照點的座標，這通常是一座山，或是其他顯著的地標。長此以往，一連串的三角形就被建立了起來，形成縱貫次大陸南北一條長達一千六百英里的「大弧」（Great Arc）。

距離的決定，靠的是校準過的鎖鏈與測量桿，而這就代表有人員得一隊隊地去叢林裡披荊斬棘，涉水穿過沼澤溼地，或攀爬過冰川表面。工欲善其事，必先利其器。為了在測量上達到所需的精準度，少不了最先進設備的幫助，而這就包括巨大的經緯儀。經緯儀的黃銅本體可重達一千磅（約四百五十三公斤），搬動時得十二個人力量齊發。基本上，經緯儀就是一整組可以垂直或水平移動的精密望遠鏡，可用以測量平面上的各種夾角。在使用之前，這些經緯儀得先直立且百分百固定安裝在一個圓形的平臺上。這個平臺得先藉由螺栓固定在一個十三碼長杜椿的頂端，而柱樁本身又得深埋入地層，然後由具有足夠長度的支架從旁固定。在第一個平臺旁邊，還得建起包含一整組鷹架的第二個平臺，這樣觀察者才能有個記錄測量結果的地方。正所謂失之毫釐差之千里，經緯儀的位置哪怕有絲毫的偏移，都會讓計算結果變得毫無意義。

在超過四十年的時間長河裡，大無畏的印度調查局同仁在受苦受難、甚至犧牲眾多生命的勞工大軍支援之下，帶著這些纖細的精密儀器在次大陸的距離尺度上邁進。他們的季節在忙碌中顯得短暫而急促，因為只有季風能把霧霾吹散，讓空中的塵埃落定。他們時而受熱病所折磨，時而得在山巔的冰層上尋找立足之地，時而得在空曠的沙漠裡用石頭建起三十英尺高的平臺，為的就是能鉅細靡遺地記錄下他們的觀察所得。不誇張地說，他們是見人殺人、見佛殺佛地一路挺進。只要是為了建立三角點與架設經緯儀所需，他們會不惜直搗整座村落，剷平神聖的山丘，或是把古廟立面的殘跡給輾壓過去。

到了一八三〇年代，大弧已經挺進到喜馬拉雅的山腳，而喜馬拉雅是地表上最高聳也最年輕的山脈，是峰峰相連，縱深達到一百英里的一堵銀白色長城，以溫和的曲線在一千五百英里的跨度上延伸，右起布拉馬普特拉河（Brahmaputra），左至印度河（Indus），英國人後來發現這相當於倫敦到俄國烏拉山脈的距離。來到這樣的天險，印度調查局的人員也不得不先猶豫了一會兒，然後兵分東西兩路穿過喜馬拉雅山腳與瘧疾橫行的特萊平原（Terai）上，一樣把一條條三角形的底邊給建立起來，靠的一樣是用泥磚搭建，三十英尺高的觀察哨。他們會站在哨站上遠眺雲深不知處的山脈尖端，然後讓自己的想像力火力全開。立於印度平原的燥熱與塵埃之上，也從緬甸森林中升起的，是千餘座海拔超過兩萬英尺（約六〇九六公尺），讓歐洲人的腦袋轉不過來的高山。

調查局人員所用的測量方法，有一種數學上的優雅，而這種優雅也讓人從極度遙遠的距離外計算出這些山峰高度的心願，變成一種可能。一八四六年，一組人在約翰．阿姆斯壯（John Armstrong）的帶領下，注意到了在干城章嘉峰（Kangchenjunga）西邊大約一百四十英里處有一處險峻嶙峋的群山糾結，而那在當時也被認為是地表上的最高點。相對於美到令人屏息的干城章嘉峰，居高臨下地睥睨於大吉嶺以外的天空，這些遙遠的群山的鋒芒並不外露，你僅能在暗色的地平線上看到點點白頭。阿姆斯壯簡單指定了那山結當中的最高峰「B峰」（Peak B）。在後續的季節更迭裡，B峰始終在藏身於雲後，一直要到一八四九年的十一月，印度調查局的另外一名幹部，詹姆斯．尼可森（James Nicolson）才得以從六個不同的站點做成一系列的觀察，其中距離最近的一次距離這時已經更名為「第十五峰」（Peak XV）的B峰只有一百零八英里。但後來要到了一八五四年，印度調查局分別位於德拉敦（Dehra Dun）與加爾各答的總部才開始把尼可森的計算拿出來分析。

安德魯．沃（Andrew Waugh）以印度調查局長的身分，將這項分析任務指派給了一名優秀的印度人，計算主任拉德哈納特．希克達爾（Radhanath Sikhdar）。考量到觀測點的距離之遠，乃至於有大氣折射的問題要解決，這項數學挑戰實在巨大。最後足足花了兩年，希克達爾才判定這座未知的山峰高度是二萬九千零二英尺，足足比地表上已知任何一座的山峰都還要再高出一千英尺。這是一則令人讚嘆的計算，因為今日我們用人造衛星技術去測定這座山，得出的實際高度是二萬九千零三十五英尺。但別忘了幾百年來，這座山始終以每年一公分的速率在不斷攀高，而若以此回推到一八五〇年，在希克達爾進行計算的當時，這座山的高點極可能比現在矮五英尺左右。換句話說，希克達爾的計算結果只與實際高度差了區區二十八英尺，而他憑藉的只是鉛筆、紙張，還有神乎其技的數學才華。

這座山後續的命名，引發了爭議。印度調查局原本按照其傳統，會盡可能沿用地方上原有的名字。但在一封註明寫於一八五六年三月一日，署名給時任皇家地理學會會長羅德里克．莫秦森爵士（Sir Roderick Murchison）的信裡，安德魯．沃提議用前一任印度調查總長喬治．埃佛勒斯爵士（Sir George Everest）的名字來為這座山命名。但對於這樣的提議，喬治．埃佛勒斯爵士並不是很高興。埃佛勒斯爵士是個優秀的攝影師，也是三角測量大調查能有所成的一大功臣，畢竟他從一八二九年以來就是該調查工作的領導者。但在此同時，他又是一個滿糟糕的人，毒舌又彆扭，由此他在印度幾乎沒有朋友。他人緣極差的另外一個原因，是他完全沒有把古代宗教碑塔放在眼裡。在他的觀念裡，這些莫名其妙的古廟都只是異教徒迷信的代表，跟路障沒有兩樣。另外，他的姓氏發音其實不是埃佛勒斯，而是「伊芙瑞斯」（Eave-rest），所以這也滿諷刺的。用山的命名來紀念他的貢獻，但又把他的名字唸法弄錯，感覺相當烏龍。雖說這座山的高度被發現一事，在一八五八年就已經發表，但皇家地理學會要遲至一八六五年，也就是喬治·埃佛勒斯爵士死前的一年，才正式通過採用埃佛勒斯峰一名。

惟命名的爭議，對英屬印度而言只是茶壺中的風暴而已，畢竟他們才剛歷經了印度大叛亂（Indian Mutiny）[2]的漫天烽火。事實上就連這座山本身，都沒有在當下引發太多關注。這之後相隔將近二十年，才有一名英籍登山客葛雷恩（W. W. Graham）純粹為了消遣而旅行到喜馬拉雅山。繼葛雷恩之後又有十個人來到喜馬拉雅山區遊憩，然後時間就又要跳到一八九三年，才有第五廓爾喀步槍兵團（5th Gurkha Rifles）的一名基層軍官查爾斯·布魯斯（Charles Bruce）跟一名已經因為前往戈壁沙漠壯遊而聲名大噪的年輕探險家兼政治專員[3]法蘭西斯·楊恩赫斯本（Francis Younghusband；漢名榮赫鵬）在阿富汗邊界相聚。兩人在位於吉德拉爾（Chitral）的馬球場上下定了決心，要早於所有人挑戰這座高峰。由藏語意譯為聖母峰的這座山，本身是座「一枝獨秀，害羞而內斂的高峰，」榮赫鵬爵士寫道，「躲在了群山的背後。」從印度這一側，也就是當時英國人僅有能掌握的制高點看過去，「其山巔出現在頭角崢嶸的諸峰當中，前景的那些山因為比較近，所以視覺上有比較高的錯覺。」對於英屬印度的英國統治者而言，他們更在意的是聖母峰另一邊，那片懸疑而危險的土地。那片土地上有早在山脈隆起前就已經誕生的長江大河，也有人跡難至的深邃峽谷呵護著所有佛教、錫克教、印度教與耆那教（Jainism）[4]信仰眼中的神聖之物。

如果地圖是英屬印度成形所依恃的隱喻，那知識就提供了基礎，讓整個大英帝國在印度的冒險得以向前推進。植物學探險者與考古學家，外加商賈、地理調查者、傳教士，都兼具了帝國前線斥候的身分。事實上我們現在所知的人類學，就是出於帝國的需求而誕生，畢竟帝國得對殖民地的民族與文化有所理解，才好對其進行適切的統治與控制。除卻商業與軍事上的要務不

2 一八五七到一八五八年間，印度民間針對東印度公司的殖民統治進行了一次失敗的大型反叛。學界對此次事件的名稱因立場不同而有不一致的稱呼；也有人稱呼之為印度起義或第一次印度獨立戰爭。

3 政治專員（Political Agent/Officer/Resident），大英帝國派往英屬印度各土邦或地界的政治長官。

4 耆那教，是起源於古印度的古老宗教之一，有其獨立的信仰和哲學。創始人為伐達摩那，耆那教的中心教義主要由他建立。耆那教教義對現代印度的影響，大於同樣起源自印度的佛教，甘地就受到耆那教的許多影響。目前耆那教有四五百萬信徒，大部分生活在印度。

論，寇松曾提及，「我們還有另外的職責是要去挖掘、去發現、去分類、去繁殖與描述，去複製與解讀，去珍惜與保護。」

在寇松成為印度總督前的短短十年間，英帝國取得了相當於五十個不列顛島大小的新領土。海外累計的帝國疆域，相當於全球地表面積的四分之一，六倍於羅馬帝國巔峰時的勢力所及，等於是老家英倫諸島合起來的近百倍面積。維多利亞女王身為大英帝國的君主，全球每四人就有一人是她的子民，相當於五億人口，而她的海軍則以霸主之姿在海上通行無阻。甚至於即便是英帝國並未直接統治的地區，他們也會對其具有幾近壓倒性的影響力。世界的時區與經度劃定是以格林威治為基礎；英國的電報線纜纏繞著整顆地球；英國的郵票上只印著女王的側身，因為此外已無真正有必要的國家象徵。「身為帝國一分子，」寇松寫道，「我們不僅手握榮耀與財富的鎖鑰，我們更有著職責與天命，有著服務全人類的途徑。」

印度是王冠上的那顆珍寶，是「鍍金鳥籠裡的孔雀」，而對英國人而言，是可忍孰不可忍的是看著帝國的掌上明珠被他們一無所知的山脈包圍，並任由這些這些山脈構成潛在的威脅。如果說英國在十九世紀前期所執著的是阿富汗與印度西北邊境，那此後期其戰略重心已經過移動，漸次納入了從北方圍堵英屬印度的一圈國家與王國。在一八五〇年代，英國拿下了拉達克（Ladakh）做為其控制喀什米爾的屬地。十年之後，英屬印度吸收了錫金的南部各區，介入了不丹的一場內戰，煽動了加德滿都皇宮內的鉤心鬥角。不過遠遠以巨大的身形凌駕在這些國家之上的，仍得算是圖博（Tibet，即西藏）。

「邊疆，就像是剃刀邊緣，」寇松有過這樣的名言，「上頭懸著或戰或和的命運，是每個國家的生死所繫。」當時英國人深感挫敗的一項事實是，在三角定位大調查確立的視野以外，中亞的地圖基本上是一片空白。國界與邊境都是如同傳言般的存在，沒有人能把喜馬拉雅山脈的終點與興都庫什山脈的開端說個明白。喀喇崑崙山脈與帕米爾高原幾乎無人曾一探究竟過。藏身於圖博的各路山脈在地圖上隱姓埋名，無人得一窺其真面目。從一七五〇到一九〇〇年，僅有三名西方人曾抵達圖博首府拉薩。來到十九世紀尾聲，英國仍未在那兒建立起外交使節的據點。寇松貴為印度總督，甚至沒有把握能跟圖博當局開啟正式的溝通管道，但其實拉薩距離大吉嶺這個英國掌握在北印的商業與農業重鎮，也不就區區兩百五十英里而已。大吉嶺做為英帝國的海外飛地，會將茶葉出口到英國的每個村落裡。

圖博在七世紀時曾統一為吐蕃，十三世紀被蒙古人征服，然後從西元一三六八年起由本土王朝掌控，一六四二年起由藏傳佛教裡的格魯巴派（Gelugpa）領袖統治，也就是常聽到的達賴喇嘛。圖博人相信達賴喇嘛是大慈大悲的觀世音菩薩轉世。達賴喇嘛中第一個把分裂狀態統一起來，以政權與法典及於圖博全國的，是偉大的達賴五世，而達賴五世還給了他的精神導師，也就是日喀則的禪寺住持，一個榮譽的頭銜叫作「班禪達賴」，意思是「偉大的學者」。從那之後，達賴與班禪這兩個互補的精神領袖，就成為了圖博立國的兩大體制性支柱。

一七二〇年，滿族建立的清朝開始對圖博與蒙古的政治局勢產生了興趣，由此他們派遣了有名無實的欽差大臣永駐拉薩，在那兒扮演起外交門面的角色。英國人出於自身的利益考量，也表面上承認了中國治藏的假象，即便將於一九一一年的革命中亡於孫逸仙之手的滿清國勢已經江河日下。在一八七六年那場不堪聞問的《煙臺條約》談判中，英國官方正式承認了滿清在西藏的代表性，藉此交換中國接受英國有權入侵緬甸並加以殖民。這場決定其命運的會議，圖博並沒有受邀出席。

隨著中國影響力的式微，拉薩的權力事實上集中在圖博的貴族菁英手裡，而這群菁英中又有很大一部分控制在甘丹寺（Gandan）、沙拉寺（Sera）與哲蚌寺（Drepung）等主要格魯巴派佛寺的高階喇嘛手中。在達賴喇嘛轉世之間空窗期掌權的攝政王，會由名為「仲都」（Tsong-du）的國民議會來指派，並獲得「司政仁波切」（Sikyong Rinpoche）的榮譽頭銜，意思是「高貴的國家守護者」。此外的另一支政府棟梁是名為「噶廈」（Kashag）的四人會議，其組成的四位受命大臣分別為三名俗世代表與一名僧人，由他們來履行全國包含政務、司法與財政上等大小事務的行政管理。在噶廈之下設有一個由四名僧人組成的宗教會議，其主掌的是圖博全境的大小寺廟。

圖博全國本身分成五個區域，每個區域都有各自的首長，而首長又會負責監管一僧一俗兩名稱為「宗本」(dzongpen)的區級官員，由宗本直接負責包含維持秩序、徵收稅款、調解紛爭、主持（或許稍嫌嚴厲的）正義等在地治理工作。

十九世紀末的圖博固然自帶一種引人入勝的謎樣光環，但它尚未能完備那種假以時日，將讓異國對其世俗與抽象觀感都雙雙被打上柔焦的神祕感。外交圈裡少有人視其為一種天人合一的惟才是用政體，更不會有人覺得它是橫跨在世界屋脊上的人間仙境。圖博就是一個國家，拉薩的街道上雖然看不到任何歐洲身影，卻熙來攘往著韃靼人、名為「莫斯科人」(Muscovite)的俄國人、喀什米爾人、漢族的中國人、尼泊爾人，乃至於來自中亞各地的商賈與貿易者。慕名來到圖博佛寺參拜的，有最遠來自黑海的信眾。在一千年間，圖博的影響力遠播了到中國的都城、蒙古的草原，還有波斯的朝堂。

就像任何一個複雜的社會一樣，圖博也有階級非常不平等的一面。戰爭的潮起潮落席捲了圖博幾個世紀。通行的刑罰極為嚴峻，以現代的標準來看毫不符合比例原則。但不論這個國家裡有多少的不完美、多少的缺陷、多少的複雜難解、多少難以自圓其說的矛盾處，都是他們的家務事。這樣的圖博就跟任何一個民族一樣，都得在安內攘外的過程中與國之所以為國的各種醜陋現實交手。隨著圖博政府的官員望向南方的印度，他們在英屬印度身上看到地緣政治舞臺上的一名新玩家，一個經常與尼泊爾聯手的強權，而尼泊爾又是一個圖博一而再再而三與之交戰的死敵，包括最近的一場戰事發生在一八五五年。圖博政府對英國人的動機深表懷疑，其中英國奸細動輒闖入其疆域，死纏爛打地混雜在當地這點，尤其讓圖博當局不堪其擾而怒火中燒。

當時的諜影幢幢曾因為作家吉卜林（Rudyard Kiping）於小說《基姆》（*Kim*）中的生動描寫而聲名大噪，而事實上英國人也確實從一八五一年起就訓練了印度學員來擔任地理調查員，並將之偽裝成朝聖的行者、聖人或是貧農，然後派他們以步行的方式穿過高海拔的喜馬拉雅山口，目的是確認連峰山牆之後是什麼東西在頑抗他們鍥而不捨的外交行動。他們的目標可能是抵達拉薩，也可能是希望獲得機會對圖博政府的本質、圖博軍隊的實力、圖博收成的豐瘠，還有圖博發生饑荒的可能性等種種問題，覓得些蛛絲馬跡。此外更為常態性的任務，是這些訓練有素的印度裔臥底會銜命去探索邊界地區，設法蒐集關於地理方面的情報，包括山脈的高度與走向、重要山口的位置與險要程度、發源自西藏高原而流入印度山麓的河流特性與規模等。而說起調查的器具，他們只能選擇可以與法器融為一體而不會被懷疑，並且好攜帶的東西。經過訓練而得以每英里精準地花兩千步走完的他們，會帶上特製的念珠串，上頭有取整數的一百顆而非傳統上的一百零八顆，然後他們會每走一百步，就把一顆珠子投進隨身的轉經輪內部，而轉經輪在將透過轉動將慈悲的真言傳送到宇宙當中的同時，其內部原本應該存放的佛教經卷也被調換成了空白的紙卷，這樣相關的觀察資料才能在記錄的過程中順利避人耳目。第一名成功確認圖博首都位置的印度調查員奈恩・辛（Nain Singh）從錫金步行到拉薩，然後又從那兒走遍了圖博中部，前後一共跋涉了一千五百八十英里，算步數的話是三百一十六萬步，每一步都數過。為了建立地平線，以便於他確認經緯度，他用上了水銀——他將水銀存放在寶螺殼裡，用蠟封口，在喜馬拉雅山區隨身攜帶。

在這些進行滲透的印裔密探當中，有一個人的經歷最為曲折，也最具有傳奇性，他叫作欽薩普（Kinthup）。欽薩普的任務，是前進山區解決喜馬拉雅的最大地理之謎。當時已知的事實是（雅魯）藏布江（Tsanpo River）發源於圖博的岡仁波齊峰（Kailash）山麓，而岡仁波齊又是印度教徒、佛教徒與耆那教徒心中的聖山。重點是，雅魯藏布江向東流淌了一千英里後，便消失在了喜馬拉雅山北邊一個叫作德穆禪那（Dhemu Chamnak）的地方。在山脈另外一頭的南邊，布拉馬普特拉河是印度知名的大河，而這條河表面上的源頭是喜馬拉雅山區一個叫薩迪亞（Sadiya）的地方，距離德穆禪那僅僅一百二十英里。在這一百二十英里的水平距離中，海拔高度的落差高達驚人的一萬兩千英尺，所以外界好奇的是這雅魯藏布江跟布拉馬普特拉河，究竟是兩條河，或者根本是一條河？若是一條河，那如此浩浩蕩蕩的一道水體，其垂直急墜通過的是怎樣的一條峽谷呢？謠傳中能刷新地表紀錄的神祕瀑布，讓英國與歐洲人的想像力被攪動到無法平復。

一八八〇年，欽薩普被交付了一個任務是喬裝入藏，沿藏布江而下找到一個適合的點，然後在那兒擲入一些做了標記的原木。這麼一來要是觀測者在布拉馬普特拉河的上游發現了這些原木，那就代表藏布江就是南亞大動脈布拉馬普特拉河的真正上游。銜命出發的欽薩普足足花了七個月的時間，才抵達位於雅魯藏布峽谷頭部，海拔八千英尺的加拉（Gyala）村，但千辛萬苦去到那兒，他卻遭到同伴的出賣，當了十五個月的奴工。等他終於能夠沿雅魯藏布江而下來到底杭河（Dihang：藏布江其中一段的名稱）河畔的馬蒲寺（Marpung monastery），然後再從那兒前進到距離阿薩姆平原僅僅三十五英里開外的阿博（Abor）地區時，已經是四年後的事了。他在那兒將準備好的五百段木頭投入河中，每天投五十段，分十天投完。只是相隔四年早已人事全非，這項任務只剩他自己記得，所以下游根本沒有觀察員在等著。

等到一八八四年的九月，欽薩普終於回到大吉嶺覆命，當初派他入山的那些人不是早從印度離開，就是已經撒手人寰。當下稍具分量的人物都覺得他的說詞是天方夜譚。他的犧牲與貢獻直到一九一三年，才獲得平反，原因是費德列克·馬胥曼·貝里（F. M. Bailey）與亨利·莫斯海德（Henry Morshead）證明了他所言不虛，即便兩人幾乎殞命於從南邊出發探索藏布江的過程。貝里後來重提這段經歷，為欽薩普的付出提供了證據，一如莫斯海德也沒有默不作聲。其中莫斯海德將通往聖母峰的路徑繪製了下來，與馬洛里在一九二一跟一九二二年並肩登山，然後在緬甸的森林中遭人謀害。所幸有莫斯海德跟貝里，晚年的欽薩普才能在西姆拉獲得表揚，並親自由印度總督授予了勳獎。

間諜活動與各種陰謀詭計撇開不說，英國人還真的沒有想染指圖博土地的念頭。英國人想要的，只是讓圖博維持中立來提供緩衝，為大英帝國隔絕掉那個真正在南亞對其造成威脅的死敵——俄羅斯帝國。英國人在海上有多無敵，俄羅斯在陸上就有多橫行。話說在整個十九世紀晚期，俄國可是以每天五十五平方英里的驚人速度，以鹹海為起點往東跟往南擴大疆域，劍指阿富汗的邊境。到了一九〇二年的夏天，俄羅斯的特務已經由北邊滲透進興都庫什與帕米爾高原，無視於英國也從南邊開始動作頻頻。雙方的相互出招與撥擋，造就出英國歷史上所說的「大博弈」（the Great Game）或以俄羅斯角度命名的「諜影競賽」（the Tournament of Shadows），而這些見招拆招背後所深植的較勁之意，也兩次自從克里米亞戰爭[5]以來再將英俄推到戰爭邊緣，其中一八八五年的準軍事衝突看似箭在弦上，以至於負責印製政府出版品的大英文書局（British

5 克里米亞戰爭是指一八五三到一八五六年間，俄國為爭奪小亞細亞而與鄂圖曼帝國、法蘭西帝國、大英帝國在克里米亞半島進行的戰事。

Stationery Office）已經印出了宣告兩大帝國進入戰爭狀態的正式文件。

最終英俄能在千鈞一髮之際避免戰爭，靠的是雙方在一八八五年成立了「英俄（阿富汗）邊境聯合委員會」（Anglo-Russian Boundary Commission），並透過該組織取得了領土上的相互妥協。雙方由此共同建立了一個緩衝區，也就是讓阿富汗得以取得沿興都庫什邊緣上一條鍋柄狀的狹長土地。雖然免掉了戰爭，但這次的危機，也讓英國決心在戰略上進行調整，畢竟不到百年，俄羅斯便已經將勢力範圍推進了逾兩千英里，扎扎實實地來到英屬印度的門前。橫看豎看，俄國沙皇的諸多大臣都居心叵測地在打著中國手中包含東突厥斯坦（新疆）與更遠處據點的主意。英國人此時也不再滿足於僅能控制山腳下的諸多谷地，由此他們開始轉換成積極進取的前進政策，包括設立軍事哨點，鋪設道路，進入英屬印度的西北邊境發動對未劃定地區的占領，範圍北至喀喇崑崙山與帕米爾高原，南抵俾路支斯坦（Baluchistan）。

若說終極的假想敵是俄羅斯，那英國眼下得立刻實際交手的對手就是位於邊境各省的居民。想要控制進入印度的各山口，就代表英國得隔著遠距離在對自己並不友善的土地上維持駐軍，畢竟這些地區裡世居著二十萬上下極其獨立的部落民族。不論是阿弗里迪（Afridi）、馬蘇德（Mahsud）、帕坦（Pathan）與瓦茲（Wazir）族人，都手握可以在一千碼外取人性命的現代步槍，而且民風強悍的他們篤信血債血償，宗族的榮譽那怕受到一絲傷害或羞辱，他們的男人都會有仇必報。在寇松擔任印度總督的六年當中，英國與這些部落之間的大小突襲與衝突就多達六百餘次，期間英方不只一名士兵殞命，而且身上的肉還被從骨頭上剝去。對英帝國的印度軍隊而言，想駐於吉爾吉特與吉德拉爾而不丟掉小命，唯一的辦法就是在報仇時展現出不輸給對方的狠勁，由此英方派出的突襲隊，都是秉持著屠殺後快閃的「殺帶跑」(Butcher and bolt）的信條在作戰。英國的目標是不計一切代價，也要將俄羅斯人順利擋下。

同時間在圖博邊境，緊張的情勢也居高不下。圖博與英國部隊之間的邊境衝突在一八八八年三月引發了公開的戰鬥，過程中英國派出了兩千兵力，才得以將入侵錫金的圖博軍驅趕出去，而這已經是兩年內的第二回類似事件。一八九〇年，英國正式出手兼併了錫金，而根據確立雙方邊界的《中英藏印條約》與後續一八九三年關於商貿規定的《中英藏印續約》，英國有權利在亞東（Yatung）建立商埠，並可派員永久駐紮於春丕河谷（Chumbi Valley）這個圖博疆域內夾在錫金與不丹之間，且長年是印度與圖博間做為傳統貿易管道的蔥綠地帶。問題是不論是《中英藏印條約》還是《中英藏印續約》，其談判過程都未有拉薩當局的參與，所以事後圖博對中英貿易極盡干擾之能事，也就不足為奇。他們一方面在春丕河谷源頭的帕里（Phari）對中國商人課徵關稅，一方面具體阻斷亞東以外的谷地，讓英國人不得其門而入。

寇松在一八九九年成為總督之際，也承繼了上述的僵局，而他並不打算把這種對英國尊嚴大不敬的做法給吞忍下去。由於體認到與北京當局交涉無濟於事，寇松於是尋求與拉薩開啟直接交往關係。貿易是英國關心的重大問題，但其重要性遠遠比不上英國對俄羅斯影響力在圖博首都上升的憂慮，畢竟相關的傳言已經流通在外。一八九九年的五月二十四日，寇松致函倫敦白廳（Whitehall；英國政府代稱）的印度事務大臣，毫不諱言地指稱俄羅斯的特務已經現身於圖博政府的核心。他內心鎖定的可疑人物，阿旺・德爾智（Agvan Dorzhiev），是一名來自蒙古布里亞特（Buriat）地區的僧侶。阿旺・德爾智曾經是俄羅斯的公民，而如今則搖身一變成為了聖者第十三世達賴喇嘛的得力助手。在圖博以參夏・阿旺・洛桑（Tsenshab Ngawang Lobzang）之名為人所知的德爾智，其實是達賴喇嘛身邊甚受景仰的七名「參夏」之一，而參夏就是伴讀辨經的導師之意，同時他對各方言也有很高的造詣，因此深受各方尊敬。但在英國人眼裡，德爾智的真面目是個軍火商，而且在條約談判中代表沙皇的利益。

一八九九年的秋天，寇松送出兩封正式的書函給第十三世達賴喇嘛，但兩封都沒有獲得開啟，對方收到信了與否也沒有得到任何回應。圖博人對於確認英國從中國那兒取得的商貿利益，完全不感興趣，畢竟中英談約的過程他們沒有參與，對其內容也一無所悉。對於圖博在外交上的冷處理，寇松將之視為對女王的大不敬，因此他在第三與第四封信箋中立誓要不計一切代價確保帝國在圖博的商業利益。這個大剌剌的恫嚇再次石沉大海，而這也更增添了英國對圖博的不信任感。此時一名名曰河口慧海的日籍僧人向英方通報了一則（後來證明有誤）的消息是圖博人的小型軍火均來自俄羅斯，且有逾兩百名來自布里亞特，八九不離十是德爾智手下的蒙古學子，正寄居於圖博的寺院裡來完美掩蓋他們臥底俄國奸細的身分。

一九〇〇年十月二十二日，英國外交部在倫敦收到一封電報發自聖彼得堡，當中通報說德爾智攜帶了一封達賴喇嘛的信函要問候沙皇。俄國外交部長弗拉迪米爾．蘭斯朵夫（Vladimir Lamsdorf）伯爵否認了該名僧人德爾智曾獲得圖博任何外交上的任命，但俄羅斯的報紙卻競相大肆報導他抵俄一事，還逕自稱呼他是圖博派來的特命公使，把他如何風靡了俄國朝堂一事寫得繪聲繪影。不到一年之後，在一九〇一年的六月，德爾智以圖博使團團長的身分，帶著另外七名有頭有臉的圖博代表重返俄羅斯，並再一次成為媒體寵兒，並收到大量來自沙皇的餽贈。所有人看起來，尤其在英國人眼裡，達賴喇嘛都不遺餘力在尋求俄羅斯的支持，而英屬印度正是達賴喇嘛的假想敵。甚囂塵上的傳言，一會兒說中、俄與圖博之間有著三方密約，一會兒說有條俄國的鐵路將直通拉薩，說有駱駝車隊把俄規步槍源源不絕地輸進位於圖博首都裡一處由俄羅斯哥薩克兵團所重建並駐衛的軍火庫裡。甚至有一說是德爾智的影響力大到可以憑一己之力召集圖博大軍，然後一聲令下讓他們發動攻擊。

這當中有多少事實，我們不得而知，但俄羅斯在圖博哪怕只有一丁點的影響力，英國都不能夠接受。寇松自問有責任要「在還來得及之前挫挫這點伎倆的銳氣」。而他唯一能想到的破解之道，就是設法與圖博在拉薩簽訂英圖協定，藉此就算不能讓英國在圖博橫著走，也最最起碼可以確保圖博繼續保持中立，由此英國得不到的東西，俄羅斯也別想得到。

一九〇三年的春天，寇松派代表前往倫敦，目的是爭取上頭核准他發兵拉薩共一千兩百名步槍的軍力。母國政府出於不想與中國交惡的考量，加上也不想公開與俄羅斯對幹，因此只核准了他派出祕密貿易代表團前往崗巴宗去與當地的圖博人交涉。崗巴宗這個堡壘與交通要衝，從標註了錫金最北境與圖博交界處、海拔一萬六千九百英尺的色波拉（Serpo La）山口出發騎馬不到一天就可以到達。針對此次外交作戰，受到訓誡的寇松選擇由老朋友榮赫鵬來掛帥，因為他覺得自己可以信得過榮赫鵬爵士一方面替他推動積極的前進政策，一方面克服前往這種險惡的未知異地，必然會存在的各種凶險與挑戰。

身兼士兵、哲學家、神祕主義先知與特務的多重身分，外柔內剛的榮赫鵬在本質上仍是個冒險者兼帝國主義信徒。一八六三年生於喜馬拉雅山腳的榮赫鵬先在英國的克利夫頓公學（Clifton）接受了中學教育，然後又就讀了位於英格蘭桑德赫斯特（Sandhurst）的皇家軍事學院（Royal Military College）[6]，最後在一八八二年以國王輕騎兵衛隊（King's Dragoon Guards）的年輕軍官身分重返印度。一八八六年，在歷經數次於喜馬拉雅進行的探索任務，以及沿印度河跟阿富汗邊境發動的偵蒐工作之後，榮赫鵬加入了一支以中國滿州為目的地的研究團隊，一心希望能帶著英國人重返兩世紀前巡迴的一位耶穌會修士形容為聖山的長白山。而在經過了七個月之久的田野調查工作之後，時年二十五歲的榮赫鵬隻身來到了中國的北平，並銜命要回印度覆命。為此他選擇了步行，而這也讓他成為了第一個橫越戈壁沙漠的歐洲人，後來還在返印之路上行經了喀什與亞兒崗（Yarkand；今中國莎車縣），並深入陌生的阿吉爾（Aghil）與喀喇崑崙山脈。在以身犯險，穿過標高一萬八千英尺的慕士塔格山口（Muztagh Pass）來尋找通往巴提斯坦（Baltistan）與喀什米爾的返家之路時，他發現了大小有如小國一般的冰川，還有能讓英國人大開眼界，切穿一座座山脈的狂野河流，包括他眼見世界第二高峰K2的北側都被這些河道切出一個個的溝槽。

幾乎恰恰一年之後，被拔擢為上尉的榮赫鵬回到喀喇崑崙山，表面上是要調查商隊遭到來自罕薩河谷的坎巨提（Kanjut）騎兵攻擊的事件，但其實他真正的目的是要一探有哪些山口與河流可以通到喀喇崑崙山脈與帕米爾高原的另一端，並追蹤在這些距離英屬印度極近的邊境地區

6　一九四七年與伍利奇的皇家軍事學院（Royal Military Academy, Woolwich）合併成為今日的桑德赫斯特皇家軍事學院（Royal Military Academy Sandhurst, RMAS）。

裡有多少俄羅斯特務的存在。他此行的隨扈包括查爾斯．布魯斯所管轄的一小隊第五廓爾喀步槍兵團，其中查爾斯．布魯斯跟榮赫鵬一樣，都是後來在一九二二到一九二四年的聖母峰壯舉裡舉足輕重的人物。他們在大博弈的張力中熔煉出的友誼，會成為日後吸引英國人前往聖母峰一探究竟的推進力。

一八九一年的夏天，榮赫鵬被巡邏的哥薩克士兵所擒，並遭喝令回返印度。這次的衝突釀成了重大的外交事件，並將俄羅斯所代表的嚴重威脅給深深地烙在榮赫鵬的心上，在這一點上，他與兩年後在擔任吉德拉爾政治專員期間結識的寇松有志一同。此時的寇松還是個資歷尚淺的國會議員，自身也一邊投身對印度的精采探險，一邊在考察英屬印度各種明確防線破綻之暇，從海外發稿給在倫敦的《泰晤士報》。

等到變身為總督的好友寇松點名他出使圖博的一九〇三年，榮赫鵬已經走在成為同一代人中最知名地理學者的路上。身兼以最年輕的歲數當選皇家地理學會會士的紀錄保持人，因其在帕米爾高原與喀喇崑崙山的經歷而獲頒創辦人獎章榮銜的受獎人，還有已出版了三本著作的作者——他不凡的人生將撰寫二十六本著作——等多重身分，榮赫鵬被當時的新聞界形容為「經過驚心動魄之精采冒險的洗禮而淬鍊出的英雄豪傑，高貴英文的書寫者，果敢的士兵，也是偉大的紳士」。錦上添花的是，他還曾是一百碼短跑的世界紀錄保持人，而這一點也是在他眾多年輕學童仰慕者中被津津樂道的一項真實故事。

一九〇三年六月十九日，榮赫鵬身穿馬褲、及膝鞋套、棕色靴子、卡其外套，還有一頂便帽，離開了大吉嶺，動身前往環境溽熱且有著猛烈季風風雨的提斯塔谷（Teesta Valley），因為那兒正是前進圖博的第一站。與他同行的有英軍中屈指可數的通曉藏語者威廉·費德列克·歐康納上尉（Captain William Frederick O'Connor），在此行中擔任翻譯，還有隸屬英屬印度陸軍第三十二錫金先鋒兵團的五百名印度士兵，為求周全而擔任護衛隊伍。身經百戰的他們全都是參加過激烈戰鬥，在一八九五年解除過吉德拉爾之圍的退役軍人。在甘托克（Gangtok），錫金的政治專員克勞德·懷特（Claude White）也加入了此行的行列，並擔任起中文翻譯。剛愎自用且甚為不滿於榮赫鵬之權威的懷特，在對錫金的治理上，是將之視為自己的個人封地。在其治下但凡懷特現身，地方民眾都得脫帽致意不說，甚至還得把額頭放進泥濘中，以五體投地來表示崇敬。榮赫鵬對此其實有點看不下去。

七月四日，榮赫鵬派遣主力部隊翻過色波拉山口入藏，而他自己則留於後方，在唐谷平原（Tangu Plain）的草原上研究植物學，閱讀丁尼生，刻意好整以暇地拖到讓部隊有時間在崗巴宗站穩腳步，以便於他能風風光光、從容自若地代表英國進入圖博。七月十八日，他如願以償地在武裝騎兵的左右護衛下，穿著被雨打濕而顯露著黑色色澤的油布雨衣，越過了山口，騎下了喜馬拉雅山的另外一側，在圖博空曠的荒原上朝崗巴宗邁進。崗巴宗此時已有英軍紮好的營地，一點一點的白色帳篷被鐵絲網與壕溝包圍著，在有山風吹拂的美麗平野上星羅棋布；上頭被打上的陰影則來自於可俯控整片山谷，那座巨大的圖博堡壘。

崗巴宗會是他在此挫敗地度過五個月時間的基地，主要是他在談判桌前白白等了快半年，也不見圖博派個位階夠高的官員上來進行有意義的交涉。「我從來沒遇過有哪個民族是這麼頑固，這麼不配合的。」榮赫鵬坦承。事實上圖博人還真的不是那麼想對話，特別是在他們自家的土地上。圖博人很堅定的立場是，英軍先退回到邊境上，雙方才有得談。在這樣的僵局下，外交上的對峙已不可免：聖者第十三世達賴喇嘛於此時展開了三年的閉關，而這就代表國家大政將陷入停擺。英國人感到有些措手不及的，是一種文化上的衝突。在百無聊賴的數週之後，英國使團已經把所有消遣都玩過一遍——藏原羚獵過了，雁鴨射過了，植物採集得差不多了，馬匹也都賽過跑了——榮赫鵬被逼著只能帶著大隊人馬退回了錫金。但對看似皮洛士式勝利（Pyrrhic victory）[7]的圖博而言，這也不見得值得開心：臉丟大了的英國必然會捲土重來，而且不會再用外交使團的幌子，而是來硬的。

惟等到真正要撕破臉的時候，英國開戰的託辭也實在不是太好看。一九〇三年十一月三日，寇松爵士以女王總督，印度次大陸上三億男男女女的統治者身分，拍了個電報到倫敦，藉此將英屬印度遭受的公開戰爭行為知會白廳官員。他口中的戰爭行為，指的是一小群圖博士兵攻擊了邊境上的尼泊爾氂牛，還把牛給帶了走。就這樣，榮赫鵬的使團一開始是希望讓圖博接受英國擅自與中國談定的貿易條件，但最後卻變質為全面性的軍事侵略，只因為圖博搶了他們幾頭牛。

英軍自十二月初開始在大吉嶺與甘托克集結，兵力合計約五千人。這當中除了廓爾喀與錫克士兵做為主力外，還有英國正規軍裡的工兵、工程師、砲兵與機槍單位，外加憲兵、伙房、醫務人員、電報與郵務專員、外交人員，以及少數派自倫敦報社的新聞記者要記錄下這整場冒險行動。考量到後勤補給，這次出兵動用了不少於一萬名挑夫與兩萬頭氂牛，每日馱運大約四萬磅的食物、彈藥與裝備，在一條最終會通行於拉薩與大吉嶺之間的纖細補給線上。

在白色彩虹[8]高掛天空的寒冷天氣中，部隊的走向並非朝北向色波拉山口與崗巴宗而去，而是往東朝著海拔一萬四千三百九十英尺的扎勒普拉山口（Jelep La；中國稱則里拉）前行；扎

7　公元前三世紀現希臘西部伊庇魯斯的國王皮洛士一世對羅馬帝國取得的慘勝。

8　又稱霧虹，是一種原理類似彩虹但沒有顏色的氣候現象，因此又被稱為「白色的彩虹」，一般只有在天氣非常寒冷的丘陵或山區才能看見。

勒普拉通往春丕河谷，且是從錫金到圖博之主要商道。這麼走是要直取江孜（Gyantse），劍指拉薩。榮赫鵬本人在十二月十三日星期天通過扎勒普拉山口。在溫度計顯示為華氏兩度（攝氏負十六多度），極不友善的寒風之中，他肯定曾想過在隆冬中取道從未有歐洲人通過的狹窄山徑，行軍穿過喜馬拉雅山區，是一件多麼勇敢的事情。

這場軍事侵略未曾在邊境處遭遇任何抵抗，而在春丕河谷待了三週之後，榮赫鵬繼續向江孜挺進，跨過位於河谷源頭的唐拉山口（Tang La），最後終於落腳在遼闊的圖博高原（青藏高原）上。他在看來不太起眼，而且得與猛烈的冬風硬碰硬的堆納（Tuna）建立了自己的前進營。那是一種毫不留情的寒冷，退役軍人們會一覺醒來發現自己的牙齒蒙上了一層冰；呼氣會在風中凍結龜裂；潮濕的衣物一旦結冰變硬，就可能像樹枝那樣一折就斷。

榮赫鵬選擇留在堆納過冬，但他的軍事指揮官，皇家工兵團的詹姆斯·麥當諾（James MacDonald）將軍認為這個地方太貧瘠，對部隊來講也太無險可守。麥當諾將軍因此退守到春丕河谷，徒留外交團隊與最最起碼的安全人員在高原上忍受三個月之久的刺骨寒風，靠有限的糧草度日，能拿來燒的燃料只剩下冰凍的氂牛糞便。榮赫鵬本人應該沒有凍著，因為他個人的用品就塞滿了約莫二十九個箱子，包括兩個偌大的鋼製行李箱跟一個專門放帽子的容器。身為一名英國紳士，他很自然地為不同場合準備了不同的行頭。像他在堆納的打扮就起碼包括十八雙靴子或鞋子、二十八雙襪子、三十二款領子，還有六十七件襯衫，當中還分法蘭絨、白色、斜紋，或色調花俏一點的設計與材質，外加飾釘與多到數不清的領帶。他有十二套西裝，每一套都還呼應有同款的背心。他的十二件冬大衣裡有一件來自中國的毛皮，一件柴斯特菲爾德式大衣，一件阿爾斯托式大衣、一件長版的阿富汗羊皮大衣，兩件耶格（Jaeger）專賣店出品的名牌大衣，還有一件主打防水的大衣。在頭飾部分，他有一頂白色的頭盔、一頂卡其、一頂棕色的呢絨帽、兩頂便帽、一頂白色的巴拿馬帽、一頂三角形的海盜帽、厚薄各一頂田皂角木髓帽（遮陽用的典型殖民者帽），還有壓軸的一頂狩獵用帽，是他打算去春丕河谷裡射鷓鴣鳥時戴的。時尚的包袱這麼大包，也難怪這趟行軍會累死多達八十八名挑夫。

很可惜對於準備得如此周到的榮赫鵬來說，在堆納進行服裝秀的機會少之又少。三個月毫無所成的談判，在一九〇四年三月三日的接觸中達到了高潮。圖博方面在那天強調了被英國妖魔化的德爾智只不過是單純的布里亞特僧人，而俄羅斯與圖博之間不要說結盟了，連外交接觸都子虛無有。但對這樣的說法，英國根本不能接受。在崗巴宗，英國人得知了德爾智送了一台留聲機給達賴喇嘛當禮物，而為了要回英國的面子，並證明他們在科技技術上有壓倒性的優勢，他們忙了一夜，就地取材地磨平了一個碟盤，然後忠實地錄製並播放出一名僧人的說話聲，而這也讓英方所有人士氣大振，須知這是場與俄羅斯之間的鬥爭，他們絕不容許自己心存婦人之仁。英方已經認定德爾智就是蘇聯間諜，只有緊抓住這一點，他們才能合理解釋何以這一次出隊寇松要把事情做到這麼絕。

寒冷、憤怒、無聊，加上急著讓事情趕快有個結果，榮赫鵬決定朝拉薩進軍，即便可想而知圖博會起而反抗。三月底他們跨越了一片平坦而荒蕪的石原，然後在古魯（Guru）遇上了一道約當有一個人高的牆，橫亙了大半個山谷。寸草不生的山丘向西攀爬而去，而東邊則是退縮中的殘存湖泊與冰霜相互輝映。石牆之外，赫然有數千名圖博軍陳兵以待，身上的服飾還有如彩虹般斑斕。有些人立在山坡上，看上去應屬步兵，問題是他們一身古老的燧發槍、彈弓、斧頭、刀劍與長矛，各種歐洲人已經睽違了一千年的武器。還有些人騎在圖博的小馬上，其袖珍的體型引發了英國人的一陣訕笑。一開始誰都沒有想要把事情搞到見血。英軍散了開來，擺出了為他們贏得一整個帝國的陣勢：步兵在前，砲兵在後，控制高地的馬克沁機槍置於兩側。憑藉著可敬的堅忍，但也不能不說冒著些風險，英軍步兵開始前進，此時他們仍心想如此懸殊的武器優勢，應該不難讓敵人知難而退，投降或竄逃是英軍期待會看到的畫面。沒想到，英軍被嚇了一跳，因為沒有一個圖博軍人因此動搖。於是乎雙方的距離終於近到能感覺到彼此的呼吸。這時狀況都還很冷靜，你可以想像那是一種空蕩的僵局，直到英方要求圖博軍卸除武裝。語言已經無用武之地，最終僵局的打破是因為有個錫克士兵伸手抓住了馬上一名圖博將領的轠繩。被惹火了的那名將領拔出手槍，將一發子彈射到了該印度士兵的臉上。眾人霎時因為震驚而僵在原地，但接著就是一聲清脆的步槍槍響，地獄就此炸開。

圖博人還沒來得及拔劍，馬克沁機槍已經開始大開殺戒。圖博人對火槍的認識，仍僅限於從前膛裝填子彈的滑膛槍，這還是他們頭一回見識到世上有這種超高效率的殺人機器。最終這成為了恩圖曼之役的複製品，殖民帝國又一次不費吹灰之力，就得到了壓倒性勝利。圖博軍有逾六百人戰死，傷者不計其數。英國相形之下只有九個人受傷：七個印度士兵、一名軍官、一名記者——《每日郵報》的艾德蒙·錢德勒（Edmund Candler）身上受了大大小小十七處刀傷，還失去了一隻手掌。圖博人並沒有投降。他們只是轉過頭去，然後好像忘了自己的肉身並不防彈，一面開始向拉薩前進，一面被子彈從後面成群地掃倒。「那一幕看了真是讓人心酸，」一名英國軍官在給母親的家書中寫道，「我只盼自己有生之年不用再對著在走開的人開槍。」榮赫鵬自己則稱之為一場「駭人的慘事」。一名報社特派員亨利·沙維吉·蘭多（Henry Savage Landor）在英國就以善於生動描繪圖博的風俗民情而聞名，這樣的他憤怒地形容發生在古魯的事件是「針對數千名無力自我捍衛的本地人，所進行的一場是人都無法接受的大屠殺」。

在古魯的慘敗之後，圖博人向北撤退，而英國則繼續推進，期間一系列的衝突在長達兩個月的江孜之圍中達到高潮。在這兩個月裡，英軍付出了數十人傷亡的代價，讓大約五千名圖博人非死即傷。如此懸殊的傷亡交換率，也難怪英軍將領會得意忘形地在一九一四年覺得戰爭是一種代表光榮的東西。他們用大同小異的作戰策略，在無數的殖民戰爭裡屢試不爽，而這樣的戰法也被濃縮在維多利亞詩歌中的短短兩句話裡，那是詩人希萊爾·貝洛克（Hilaire Belloc）的知名短歌：「就算天塌下來，我們總是有／馬克沁機槍，而他們沒有。」等到榮赫鵬看到布達拉宮（Potala Palace）的閃亮屋頂，並與他的士兵一同通過聖城的西門時，圖博的死亡人數已經超過兩千六百名，相對於英軍不分階級的死者只有四十名。

但無論如何，他們終於來到了拉薩。《泰晤士報》特派員波瑟瓦·蘭登（Perceval Landon）用像在說悄悄話的口氣回憶了那個時刻：「終於，那個許多疲憊的漫遊者尋尋覓覓卻一無所獲的目標，出現在了我們眼前，那個籠罩著地表僅存魔法的神祕主義之鄉。海市蜃樓默默消融時的粼粼波光，兀自搖晃著遠方金色屋頂與若有似無之白色露台輪廓。我感覺到大家都於此時變得沉默寡言。」

惟這樣的綺思遐想只是曇花一現。短短數日內，蘭登就在城市的一隅發現那兒住著名為「拉加巴」（Ragyaba）的死者分切者，這個賤民階級的人終其一生的職責之一就是要把逝者的遺體大卸八塊，然後餵食給禿鷹。透過天葬的戲劇性，他們希望生者別忘記世上一切有形的東西都有終點，也都有死亡與腐敗的一天。英國人對於在眼前上演的天葬並不是很能理解，但是關於拉加巴們過著什麼樣的人生，蘭登倒是十分確信。「我實在很難想像，」他寫道，「世間還能有比這更令人反胃的職業，更殘酷的人性，還有更重要的，比那更不堪與汙穢的陋室。我可以想見什麼樣本質的人能在這裡住得下去。外表骯髒、赤身露體地半包在猥褻的破布裡，這些可憎的傢伙住在連有點自尊心的豬玀都不願踏進的住所。」

進入拉薩，對英國人而言是幻滅的起點。在乃瓊護法（Nechung Oracle）的建議下，聖者第十三世達賴喇嘛打破了閉關，並在英軍入城的四天之前逃往蒙古流亡。他能重返拉薩，將是五年之後的事情，而因為他的缺席，榮赫鵬在拉薩苦無適當的權威可以當作談判的對象。清廷對圖博無能為力，而英國人想扶持班禪喇嘛來取代達賴喇嘛的嘗試也徒勞無功。在後來成為不丹大君的通薩本洛（Tongsa Penlop）幫助下，榮赫鵬終於把條件開給了內閣「噶廈」裡的四名成員。這個被強加在圖博身上的不平等條約在一九〇四年九月七日簽署完成後，英國人獲得了春丕河谷長達七十五年的控制權，並可以派貿易代表自由通行於拉薩。還有就是圖博將遭禁止與其他外國勢力打交道，除非英國同意。其中這最後的第三條規定以當時的狀況來講，可以說是畫蛇添足。榮赫鵬完全沒有在拉薩發現任何俄羅斯影響力的證據，這包括沒有軍火庫，沒有俄國鐵路，沒有外交使節與軍事代表團，甚至等德爾智站到他的面前，榮赫鵬都發現這人還真就是個普通的僧人。懷疑俄羅斯可以透過圖博來威脅英屬印度的想法——艾德蒙・錢德勒在《每日郵報》上提醒他的讀者——是一件非常荒謬的事情，要知道英國人千辛萬苦才把那麼一點點兵力帶進拉薩，這個實情已足以證明那裡的地理有多麼險峻。

聖城本身在被剝除了布達拉宮與大昭寺的光輝之後，在英國入侵者的眼裡顯得衰敗腐朽，給人一種穿越回中世紀的感覺。街上有飢餓的野狗無人聞問，衣衫襤褸的孩子們抽著野生的大黃與菸草；商店裡一綑綑香皂似乎在架上擺了幾十年都沒動過，因為那兒的人一年就只洗一次澡。他們四處都有轉經輪，卻看不到可以幫忙運東西的車輪。槍在他們嘴裡是所謂的「火弓箭」。他們理所當然地覺得地球是平的，他們讓女性可以嫁給不只一個男性，而男人想娶幾個女人也都沒關係。他們一方面連隻昆蟲或一根小草都不肯傷害，卻又同時施行著包括挖眼在內的嚴刑峻罰，或是輕微的偷竊就得斷手斷腳。在宗教儀式裡，他們會用拿人類大腿骨鑿成的喇叭來吹奏樂曲，會用人類頭骨做成的餐杯來飲用祭品。信仰虔誠者會一生居住在黑暗的洞穴中自我封閉。這一切的一切，都讓英國人在理智上很難接受。就連轉世重生的概念，做為複雜佛教心靈認知裡的冰山一隅，都被英國人認為是卑鄙的獨裁工具。英國人覺得這是統治者一種狡猾的詭計，有著要永世掌控人心的用意。

條約簽署後不到兩週，擔心凜冬將至的英國人就放棄了拉薩，踏上了撤退之路，橫渡雅魯藏布江，翻越嚴峻而遼闊的高地，最後通往唐拉山口與春丕河谷前的緩坡。在首府拉薩待上兩週，已足以讓以波瑟瓦・蘭登為首的某些人，完全無法再對圖博存有任何浪漫的幻想。「圖博人，」他寫道，「是一群發育不良的骯髒矮人。」而他們的宗教信仰，只不過是一種「災難一般的傳染病」，至於圖博政府做為一個政教合一的政權，則被蘭登形容為集壓迫、無效率、怪誕、獨裁與腐敗於一身的東西。這種覺得圖博死不足惜，欲除之而後快的心情，被灌注在了駐藏記者火速發回母國的特稿裡，主要是電報線已經在英軍進入拉薩之後完成了鋪設。而這種心情，也促使英國人將圖博定調成其在國際政治上的敵人。後來是國際外交的板塊有所遷移，才讓英國出於自身的利益，決定為圖博重新打造一個世外桃源的公關形象，而那個形象也盤踞了日後西方世界對圖博的想像。

對榮赫鵬而言，在拉薩取得的政治與軍事成就並不長久。這次外交與軍事雙管齊下的出征，受到英國新聞界普遍的讚揚。此外發出賀電的還包括英王愛德華七世、（卸任的）寇松，還有於英軍遠征的幾個月間出任代理總督的安普希爾爵士（Lord Ampthill）。榮赫鵬可以充滿自信地期待在倫敦受到整套英雄式的歡迎，獲得白金漢宮召見也是剛好而已。但在一片歌功頌德中，批判的聲音也不是沒有。印度與歐陸的報紙痛批英圖之間的談判是場鬧劇，簽署的條約是「無用的紙卷」，侵略本身是帝國恣意妄為在暴衝殺人、開文明進程倒車、虛榮心作祟，且帶隊者在圖利自己的行為。相關報導指出寺廟遭到掠奪，載滿贓物的車隊連綿不絕，在返回英屬印度的路上串起一條長線。不過對榮赫鵬而言，最狠的一擊來自於白廳，因為英國政府早在使團還沒離開拉薩之際，就第一時間拒絕了為英圖條約中的主要內容背書。事實上在榮赫鵬要動身離開的幾天前，一封電報就拍到了拉薩，令他重啟談判並修改條約。英國政府的意思是加諸於圖博的賠款數字要減，英國貿易代表可常駐拉薩的這一條要刪。榮赫鵬對這種他認為不切實際的要求嗤之以鼻，畢竟時節眼看就要入冬。

不少參與了此役的人，都在離開拉薩時懷著一顆幻滅的心。那感覺就像是有種非常特別的珍寶被硬生生地侵犯了——這珍寶指的不是某個國家，而是一處禁地，一個地圖上最後一塊空白淨土的想像。在英國一行人要首次進入拉薩的前夕，錢德勒曾經發了一封特稿回報社，內容說的是自拉薩之後：「世上再無禁忌的城市，再無真正的謎團，再無未知的夢幻之地。」寇松在手書給瑞典知名探險家斯文・赫定（Sven Hedin）時表示榮赫鵬一行人「毀掉了你一心想迎娶之新娘的貞操」。在倫敦，後來成為特威茲穆爾男爵（Lord Tweedsmuir）的約翰・布坎（John Buchan）有感而發地說，「就這樣把蓋頭掀起，難免不讓人心裡有幾許遺憾，畢竟這件事對全人類的想像力，都有著不容小覷的意義。隨著拉薩的面紗被掀開，古老傳說的最後一個重鎮也隨之陷落」。

相對於其他人的感嘆哀愁，榮赫鵬不受個人挫敗或失落的影響，開開心心地在九月二十三日離開了拉薩，他開心的是終於可以從帶兵的緊繃跟壓力中獲得解脫。在榮赫鵬要離開拉薩的前一天，一名德高望重的喇嘛，提．仁波切（Ti Rinpoche），給了他一張佛像來傳達和平之意，而那也成為了他終其一生都不曾離身的紀念品。事實上在見證了兩次世界大戰，而於一九四二年與世長辭後，榮赫鵬的女兒也恭恭敬敬地將這張佛像放在了他的靈柩之上。他的墓碑上刻著拉薩的浮雕，墓誌銘簡簡單單地寫道：「清心的人有福了，因為他們必見得神（馬太福音第五章第八節）。」很顯然在拉薩那短短的幾個禮拜，榮赫鵬的內心被某樣強大的力量觸動到了。他像變了個人似地離開了圖博，自此受到精神生活的吸引，成為了一名密宗佛教的戰士。做為世界宗教大會（World Congress of Faiths）的創辦人，榮赫鵬爵士會用餘生投身在打破世界各大宗教藩籬的志業上。他將全心全意保持開放的心靈。在那個年代，英國人會不諱言他們對印度「老黑」（wog）的鄙視，而像聖雄甘地（Mahatma Gandhi）這樣的賢者只會招來訕笑。就在這樣的時代背景下，榮赫鵬曾被一群圍坐營火的軍官問到他最景仰的歷史人物是誰，他的答案是拉瑪克里斯納（Ramakrishna）這名動輒被英國人嘲弄是個神經病法基爾（Fakir）[9]的印度宗教領袖。經過了拉薩的洗禮，榮赫鵬眼裡看到的已經是另外一個世界，另外一個現實。

9 法基爾，原意為貧窮，為源自阿拉伯語的伊斯蘭教詞語，泛指中東或南亞某些守貧與禁慾的蘇菲派修士。

隨著使團與部隊撤離聖城，榮赫鵬掌握了最初的機會甩掉了身邊的隨從，漫步到山中。他回憶起那片天空蔚藍而明豔，山脊上散發著紫色的光。他回頭一望，拉薩的輪廓已遠，但喇嘛傳達著和平之心的臨別贈言，卻像悲天憫人的波浪一樣將他席捲。「感受著絲毫不減的餘溫，」他日後寫道，「且沐浴在夢幻秋夜那充滿暗示的影響當中，我莫名地浸淫在簡直醉人的悅然與善意裡。當下的振奮與歡愉愈變愈強，直到一股洶湧的力量穿透了我，讓我內心起伏難平。從此我再也無法有一絲邪念，無法與任何人為敵。」

「這樣的體驗千年一遇，」他接著寫道，「而且轉瞬間就會與日常的交流與世俗的現況模糊成一片。但也就是這些稍縱即逝的片刻，才是真正的現實。只有在這些片刻中，我們才能照見真實的生命。其餘虛無飄渺的事物，都只存在於彈指之間。於是乎揮別拉薩的那短短一個鐘頭，抵過了我人生其餘所有年頭的加總。」

榮赫鵬在進入聖城之際，還在追擊著或虛或實的不同敵手，但離開聖城時，他卻一心只想著天空、星辰與從四面八方升起的山峰。撥雲見日的拉薩，在他心中撩撥起了一組新的謎團，有些關乎人心，有些牽涉性靈。懷抱著堅強的信念，與難以撼動的理想主義，他掃視起地平線，開始尋尋覓覓一種可以寄託他夢想的嶄新可能性。他與英國人內心曾經被拉薩所占據的那個無邪角落，已遭到征伐之舉的玷汙與掏空。那個角落會在很長一段時間裡，空無一物。

榮赫鵬率團回返印度的途中，他的士兵在雪中描繪著狹隘的路徑，他的軍官則在寒夜裡輕輕穿梭於他的大包小包之間，而榮赫鵬自己，則為這趟任務繪製了最後的冒險任務路線。沒了政治包袱的他南望喜馬拉雅山，那英國人一無所悉的一側，由此他構思了兩道探險的推進路線。其一，是朝曾讓印裔調查員欽薩普吃足了苦頭的藏布江上游峽谷而去，看看山中有沒有通路可以沿河道抵達阿薩姆。這一路的人馬將由克勞德．懷特率領，並由查爾斯．萊德上尉（Captain Charles Ryder）以地理調查官的身分從旁襄助。第二路會由希賽爾．若林上尉（Captain Cecil Rawling）指揮。若林做為一名大無畏的探險者，才剛在榮赫鵬使團出發的幾週前結束了一段上千英里的暗訪，期間他從喀什米爾與拉達克橫越進入圖博西部，目的是為了勘查面積廣達約三萬五千平方英里的祕境。而他如今被新賦予的職責，按照榮赫鵬的設想，將在野望上更為雄大。若林接到的命令是乘馬沿布拉馬普特拉河上游的雅魯藏布江西行至其源頭，不論那在何處，然後從北邊穿過喜馬拉雅山，找到返回印度的路，而這一切都要趕在入冬前完成。最終英屬印度政府否決了藏布峽谷的探險提案，主要是擔心懷特與萊德一行人會慘遭「圖博與阿薩姆邊界間那些強悍的獨立部族」屠戮。結果就是讓要溯源的若林這一路人馬更加軍容壯盛，而主要的補強有兩位大將，一位是費德列克．馬胥曼．貝里中尉這名會以特務之姿寫下歷史的軍人，而另外一名就是萊德上尉。萊德在日後身為印度調查總長的任內，會以一己之力讓一九二一到一九二四年間的聖母峰探險得以更加順遂。

格外讓榮赫鵬興奮到不能自已的，是他為溯源之旅提議的走法，那是條不存在於地圖上，長達將近一千英里的路徑。走在這條路上，探險隊即便是遠遠的，但也終於將能沿著其北側走在一個終極的目的地旁。那個目的地，遠比拉薩更難接近，也在本質上更為純淨，在秉性上更加危險。歷經將近二十年的探險生涯，這個目標都一直沒有離開他的視野。第一次見到聖母峰的榮赫鵬，身在大吉嶺，而從那裡望過去，聖母峰只是地平線上的一顆白色尖牙，在壯闊的干城章嘉峰旁相形見絀。一八九三年在吉德拉爾，他與查爾斯·布魯斯就已經談到過想從南邊取道尼泊爾來挑戰聖母峰。但直到榮赫鵬於一九〇三年第一次對崗巴宗啟動外交行動，也就是隔年入侵拉薩的前一年，都還沒有英國人從南方越過喜馬拉雅山的屏障入藏。印裔密探（pundit）哈利·拉姆（Hari Ram）有可能曾於一八七一年祕密完成從日喀則到聶拉木（Nyelam）的旅程，並很可能曾從定日平原（Tingri Plain）眺望過聖母峰。但除了這個孤例以外，英國就再沒有密探曾經從北邊望見過聖母峰了。

榮赫鵬成為少數能做到這一點的其中一人，是在一九〇三年七月十九日的早晨，當他在崗巴宗堡壘的陰影下，醒來在早霜與完美天空之下的瞬間。他的帳篷紮在硬挺的青草與苦蒿中間一塊光禿禿的土地上。前一天下了雨，而在他抵達的同時，整個營地都籠罩在霧氣之中。但如今大氣已經轉晴，放眼望進魅惑的光線裡，他能看到的是遠遠的在西南方，「旭日的第一道光芒，撫上了聖母峰那白雪靄靄的諸尖，高居在天界如潔淨無暇的世界之頂」。他後來回憶道，在那一瞬間，聖母峰已經跟他的命運融為一體，而其山尖則彷彿象徵著人類理性與感性裡值得追求的一切。

克勞德．懷特這個火爆浪子那天也在崗巴宗，而也是懷特用他那台大片幅的相機，拍下了聖母峰的身影。那幅影像如今被保存在倫敦的印度事務部（India Office）裡，成為了「寇松藏品」（Curzon Collection）中的一樣。在其前景，你會看到連綿的丘陵藏在陰影裡，不見任何可資辨識的植被。丘陵之上是一圈標誌著地平線的雲朵，而在地平線以外，凡人難以想像的高度上，是刻畫著天際線的馬卡魯峰（Makalu）、珠穆隆佐峰（Chomo Lonzo）與聖母峰等構成白色山脊的諸峰。

若林探險隊在一九〇四年十月十日從江孜朝西北而去，遠離了高聳的喜馬拉雅山脈，抵達了雅魯藏布江旁的日喀則，圖博的第二大城，那兒有班禪喇嘛坐鎮的扎什倫布寺，在當時共有四千五百名僧侶居住其中。在正式與班禪喇嘛會晤過，然後花了幾天為隊員們準備毛皮大衣、毛帽與厚重的羊毛毯，並新添了做為交通工具的獸力後，若林一行人合計三十五名隊員與四十四隻小馬，外加一百匹雇用的馬兒跟必備的馬伕，在十月十六日揮別了日喀則。

他們花了四天時間抵達拉孜（Lhatse）這個懸於突出岩岬上，可以居高臨下控制開闊平原的要塞兼寺廟所在地；拉孜同時也是拉薩西邊的門戶，為欲進入圖博中部核心的咽喉之地。探險隊在拉孜兵分二路：貝里與另一名軍官——皇家工兵團的伍德（Wood）上尉——帶著所有的重裝與多數的馱獸，踏上了與河道平行，但遠遠在其北方延伸長達一百六十英里的傳統陸路商道；輕裝的若林與萊德則選擇繼續沿雅魯藏布江右岸西行，那是一條不時會高懸在河面上有兩百英尺的險路，崖邊的岩石路面窄到沒有負重小馬的容身之地，遑論前進。有三天的時間，他們行在絕壁之間，只有偶遇被孤立在漫長岩塊與冰雪之間的青綠空谷，才能讓他們在山徑的凶險裡得到一絲慰藉。來到平衡於從河岸邊拔地而起的陡峻懸崖邊上的魯耶寺（monastery of Rujé）之前，山路終於被不可能繞開的斷崖阻斷，於是他們向南進入較有生氣的區域，那是一片低平的草原與沼澤，上頭有成群的氂牛與綿羊，還有大量在半世紀前與尼泊爾一戰中，被入侵之廓爾喀軍所破壞而留下的高塔與堡壘殘跡。

十月二十七日早晨，在河面上兩千英尺處過了夜，飽受刺骨冷風的嚴厲考驗後，若林與萊德早早拔營，開始踏著深厚的積雪前行，目標是海拔一萬七千九百英尺處的庫拉拉（Kura La）山頂，那是個可以向北俯瞰定日平原，並且將藏布江跟神聖恆河流域一分而二的山口。來到分水嶺，他們心血來潮決定繼續向上攀爬一座圓錐狀山丘的陡坡，因為到了那上頭，向南眺望的景觀肯定會毫無阻礙。那是一個冷冽而晴朗的早晨，而從錐狀山丘的頂峰，隔著或許有六十英里的距離，他們一覽無遺的望見了喜馬拉雅山脈那狂野無比的核心。其中稱霸天際線，讓人第一時間就放棄能有山岳與之一較雌雄之念頭的王者，便是聖母峰的北面。這是第一次有歐洲人能從這樣的制高點，窺見聖母峰的北坡。那毫無破綻的絕壁，充滿了撼動人心的震懾力，那怕是隔著數十英里的距離，都讓若林不能自已地顫抖在無以言喻的期待之情裡。

「(有如) 一座直衝蒼穹萬千英尺，閃耀無比的白雪尖塔，」若林筆下的聖母峰就這樣騰空而起，「宛若侏儒中的一名巨人。而其可觀之處不僅在於高度，也在於其完美的形體。沒有其他山峰可以靠近它或威脅到它的王者之風。從其山腳下，一道綿延不絕的丘陵朝各方延伸，包括在北方直降至一萬五千英尺到定日平原。在東西兩方，但也只在東西兩方，會升起其他由岩石與白雪構成的巨峰，每一座都有其各自的美，但沒有一座可以與那獨一無二、卓然不群的名山比美。論及其高度之巍然直達天際、色調之炫目白皙，還有充滿迫力的量體，我只能說全都無可言喻，因為在這大千世界裡，你真的找不到東西可以與之比擬。」

嚴苛的風勢讓若林與萊德無法在庫拉拉的山頭上久待，於是他們沒一會兒就爬了下來重新啟程，來到了一道狹窄的山谷，嚴格說起來那僅僅是一道長度達到好幾英里的石縫，最終通到定日平原；他們抵達定日平原，已經是日落的黃昏之後。隔天若林的廚師病倒，探險隊不得不暫停行程二十四個小時。利用這個機會，萊德上尉向南穿越遼闊而開放的草原，一路來到喜馬拉雅之牆的山麓。那日午後，萊德上尉再次看見了聖母峰，而在稀薄的空氣中，聖母峰看起來似乎沒有實際上地遠。他大概已經來到距聖母峰五十英里的範圍內，而該距離已經近到足以讓他用光學設備加以評估，並回報給若林說聖母峰說不定可以爬，惟前提是他們要能確認幾件事情，那就是目前視野被遮蔽住的低坡要可以滲透，且他們必須能設法在那裡開出一條上升之路。那一瞬間，若林便在內心暗暗立誓要重返此地，到時候他肯定要找到路進入這座山的密室，然後再從那兒對山頂發動攻勢。

不過此時此刻，若林預定的道路將帶著他與聖母峰漸行漸遠。冬季已經迫在眼前。氣溫隨每次的霜降不斷破底，河裡也開始有大型的冰塊流動。青草紛紛枯死，馬兒餓起肚子，人類被寒冷與西風削弱了體力，要知道那西風可是幾乎每天早晨都會來到強風的等級。就在這樣與入冬起點賽跑的狀況下，他們終於在十二月一日來到藏布江的源頭，亦即岡仁波齊峰東北方的沼澤，與更遠處的瑪旁雍錯湖（Manasarowar）跟拉昂錯湖（Rakas Tal）這兩座聖湖。惟此時的他們也只剩下寥寥數日可以探索這片面貌模糊的高地，要知道就是從這裡，誕生了印度的三大河流：印度河、布拉馬普特拉河（雅魯藏布江下游）與薩特列治河（Sutlej；又稱象泉河）。

就像後繼的許多歐洲人一樣，他們努力地在一邊繪製著主要地貌的同時，也一邊嘗試理解這個被千百萬佛教徒、印度教徒一同奉為聖地，以岡仁波齊峰為中心而匯集的崇高地景。事實上岡仁波齊峰本身受到的尊敬，就足以讓隨意踏入其山坡的人不僅此生會成為帶罪之身，甚至連未來的一千年都沒辦法洗清罪孽。對印度教徒而言，岡仁波齊峰是濕婆神與他的妻子雪身女神帕爾瓦蒂（Parvati）的聖座。就是在這個點上，至聖之河恆河的聖體溢出了天堂，以肉眼凡胎看不見的方式沿著濕婆神如絲綢的頭髮流洩而下，最後落到地上，從西方一百四十英里外冰川的河口冒了出來。對佛教徒來說，岡仁波齊峰是勝樂金剛傳說的第一現場，據說金剛就是在那兒把濕婆跟他的徒眾給掃進了幸福曼陀羅[10]的溫柔擁抱中。另外這裡也是歷史上很有名，圖博十二世紀知名密宗修行者密勒日巴（Milarepa）對戰敵人大獲全勝的地方。密勒日巴透過神奇的力量累積無上的精神純淨，不費吹灰之力地飛到了岡仁波齊的峰頂，由此他征服了死對頭那若苯瓊（Naro Bhun Chon）這名佛教興起之前苯教信仰的一名祭司與薩滿。經此一役，佛教便在圖博開啟了千秋萬代。密勒日巴在岡仁波齊周圍，為五百名佛教的得道聖者建立了住處，而這些聖者的禱念至今仍能被前來透過敬拜大禮，也就是以五體投地的方式「轉山」而修心有成的朝

10 曼陀羅原義為圓形，意譯壇、聖圓、中心、聚集等，原是瑜伽修行中所需要而建立的一個小土台，後來也變成一種繪圖花樣，屬於佛教藝術的一種。

聖者聽見。

若林原本對這段歷史一無所知，但這並不妨礙他體認到山的偉大並與之產生共鳴。「要跳過心靈上的想法與詮釋，去直接欣賞這座美麗至極的山峰本體，確實並非易事。」他曾寫道，「形狀上這山就有如一座大教堂，而在中央升起成為山脊的教堂屋頂，則有著覆蓋著永恆白雪的規律輪廓……這也難怪此處會被認為是諸神的住所，也難怪他們會飲用這裡的湖水，居住在其與世隔絕的洞穴中。」

探險隊在十二月三日揮別岡仁波齊峰，繼續向西北前進，期間他們經過了薩特列治河的源頭，進入了印度河流域而抵達了噶大克（Gartok），他們奉榮赫鵬之命要在此建立貿易補給站。噶大克做為一處遺世蒼涼的哨站，並沒有留住他們的腳步很久。隨著冬天隨時都會讓往南的山口關閉，探險隊加快腳步完成了地理調查，接著便踏上了返印之路，期間他們掉頭取道一萬八千七百英尺高的阿伊拉（Ayi La）山口，穿越了薩特列治河盆地，然後進一步來到什布奇拉（Shipki La）山口與通往西姆拉這個英屬印度夏都的緩坡。最後探險隊在一九〇五年一月十一日回到西姆拉，完成了三個月又一天前自江孜出發的旅途。探險隊被認為是凱旋而歸。在溫度可低至華氏零下二十八度（約攝氏零下三十三度）的極寒當中與得餐風露宿的狀況下，萊德不辱使命地調查了超過四萬平方英里的土地面積，而這樣的探險壯舉，也讓他獲得皇家地理學會頒贈愛國者獎章（Patron's Medal）。相對於此，若林一心想得到的獎賞，則仍靜臥在那個有待人類前往的壯闊地景當中。在布拉馬普特拉河岸南方超脫萊德調查範圍的地方，仍有一大片地圖上的空白之處，那是一個面積約當一萬三千平方英里，夾在河流與喜馬拉雅山脈北面之間的地區。在這塊無名地帶的中央，就矗立著做為圖博與尼泊爾國界的聖母峰。匯集於此的山結粗獷豪邁，彷彿是哨兵般的存在，而若林在此次探險的尾聲已經了然於胸：聖母峰就是世界上最高的山峰。

在派出了若林的隊伍從江孜出發後，榮赫鵬與他率領的侵略部隊就趕忙往南朝印度出發，走上了由工兵與工程師替他改造成貨運主幹道路的老商道。惟在與冬天的賽跑中，這支部隊敗下了陣來。暴風雪蠻橫地打擊了唐拉山口的高處，然後鋪天蓋地地在春丕河谷的源頭處襲捲了跋涉於帕里的先遣縱隊。白雪與眩光遮蔽了數以百計的士兵的視線，而在這樣的混亂與不安當中，不只一名軍官聯想到了拿破崙從莫斯科潰敗的場景。做為帝國最後一次的偉大遠征，這不啻是個令人略感遺憾的收尾。惟在這為期一年的軍事行動中，英國基本上沒流什麼血。榮赫鵬在十月二十八日回到大吉嶺後，他上呈了一份傷亡明細表，結果顯示英國只傷了三十名官兵，死者僅五人。本土的印度士兵則死傷一百四十五人，與之相比，圖博光死亡人數就超過三千人。

在請了將近一個月的病假之後，榮赫鵬回到了英國。他一方面急著讓那些批評他的人閉嘴，一方面想協助支持者與家族成員一起達成讓他封爵的心願——事實上，他在那年年底前就如願以償了。他所搭乘的蒙古號蒸汽船（SS *Mongolia*）在一九〇四年十一月的最後幾天駛抵埃及的塞得港（Port Said），並無意間在那兒遇見了正要前往印度展開第二任總督任期的寇松爵士。寇松對拉薩行動讚不絕口，並用「壓倒性」的權威向榮赫鵬表達了堅定的支持，而榮赫鵬也在日後給妻子的一封信中描述那是「我一生中難忘的體驗」。榮赫鵬自己則是向身邊的良師益友們請教了幾件事情，想知道大家對圖博任務與其影響，乃至於對他的聖母峰之夢，究竟都有些什麼指教與看法。

跟榮赫鵬一樣，寇松也把視線鎖定在山巔上已久了。早在一八九九年的七月九日，六個月之後即將成為印度總督的寇松就曾致函道格拉斯・弗列許菲爾德（Douglas Freshfield）這名英國山岳會的前任理事長，並在信中提到了他打算前往聖母峰探險，並計畫在不久後的國是訪問時，在加德滿都向尼泊爾大君請求允准。事實證明，這項計畫並沒有開花結果。但若干年後，即便在榮赫鵬正整裝要率眾入侵西藏之際，寇松依舊將由地質學家海登（J. Hayden）在一九〇三年夏天隨榮赫鵬出使時攝於崗巴宗的十三張照片寄到了皇家地理學會與英國山岳會。這些照片不論怎麼說，都比克勞德・懷特拍下的影像更加彰顯了真相，主要是海登的照片呈現出了喜馬拉雅北麓從干城章嘉峰到聖母峰暨其後的全景。弗列許菲爾德一眼就看出海登的照片非同小可，而這些照片也順利登上了英國山岳會的會刊《登山手札》（*Alpine Journal*）。從照片上看來那裡沒有林地，較低的山脊上以冰封頂，而綜觀整片地景，弗列許菲爾德寫道：「水平壓過了垂直，那是一片開闊的原野。」那些照片確認了聖母峰可以從北側接近。

五十九歲的弗列許菲爾德對此一資訊充滿了熱情，畢竟他在英國是德高望重的地理學者。年輕時的他曾經前往高加索探險，並成為登上卡茲別克山（Kazbek）與厄爾布魯士山（Elbrus）的第一人，然後寫下了關於高加索地區一本極具參考性的書籍《高加索探險紀》（*Exploration of the Caucasus*）。先在一八七二到一八八〇年間在《登山手札》歷練過編輯工作的弗列許菲爾德先後擔任過英國山岳會的理事長（一八九三到一八九五）與皇家地理學會的會長（一九一四到一九一七年），其中他在皇家地理學會會長的任內力排眾議，打破了不接受女性會士的傳統。他同時是第一個沿干城章嘉峰底巡遊了完整一圈的探險家，而此舉不僅振奮了英國民間，也讓他得以在一九〇三年出版了一本甚獲好評的《繞行干城章嘉》（*Round Kangchenjunga*）。事實上在同一年，他還獲頒了皇家地理學會的創辦人獎章。他在倫敦的影響力已經遠遠不限於登山界，而寇松對這一點也未曾小覷。

在圖博吃鱉，各種計畫也日益遭到輿論與白廳的掣肘，寇松於是跟榮赫鵬一樣，都在聖母峰身上看到了重振帝國雄風的契機。早在一八八五年，一名英國外科醫師克林頓・丹特（Clinton Dent）就出版過《雪線以上》（*Above the Snowline*）一書，並在書中把攻頂高峰與極地探險相提並論，而南北極的概念自然對寇松而言非常有賣點。光陰荏苒，丹特在一八九二年十月的一篇刊登於《十九世紀》（*Nineteenth Century*）期刊的文章中成為了白紙黑字提議挑戰聖母峰的第一人。在研究過人體在高海拔的生理變化後，他自信地表示山友應可透過「高度適應」（acclimatization）的過程來克服缺氧的問題。「我從來沒有說攀登聖母峰是值得鼓勵的事情，」丹特也澄清說，「但我確信那是一件人類做得到的事情，並且我相信即使在我們有生之年，這些看法的真實性都可以獲得具體的確認。」

早在若林與萊德尚未返抵西姆拉之前，寇松就已經有了挑戰的腹案。攻頂聖母峰的目標可以也必須由百分之百的英國登山隊完成。一九〇五年春，在若林近距離觀測聖母峰的成果激勵下，寇松再次遥行與弗列許菲爾德接觸：「我始終感覺難辭其咎的是，眼看著世界第二高峰大體位在英帝國的疆域內，第一高峰坐落在與我們交好的鄰邦境內，而我們身為世界第一流的登山者與探險先鋒竟沒有長期性而科學性地嘗試挑戰它們任何一座。」他所說的世界第一與第二高峰，自然指的是聖母峰與干城章嘉峰。但他這話還有後續，他還提醒弗列許菲爾德說良機不容錯過，成敗在此一舉：

不論怎麼看，我在印度剩下的時間都不會太長了，而接替我的人不見得會這麼重視這些事情。我已經做好準備要提供政府能提供的一切協助給經過妥善任命的登山隊，當中要包括訓練有素的專家與瑞士的高山嚮導，並且要一心以攀登這兩座高峰的其中一座為目標。我自然是不介意請尼泊爾大君慨允登山隊挑戰聖母峰，但尼泊爾人生性多疑，很難講會不會放行。另外我也不看好能在那一帶取得苦力與補給的機率。您會有一絲興趣投身這樣的探險事業嗎？我的想法是這件事情可以在英國山岳會與皇家地理學會的攜手合作下完成，而您儘管可以把我寫下的這些話語轉告給它們的理事長與會長。我在想，時機上八月到十月最為理想，至於完成這個目標所需要的時間，我想大約會是兩年，也可能是三年。

營地將一個個設立，並將一步步推進，直到有朝一日，最前沿的前進營將坐落在一個可以用衝刺來一口氣攻抵峰頂的地點。苦力可以訓練，登山與攻頂一事可以從不同方向嘗試過一遍，通往最終成果的大小事務都可以準備。我不清楚這類探險得花多少錢，但我想要是印度政府願意出一半，那另外一半應該可以期待由在英國的兩個協會買單。我還沒有跟同事交換過意見，但我想我可以承諾政府這邊出到兩千五百到三千英鎊，也就是總費用五到六千英鎊的一半。這樣我們應該就能成事了吧？

弗列許菲爾德帶著這封手書去到英國山岳會，而俱樂部也由此任命了一個小組委員會來經手總督的提議。這當中的委員除了弗列許菲爾德，還有馬丁・康威（Martin Conway）這名開英國登山活動先河的人物。身為一位深受高山的絕美與自由所吸引的藝術史學者與才華洋溢的作家，馬丁・康威將會是在眾山友之中或許除了阿布魯茲公爵（Duke of Abruzzi）[11]之外，為融合了國家認同的大型軍事化探險創下先例的最關鍵人物，而這類的探險活動正好在二十世紀大多數時候裡，為喜馬拉雅登山活動下了最好的註解。一八九二年，他動身前往到屬於未知領域的喀喇崑崙山區，在那兒體認到喀喇崑崙山脈主峰K2（Chhogori；即喬戈里峰）之不容挑戰，於是改而攀登其衛峰巴托羅岡日峰（Baltoro Kangri），並在一個他稱為先驅峰（Pioneer Peak）的地形上創下了兩萬兩千六百英尺的高度紀錄。

康威此時體認到對登山者而言，喜馬拉雅問題茲事體大，他於是率先把溫珀（Whymper）與馬默里（Mummery）式帳篷[12]引進該地區，率先使用鞋底的冰爪，率先考慮到飲食的重要性、高海拔內含的威脅性，還有在喜馬拉雅的光熱暴露下避免脫水的必要性。而若說康威移植了軍事用語來描述高山探險——對山巔發動「攻勢」（assault）、「攻克」（conquer）某個高度、攻擊山脈「側翼」（flank）——那也是其來有自的，因為他確實是跟隨著軍方的腳步在前進。他之所以能夠接近喀喇崑崙山脈，完全是因為一八九一年的罕薩—納加爾戰役（Hunza-Nagar campaign）為該地區帶來了和平，至少是暫時性的和平。隨行護衛他的包括優秀年輕軍官查爾斯・布魯斯麾下的第五廓爾喀步槍兵團，也就是曾於一八八八年保護過榮赫鵬涉險探索喀喇崑崙的那同一位查爾斯。邊境的軍事綏靖，為山友敲開了攀登的大門，而山友們又反過來帶領著護衛的軍人進入了原本專屬於登山者的高聳祕境。

最能代表這種共生狀況的代表性人物，不做第二人想，就是查爾斯・布魯斯了。我們可以說他一方面生來就是要當英國軍人，一方面命運注定他要成為一名登山者。他的老家位在南威爾斯阿布岱爾谷地（Aberdare Valley）裡，屬於丘陵地形的格拉摩根（Glamorgan）。當時那片原本開闊的高原沼澤與嶙峋岩地，已經被工業革命改造成一處集合了煤礦坑與煉鐵廠的地方。在地居民盡是些精瘦的工人，他們每年從那片土地上挖出兩百萬公噸的煤礦，然後晚上在酒館裡把賺來的錢喝個精光。布魯斯晃晃悠悠地在一八六六年來到這個世界，成為了十四名手足當中的老

11 義大利國王維克多・艾曼紐三世的姪子，二十世紀初期著名的北極探險家與登山家，一八九七年首登阿拉斯加聖埃里亞斯山（Saint Elias，五四八九公尺），一九〇九年率領遠征隊至巴托羅冰河，攀登K2阿布魯茲山稜至六二五〇公尺處，攀登喬格麗莎峰至七五〇〇公尺。

12 指由英國登山家艾德華・溫珀（Edward Whymper）與亞伯特・F・馬默里（Albert F. Mummery）研發的小型輕便帳篷。

么，而他們的父親是生活在喬治三世治下，看著國王把美洲殖民地給丟掉的子民。少年時期的查理（查爾斯的暱稱）認識了在滑鐵盧之役中服役於威靈頓公爵麾下的阿爾貝瑪爾伯爵（Lord Albemarle），並沉浸於外公威廉・內皮爾爵士（Sir William Napier）所說的戰爭故事裡，要知道內皮爾爵士曾以官方史家的身分記錄下英國對戰拿破崙的半島戰役（Peninsular Campaign）。

出身優渥的布魯斯，年僅五歲就被送去上學。在哈羅公學他贏得尊敬，靠的是創下校史上最快也最常被校長打的紀錄。他在校內壓軸的頑皮事蹟，是從校長宅邸的屋頂把一盆天竺葵砸到一名德高望重的律師先生頭上。除此之外他還在校內習得了各種絕技，包括把平衡在鼻尖上的孔雀羽毛吹到空中，然後再用同一個鼻頭接住。這招他曾經一腔熱血地想教給一個家族的朋友——英國國教的約克大主教，但以失敗告終。

依照家族傳統，布魯斯理應念的是桑德赫斯特皇家軍事學院，但因為他又是破紀錄地兩次遲交考卷，所以最後淪落到了駐紮於約克的民兵團，並在那兒待了兩年，期間他在回憶錄裡說自己做著「少到不能再少的正事，多到不能再多的玩樂。」一八八七年的夏天，他首先去到了阿爾卑斯山，並以他的爬山風格與野心換得了一個縮寫為ＭＭＭ的名號，意思是「瘋子般的登山狂」（Mad Mountain Maniac）。同年夏天他加入了牛津與白金漢郡輕步兵團（Oxford and Buckinghamshire Light Infantry）的第一營，也就是他的外公在拿破崙戰爭中服役過的單位。一年之後，他奉令前往印度，並在那與派駐阿伯塔巴德（Abbottabad）的第五廓爾喀步槍兵團一起，於西北邊境立下了人生最初的戰功。

服役於印度，布魯斯很快就發現這裡的生活跟在老家的正規軍或民兵裡擔任養尊處優的貴族軍官，是兩碼子事情。印度陸軍是真正的職業部隊，其軍官團的組成是中上階級的英國男性，而他們對自己的軍旅職涯都認真無比。至於印度陸軍的兵源，也都挑自次大陸上最精銳的戰士，要穆斯林有穆斯林，要錫克人有錫克人，另外也見得到拉傑普特人（Rajput）、普什圖人（Pathan；Pashtun）與瑪拉塔人（Maratha），全都是視從軍為崇高理想的志願兵。不同於英國老家的部隊從克里米亞戰爭以來到十九世紀末，都沒有真刀真槍地上過戰場，印度軍隊則是在大小衝突與戰役不斷的西北邊境磨尖了他們的戰技。要知道那些戰鬥都不是嬉戲，而是真正在玩命。以一八九七年的阿富汗邊境戰役為例，戰死者就數以百計，無數村落付之一炬，雙方俘虜遭到的屠戮也都毫不留情。「毫無疑問地，我們是一個極為殘酷的民族，」溫斯頓．邱吉爾（Winston Churchill）曾在從前線寄回的家書中如是說。英國有句俗諺也說道：「兇殘是必然，正義是偶然。」

戰爭很合布魯斯的脾胃。他是個劍及履及，充滿行動力的男性，他做起事情的纖細程度，大概跟一頭公牛差不多。他習慣了胡鬧跟過分的玩笑，也很擅長用大鼓般的嗓音跟豪爽的粗獷笑聲去進行各種模仿，由此他就像是從吉卜林小說裡走出來的人物：一個死忠於所屬兵團、像父親一樣保護弟兄、流利於十多種本地語言，對吃喝、運動與各種印度風土來者不拒的英國軍官。馬丁・康威形容布魯斯的能量就像「蒸汽引擎加上一台載貨的火車」。年輕時的他強壯到可以在雙臂伸直的情況下，將坐在椅子上的成年男性舉起到耳際。為了維持體能高檔，他會定期揹著自己的勤務兵，在開伯爾山口（Khyber Pass）的兩側跑上跑下。年屆中年的他即便官拜上校，還是可以一人跟六個下屬單挑。有一說是他跟麾下每個士兵的老婆都睡過。而在朋友之間，他有個「瘀傷製造者」(Bruiser Bruce）的稱號；兵團裡的弟兄直接管他叫巴魯（Bhalu），也就是印度熊，或是布拉・薩博（Burra Sahib；薩博是源自阿拉伯語的外來語，原意為「夥伴」，在英印語境中是一種尊稱），直譯意思是「大」大人——個子很大的大人。

就跟所有的野戰軍官一樣，布魯斯治軍極為嚴謹，且對部隊裡各部族或民族的戰鬥能力十分要求。不論在印度的種姓制度裡屬於最高等的婆羅門還是碰不得的賤民，只要你夠戰力足夠，他都會將你留用。而圖博裔的問題是他們太過驍勇，以至於他們會起而反抗英國，不聽權威指揮，更不受英屬印度的高壓管束。要知道在印度，任何土著不論受到任何欺侮，都絕不可以對白人動手。圖博人不吃這一套，他們不是被嚇大的。普什圖人與旁遮普人是最好的士兵，因為他們強悍、服從，知道自己的身分但又不會愛拍馬屁。但如果是只許成功不許失敗的高山任務，沒有人看得到廓爾喀人的車尾燈，畢竟這群出身尼泊爾的士兵召募自古隆人（Gurung）、馬嘉人（Magar）、塔芒人（Tamang）、拉伊人（Rai）、林布人（Limbu）與雪巴人等六個民族，由此他們不論是成年還是少年都通多種語言。布魯斯創設了一個獨特的軍事單位叫「邊境斥候隊」（Frontier Scouts），這是個反叛亂部隊的原型，特長是滲透、突襲與暗殺。廓爾喀人是菁英游擊戰士，而布魯斯更將他們訓練成足以對瓦茲人（Wazir）、奧拉克宰人（Orakzai）與阿弗里迪人等多個民族在內的許多英屬印度之敵發動攻擊的武力，由此眾多部族的村落被剷平、長老被殺盡、婦孺被威逼到不敢吭氣。榮赫鵬本人也在一八八八年，親眼於喀喇崑崙山見識過廓爾喀的驍勇，而等聖母峰在日後成為話題重心時，榮赫鵬與布魯斯都心知肚明選誰就對了。廓爾喀人自小在山林中培養出的各種技術經過實戰的考驗，而那些實戰環境比起他們可能在聖母峰未知山麓會遇到的凶險，絕對是有過之而無不及。

一九〇六年底，查爾斯・布魯斯碰巧休假來到倫敦，由此他正好趕上了第一次關於挑戰聖母峰的認真提案必須要有個決斷的關鍵時刻。英國山岳會熱情擁抱了寇松爵士的想法，但卻只願意從口袋裡掏出杯水車薪的一百英鎊來贊助。前面說過，寇松建議的預算是六千英鎊，其中印度政府或可提供一半。一聽聞這樣的預算缺口，英國山岳會成員裡一名富有的出版業者穆姆（A.

L. Mumm）就主動表示願意補足差額，條件是得讓他加入探險隊。大老闆砸錢在探險隊裡買到一席之地的傳統，從這個聖母峰之夢的開端就有了。

只不過，穆姆並不只是一個有錢的贊助人而已，他扎扎實實是個實業家山友。即便以現代的標準，他都非常精準地掌握住了高山的象徵力量與潛在商機。他有一個身分是艾德華．阿諾與合夥人（Edward Arnold & Co.）這家文藝出版社的負責人，而該社日後也出版了關於聖母峰所有開局的經典，包括一九二一、一九二二與一九二四這三趟探險的官方報告，乃至於後續好幾名參與者的親身觀察。一九〇七年適逢英國山岳會的金禧（五十周年），而在他看來，攻頂山峰正是一種恰如其分又不失光彩的辦法，為成立於一八五七年的英國山岳會祝壽。在穆姆心目中，聖母峰探險的夢幻第一隊成員除了他私心希望的自己以外，還有要英國名登山家湯姆．隆斯塔夫（Tom Longstaff）、一隊瑞士高山嚮導，以及由布魯斯率領的九名廓爾喀士兵來提供支援。

立即的問題在於如何抵達山腳。從尼泊爾前往的路線已經出局了。雖然寇松爵士積極爭取，但尼泊爾大君還是不肯同意，而英國出於政治利益的考量也不敢把尼泊爾逼得太緊。這麼一來，僅有的另外一條路就是取道圖博，也就是去走榮赫鵬與他的使團所走過的那同一批山口。喬治．高迪爵士（Sir George Goldie）以皇家地理學會會長之尊為此行動背書，而當一九〇五年，同樣身為英國山岳會一員的明托爵士（Lord Minto）出線成為寇松的總督接班人之時，所有人更是在內心燃起了熊熊的希望。

很不幸的是對聖母峰的計畫而言，自由派的政府在一九〇五年上台，而他們窮盡一切的努力，就是要與寇松的進取政策跟榮赫鵬使團的政治遺產切割，因為在自由派政府的眼裡，這些帝國的愚行不僅徒勞無功而且令人難堪。關於聖母峰一事，自由派政府裡的負責人是印度事務大臣約翰・莫利（John Morley）這個毫無情趣、只知道把襯衫穿好的酷吏。事實上在內閣同事之間，他兩個不分軒輊的「暱稱」，一個是「普希拉阿姨」，一個是「難搞的老處女」。莫利原本就說什麼也不想沒事得罪中國人或俄國人，再加上一九〇七年的《英俄條約》剛簽，於是這位印度事務大臣決定禁止一切非必要的圖博之行，而登山探險在他的認知裡就是標準的沒事找事。一九〇七年一月二十三日，當高迪代表英國山岳會與皇家地理學會致書印度政府來尋求協助，希望能讓攀登隊進入圖博時，莫利非常有針對性地保留不置可否，其中國家利益與安全性都成了他用來推拖的理由。

莫利頑強的抗拒合作，引發了外界大搖其頭。在一九〇八年三月三日，英國山岳會一場全體大會中，身為榮譽會員的寇松爵士受邀針對英政府的冥頑不靈表示意見。他義無反顧地狠狠針砭了莫利的行為，而繼寇松爵士之後，道格拉斯・弗列許菲爾德也口出尖酸地批評：「關於隆斯塔夫醫師的探險計畫，寇松爵士與我站在有點像是『教父』的立場；他曾以總督的身分丟出了這個想法，而我則找齊了需要的人才。但就在最後一刻，就像是很多故事裡會有的情節一樣，我們遇上了一名惡靈，一個硬要跑來參加孩子受洗命名的不速之客。國王陛下的政府找盡了各種理由，就是不讓英國探險隊前往聖母峰。看著一個瑞典人斯文・赫定博士在英國人的禁地裡恣意漫遊，即便他是我們的榮譽會員，也還是讓我們心中感覺到不只一點點的不痛快與礙眼。」

實際上，麻煩一堆的英屬印度政府根本沒心情去管什麼去圖博爬山的事情，就算你要爬的是聖母峰也一樣。而在這些麻煩事當中，有一樣相當棘手的問題，就是一九〇八年起清廷對圖博的全面軍事侵略，因為那背後除了有個殺人不眨眼的清朝軍閥在操盤，還有一個背景是榮赫鵬摧毀了圖博軍隊後又匆匆撤離，在拉薩留下了權力真空，而這也為清朝入侵提供了有利的條件。地緣政治上的這些現實，除了很奇怪地被曾身為印度總督的寇松不當一回事以外，也不是英國山岳會多數成員所關心的事情。會員們想搶先攻上聖母峰的心情，只因為英國在南北極探險競賽上的敗北而變得更加無法壓抑。

一九〇八年，布魯斯再接再厲地重新嘗試了取得借道尼泊爾的許可。一年之後，阿布魯茲公爵以義大利人的身分試圖獲准從圖博接近聖母峰而未果。一九一一年十月，寇松又一回尋求由尼泊爾大君出手干預，然而一無所獲。兩年之後，希賽爾・若林與湯姆・隆斯塔夫獲得了皇家地理學會與英國山岳會的官方支持，準備啟動為期兩年的大型計畫。這個計畫是要首先進行初始的探索與偵察，然後由接續的第二次攀爬遠征隊，在偵察結果的基礎上嘗試攻頂。偵察隊的組成將包括與若林結伴走過新幾內亞的博物學家亞歷山大・費德列克・李奇蒙・沃拉斯頓（Alexander Frederick Richmond Wollaston），也包括印度調查局的亨利・莫斯海德。莫斯海德曾經與費德列克・馬胥曼・貝里共同探索過藏布江峽谷的底部，而貝里又曾經與若林共同去調查過布拉馬普特拉河的源頭。隊員名單上的其他人還包括兩名狠角色。一個是醫療學者亞歷山大・凱拉斯醫師，另外一個則是獨來獨往的視覺藝術家兼攝影師與製片，充滿了戲劇天分的基層陸軍軍官約翰・諾艾爾。這次探險的時間排定在一九一五年夏天，然後隔年夏天攻頂，惟我們現在知道隔年一九一六的夏天發生了索姆河之役。所以不意外地，這個沒有得到英屬印度政府背書的計畫，最後就淹沒在大小事件中，無疾而終。

由於短期內看不到合法獲准前往圖博探險的可能，對聖母峰的挑戰就在歷史上那最後幾個月的和平當中，由凱拉斯跟諾艾爾挑起了責任。兩人都準備隻身潛入山中，其中天性淡泊名利的凱拉斯有種可以令自身隱形的低調氣質，而諾艾爾則為自己培養出滿滿的謀略披在身上，讓他的一舉一動都充滿了說服力。諾艾爾在終點前功虧一簣，但仍設法逼近到了距離喜馬拉雅山四十英里以內的地方，突破了若林、萊德與榮赫鵬之前的紀錄。凱拉斯神出鬼沒地沒有被任何人發現，也沒有人準確地知道他都去了哪些地方，或者他是怎麼辦到的，但總之以結果而言，他帶回來的眾多照片取景於喜馬拉雅山東麓的卡馬谷地（Kama Valley），話說那些影像距離守護康雄壁（Kangshung Face）[13]的數座冰川都已經不到十英里。這兩人當中有一個人會默默地，表面上輕如鴻毛地死在一九二一年的第一次聖母峰遠征中；另外一個則會比一九二一到二四年之聖母峰史詩裡的每一個參與者都活得更久，並透過他的作品為聖母峰探險留下一段視覺遺產，讓挑戰聖母峰的歷史像種子一樣，埋進公眾的心田。

亞歷山大・凱拉斯於一八六八年生於蘇格蘭的阿伯丁（Aberdeen），從小在蘇格蘭中部屬於格蘭坪山脈（Grampian Range）一支的凱恩戈姆山區（Cairngorms）裡跑來跑去，那兒的群山與青色山脊就是他的遊樂場，而凱恩戈姆山脈的最高峰班麥克杜伊山（Ben Macdhui）更是他非常熟悉的主場。就這樣長大的他，成為了一個永遠追尋著未知的遊俠。截至一九一三年，他已經比世上任何一人都花了更多時間在極端的高度上。他所以不同於其他人，在於他體驗這個世界的角度。他感興趣的不是破紀錄或在攻頂上拔得頭籌。做為一個獨來獨往的學者，他自認不怎麼是個登山家，而比較是一個經常出現在山峰上的科學家。分別在愛丁堡、倫敦大學學院與海德堡大學受過訓練的凱拉斯，從一九〇〇年到一九一九年，是密德薩斯醫院附設醫學院（Middlesex Hospital Medical School）的化學講師。他的專長是人類生理學與高度對人體的影響。他授課的課堂位於倫敦，但他的研究實驗室高居於喜馬拉雅最高的山坡上。從一九〇七到一九二一，扣除戰爭造成的空檔，他一共八次踏上前往亞洲的大型遠征，而且除了一小隊固定合作的尼泊爾挑夫以外，他幾乎都是一個人行動。一九一〇年，他進行了四個月的田野調查，全程幾乎都在一萬四千英尺以上，並且在短短一季的時間裡攀登了不少於九座兩萬英尺起跳的山峰。包括二二四三〇英尺的卓木玉莫峰（Chomiomo〔Chomo Yummo〕）、二三一八六英尺的堡洪里峰（Pauhunri）與兩萬兩千七百英尺的岡城遙峰（Kanchenjhau〔Kangchengyao〕），都是由凱拉斯第一個完成上攻，而它們都是標註錫金與圖博邊界的巨峰。他並不是單純地為了攻頂而攻頂，而是設法在山中旅行，由此他會從沒有人走過的某一面或某個山脊上去，然後再從另外一條沒有山友踏過的路徑下來。對一個身型偏瘦、戴著副眼鏡，而且還像個學者一樣微微駝背的小男人來講，能做到這樣真的令人激賞。

凱拉斯的研究，對之後所有對聖母峰進攻前的展望，都產生了直接的影響。透過在阿爾卑斯山上累積的經驗，人類始終知道高海拔會讓山友變得格外孱弱，甚或會因為失能而來到生死

13 聖母峰東壁一面高三三五〇公尺的山壁。

關頭。高山症的症狀眾所周知：身體不適、四肢發紺變藍、無力倦怠、記憶喪失與心神過於敏感、噁心想吐、食慾下降，還有令人癱瘓的急性頭痛。另外已經獲得確定的，還有這些症狀會在不同的時候以不同的方式影響不同人。雖說很顯然有些人受到的影響確實比較小，但體能狀況與力量與人對高山症的抵抗力之間的關聯並不明確。人類並不清楚在過了哪一個高度之後，身體就會受不了而產生上述反應。植物學者喬瑟夫·諤克（Joseph Hooker）做為十九世紀的知名科學家，曾經用簡單但聽了讓人雞皮疙瘩直起的話語形容了這種疾病。他寫道在一萬四千英尺以上，他感覺就像是有「一磅的鉛塊分別放在左右膝蓋上，兩磅的鉛放在胃袋裡，外加一圈鐵箍圍在頭上。」

幾百年以來，這當中的因果關係始終成謎。耶穌會曾經有人在一六〇〇年代來到過喜馬拉雅山，當時他們把罪過推給了有毒的野草、怪誕的礦物，還有從地表滲出的各種瘴癘之氣。此外還有人宣稱高山症只是單純吃壞肚子，是閃電產生的電氣擾動令人失去方向感，或是緊張與壓力引發的心理作用，就像在拓荒時期，不少美國西部淘金小鎮上的賭牌者與礦工，都常有類似的症狀。令人驚異的是，要到一八七八年，才真正找到高山症的元凶：高海拔空氣變得稀薄所造成的缺氧。但雖然確認了缺氧是高山症的主因，各種沒有根據的誇張理論依舊大行其道。像是有人聲稱高山症其實是太陽光照射過強所造成。就連在皇家地理學會與英國山岳會裡，都有人主張山友中招是因為在經過空谷與淺澗時吸到了停滯的空氣，這一派認為遠離山脊的空氣欠缺風勢帶動的流通，所以對人會產生傷害。

相對於這些明顯的胡謅，凱拉斯儼然是科學推理的代言人，他以實證測量與觀察所得加上後續的精密計算，得出了他認為正確的結論。疲憊、寒冷、睡眠不足與飲食，是被他點到名的高山症個別成因，但無庸置疑的是要造成高山症發作，最關鍵的因子還是人是否缺氧。人體是透過每分鐘十二到十八次的呼吸來獲得空氣，而空氣的主要組成是氧氣與氮氣。純氮具有高度的毒性，單獨吸入會造成人在數秒內失去意識，緊接著在幾分鐘內喪命。氧是賦予生命的氣體。氣壓會隨著海拔上升而下降。在兩萬九千英尺高，也就是聖母峰的高度上，大氣壓力只剩下海平面的三分之一；因此登山者正常呼吸能獲取的氧氣量，也只有平日所需的三分之一。

這樣的氧氣量足夠人活下來嗎？很多人對此都深表懷疑。但凱拉斯認為人體有驚人的適應能力。像他就注意到圖博人在一萬四千英尺高的地方生活，依舊活蹦亂跳，而那已經相當於美國科羅拉多州派克峰（Pike's Peak）的高度，而大家要知道有不少遊客只是搭火車上派克峰，都會在半途因為身體不適而崩潰倒地。他對於動脈血氧飽和的研究顯示人想站上聖母峰，並非癡人說夢，但我們必須對兩項關鍵因子有所掌握。首先，第一項關鍵因子是到了某個高度——他推估是在兩萬兩千英尺以上——人類的高度適應就會失效。人可以持續往上爬——像在一九〇九年，阿布魯茲公爵就在喀喇崑崙山區又稱「新娘峰」的喬戈里薩峰（Chogolisa）上創下了達到二五一一〇英尺的高度紀錄——但只要人體在適應能力失效的高度之上每多待一分鐘，體能狀況都會持續下降。由此引出的第二項關鍵因子就是，攀登一定高度以上的山巔，山友必須在垂直的空間中快去快回。

但在聖母峰上，要快去快回將會十分困難。凱拉斯從耗氧與能量支出的研究中確認了一項事實，那就是個人的最大升速會因為爬得愈高而急遽放緩。兩萬三千英尺時還有每小時六百英尺的上升速度，會在兩萬五千英尺以上降至每小時三百六十英尺。這意味著要挑戰聖母峰，人類最起碼必須要在至今沒有人睡過的驚人高度——後世所知的「死亡地帶」——建立少則一處、多則兩處的營地。別的不說，這項殘酷的事實就足以讓挑戰聖母峰與前往南北極無法相提並論。酷寒的天氣與嚴峻的大自然是一回事，但得在地景上垂直而非水平移動，且高度愈高的空氣又愈不足以維持生命，那可又是另外一回事。

在一戰開打前的年月，凱拉斯還對聖母峰的挑戰做出了兩項至為關鍵的貢獻。若說查爾斯·布魯斯讓人見識到了廓爾喀士兵的驚人能耐，那凱拉斯所做到的就是在歐洲人心目中提升了西方對雪巴人的評價。所謂雪巴人，指的是十五世紀起定居在聖母峰南麓索盧坤布（Solu Khumbu）地區的圖博裔尼泊爾人。隨著英屬印度在商業上的茁壯成長，不少雪巴人移居大吉嶺，擔任起挑夫或勞工等職務；也有些雪巴人做起了買賣，而且還賺到了些錢。在一九一六年五月十八日下午，一篇發表於皇家地理學會的論文〈關於攀登喜馬拉雅山較高地區之可能性的一番思考〉（A Consideration of the Possibility of Ascending the Loftier Himalaya）裡，凱拉斯對這群天賦異稟的族群的人格與屬性，有以下的一番評語：

> 在筆者所雇用過的各類苦力當中，布提亞（Bhutia）尼泊爾人顯然高人一等。他們強壯、善良，而且身為佛教徒，他們對特殊食物來者不拒。雷布查人（Lepcha；即絨布人）與庫矛人（Kumaonoi）的體格稍差……平原地區的喀什米爾人在山區比較靠不住。嘉華人（Gahrwali）在高海拔地區不如布提亞人，主要是嘉華人是印度教徒，因此吃起飯來問題要大得多。筆者尚無機會與廓爾喀或巴提人（Balti）同行，但有能力對其進行評價的人都對他們讚不絕口。原本獨自旅行的人，若能精挑細選幾名布提亞尼泊爾人來擔任他們前進各個山區的個人僕役，應該都會覺得相當值得。

這類有點像是在給家畜打分數的行文段落，現代人聽來可能會覺得相當刺耳，但在那個時空背景下，看到的人只會覺得這是擲地有聲的背書。凱拉斯比起當時任何一位其他的英國登山者，都更加願意把自己的性命託付給他的原住民夥伴。年復一年，每次動輒好幾個月，他都會從倫敦的化學實驗室消失，投身喜馬拉雅的自由自在中。他在雪巴人身上找到了友誼、革命情感，還有只能來自於在冰川坡地上與未知崎嶇山脊上生死相依的信任感。來自凱拉斯如此高的評價，或好或壞地改變了雪巴人的命運。他們上限極高的耐受力、在高海拔的過人負重能力，乃至於他們的毅力、忠心、紀律，外加讓他們得以用寬容大度與平靜去擁抱生命起伏的文化背景與屬性，都讓雪巴人成為了現代喜馬拉雅攀登探險的根基。

聖母峰對凱拉斯而言既是科學上的挑戰，也是觸及內心深處的使命。與同時代的許多人一樣，他也在一種無可名狀的愛國主義中長大。這一代人會反射性地認知到自己屬於一個更宏大的存在，屬於一個命定要撥亂反正、行俠仗義的帝國。這種曾經點燃了許多人的靈魂，讓他們義無反顧地願意在戰爭中以身殉國的信念，在二十世紀的初期依舊健在，而也正是這股強大的衝勁，讓一戰得以延續了長達四年的血腥。凱拉斯本人錯過了一戰，主要是年齡讓他無法獲得授階。所以對他而言，聖母峰不只是一座山，這個名字於他迴響著自我的救贖與平反。

一九一六年二月二十二日，他致函一名頗為親近的同事沃拉斯頓，也就是注定要在一九二一年的聖母峰偵察任務中擔任醫官的那一名博物學家兼探險家，而凱拉斯在信裡是這麼說的：

對於這個問題，我將個人看法表達如下：我們控制了世界海權三百年，結果卻錯失了首先抵達南北極的頭銜；如今我們在印度呼風喚雨長達一百六十年，說什麼也不能與聖母峰的探險再度擦肩……我自從大戰開打以來即未再與若林上校有所聯絡，所以也不清楚圖博是否接受小型探險的申請……我本身是很樂於攜帶兩到十名苦力入山，甚至單槍匹馬也行，只要能為英國搶下這一點點的探險之功。我必須說如今的我視喜馬拉雅為英國的禁臠……我們必須贏下眼前的大戰，而上述的探險自然是次要的事端。但話說回來，我們肯定可以騰出一兩個過了服役年齡的人手去進行探險。對此只要醫院的人准假，我絕對是義不容辭。

圖博之行對凱拉斯而言是門都沒有，但他設法找到了一個代理者。完整的情況我們無所知悉，但那無疑牽涉到他信得過的雪巴人朋友與旅伴。凱拉斯得知前往聖母峰的跳板是崗巴宗，而崗巴宗可以取道錫金，然後沿提斯塔河（Teesta River）而上並穿過色波拉山口抵達，一如榮赫鵬在一九〇三年初入圖博時的做法。到了崗巴宗，就會有一條往西北的路可以讓人渡過阿龍河（Arun River）。穿過阿龍河這一大障礙後，會有一條往南的路徑沿著阿龍河前進並通過名為法魯克（Pharuk）的聚落，最終抵達位於聖母峰東北方二十五英里處的喀爾塔（Kharta）聚落。從喀爾塔出發，前往聖母峰最近的捷徑會帶著人走上喀爾塔曲（Kharta Chu），穿過朗瑪拉山口（Langma La）這個可通往卡馬谷地的高山隘口，而卡馬谷地那兒有不只一條冰川，從聖母峰的東麓緩緩流下。

凱拉斯因為自身無法成行，所以他訓練了一至數名雪巴人嚮導使用他的大片幅相機，遣他們前往圖博。結果雪巴人不辱使命地帶回了兩張曝光恰到好處的全景照片，照片中顯示的正是我們今天所知的冉布卡冰川（Rabkar Glacier）。如果這些無名的雪巴人攝影師再往下游前進哪怕就一英里，通過位於冰川尾端的冰磧（簡稱「尾磧」）[14]，再加上天氣能持續作美的話，那他們就有機會可以從十英里不到的近距離看到聖母峰的整座康雄壁，外加洛子峰（Lhotse）[15]與南坳。實際上，他們返回了錫金，並把路徑資訊與壯觀的視覺證據等戰利品帶回給了望穿秋水的凱拉斯。按照凱拉斯的說法，「聖母峰群的美景無與倫比」。

同時間在倫敦，約翰．諾艾爾對聖母峰也產生了他自身的規畫。諾艾爾的職業是軍人，內心卻住著一名藝術家，有需要時又可以化身為一流的攝影技師。一八九〇年生於英格蘭德文郡（Devon）的約翰．諾艾爾在受浸禮的時候，被取名為「浸禮宗的盧修斯」（Baptist Lucius），而他算起來是蓋恩斯伯勒伯爵（Earl of Gainsborough）次子的第三個兒子。他在瑞士接受的教育源自他的父親，而他父親身為一名歷史學者兼軍官，會帶著這個小兒子陪他在帝國內的各個駐地流轉。從直布羅陀到印度，再到遠東。諾艾爾的母親是名身手不凡，而且專攻高山花卉的畫家。這樣的她鼓勵小兒子前往義大利佛羅倫斯的一所學院研習美術。但諾艾爾的父親卻希望他投身軍旅，最終在經過一次入學失敗後，他成功進入了桑德赫斯特皇家軍事學院。一九〇八年，他在畢業的同時改名為約翰，並加入了當時駐紮在北印費札巴德（Fyzabad）的東約克郡兵團，話說次大陸上要是得選一個集偏遠、酷熱與生活艱苦於一身的地方，那費札巴德絕對是當仁不讓。但對諾艾爾來講，這樣的地方反倒符合他的理想，因為他就希望能到遙遠的前哨服役，然後讓高溫限制住部隊從事軍事活動的能力。他希望自己能在這樣的環境下遭到遺忘，就能獲得空檔去追尋他真正的熱情所在：探索與攝影。

諾艾爾在一九一三年的首要目標，就是找到從東邊通往聖母峰的路徑。諾艾爾當時對凱拉斯的努力並無所悉，因此他計畫旅程的根據是錢德拉・達斯（Chandra Das）所留下的文字紀錄。身為一名受過高等教育的孟加拉人，錢德拉・達斯於一八七九與一八八一年兩度偽裝成佛教學者潛入圖博蒐集情報。而如同這位印裔密探，諾艾爾也會為了易裝假扮。他選擇的人設是「出身印度但四海為家的穆斯林」，由此他會換上本地人的服裝打扮，然後藉染料之力把色澤偏

14 冰磧是在冰川沉積過程中所挾帶的石礫或地質碎屑，尾磧則是冰川前進，堆積在冰川尾部（冰舌）的冰磧。

15 海拔八千五百一十六公尺的世界第四高峰。

淡的頭髮與面容弄黑。他當成旅伴帶在身邊的，只有三個人：一名尼泊爾籍的雪巴人、一名出身大吉嶺的圖博裔，還有他在北印加瓦爾（Garhwal）喜馬拉雅山區遊晃的那段日子裡，所結識的一名土著老友。在裝備方面，他們以兩只購自在地市集的錫製小行李箱為限，盡量裝進能裝的東西，另外帶了一定量的毯子，還有兩頂北美原住民風格的圓錐形帳篷[16]。至於隱蔽於小行李箱裡的東西則有兩架相機、繪製地圖的工具、用以測量海拔高度的沸點溫度計、一支分解成組件的來福槍、一把左輪手槍、給每個兄弟一把的自動手槍，還有足量的彈藥。

諾艾爾的第一步是沿著從甘托克到拉亨（Lachen；意為大山口）的幹道溯提斯塔河谷而上，但自此他沒有選擇繼續向北朝做為入藏主要通道的色波拉前進，而是在澄谷（Thango或Thangu）這個村落轉而向西，循著提斯塔河某支流朝其源頭前進，並依此從側邊抵達曲丹尼伊瑪拉（Chorten Nyima La）這個整整比色波拉高上兩千英尺，少用而令人卻步的險要山口。可惜天不從人願，等他們過了曲丹尼瑪拉山口，山脈的北坡向下降至廣袤的圖博高原，也就是諾艾爾後來在回憶中說的「貨真價實的世界屋頂」後，事情開始變得有點混亂。諾艾爾一行人希望避開定居的聚落或游牧的紮營地，因此決定繼續西行，並一路在山側的各個山嘴（從山脊延伸出來的高坡）、山脊與冰河河谷中保持一定的海拔高度不墜，惟他們最後不得不放棄對海拔的堅持，是因為一處深邃的峽谷迫使他們下降到平原。夜行的他們會與村落拉開安全空間來避開敏感又危險的獒犬，由此他們一路來到郎布拉（Langbu La）這個理論上可以打開通往塔什拉克河谷（Tashirak Valley）之路，最終指向聖母峰的山口。

來到郎布拉山口，諾艾爾的第一個反應是震懾於他回憶裡說到的「那參天聳立的雪山絕景……妙不可言地騰空懸著有如飛簷的冰脊」。他查看了手邊唯一的地圖，上頭顯示塔什拉克山谷乃向西而行，並應在阿龍河與卡馬曲（Kama Chu）匯流處不遠的地方與阿龍河交錯。卡馬曲這條河源自聖母峰東面，也是他希望能帶領他前往聖母峰的路標。但實際上，出現在他眼前的是整片高達兩萬三千英尺的陌生山脈，阻斷了他的西行之路。然後就在他兩眼緊盯著天際線的同時，層疊的雲朵開始移動而顯露出後方更高的群峰，而在群峰之中有座「銳利的尖塔之峰」顯得一枝獨秀地，以顯然有一千英尺的差距較鄰近山脈都高出一個頭。從羅盤的指向上，他得知了那就是聖母峰。在郎布拉山口逗留的一個鐘頭裡，他仍然不放棄希望，在相機鏡頭中搜尋著西方的地平線，只盼能找到一絲開口的跡象，以便他能繼續有路朝著渴望的目標邁進。然後在弟兄們把石塊堆成藏傳佛教傳統的舍利塔（藏文稱 chorten，亦有音譯為「曲丹」），並在岩石上繫好成串的五彩經幡後，諾艾爾一行人便走下了陡峭的草坡，來到了一個小村落，並在村裡

16 這種帳篷又音譯稱為「梯皮」（tipi 或 teepee），外貌看似從地面冒出的竹筍，在《與狼共舞》等描述北美原住民故事之電影中常見。

的羊圈之間找到了以泥巴與羊糞糊成的小屋過夜。

隔天早上他們繼續沿塔什拉克河前進，而此時的塔什拉克河開始往南走，絲毫看不出有要向西與阿龍河匯流的模樣。經由一名在山徑上偶遇的尼泊爾商人告知，他們掌握到的情報是要抵達兩河匯流處，還得向下游穿過整整兩個沼澤，來到一個叫做哈提亞（Hatia）的渡口，但那代表他們得先經過有人駐守的尼泊爾邊境。但就在諾艾爾思索各種選項的同時，探險隊的命運已因為一隊六名圖博武裝人員的意外出現而確定了。這群騎馬的武裝人員在亭吉宗（Tinki）這個城鎮的宗本（行政首長）率領之下，三天內疾馳一百五十英里，就為了攔截他們這些入侵者。雙方一陣激烈的言語交鋒，主要是對方堅持諾艾爾要從圖博離境。最後諾艾爾只能無奈地就範，畢竟他的探險隊有斷炊的危險，而且大夥兒都因為一路要掩藏行蹤而相當疲憊。事實上前一天他曾把薪資加倍，才說服了所有人繼續探險。一個擦槍走火，探險隊與宗本等六人之間就可能暴力相向。諾艾爾一邊裝出滿臉的憤怒，一邊把英屬印度的名號搬出來長自身的威風。他主張英國軍官應受到一定的尊重，但宗本並沒有被嚇唬住。比起自己，諾艾爾更擔心的是他同伴的安危。他深知那些幫助過密探錢德拉．達斯的圖博人曾被當成「圖奸」，而叛徒的下場就是被活生生地縫進皮革袋子裡，扔進布拉馬普特拉河裡溺死。隔天早上，即便諾艾爾已經同意了撤退的要求，雙方還是沒能化干戈為玉帛。兩造隔著一段距離相互駁火，而諾艾爾再不情願，也只得壯志未酬地在距離聖母峰僅有四十英里處朝錫金的方向掉頭。

在印度待了五年，終於休假回到倫敦之後，諾艾爾與凱拉斯交換了心得，而凱拉斯也成為了他亦師亦友的存在。一如諾艾爾在回憶錄裡所提及，「在一九一三年之行與一九二一年聖母峰探險之間的漫長空檔中，我會一抓到機會就與凱拉斯討論聖母峰的種種，而他也跟我分享了關於他的計畫與努力，許多此前不為人知的事情。他對我說明了自己是如何從圖博側拍得那令人嘆為觀止的聖母峰冰河照片。之前他雖然會在地理學者間以照片示人，但卻從未將他是怎麼拍到這些影像的祕密公諸於世。」

凱拉斯位於密德薩斯醫院附設醫學院的化學實驗室，成為了兩人經常聚首的地點，而也就在此處，一個一九一四年的某日下午，他們當中較年長的凱拉斯將他的驚天祕密全盤托出。話說前往聖母峰的路線很多，而在任何一支探險隊翻過喜馬拉雅山脈的天險，來到高度慢慢下降到圖博高原的坡地上後，再要越過阿龍河與其河谷這個最主要的難關，辦法也所在多有。不論在英國山岳會或是皇家地理學會的場子裡，他都曾公開在非正式的討論中與同仁們分享過好幾種入山之道。不過認真說起來，他曾偷偷告訴諾艾爾說這當中的第一志願，是一個歐洲人基本沒有走過，屬於圖博人的私房祕徑；有了這條祕徑，探險者便能順利通過曾在塔什拉克河阻斷諾艾爾西行之路的那片山脈。由此喀爾塔會因此變得近在眼前，而阿龍河則可以走由犛牛皮繩製成的橋梁通過。過了河，人就可以輕輕鬆鬆地沿喀爾塔曲步行而上抵達朗瑪拉山口。朗瑪拉山口是通往卡馬河谷的門徑，也是由東向西前往康雄壁的門徑，而康雄壁，就是聖母峰的東壁。這條路對牧羊的喀爾塔人來講已經行之有年，山峰投影處的高地草原上有他們為夏天而建的營地。

凱拉斯已經精心研擬出一個計畫，是要先將食物與各種儲備存放在干城章嘉峰西邊無人高谷中的隱密倉庫裡。他會讓信得過的雪巴人偷偷完成這項工作，然後由他以非正式的方式進入圖博，前進到喀爾塔與卡馬河谷，然後從東邊對聖母峰發動攻勢。這個縝密的計畫按照諾艾爾的回憶，「一路顧及到最後一盎司的食糧與飲水。」凱拉斯對諾艾爾提出了要求，他希望戰爭一結束，兩人一恢復自由之身，他們就可以一起踏上這段冒險。他們會要麼趁季風來臨前在六月出發，也可能等入夏一段時間，等季風力量稍歇後再走。屆時若林說不定也會共襄盛舉，甚至於隆斯塔夫、莫斯海德、沃拉斯頓、貝里或布魯斯也都能一起來。只要能組成這樣的菁英團隊，凱拉斯有信心他們一定能有好好地拚一下聖母峰。諾艾爾自然一口答應下來。如此萬事俱備，只欠缺的那樣東風就是戰爭能夠告終；可以確定的是戰爭打再久，也總有一天得到頭。

3

攻擊計畫
The Plan of Attack

一九一九年三月十日的晚間，時任皇家地理學會會長的湯瑪斯．亨格福特．侯第奇爵士（Sir Thomas Hungerford Holdich）來到了新龐德街（New Bond Street）上的風神音樂廳（Aeolian Hall）。他匆匆忙忙地通過了玄關，頭也不回地行經大理石柱與威尼斯風的門徑，穿越橡木牆構成的寬敞展間，裡頭滿是最新款的自動鋼琴與各式樂器，都是擁有音樂廳之同一家紐約企業的產品，最後推開了大門，進了門後的音樂廳。他其實已經遲到了，廳內已經座無虛席地坐滿了皇家地理學會的會士與貴賓。這是今年第八場的晚會，也備受期待將會是一個不同凡響的場合。這一日的會場裡齊聚了英國登山界的大老們：因為干城章嘉峰而聞名的道格拉斯．弗列許菲爾德；時任英國山岳會理事長的波西．法拉爾；一八九五年與阿爾伯特．費德列克．馬默里（Albert Frederick Mummery；小名阿弗列〔Alfred〕）跟查爾斯．布魯斯一起攀登南迦帕爾巴特峰（Nanga Parbat）[1]，並且內定將於一九二〇年從法拉爾手中接下英國山岳會理事長一職的諾曼．柯利（Norman Collie）。與約翰．諾艾爾分享了聖母峰攻頂大計的亞歷山大．凱拉斯也出席了這天的晚會。再來就是榮赫鵬爵士。事實上就是榮赫鵬爵士精心規畫了這整場會議。這麼做，他希望的是重新點燃眾人對攻頂世界最高峰的興趣與熱忱。

侯第奇站上了舞台，完成了簡短的致詞，然後介紹起前來作客的講者。環顧整個大廳，他的心思毫不費力地墜回了戰前的歲月。對這一年已經七十有六了的他來說，一閃而過的戰爭顯得模模糊糊，但圖博與聖母峰卻讓他記得很清楚。一九〇六年，他出版了一本《神祕的圖博》（*Tibet the Mysterious*）來講述那片土地的經濟潛力。在他的想像裡，圖博蘊藏著幾乎取之不盡、用之不竭的羊毛、銀礦、麝香、銅礦、鉛礦、鐵礦，乃至於在榮赫鵬出使完拉薩後應可好好開採一番的金礦。他認為在這些天然資源的面前，加拿大育空地區發現的任何東西與一八九八年爆發在育空的克朗代克（Klondike）的淘金熱，都是小巫見大巫。他同時也在書裡大加讚揚了希賽爾・若林與查爾斯・萊德的英勇表現，以及讓他們得以去到布拉馬普特拉河源頭與更深處的探險。身為一名地理學者，他深知貿易才是與英國意欲與圖博接觸的真正理由，但即便如此，他的心境仍跟皇家地理學會裡的許多同仁相仿，他們都有志一同地感覺得到那總能吸引著英國人朝高峰中的高峰邁進的初衷，那彷彿仍餘音繞樑的脈動。一九一二年，《羽毛球雜誌》（*Badminton Magazine*）上的一篇文章丟出了顆直球：為什麼事到如今，聖母峰還沒有為人所征服？該篇文章提到光是在十九世紀，英國已經為了南極的探索耗費了超過二千五百萬英鎊，另外還付出了四百條生命與兩百艘沉船的代價。而相對於此，他們還沒有對聖母峰付諸認真的努力，也還沒有花半分令，更沒有人為此犧牲生命。

一九一八年十二月十九日，也就是一戰停戰日一個月後不久，侯第奇就寫了信給艾德溫・蒙査古（Edwin Montagu），也就是首相洛伊德・喬治（Lloyd George）內閣裡的印度事務大臣，信中他向大臣徵詢了組成探險隊朝聖母峰進發的可能性。在這封信寄出前一週，曾經先行流通過一份草稿，期間它獲得了弗列許菲爾德的編輯與法拉爾的背書。這封信引發了幾個立即性的疑慮，包括有志於聖母峰者必須要面對與克服的若干問題：探險隊必須設計出氧氣頭盔來設法補充空氣中稀薄的含氧量；飲食也必須透過規畫來舒緩或預防極端海拔高度上可預期的食慾不振。他們必須要先找一個能力範圍內較接近聖母峰難度的山峰來試爬，包括他們可以考慮重新前往加瓦爾喜馬拉雅山區內，海拔二五六四三英尺高的卡美特峰（Kamet），因為那正是一座尚未有人登頂，但布魯斯、查爾斯・弗朗西斯・米德（C. F. Meade）、凱拉斯、隆斯塔夫與穆姆都並不陌生的目標。他們可以利用卡美特峰的環境來思考缺氧的問題，並找出解決之道。他們會取道圖博從北邊接近聖母峰，並借助印度調查局的力量，主要是印度調查局能推出些好漢，對

1 位於巴基斯坦，世界第九高峰。

這些好漢來說，喜馬拉雅山最遠僻而令人卻步之處都是他們的遊樂場。這封信在尾聲強調了他們的行動必須與時間賽跑。要是再這麼好整以暇下去，什麼都不做，或者是做得不夠快，那聖母峰就會淪為那些非英國國王子民的外國隊伍的挑戰標的。這項訊息被當作天字第一號的急件，發抵了印度政府，對方收到的正式日期是一九一九年一月十七日。

惟信發過去了幾個星期，都沒得到任何回應。很顯然如榮赫鵬對侯第奇所說，印度政府不推不動。由此探險隊做了一個決定，那就是要把雖然名號不算響亮，卻有獨家精采故事可上台講講的那個人給推到檯面上：那個身兼攝影家身分的退役軍人，曾於一九一三年易容潛進到了塔什拉克與聖母峰門口的約翰．諾艾爾。

在算是熱烈的掌聲中，諾艾爾移動到了台上。二十九歲的他除了高挑挺拔的身型，還有充滿穿透力的銳利眼神，外加精緻的五官，這樣的一個人把堅定的雙手擱在講壇的左右，像是想在宣讀論文之前先穩定住自己。在他的指示之下，室內燈光暗了下來，徒留他一個人身處在尚未乾涸的一小圈光線當中，任由側身化為剪影，出現在從大廳後方投影到舞台螢幕上的喜馬拉雅絕景上。突然打亮的投影機讓他一瞬間什麼也看不清。直到他的眼睛適應了，才慢慢能看到觀眾席中的輪廓與身影。同時間投影機的光束，則與雪茄與香菸的裊裊雲霧融合為一體。

「近幾年有愈來愈多的關注，」他說出了破題的第一句，「匯聚在了喜馬拉雅山的話題上，而如今南北兩極已經蓋上了人類的足跡，下一個重要性與其不相上下的探險任務，將是聖母峰的繪圖與測定，這樣的氣氛已經儼然成形。世界之巔獲得人類的造訪，將其山脊、谷地與冰川繪製成地圖、拍攝成照片，已經是時間早晚的問題。事實上在座的各位都知道，若非戰端的開啟與若林將軍英年早逝，這樣的目標或許早就達成了。這項探險是他生前的遺志，只盼我們能將最後的成果獻給他的英靈！」

隨著他說話的聲波迴盪開來，大廳爆出了如雷的掌聲，眾人紛紛起身為逝去的英雄致敬。諾艾爾稍稍震懾於現場的聲浪，向後退了一步，但他很快地就找回了重心，望進了在場的學會同仁裡。多數人身著黑色的正式西裝，正式而保守。但吸引他注意的是那三十來個身穿卡其制服，散落在席間的與會者，因為只有這些士兵才跟他一樣從血腥屠殺中活了下來，才跟他一樣經歷過火砲連番咳出砲彈的聲響，也才跟他一樣見識過由白骨與鐵絲網構圖的影像，以及死者的空洞蒼白臉龐。只有他們，才可能知道聖母峰的願景——至少在他心中——如今代表著什麼樣的嶄新意義：天空中的崗哨，一個有希望與救贖在等待人前往探尋的目的地，一個在這瘋狂的世界裡，讓人感覺到有些什麼仍一如往昔的象徵。

賽希爾．若林在前線幾乎可以說是無役不與地參加了許多廝殺最激烈的戰鬥。一九一五年夏天，在號稱「地獄火角落」，也就是伊珀爾突出部裡最凶險的那一塊戰場，他從戰鬥中活了下來，然後七月三十日，他又出現在深入梅寧路兩英里的胡格（Hooge），這次德軍在凌晨三點十五分發動攻擊，一片片的液態火焰席捲了英軍的陣線，而這也是英軍對於火焰噴射器的初體驗。沒有立即被燒成灰燼的士兵進行了通宵的肉搏戰，最終才在破曉時分放棄了壕溝。上午的反攻讓他們奪回了部分的失土，但到了第二天天黑時，英軍又得抗衡另一波火焰噴射器攻勢。在那段黑暗的歲月裡，若林每天過的就是這樣的日子，距離他夢中聖母峰的冰雪說有多遠就有多遠。因為雙方的陣線距離實在太近，炮火又連綿不絕，因此即便在屬於「淡季」的某些天，英軍單日的死傷也會達到三百人之譜。而這些都還不是真正的決戰。那天夏天的尾聲，若林重新集結了他的部隊，因為他心知南邊距離不遠處有另一場戰鬥蓄勢待發，而那也將是英國在一戰中所發動的第一場全面總攻擊。在軍官之間，那次攻勢被稱為「大推進」（the Big Push），而那代表著英軍想要撕裂德軍陣線，打破停滯的僵局，甚至讓光榮回到戰場上的孤注一擲。這樣的嘗試最後以英軍無法理解的失敗告終：德國同時在東部陣線應付著俄國人不說，在法國戰場的同盟國陣營更在兵力上少了協約國三十個師，相當於至少三十萬人。

事實證明，英軍並沒有做好決戰的準備。他們的砲彈嚴重短缺，火炮門數稀少，做為致勝關鍵的機關槍更是少得可憐。他們在決戰地阿圖瓦（Artois）所真正掐在手裡的，是氯氣。於是在一九一五年的九月二十五日，英軍第一次使出了這項化學武器，但這殺死的除了敵人以外，更多的受害者是他們自己的兄弟，主要是將領們派出了護士部隊（Territorial Force）[2]與剩餘的正規軍爬到地面上，設法對堅守於盧斯煤礦爐渣堆與坑口之間的德軍壕溝據點進行攻擊。英軍由在馬上的軍官指揮，讓步兵們呈十路縱隊直線前進，每一路都是一千人起跳。按第十五德國後備兵團在作戰日誌中所記載的，「機槍槍手從來沒有遇過這麼直截了當的目標，射擊起來極其事半功倍。使用像是泡在油裡的發燙槍管，機槍手分秒必爭地來回掃射著敵軍的行伍；隨便一挺機槍都在那天下午發射了一萬兩千五百發子彈。弟兄們踩在壕溝牆上的射擊階梯上，甚至有人直接站在壕溝邊上的胸牆上，信心十足地朝在開闊草地上穿越前進的敵軍人群射擊。由於整個開火範圍內滿滿都是敵軍的步兵，因此攻擊的效果極佳，對方基本上都是成百地一群群倒在地上，毫無誇張。」

那天夜裡，英軍又趕運了二十二個營的補充兵到前線。已經六十個小時沒有進食的士兵忍受著刺痛而染血的雙腳，先被扔到了前線，隔天更直接被推上一模一樣的炮火風暴中。德國人

2 護士部隊是英軍中屬於非全職軍人的後備與志願部隊，成立於一九〇八年，其宗旨是在不依靠徵兵的情況下擴充英國陸軍。護士部隊將十九世紀的志願者和義勇軍合併起來，以強化正規軍在國外的遠征作戰能力。一九二一年之後歷經了多次改制與改名，二〇一四年後更名為英國陸軍後備部隊（Army Reserve）。

對眼前的畫面感覺到難以置信。在第二天進行第一波攻擊中的一萬英軍裡，非死即傷地失去了三百八十五名軍官與七千八百六十一名士兵。「那樣的大屠殺，」德軍一名營長報告說，「讓我們每個人看在眼裡都充分感受到反胃與噁心。」那血腥的程度，讓德國士兵在英軍的第五與最後一波攻擊於九月二十六日瓦解後，決定出於憐憫而暫時停火，眼睜睜地看著英軍傷亡慘重的殘部或在地上爬，或一拐一拐地從戰場上退下。在這場打了不到兩週的戰鬥中，英軍竟蒙受了逾六萬人的傷亡。詩人查爾斯・索利（Charles Sorley）也在這場戰役中殉國，從他染血的軍服口袋中，被找到了一首詩稿的開頭，寫著要為「千百萬沒有嘴巴的死者」喉舌；以及約翰・吉卜林，詩人魯德亞德・吉卜林的獨子，魯德亞德・吉卜林也在盧斯戰役後封筆不寫小說，也不再創作任何需要想像力的作品。

光是活著歷經盧斯戰役，感覺都跟小小地死了一千遍無異。在戰鬥結束之後，羅蘭・雷頓（Roland Leighton，一八九五～一九一五）寄了一封信給未婚妻薇拉・布里頓（Vera Brittain）[3]，而身為護士的薇拉除了已經在戰爭中失去了她的一名兄弟跟兩位摯友，未來也無緣與沒能活下來的羅蘭白頭偕老。「地道已幾乎全數被震波轟了進來，」他寫道……

……鐵絲網胡亂糾纏成一團，在扭曲的鋼鐵、碎裂的木頭與變形的土地之間，赫然穿插著看不到一點肉的焦黑人骨……誰覺得戰爭充滿榮耀而像是鍍了金似地輝煌燦爛，誰老愛用三寸不爛之舌，把煽動人心的話說得正氣凜然，三句不離榮譽、褒揚、勇氣與家國之愛……就請他來看看哪怕一眼也好，那一小疊溼透了的灰布是如何覆蓋著半顆頭顱、一條脛骨，還有原本可能是肋骨的一部；或請他看看那側躺的骷髏是如何在落地時呈半蹲的姿勢停住，頭部完美地不見去處，而身上仍有破爛的衣物圍繞並垂落；就讓他好好體會一下把所有的青春與喜悅與生命都濃縮到一堆發出惡臭的醜惡腐爛當中，究竟有多偉大，多光榮！誰在現場歷經了一切，看盡了一切，還能夠摸著良心說勝利值得哪怕是任何一條那樣死去的生命？

這段文字所代表的，是將縈繞英國一整個世代的愛恨情仇，那存在於實際上過戰場者，跟沉浸在國內對榮耀之想像者之間，一條無法跨越的鴻溝。要知道後者會一面大放厥詞，一面努力要維持某種正常的感覺，好繼續活在那個由幻夢一片片拼成的舊世界裡，渾然不知那個世界

3 薇拉・瑪麗・布里頓（Vera Mary Brittain）是英國自願援助支隊的護士、作家、女性主義者、社會主義者及和平主義者。她在一九三三年發表了暢銷的回憶錄《青春的遺言（暫譯）》（*Testament of Youth*）講述了她在第一次世界大戰期間失去弟弟與未婚夫，以及她走向和平主義的心路歷程。二〇一四年的電影《青春誓言》即以此書改編。

的記憶已經粉身碎骨、灰飛煙滅在前線的壕溝中。在英格蘭，一份份報紙會盡職地記錄下死者的姓名——光是九月二十五日過後，《泰晤士報》就為此印出了整整四大欄的鉛字——然後再臉不紅氣不喘地拿士兵們的命運扯謊。「終於，我們得到了兩場貨真價實的勝利，」《每日郵報》在盧斯之戰開打的第五天，也就是九月二十九日如此宣稱。戰事未滿一星期，隨著後續的慘烈犧牲無法繼續狡賴，《每日郵報》只好改用一組新的謊言來圓之前的謊，讓之前的樂觀感覺不要太過突兀。但壕溝裡的弟兄對真相再清楚也不過，而他們對老家報社的胡說八道可說恨之入骨。

阿兵哥只能自己想辦法消化這樣的瘋狂。他們會在同樣的報紙裡讀到彈藥工廠只因為無聊至極的理由罷工，結果是實實在在可以用來生產火藥的寶貴時間被大量浪費掉。一天只拿一先令的軍餉就得面對死亡的士兵，很難對老家那些人只是被長工時的工會規定綁住而產生同情心。士兵知道自己如果逃兵，被火槍隊槍決就是他們的命運，你要這樣的他們對白天罷完工，晚上還可以回到溫暖家中的人有任何一點耐性，都是強人所難。士兵鮮少有機會休假，他們平均要在戰地服役十五個月，才能獲得十天的假期。但事實上到了一九一六年，壕溝裡的許多士兵已經二十個月沒有回家。

軍官的情況比較不一樣。軍官休假的頻率較為頻繁，但愈是往返於家鄉與戰場兩地，只是讓軍官們更深刻地了解到自身的存在變得多麼荒謬。作家保羅．福塞爾（Paul Fussell）後來稱呼這是「前線近在咫尺所造成的可笑與滑稽」，意思是當你人在水深火熱的壕溝裡苦戰，英格蘭的溫暖其實就僅僅等待於六十英里外，而這一點點微不足道的距離，也使得戰爭造成的心理斷層一方面彷彿一場幻夢，一方面又拚命朝著人內心鑽縫。倫敦距離伊珀爾不過一百三十英里，隆隆砲聲完全傳得進肯特居民的耳裡。對於那些在英格蘭安全待著的人來說，他們與前線唯一的連結就是陸軍的郵政系統。截至一九一六年，這個系統已經每週經手超過一千一百萬封信函，外加每天六萬個包裹，而它們的目的地全都是一個只能用姓名與所屬兵團來稱呼摯愛的黑暗空洞。在因為各種腐爛而發臭的坑道中，年輕的軍官收到的是來自家鄉且散發著芳香的信件，是他們按時訂閱的最新一期《鄉村生活》（*Country Life*）與《閒談者》（*Tatler*）等雜誌，或是《旁觀者》（*Spectator*）與《環球報》（*Sphere*）等報紙，外加購自哈洛德百貨（Harrods）與福南梅森百貨（Fortnum & Mason），經過精心包裝要送給部隊的薑餅麵包、肉派、巧克力與櫻桃白蘭地等禮盒。請到兩個禮拜的假期後，這一批年輕軍官在早上告別了壕溝的泥濘與各種不堪聞問，入夜就能與愛妻與雙親在倫敦的克拉里奇酒店（Claridge's）共進晚餐，最後再去劇院或私人俱樂部裡尋歡。

這樣的團聚，如英國詩人勞勃・葛瑞夫斯寫道，可以說是一種人間煉獄，因為親愛的家人完全不明白孩子在戰地過著什麼樣的日子。年輕軍官的內心在嘶吼著，但嘴巴卻緊閉著。休假時與家人的對話總是雞毛蒜皮、無關緊要的各種家常，一方面是不想讓親愛的家人擔憂心煩，一方面也是因為語言根本沒有能力描述那現實的慘絕人寰，因此即便軍官們不是沒有想要說些什麼的衝動，他們最後也會認為這麼做沒有意義。惟即便如此，他們還是會不斷聽到耳邊傳來充滿正能量的鼓勵聲、愛國主義的標語、乃至於生活一切如常的假象，被老父老母與嬌妻巴著不放。在爸媽與太太的眼裡，從軍的兒子變成了一個陌生人。而這種種的隔閡與反差，都讓男人內心感覺到在無比的空虛裡瀰漫著說不出的怒氣。

存在於身歷其境的當事人與只能靠想像的家人之間的這道鴻溝，將成為戰後那幾年英國生活最具代表性的現實寫照。由戰爭記憶與一股格格不入感所共同組成的暗流，在倖存者內心的溪澗中獨自洶湧，說不出也忘不掉。一戰本身，就是在許多人的瞠目結舌而不敢置信中，說結束就結束。一九一八年的秋天，德國的後方突然崩潰，主要是其國內的狀況來到了饑荒與革命的邊緣。但是在前線，德軍仍然控制著戰場，協約國沒有一個士兵能摸到通往萊茵河要道的邊。血腥殺戮一直延續到了戰爭尾聲。事實上隨著德國春季攻勢在一九一八年的三月份啟動，戰鬥甚至達到了暴力的新高峰。在協約國藉以贏得一戰的反攻當中，英軍在三個月不到的時間裡耗損了三十萬兵力。炮火兢兢業業地打到了最後一刻，直到十一月十一日，停戰的消息開始傳遍整條戰線，所有人才鬆了一口氣地在摻和了麻木的疲憊中感覺到一絲複雜的歡暢，就像一股漫長而暴戾的幻覺開始慢慢退潮。英軍原本已經預備好要再堅持兩年，甚至不少人覺得戰爭將永遠沒有盡頭。

那些靠一張嘴把國家推進戰爭泥淖的老人，根本不知道自己一手造成了什麼後果。只算英國，死亡的人數就將近一百萬，負傷者大約兩百五十萬，截肢者四萬，失明者六萬，戰後領取殘障補助長達十年者兩百四十萬，包括有六萬五千人將永遠走不出被砲彈休克蹂躪過後的心理創傷。至少在休戰的當下，這看似是一場難得的勝利，只不過每個國家都付出了慘痛的代價。德國與其盟國被打趴在了地上，而在協約國的陣營中，俄國在其國內的震盪與革命中抽搐掙扎，法國失血到面無人色，在不知道何時能回復國家元氣的損傷中搖搖晃晃。英國倒是在一戰後蛻變為全世界最強大的陸軍強權，海軍也不可一世，帝國更會在殖民地的持續進帳中快速擴張，直到一九三五年達到其地理疆域上的最頂峰。

但事實上，一戰搗毀了累積了一世紀之進步所帶來的繁榮，只是一般的英國人仍一板一眼地踏在傳統的鼓點上，所以一時間沒有察覺罷了。在此同時，一戰也出奇不意地為新世紀催生出了一種虛無與疏離，而那是沒有人能預料到的事情。戰爭難免會衍生出各種犧牲，即便你是有錢人——這包括板球與賽馬的規模遭到縮減，穿著晚禮服到劇院看戲成了不良示範；食物開始對所有人配給，婚禮上丟白米從有趣的傳統變成犯法的浪費行為，就連鴿子與野狗也依規定不能再餵；煤炭的配給不足讓人經常得忍受寒冷，尤其是在令人聞之色變的一九一七年，那一年的英國迎來了一世紀以來最嚴峻的寒冬；酒館在日間工作時間裡不得營業，以確保彈藥工廠裡的工人可以保持清醒，這項規定的影響甚至延續至今。這些事情當然會讓人在生活上感覺到些許不便，但比起在壕溝裡的士兵所承受的深沉剝奪感，也真的就不值一提了。

走出壕溝的士兵面對如兒戲般說來就來的和平，有著一種全然不同的心境。相對於在老家的那些人，生命不受威脅，甚至不少人還趁機發了筆戰爭財，活下來的退役軍人除了損失了人生許多寶貴的年頭，更承受了無法言說的艱辛苦痛。但他們付出了這麼多，最終回到的卻是一個什麼都不想記得的祖國，雖然說他們其實也想洗掉自己的記憶好重新來過。勞勃・葛瑞夫斯與T・E・勞倫斯（T. E. Lawrence）[4]曾眾所周知地相互承諾過，絕口不提一戰。他們就是想圖個平靜。但至少對葛瑞夫斯及許多人而言，記憶是一張無法逃脫的羅網。夜深人靜與午夜夢迴之際，他們總是會一身冷汗地驚醒，任由刺刀與鮮血在腦海中記憶猶新。

葛瑞夫斯在查特豪斯公學時是馬洛里的學生，而馬洛里則是葛瑞夫斯大婚的男儐相。十九歲的時候戰爭一爆發，葛瑞夫斯就入伍加入了皇家威爾斯燧槍兵團。一九一六年的七月二十日，正當他們在索姆河高木（High Wood）的後備壕溝裡等待發動攻擊時，德軍的炮火打到了他所屬的營，一下子就死了三分之一的弟兄，葛瑞夫斯則身受重傷，這包括有一片金屬碎片切斷了他的手指骨，另一片金屬片則貫穿了他的大腿接近鼠蹊部處。最要命的是有第三片流彈刺進了胸腔，在他身上穿出一個洞，他的右肺因此被毀，因此失去意識的他被送到了包紮站等死。他陣亡的消息在四天後、他滿二十一歲的生日當天傳到他母親那裡，《泰晤士報》的「陣亡將士清冊」上赫然有他的姓名在列。但實情是葛瑞夫斯活過了在分流站的第一晚，而當負責埋葬的人員在七月二十一日的早上抵達時，他也順利被發現還有呼吸。他在痛苦中被後送到了傷員分流站，但那兒因為傷兵人數實在太多，所以他也只能頂著酷暑躺在擔架上，一躺就是五天，之後才輾轉被撤離到位於羅恩（Rouen）的一所醫院，然後再搭船跟火車準備回到倫敦。就這樣花了兩天，他返抵了倫敦的維多利亞車站，也就是很多人口中的「訣別之門」（Gate of Good-Bye），主要是親人與新兵會在此進行可能的生離死別。這兒總有生者與將死之人在此擦肩而過，也總有人聚集在此迎接前線的傷兵回國。

這樣的經驗，讓葛瑞夫斯對突如其來的和平有點措手不及。葛瑞夫斯曾在筆下寫到，他此時在心理上仍維持著枕戈待旦的緊繃心情。他會睡著睡著，誤以為有砲彈在他的床褥上空爆

4 T．E．勞倫斯是在一九一六到一九一八年的阿拉伯起義中擔任英阿聯絡官而聞名於世的英軍軍官，史稱「阿拉伯的勞倫斯」，葛瑞夫斯與他是摯友的關係。一九二九年，葛瑞夫斯曾於對英國充滿幻滅的自傳《向一切告別》（*Goodbye to All That*）中花了兩章的篇幅，講述勞倫斯在日常生活中是一個多麼忠實的朋友。

炸；街上的陌生人，一個個都長著他在前線失去的同袍面孔；他沒有辦法用電話，搭火車讓他全身發麻；他一天頂多只能跟兩個人見面，否則夜裡就會輾轉難眠；他沒有辦法好好走在田野，因為大腦一察覺平地，就會反射性地判讀起地形地貌，就好像他在出突擊任務似的；打雷聲讓他渾身瑟縮發抖，任何一種尖銳的聲音反饋——車子引擎點火過早而造成爆震，或是有人摔門——都會讓他直覺地一頭臥倒；切割木材的味道會讓他想起松木炸裂的氣息，順帶聯想起掛在斷枝上的屍體。婚姻因此走不下去的他最後離開了英格蘭，前往英國與北歐人愛去的渡假勝地——地中海的馬約卡島（Majorca），並從此沒有再回到祖國生活。

關於戰爭他始終隻字不提，就像許多與他同世代的人一樣彷彿失去了言語，或者應該說言語原本就不足以形容他們的經歷。要形容他們所承受過的地獄，這些人需要的是眼下還不存在的字字句句。在戰爭之後，約翰．梅斯菲爾德（John Masefield）曾寫到過，人需要為泥濘發明一個新字，也需要為死亡重鑄一個新詞。維吉尼亞．吳爾芙（Virginia Woolf）曾這麼寫過：「目不識丁，是一種幸福，」而只有戰鬥過的人才會懂。「真正從最慘烈的戰爭中活下來的人，」希格夫里．薩松寫道，「會永遠與所有人格格不入，能了解他的將只有曾同生共死過的弟兄。」

和平的來臨，讓兩百萬英國父母親一覺醒來，突然意會到自己的兒子已經一去不回，而約三百萬退役軍人中的第一批回到英國，才發現那成了一片不論在社會上與政治上，都是由沒打過仗的人在發號施令的土地。「我跟那些人無話可說，」在戰爭最後一個月裡失去了親兄弟，自身則因為英勇表現而獲頒軍功十字勳章與傑出服務勳章（DSO，Distinguished Service Order）的赫伯．里德上尉（Captain Herbert Read）回憶說，「更不可能跟他們合作。但這並不是說我鄙視他們，反倒是我很羨慕他們。但我們之間阻絕著一道由恐怖與侵犯所構成的黑色帷幕，有對戰爭現實的真實理解。隔著這道帷幕，我無法與他們溝通，我每個有過相同經驗的朋友也是如此。我們只能站到一旁，像被放逐到一個最熟悉的陌生國度。」

約翰．諾艾爾那晚在風神音樂廳裡的聽眾，具體而微地代表了英國國內的那道隔閡。道格拉斯．弗列許菲爾德生於一八四五年，法拉爾與柯利大約晚生他十年左右，侯第奇則生於一八四三年。凱拉斯醫師因為年齡被認為不適宜到前線服役，因此他便於戰爭期間與約翰．史考特．哈爾丹（John Scott Haldane）教授在空軍部合作延續他對高海拔與缺氧影響的研究。空軍部會突然感到這類研究有其急迫性，是因為英國皇家飛行隊的飛官將飛機帶到了戰爭爆發之初還令人難以想像的高度。

榮赫鵬爵士在整場戰爭裡都扮演著宣傳者的角色，不斷號召著英國大眾共赴國難。他的任務開始於使人腦充血的一九一四年八月，當時戰爭仍看似是崇高與光榮的事業。他從拉薩帶回來的精神動力，加上他訴諸於上帝的愛國情操，在他身上合體成了一種新的使命。由此他投入了一項名為「為正義而戰」（Fight for Right）的全國性運動。「我們之所以作戰，」該運動的宗旨開宗明義說，「不是為了至高無上的目標，而是為了比至高無上更高的目標——是為了巔峰以外的無垠天空！我們要的是讓紳士的禮儀凌駕在蠻人的陋習之上，成為國際間的行為準則。」英國出手是在「為全人類而戰」，而榮赫鵬認為自己有責任喚醒所有人，不分男女為這神聖理念貢獻一己之力，並為了那些已經拿起武器準備付出生命的同胞擔任最強的後盾。這項運動的用意，根據一本廣泛流通的冊子上所宣稱，是要趁週日下午在全國各地舉辦一系列「具有確切精神屬性」的聚會，席間將由受到「為正義而戰」運動感召的男男女女透過音樂、歌曲與演說來分享他們內心的悸動，並藉此來鼓舞英國的民心士氣。

這樣的集會，首見於一九一五年的十一月七日，地點也就是在皇家地理學會如今開會的風神音樂廳。事實上這種活動並沒有為從法國返回英國的將士帶來多少安慰，但對於一個漸漸擔心起基層民情浮動或會有所不滿的英國政府而言，這樣的活動就非常管用了。最早在一九一四年的八月底，外交大臣愛德華・葛瑞（Edward Grey）就聯手時任財政大臣的大衛・洛伊德・喬治（David Lloyd George）成立了祕密戰爭宣傳局（Secret War Propaganda Bureau）來遂行在海內外宣導英國戰爭目標的目的。一九一四年的九月二日，一場會議辦在了白金漢門街上的威靈頓廳，也就是戰爭宣傳局的所在地，會議上聚集了英國眾多赫赫有名的作家：湯瑪斯・哈迪（Thomas Hardy）、赫伯特・喬治・威爾斯（H. G. Wells）、亞瑟・柯南・道爾（Arthur Conan Doyle）、約翰・梅斯菲爾德、魯德亞德・吉卜林、喬治・麥考利・特里維廉、吉爾伯特・齊斯・卻斯特頓（G. K. Chesterton）與詹姆斯・馬修・貝瑞（J. M. Barrie）。就在開會的前一天，桂冠詩人勞勃・布里吉斯（Robert Bridges）才在《泰晤士報》上形容過這場軍事衝突是一場聖戰，而這也呼應了兩週前刊登在報紙上，並由上述知名作家一一簽名背書的運動宗旨。這之後的幾個月內，這些作家裡的幾個人，都出現在了領政府薪水的人員名冊上，包含梅斯菲爾德與柯南・道爾在內。短短一年內，戰爭宣傳局就以超高效率編寫並流通了兩百五十萬筆書籍、手冊或演講內容。勞勃・布里吉斯在一戰期間只寫了寥寥三首詩，但這是因為他把時間都投入到了一本英國詩詞全集《人類的精神》（*The Spirit of Man*）的編纂之上，並刻意在內容中避開戰爭的主題。為了讓英國民眾可以在災難性的一九一五年之後獲得激勵，這本全集不折不扣的是披著詩詞外皮的文宣品。有趣的是，馬洛里隨身帶去聖母峰，並在兩萬三千英尺的山側上紮營時朗讀給同伴聽的，就是這本書。

一九一七年，戰爭宣傳局改組為資訊部（Department of Information），並交由約翰・布坎執掌。與希賽爾・若林、湯姆・隆斯塔夫與榮赫鵬等人都有相交的約翰・布坎被找來的其中一項任務，就是要為在一九一三到一九一五年間被提出、但因為戰爭爆發而被迫中止的聖母峰探險，提供在媒體與公關事務方面的協助。時值一九一七年，如戰爭內閣的首相洛伊德．喬治所寫道，「慘不忍睹的傷亡卻沒有換回值得稱許的成果，結果讓全國瀰漫著一股幻滅與厭戰的氣氛。」約翰．布坎獲得的授權就是要壓抑並抵銷和平主義的情緒，並讓戰爭依舊高貴的幻想能夠獲得維繫，但其實各國的政治家在實事求是之餘，都已經開始呼籲用談判來中止屠戮。「要是讓民眾知道了真相，」洛伊德．喬治在一九一七年十二月告訴《曼徹斯特衛報》的查爾斯．普雷斯特維奇，史考特（C. P. Scott）說，「那戰爭就會在隔天畫下句點。」

布坎的任務，就是要確保民眾被蒙在鼓裡。而為此他最親密的戰友包括哈爾姆斯沃斯兄弟：其中的哥哥諾爾斯克里夫子爵（Lord Northcliffe）阿弗列．哈爾姆斯沃斯（Alfred Harmsworth）是《泰晤士報》與《每日郵報》的老闆，弟弟羅瑟米爾子爵（Lord Rothermere）哈洛德．哈爾姆斯沃斯（Harold Harmsworth）則一手控制了《每日鏡報》（*Daily Mirror*）、《週日畫報》（*Sunday Pictorial*）與《格拉斯哥每日紀事報》（*Glasgow Daily Record*）。在彼此的聯手之下，這群人為英國媒體的風向定了調，畢竟他們確實控制著英國三十七份日報裡最重要的主角。新聞審查讓記者只能自由發揮想像力，反正任何稿子只要不忘毒舌地滅敵人威風，並認真地長自己士氣，就不會有任何問題。「基本上要是少了報業的配合，」布坎回憶說，「英國這場仗連一個月都打不下去。」

真相成了傷兵以外的另一個犧牲品。「有些人愛國，所以他們去到前線，死在前線，」A・R・布坎南（A. R. Buchanan）寫道，「有些人愛國，所以他們留在家鄉，為國家說謊。」

那天晚上，約翰・諾艾爾一邊在風神音樂廳裡唸著講稿，一邊在記憶中進進出出。他想起的是越過無名山脈眺望到的聖母峰景，是與宗本與圖博部隊的對峙，是他因為風勢太強而無法取得聖母峰攝像的憾事。而在現實與記憶的交錯之間，他看到的是約翰・布坎坐在前排，一邊是榮赫鵬，另一邊是法拉爾。布坎被榮赫鵬找來為新聖母峰之行處理媒體事務。最終由布坎獨家賣給《泰晤士報》的探險實錄與進度報告，此時已被預期到會成為充實探險預算的其中一支主力。布坎後來會盡職地張開那張公關的嘴，把聖母峰任務的宗旨說得天花亂墜。「戰爭，」他寫道，「喚醒了人性中最高尚的本質，而隨著和平的回歸，我們面臨的一項風險是世界會墮回乏味的物質主義。若想平反人類精神裡最純粹的理想主義，我們就必須為不具備世俗價值的目標去努力。」這樣的言語，雖說只有對戰爭現實一無所知的人才寫得出來，但也確實反映了一個狗急跳牆的國家是如何不擇手段地想要利用聖母峰，就好像征服了聖母峰，帝國就能獲得救贖。

諾艾爾大可像鸚鵡一樣照本宣科，重複這樣的話術，但放眼音樂廳裡，他也看見了知道戰爭是怎麼回事的同志臉龐，而對他們來講，能夠留下條命已經是中了頭獎。在當晚被遴選進入皇家地理學會的十五名新成員裡，有十名軍官，包括七名上尉。他們在前線的職責，曾包括為把兒子戰死之事通知家屬的信函擬稿。在那些信裡，他們會用溫柔的筆觸靜靜地扯謊，希望能減輕家屬的創傷。他們會在行文裡左一句果敢與英勇，右一句衝殺的光榮與堅守陣地的他們是何等英雄。但隨著戰爭愈拖愈久，這些信的遣詞用字變得愈發抽象虛空，其內容變得像被預先審查過才發給部隊的明信片一樣毫無變化，只有供人勾選的空格還能夠剩下：□健在、□負傷但健在、□染病但康復中。實情，是私人日記裡的專利，就以希奧多．威爾森上尉（Captain Theodore Wilson）在一九一六年六月一日的日記為例：「我們前幾天撿拾了原本是一個人的殘破遺體，放進沙包中，然後加以埋葬；殊不知短短的兩分鐘之前，那些肉塊與骨頭還在有說有笑，還有能力思索。」

就像諾艾爾，這些人也懂得希賽爾．若林身上真正發生了什麼。若林首先在伊珀爾的突出部活過了一九一五年的漫漫長冬，也熬過了索姆河的血腥戰鬥，取得了攻陷弗里庫爾（Fricourt）與馬梅斯森林（Mametz Wood）的戰果，最後還斬獲了格德庫爾（Gueudecourt）到協約國手中。被拔擢為准將之後，他在一九一七年的春夏於興登堡防線上與敵接戰，然後又向北移動去對帕尚代爾（Passchendaele）發動攻擊，而這場戰役，也被歷史學者艾倫．約翰．帕希瓦爾．泰勒（Alan John Percivale Taylor）在記憶中形容為「一場盲目戰爭的沙場上，盲目到無以復加的屠殺」。

帕尚代爾之戰的目標，又一次是海格將軍的幻想。他的計畫是要突破伊珀爾的突出部，拿下安特衛普與比利時位於英吉利海峽沿岸的港口。對於英軍士兵來說，這是整場一戰中最慘烈的一役，而戰事就發生在一片平坦、潮濕而已然遭到了炮火撕裂的地面。攻擊發動的首夜，那天是七月的最後一天，雨水開始降下，而這一下就下到了十一月，期間雨勢只在九月份稍歇。三千門英軍火炮發射了逾四百萬枚炸彈，幾乎是每一碼德軍壕溝就可以分配到五公噸的高爆炸藥。這樣炸出來的，是沼澤般的爛泥一灘，是整片由黑色廢棄物與彈坑所形成的大海，是馬匹與人類的屍骸中參雜了大小有如貓兒的鼠患，是黃色與棕色交雜的霧霾，其中由腐爛與壞疽混合出的臭氣衝鼻而令人難耐，而某種甜甜的香氣則讓人聯想到紫羅蘭。但那不是紫羅蘭，而是化學毒氣的味道，所以也是死亡的味道。受了傷的人從木板排成的棧道滑下去，命運就是在深不見底的泥淖中溺斃。砲兵一邊打仗，一邊得在泡在深及大腿的水裡。在開放的戰場上，士兵們得踩著死者的屍首前進。在最終攻勢告一段落的隔天，海格身邊一名資深的英軍中將參謀隆斯洛・基格爾爵士（Sir Launcelot Kiggell）才破天荒第一次走訪了前線。驅車來到能供車行的最前沿，被眼前的畫面驚呆的基格爾爵士開始崩潰地啜泣。「我的老天，」他哽咽地說，「弟兄們真的被我們派到了這樣的鬼地方作戰嗎？」爵士身邊參與了實戰的士兵用漠然的口氣告訴他，「前面比這還慘。」

歷經了三個月，在英軍蒙受了四十萬上下的傷亡之後，他們第一天早上出擊時的目標帕尚代爾村依舊屹立不搖。一如索姆河的慘劇重演，這次的官方文件中又提及了「詳查確切傷亡所需的行政文書人力並不齊備」。被德國指揮高層拿來跟帕尚代爾相提並論的，是凡爾登（Verdun），因為在凡爾登之役裡死亡或重傷的法軍與德軍士兵超過一百萬之眾。「凡爾登的恐怖，」德軍將領埃里希・魯登道夫（Erich Ludendorff）寫道，「被帕尚代爾一舉超越。生命在此間已經渺無行蹤，剩下的只是純然不可言說的苦痛。而就在這個泥濘的世界中，成群的攻擊者拖著緩慢而穩定的腳步密集移動。一旦被我們有如冰雹的子彈火力前沿掃到，他們往往有如秋風掃落葉地全倒，只有人在彈坑中的幸運兒孤伶伶地繼續呼吸。」

德軍遭到攻擊之後，只是退到了第二與第三條防線。英軍將領懇求海格可以懸崖勒馬取消攻勢，但他不為所動。等到寒冬終於掩滅了炮火，海格曾對其資深法軍總部聯絡官希尼・克里夫（Sidney Clive）問了一個何不食肉糜的經典問題：「我們真的死了五十萬士兵嗎？」答案是沒錯，他們就是死了五十萬人，而這只換得了五英里的推進。而且在這些死者當中，就有希賽爾・若林准將。十月二十八日，一枚砲彈落在他位於胡格的野戰指揮總部外面，若林當場陣亡，屍骨無存。在帕尚代爾，逾九萬名英軍士兵的回收遺體已破損到無法辨識，另有四萬兩千人如若林准將一樣人間蒸發。

比起在風神音樂廳裡的任何一個人，約翰．諾艾爾都更有理由對若林的命運耿耿於懷而無法放下。在戰爭爆發之初，他原本所屬的軍團還在印度的狀況下，他就在一九一四年八月十三日於都柏林改隸到了國王嫡系約克軍輕步兵兵團（King's Own Yorkshire Light Infantry），他所屬的那一營也在隔日開拔前往法國。不到一個禮拜後，他已經身在芒斯（Mons），偕部隊在運河南岸擺好了守勢，而德軍也在此時發動了他們的全面總攻擊。雙方在八月二十三日激烈交戰，雖然英軍堅守住了防線，但他們還是於晚間收到了命令要進行撤退。這是因為德軍攻破了英軍右翼的法軍，而據報敵方的大量騎兵已經長驅直入橫掃了英軍與海岸線之間的曠野，而這也讓整批英國遠征軍陷入了遭到包圍的危險中。

諾艾爾的營部奉命後撤，由此他們徹夜行軍了二十英里，並於八月二十五日午後在勒卡托建立了新的據點。隔日破曉，他們面對了德軍鋪天蓋地的強力攻擊。到了中午，他們右翼的薩福克兵團遭到殲滅，側防因此空虛，由此在接下來的德軍攻勢中，諾艾爾所屬那營折損了六百名士兵與二十名軍官。《泰晤士報》上的正式傷亡名單公告諾艾爾「行蹤不明，推斷陣亡」。但事實上他是被俘而成為了少數的倖存者之一。在被俘之後，他又因緣際會在被送抵戰俘營之前逃脫德軍掌控，再花了十天的時間設法回到英軍陣營中。他一不靠地圖二沒有羅盤，對慘遭戰火蹂躪的法國所知也相當寒磣。這段期間為了不讓自己餓死，他能靠的只有去搜刮死人的口袋；為了確定自己的走向是東西南北，他靠的是夜空中大角星[5]的存在。

他在那段日子裡究竟看到了什麼、體驗到了什麼，沒有人知道。英軍的據點仍舊流動著而飄忽不定，前線也依舊像變形蟲一樣無法確立。他夜裡穿越的戰場，就像死神堆積殘破遺體的穀倉。他在九月五日返抵了英軍某單位，接著就被以傷員的身分被疏散回英格蘭，而這是只有傷勢極重者才能得到的稀有待遇。他的病歷報告上顯示九月十四日，在倫敦的亞莉山卓皇后軍醫院（Queen Alexandra's Military Hospital），他被判定至少兩個月不宜被賦予戰鬥任務，因為醫院需要兩個月來檢視他的健康狀況。這在當時又是一個非常罕見的診斷意見，因為當時的英軍正在鬧專業軍官荒。讓他無法正常服役的病情，被形容為「兵役造成的緊繃與壓力」，而這其實是拐彎抹角地在表示醫生看不懂這是什麼情形。「他很痛苦，」病例中的描述說，「知道他痛苦，是因為他明顯表現出精神崩潰的狀態，而且孱弱的身體感覺飽受摧殘。」

在一戰的初期，眾人的口中還不存在「砲彈休克」（shell shock）這個病名，這個醫學術語的誕生在當時還需要更多時間的醞釀與剖析。歷來戰爭中的士兵也肯定經歷過這樣的創傷，但直到一次次一戰法國戰役中出現空前的死傷與駭人的戰場，軍事與醫療的專業人員才意會到自己無法再自欺欺人地掩蓋真相。不過即便如此，徹底而全面的覺醒還是花了一年，因為要到盧斯之役後，英國醫官W．強森上尉（Captain W. Johnson）才注意到事有蹊蹺。他先是目睹了盧斯之役的災難性交戰，然後又看到了英軍從芒斯撤退過程中的點點滴滴，由此他注意到這當中有一些相關性。一條條英雄好漢不分年紀長幼，都在此期間出現了一些相同的症狀。他們會在個性退縮的過程中變得歇斯底里，會在心理上變得扭曲而拗折，會因為恐懼而默不作聲，會莫名地瑟瑟發抖，會散發著瘋狂的明亮眼神而雙目外突。這些人就有如難民般來自一個希格夫里・薩松形容為「可以遙望到地獄暮光」的地方。靜靜一個人的時候，他們會木然地呆坐在那兒，陷入某種既聾又啞的昏迷，生了嘴巴也無法言語。他們會失禁，會劈哩啪啦地道歉像在嘔吐，會睡著睡著開始哭，會夜復一夜地在夢裡想起第一次在所屬壕溝中看到槁木死灰的死人面孔，並為那段記憶所苦。

約翰・諾艾爾在留院觀察兩個月之後回到部隊歸建，並在伊珀爾突出部度過了一戰的第一個冬天。他就在那兒待著，直到德軍在一九一五年的四月二十二日發動攻擊，並第一次用上了化學毒氣。英軍的各旅被抹煞殆盡，最後是靠著第一加拿大師奮不顧身地以命相搏，英方才避免了陣線遭到敵軍的大規模突破。化學氣侵蝕了肺葉，讓人在自發的有毒泡沫中活活溺死。「士兵們從前線連滾帶爬地逃了回來。」貝德福德燧槍兵團第二營的威廉・阿弗列・昆頓（W. A.

5 大角星英文名Arcturus，是牧夫座中最明亮的恆星。以肉眼觀看大角星呈橘黃色，視星等-0.04，是全夜空第三亮的恆星，僅次於-1.46等的天狼星與-0.86等的老人星。

Quinton）如是說。「我從來沒有見過弟兄們嚇成這模樣。他們撕扯著自己的喉嚨，眼睛狠狠地向外瞪著。血從傷者身上汩汩流出，就這樣他們一個個跌撞在彼此身上。前面的人一旦失去重心跌倒，就爬不起來了，因為後面的人在驚惶失措之餘會追撞上來，最終在這壕溝中疊至兩到三個人躺著的高度。」

諾艾爾目擊了德軍的攻勢，事實上在同一天，他也差點被掉在他身邊的一顆高爆炸彈殺死。產生嚴重腦震盪的他被從戰場上撤離，由此他再度返回英格蘭。十一天後，在一九一五年的五月三日，一組醫療委員會在卡克斯頓音樂廳（Caxton Hall）裡簡述了這名病例的狀況，「他去年九月份就因為同樣的原因被後送接受治療，但後來又回到前線服役。他目前處於精神非常緊繃的狀態，甚至一度威脅要尋短。」諾艾爾的神經衰弱，也就是砲彈休克，被歸到了「嚴重案例」的類別當中，醫生預期他會失能長達三個月的時間。事實上，他將再也不會返回前線。八月三日，一組醫療委員會發言表示諾艾爾「已經緩步在好轉當中，但人依舊睡不好，身體也仍舊感覺虛弱」。但十一月六日在格蘭瑟姆（Grantham），軍醫院的另外一份評估報告表示他「依舊保有相當顯著的神經衰弱症狀，且病情未來可能會再延續數月之久」。時間要一直來到一九一七年的三月九日，也就是心理創傷爆發的將近兩年後，一組醫療委員會才終於下了一個認為他已經「實質上復原」的結論。就這樣在一九一七年剩下的時間裡，他回到了部隊崗位上，開始挑起了一些輕度的職責。這包括在機槍隊裡擔任起左輪槍的教官，並開始為陸軍撰寫各種手冊，包含士兵在壕溝中下廚可用的食譜與治療馬匹用的急救獸醫指南。就這樣到了一九一八年的二月，他才正式回歸到野戰的指揮工作上。由他統領的六千人小部隊被派駐到波斯北部來避免俄羅斯的布爾什維克份子進占美索不達米亞的油田。關於他在戰爭中接受醫療的狀況，諾艾爾自始至終隻字未提。

在諾艾爾的演講結尾，按照皇家地理學會的會議傳統，聽眾中的貴賓會受邀發表意見。其中率先致詞的道格拉斯·弗列許費爾德先是對與聖母峰相關的氣象與地理做了一些整體的評論，然後針對從崗巴宗穿越圖博通往聖母峰的道路提出他的背書，主要是這麼走可以避開尼泊爾的問題。凱拉斯對此表示同意，並相當詳細地勾勒出了從北方或東方通往聖母峰的各條路徑，包括一九一三年由諾艾爾走過的那一條。法拉爾接著建議善用現代的飛船來克服他口中「讓之前的旅行家裹足不前」的補給問題。更重要的是身為英國山岳會的理事長，他承諾了會出錢出力，亦即除了財務上的奧援，他還會提供「兩三名有能力在聖母峰上因應任何純粹是潛在登山問題的年輕登山家」來助探險隊一臂之力。發言權接著交到了代表皇家地理學會發言的榮赫鵬爵士手上。

「這距今已經是二十六年前的往事了，」他開了口，「當時我們的好朋友布魯斯上尉——現在的布魯斯將軍——向我提出了我們應該登上聖母峰的建議。此一提案在當時並無任何下文，但時間來到若干年後的一九〇三，我人在圖博的崗巴宗連看了三個月壯闊的聖母峰美景……今天的講者說他希望英格蘭人，或起碼要是個蘇格蘭人，能成為全世界登上聖母峰的第一人，而我只想說，我覺得我們應該都有一個共同的決心，那就是首先登上聖母峰的肯定得是個來自不列顛的英國探險隊。我們皇家地理學會對這項企畫深感興趣，而大家剛剛也聽到了英國山岳會的理事長說他已經有傑出的年輕登山家準備好迎接挑戰，由此這件事只許成功，不許失敗。」

等到現場的掌聲告歇，侯第奇以皇家地理學會會長之姿為這一晚的會議做了結尾，他先是感謝了身為講者的諾艾爾，因為「他至為精采而勇敢的冒險之旅」讓人聽得神魂顛倒，然後他表示自己固然期待聽到更多有關聖母峰探險提案的高見，但他也堅信要能成功抵達山頂，唯有從南取道尼泊爾才真正可行。

事實上那晚出席的所有人，或許除了凱拉斯以外，都沒有人真正知道是什麼樣的環境在等待著命定要前往聖母峰的那一群。他們一部分的天真，被捕捉到了隔天早上刊登在《潘趣雜誌》（*Punch*）上一篇名為〈喜瑪拉雅人出來玩〉（Himalayans at Play）的諷刺文章裡：「法蘭西斯·歐密德爵士（Sir Francis Oldmead）[6]說他青睞的登頂之路是沿亞爾瑪格河谷北上，來到位於洛爾

—魯米的雞金（錫金）邊境，在鞏蘭跨越皮爾戴希河，然後繞過深邃的史普德嘉爾峽谷……會長深表遺憾於馬康・丁威爵士沒能親自出席來說明他用飛天風箏跟受過訓的信天翁都做了哪些實驗。現場最後在圖博國歌的大合唱之後散會。」

在會議圓滿成功的激勵下，加上有媒體或許不友善但非常廣泛的報導，榮赫鵬在一九一九年的三月二十八日致函印度事務大臣艾德溫・蒙沓古，表達了希望為聖母峰一事開會的意願。他於接在諾艾爾之後的致詞當中，充分地表達出自己對於政府的善意與理性是充滿了何等的信心，但他一心向明月，奈何明月照溝渠。印度政府在四月十九日發回的電報中提醒了倫敦的白廳一件事情，那就是日本人正處心積慮地想要控制全中國的國內電報與無線通訊基礎建設。為了與如此節節進逼的日本抗衡，英國祕密與圖博展開了談判，目的在尋求江孜與拉薩的同意，讓英國人可以在圖博設立無線電報站。雖然談判結果還不確定，但電報中特別提到在英圖談判的節骨眼上，「有一隊探險人員出現在圖博邊境上，恐不會有利於這項計畫的順利執行」。

但榮赫鵬並不打算就此摸摸鼻子算了。雖然這麼跌了一跤，但他還是偕英國山岳會的法拉

6 榮赫鵬的英文姓氏楊恩赫斯本拼作Younghusband，所以記者用Old（年老）去對應Young（年輕），mead（草原）去對應husband（與畜牧有關）來惡搞他的名字。事實上這整段文字敘述包括把錫金（Sikkim）改成雞金（Chikkim），以及把馬丁・康威爵士改成馬康・丁威爵士在內，所有的人名、地名都是胡謅出來帶有諷刺之意的惡趣味。

爾一起擬定了一個為期兩年的聖母峰計畫，且其骨幹大致維持若林的原始安排：先派遣偵察人員去繪製入山的地圖與攻頂的路徑，然後再由第二支探險隊於隔季完成登頂。而就在法拉爾思索著人員與後勤的問題時，榮赫鵬將大部分精神投入到了對政治面的處理，而這項任務隨著他在一九一九年接替侯第奇成為新一任的皇家地理學會會長，也稍微變得容易了一些。問題的關鍵由他看來，在於如何繞過在倫敦的白廳與印度事務部，並直接將影響力訴諸於千里之外的印度總督與印度政府，因為他認為涉及圖博事務，實權並不在倫敦而在印度。而能夠讓他託付這項重要任務的人，他已經有了一個不做第二人想的人選——查爾斯·肯尼斯·霍華－貝瑞中校（Lieutenant Colonel Charles Kenneth Howard-Bury）這名在戰場上九死一生的經歷遠非一般人能想像的軍官兼戰士。七次在發給白廳的軍情報告中被提及的他，除了維多利亞十字以外，全部的英勇勳章都被他拿過了。這樣的他在英國社會裡的形象，是個高風亮節但又血錚錚的漢子。更關鍵的是身為印度前總督蘭斯頓爵士（Lord Lansdowne）的表親兼衛士，他絕對有管道可以上達天聽，把訊息傳達到西姆拉與加爾各答的權力廳堂裡。

霍華－貝瑞本身對侯第奇在一九一八年最後幾週中與印度事務部的接洽一無所悉，他一開始也不清楚關於聖母峰有任何正式的攀登計畫。說起聖母峰這座山，他知道的一切都只存在於自己的想像裡，因為在他四年的前線生涯與數月的被俘日子裡，揉捏聖母峰的想像就是他很愛做的一件事情。直到一九一八年的十二月，霍華－貝瑞都還在克勞斯塔爾（Clausthal）的德軍戰俘營裡不得自由。克勞斯塔爾位在哈茨山脈（Harz Mountains）裡兩千英尺高的地方，而霍華－貝瑞會被轉送到克勞斯塔爾，是因為他先很有膽識地從柏林西南方的另一個菲爾斯滕貝格（Fürstenberg）戰俘營脫逃過。在他軍官同僚聲東擊西的幫助之下，霍華－貝瑞切穿了三排鐵絲網，過程中把自己扯得衣服裂開、皮開肉綻，沒想到卻在攀爬最後一道柵欄的最後一刻被德軍發現。連番的炮火將他逼到鄰近的樹林中，而等霍華－貝瑞想起了要呼吸之後，他聽到的是軍犬接近與哨兵在打草驚蛇的聲音。他匍匐爬進了一處溝渠，讓自己潛進了蕁麻與蘆葦中。溝裡是冷水，而他就在冷水中待了兩個小時一動也不動，期間還有尋找他的德軍為了喝水而撥開了他眼前不到三英尺的蘆葦。天黑了一個小時後，他人才一爬出來，就跟一名德軍哨兵打了個照面。他直覺的反應就是往林子裡狂奔，而對方則近距離對他射了一槍左輪。自此他又在一棵棵蘇格蘭松之間躲了六個小時，直到破曉他才扒光了卡其外衣，顯露出他偽裝好的貧農外貌，包括農夫會穿的燈心絨長褲跟背心，再搭配上黑色外套跟德國風的呢絨帽，還有一個畫龍點睛的綠色背包。這番打扮的他撐著即興削出來的粗壯手杖，開始向著遙遠北方的丹麥邊境出發。

在推著人前進的風雨與黑暗中，霍華－貝瑞每晚的腳程有二三十英里。吃的部分他只能聽天由命，潮濕的野地裡能找到什麼就吃什麼——野生蕪菁、高麗菜、馬鈴薯。白天他會隨便找個可以遮風擋雨的洞穴窩著，但面對雨雪夾雜的霰與冰冷的氣溫，想睡覺基本上不可能。他這樣不眠不休了撐了九天，才終於在第十天把運氣用完。第十天的晚上他在剛過午夜時不小心睡著，等過了大約一小時醒來時，他眼前赫然是一隻在他耳邊吠叫的狗，外加臉上抵著一支步槍的槍口。德軍將霍華–貝瑞以火車運到最近的戰俘營，二話不說將他扔進了懲戒用的牢房，他在那兒的單獨監禁一直延續到被遣返回菲爾斯滕貝格。今天如果換一場戰爭，他搞不好已經被一槍解決掉了。但一九一八年的德國還保有一種榮譽與敬敵人三分的情操，特別是有貴族身分的敵人。

他們抓到了霍華–貝瑞，就是抓到了第十六代薩福克公爵的曾孫，而他多才多藝的父親，也就是皇家輕騎兵團的肯尼斯·霍華（Kenneth Howard）上尉，有著植物愛好者、世界遊歷家、大型動物獵人，與優秀水彩畫家的多重顯赫身分。他的母親是一個愛爾蘭世家的女性繼承人，艾蜜莉·艾爾芙列達·茱莉亞·貝瑞夫人（Lady Emily Alfreda Julia Bury）。這對金童玉女是在阿爾及利亞的一趟植物探險中相識相戀，並在婚後回到愛爾蘭的沙勒維爾（Charleville），在貝瑞家代代相傳的哥德式城堡中定居。查爾斯·霍華–貝瑞三歲的時候，父親就過世了，此後他的監護人就變成了蘭斯頓爵士，而蘭斯頓爵士可是英王愛德華七世的心腹幕僚。惟婚後的查爾斯並沒有離開母親身邊，而是在沙勒維爾與在多洛米蒂山脈（Dolomites）裡一處家族的瑞士小木屋之間跑來跑去，而他也就在山裡培養出了一份對於山與攀登的熱愛。由一位德國女家教提供私人教育的他，在一九八七年進入伊頓公學就讀，並在歷史與語言科目上表現優異。而在大學部分，雖然他大可以錄取牛津或劍橋，但霍華－貝瑞最終選擇了從軍，在一九〇二年進入了桑德赫斯特皇家軍事學院，三年之後以上尉軍階畢業。

以印度為起點，他認真展開了自身的遊歷。一九〇五年，他喬裝混進了圖博，穿越了高山的山口，抵達了聖山岡仁波齊峰。他這先斬後奏的冒險行為被寇松爵士狠狠罵了一頓，於是他轉而把注意力移到了俄羅斯，並在一九〇六年從聖彼得堡南行到帕米爾高原與俄屬突厥斯坦，而這一回他是拿胡桃汁染黃了膚色來偽裝。一年之後，他把假期花在了喀什米爾與喀喇崑崙山上。總是對神聖事物沒有抵抗力的他，除了是印度哲學家克里希那穆提（Krishnamurti）與黎巴嫩詩人紀伯倫（Kahlil Gibran）的讀者，還在多次的行旅中造訪了駐於吳哥窟的佛教僧人、中國的高僧與廟祝，還有圖博的靈修者。在印度時，他曾沿著恆河河水踏上朝聖之旅，並在巴德里納什（Badrinath）用各種香油塗抹於身體來接受梵學學者的教誨。在聖城阿馬干達克（Amarkantak），他因為射殺了一隻擄走並吃掉二十一名法基爾（fakir；即聖人）的老虎而聲名大噪。頗具文采的他善於攝影，還是名熱誠與實績兼具的博物學者，由此他能流利使用不下二十七種亞洲與歐洲語言。就這樣不令人意外地，一份一九〇八年十二月十七日的軍務報告舉薦了他，說他「堪當外交或情報工作的重責，也可以執行任何需要隨機應變且身手矯健才能完成的密件任務」。

但他的軍旅生涯，卻在一九一二年嘎然劃下了句點，原來在那一年，他繼承了美景園（Belvedere）這個位於愛爾蘭西米斯郡（county of Westmeath）恩內湖（Lough Ennell）湖畔的遼闊莊園。與廣大土地及建於一七四〇年來當作打獵別墅的主屋相得益彰者，是令人歎為觀止的義大利藝術藏品，當中不乏像提香與拉斐爾等大家的作品。於是霍華－貝瑞三十一歲年紀輕輕，就已經身家不菲。而他也善用這一點，辭去了官階，全心開始走遍世界。一九一三年，在愛狗拿古（Nagu）形影不離的陪伴下，他走陸路從西伯利亞出發，六個月之間探索了「天堂之山」，也就是天山這座遠比喜馬拉雅山古老，並橫貫中國北方、形成塔里木盆地北牆的山脈。絲路就是在此繞行過塔克拉瑪干沙漠的沙丘天險。霍華－貝瑞鍾情於沙漠裡的一個個綠洲，也對發生在古商道上的各種精神共鳴感到悸動，那兒有道家思想邂逅佛家智慧，也有蒙古人的信仰內充實了希臘與波斯的宗教見解。他採集植物，書寫筆記，過著自由自在、心隨意轉的生活。

在俄羅斯西伯利亞的歐姆斯克（Omsk），他在自己的鐵道車廂裡裝滿了原生於山谷中的野百合花，是他一分錢一大把地在月台上購自窮人家孩子的。後來他就拿這些花在美景園幾英畝幾英畝地種下，用以紀念在革命中無辜死去的俄羅斯孩子。在當地的市場，他買下了一頭小熊，取名為阿古（Agu），在旅行的一路上餵養跟保護這頭幼獸，領著牠一起騎馬，最終還把他帶回了愛爾蘭的家。阿古長大成一隻堂堂七呎的大熊，並在美景園的私人植物園裡安度了一生。對霍華－貝瑞來講，跟一隻出身於新疆天山的成年公熊友善地扭打，是再好不過了的運動與鍛鍊。他另外還從中亞買回了為數眾多的高山雲雀，主要是他希望這些鳥兒悅耳的歌聲，可以讓那片曾經如此啟發過他的土地常存他的內心。

他不是一個處於備戰狀態的人，但戰爭一朝來臨，他也就立刻回到了所屬的兵團。當一九一五年七月，德軍第一次用火焰發射器進行攻擊的時候，他也跟若林一樣人在胡格的伊珀爾突出部；他見證了九月份發生在盧斯的屠殺，又在阿拉斯的壕溝裡度過了一九一五年的寒冬。一九一六年的夏天發生了索姆河之役，這場仗也像漩渦一樣把英軍的每一個單位都捲進了戰場。霍華－貝瑞在那兒待到了八月十日，這天有的是綿綿細雨、國王的駕臨，還有第十六營在被英軍稱為「惡魔森林」的德維爾森林（Delville Wood）全軍覆沒的壞消息。五天之後正好是他的生日；那天原本風平浪靜，直到晚間他受命要率領一支三百人的工作隊去挖出一條五百碼長的通訊壕溝穿越隆格瓦勒（Longeuval），目的地則正是第十六營被全殲之地，亦即血腥的德維爾森林遺址。他們預定的挖掘起點在六英里開外，弟兄們得摸黑並承擔著步槍、彈藥、鎬、鏟子、沙包的重量，在溼濘的泥淖裡掙扎著前進，由此他們直到晚間十點半才就好定位。他們必須在破曉之前完成這項被另外三個師宣判為不可能的挖掘工作，理由是整條預定的壕溝路線都在德軍炮火的轟擊範圍內。對這次的任務體驗，霍華－貝瑞在兵團的作戰日誌中是這麼說的：

我第一次見識到某片荒野可以散發出如此沉重的空曠荒涼：極目四望你看不見一枝草，地面被狂轟濫炸到彈坑上交疊著更多彈坑，有的誇張地大，有的又滿小，而我們的任務就是要在這樣的地方挖出一條壕溝。壕溝路線的後半部會經過果園與全毀的房屋殘骸，環境臭氣沖天，我們挖出了一具又一具的遺體，戰歿者無所不在，當中有我們的弟兄，也有德國佬的頭、手、腳，而且全都已經嚴重腐爛到上頭爬滿了蛆，不論視覺上或嗅覺上都可以說是鋪天蓋地。那塊地面上的恐怖簡直無法言喻，令人反胃的光景則讓人難以置信。我們才一開挖，六、七枚巨大的砲彈就落在距離我們不過幾碼的地方，兩個人首當其衝：那之後大家挖掘的速度真的讓我開了眼界。短短半小時內，弟兄們就已經挖到了足以讓自己沒頂的深度，然後開始把一個個地洞連成一條壕溝。

霍華－貝瑞一直在前線待到戰爭結束，期間他在索姆河參戰到十一月的雨季開始，一九一七年春參與了對興登堡防線的攻擊，乃至於後續的阿拉斯戰事。人性尊嚴的淪喪與戰爭中的各種怵目驚心，會日復一日地不斷刷新，而他也把這些見聞都寫進了日記：泥巴與汙穢裡畏縮著一名傷兵；腳被炸掉的弟兄出現在一月清晨冷冽的壕溝裡；一名年輕軍官嚇到臉色發白還哭得像個小孩，因為被扛離壕溝的他已經被炸到下半身難以辨識。四月十一日，他奉命率隊衝殺，而考量到鄰近的丘頂有德國的據點毫髮無傷，這樣的衝殺行為無異於自取滅亡。他向遠在十英里外、生命安全獲得徹底保障的師部參謀們抗議，但從未親自勘查過現地的他們，仍堅持不肯收回成命，攻擊必須執行。當天英軍的砲彈掉落在霍華－貝瑞的士兵們身邊，而即便是勉力爬出壕溝的人也會一如霍華－貝瑞所預見，被縱射的德軍機槍在第一時間掃倒。在冰天雪地裡，傷員一躺就是一整天。苦戰不到四十八個小時，德軍就自動棄守了那片岬角，英軍於是輕輕鬆鬆就走上了一開始設定的目標。換句話說這整場攻擊都非常莫名其妙，士兵們的寶貴生命就在參謀們愚蠢的堅持下被白白送掉。霍華－貝瑞痛心疾首地寫道，那些參謀「安全又舒爽地躲在後方；坐領一面面傑出服務勳章與眾多外國人的表揚。」

隨著戰爭往下打，戰鬥一場接著一場，霍華－貝瑞的士兵們也不斷被扯後腿，不斷讓自己的英勇被將軍們的愚蠢給抵消。就這樣，霍華－貝瑞的精神面開始緩緩遭到腐蝕，他日記與書信裡的鬥志也逐漸消逝。到了一九一七年，「抑鬱」二字已經失去意義，令人聽著不明所以。五月十五日，霍華－貝瑞在筆下寫道，「清晨四點去壕溝巡了一遭。味道說多糟就有多糟。不少屍體橫陳在外，或是遭到了胸牆的掩埋。」八月十八日，他在帕尚代爾之役前夕寫於伊珀爾的信中說道：「我曾在一九一四年踏上過的這片土地，已經面目全非。慘絕的地獄取代了原本的田野，所有草葉均已死絕，現場能看到的只是一個又一個的彈坑與滿滿的積水。挑戰感官極限的氣味與畫面將人四面包圍。」四天之後，英軍的坦克差點就壓到了他的士兵——那些士兵在壕溝裡瑟瑟發抖，任由水滿到他們的腰際。有一名哨兵就在他眼前被活生生炸得粉身碎骨，另外一名哨兵則被（白）磷彈燒得面目全非。武器與血肉的破片，散落在被砲彈從土裡炸翻出來的遺體之間。「什麼世道啊，」他以絕望的筆觸寫道，「會想繼續打下去的也只有政客跟靠他們吃飯的幕僚了。」

到了一九一八年，霍華－貝瑞所指揮的部隊——國王皇家步槍團的第九營已經補充過太多次的兵源，一九一四年的先發陣容已經彷彿記憶中的鬼魅。他能夠活下來，堪稱統計學上的奇蹟。在帕尚代爾再一次受到重創之後，他的第九營終於在一九一八年春被抽離了戰線，然後被往南調到聖康坦（Saint-Quentin）的後方，從法軍手中接下西部戰線中算是比較風平浪靜的部分。但在三月二十一日清晨四點三十分，他突然被由北至南響徹整條前線的驚人轟炸聲給吵醒，當中夾雜著他整場仗打下來最震耳欲聾也最不諧和的槍聲交響樂。他起身想去檢查鐵絲網的狀況，卻在黑暗中遭遇了一團讓人幾乎伸手不見五指，四周能見度不到三英尺的濃霧。與後方的通訊遭到了轟炸切斷，而隨著濃霧流轉，毒氣的味道也隨之傳來。

事實證明，霍華－貝瑞與弟兄們即將首當其衝的，是德軍在一戰中所發動最強大的攻擊，史稱「一九一八年的春季攻勢」。德國之所以會急於讓西部戰線的戰事劃下句點，是因為擔心美軍會投入數以百萬的兵力來蹚一戰的渾水。由此德軍指揮高層的軍官們選擇孤注一擲，將全數軍力投入於給協約國最後一擊。隨著俄國在東部戰線的崩潰，德國得以將部隊調至西邊，由此他們在西部戰線上的總兵力也來到了一百九十二個師；相對於此，協約國陣營僅有一百六十九個師，而且還散落在從瑞士到海岸線的廣大面積上，有如一盤散沙。把霍華－貝瑞吵醒的轟炸，是整場一戰中最密集而激烈的一次。精確地說，德軍集結了七百三十架飛機、三千五百門挺迫砲，外加六千六百門火砲的火力，在春季攻勢的第一夜裡發射了逾百萬發砲彈。由此，德軍在此攻勢的第一天裡囊括的土地，比在索姆河之役中英軍花了一百四十天所取得的還多。到了第三天結束，整個第十九軍團只剩下八個營、共計五十名士兵還堅守陣線，苟延殘喘；此外，陣亡、負傷與被俘者高達七千九百五十人，包括與霍華－貝瑞並肩作戰的每一位。

在濃霧的掩護下，德軍的特種部隊「風暴突擊隊」得以滲透英軍的據點。而等到大約上午十一點，濃霧終於散去之後，霍華－貝瑞才赫然發現他的營本部，連同其區區五十人的編制，已經完全遭到包圍。他送出了信鴿去通知後方說他們仍在堅持。德軍在此讓壕溝迫砲的效果發揮到淋漓盡致，並用機槍創造出槍林彈雨。此外，橫掃英軍防線的還有德軍的火焰發射器。包含霍華－貝瑞在內的少數倖存者，在來自四面八方的最後一波震撼攻擊後，投降於午後三點三十分。對他來說，這場戰爭已經結束了。他立刻開始把注意力轉至傷者身上，包括攙扶好幾位士兵到德軍建立於鄰近坑道中的臨時急救站。就在被押送到德軍後方的過程中，他赫然發現德軍的參謀就在離前線不遠處運籌帷幄。即便他即將長途跋涉、搭火車前往菲爾斯滕貝格（Fürstenberg）戰俘營，他也明瞭這場戰爭已經來到勝敗的關鍵。

和平降臨後一個讓人百思不得其解的意外後果是，許多退役軍人變得哪裡都想去，就是不想回家。美國作家保羅．福塞爾在筆下形容：對於有幸活下來的人來說，他們覺得旅行能帶來一種無法言喻的幸福感，就像是用移動在慶讚單單活著的純然愉快；相對於此，英國或英格蘭能做到的，只是不斷地把失去的青春，還有歷經的背叛與謊言重新被推到他們眼前，讓他們重嘗一遍「累積了四年的壓迫、傷亡名單，與由主教們所核准的大屠殺」是什麼滋味。曾為毒氣所傷的詩人兼作曲家艾弗．葛尼（Ivor Gurney）直到一九三七年死前，都還相信戰爭還在打，而他也是其中的一部分。在陷入瘋狂的陰霾之前，他的心思曾經短暫放晴過，那是在他從前線歸國，但還沒有住進療養院之前的期間，他曾經靠著兩隻腳從格洛斯特（Gloucester）出發想找一艘船，隨便一艘能帶他離開的船。差一點凍死在伊珀爾的亨利．梅傑．湯姆林森（H. M. Tomlinson），曾因為目睹炮火擊碎了大理石般的冬日大地，烙印下不小的心理陰影，而他在戰後所做的第一件事情就是直奔加勒比海而去，並在陽光的沐浴下發揮細膩精巧的文筆，寫下了一句句屬於熱帶的輓歌。因為參與帕尚代爾之役而獲頒軍功十字勳章的莫里斯．威爾森（Maurice Wilson），在手臂跟胸部上都有一直無法完全痊癒的機槍撕裂傷。這樣的他曾經先在南太平洋遊蕩了十年，然後才在馬洛里辭世後很久之後突發奇想，瘋狂地想要以禁食與神祕主義的懸浮能力做為手段來攀上聖母峰。他購入了一架外號「吉普賽蛾」（Gipsy Moth）的DH-60輕型雙翼飛機，學會了開飛機，然後從空中飛抵了大吉嶺。他在大吉嶺賣掉了自己的雙翼機，然後在兩名雪巴人嚮導的陪同下開始步行，最後獨自葬身於入山途中的冰天雪地。

從日記裡，我們看不出霍華－貝瑞有類似的執念或心理創傷的證據。停戰後不多不少隔了一個月，一輛火車帶著他與同僚軍官從克勞斯塔爾的囚禁營出發來到岸邊，然後由接應的丹麥船隻將他們送至哥本哈根。來到洋溢著喜悅與感激氣氛的哥本哈根，他們連著四天盡享了睽違已久的美食與自由，接著才搭上了英國的船隻出海，在聖誕節的一週之前來到了愛丁堡外港利斯（Leith）。為此他們深表「感激」，他寫道，「沒想到我們能再一次踏上英國的土地。」

但即便如此，我們還是不由得納悶：一個打仗打了四年，外加在戰俘營被關了九個月的人回到愛爾蘭，名下有一個心愛莊園需要他打理，而愛爾蘭在當時是有著炸彈與縱火等恐怖攻擊，會對地主階級不利的地方，全島在動盪與造反氣氛中風雨飄搖——這樣的一個人，怎麼會重獲自由不到三個月，就自告奮勇要自費遠赴印度，肩負起讓英屬印度默許他們接觸圖博當局的任務，而如此大費周章，都只是為了要一圓獲准挑戰聖母峰的夢想。但在一九一九年三月十九日一封署名給皇家地理學會祕書長亞瑟·辛克斯（Arthur Hinks），有如不速之客的信函裡，霍華-貝瑞就不偏不倚提出這樣的建議，這時點正好與諾艾爾在風神廳裡的激情演出相隔一個星期。

在這封信裡，霍華-貝瑞勾勒了他要同時走訪日喀則與江孜的計畫，並以爭取跟班禪喇嘛見面為目標。要是被圖博人打了回票，那他的B計畫就是進一步前往加德滿都去尋求大君合作，希望他能放行讓探險隊從尼泊爾通過。不論結果是哪一種，他都會與印度的飛航總長見面，藉此安排以飛行偵察的方式對聖母峰進行近距離空拍。而這一切他擅自訂定的目標，霍華-貝瑞也會以其自身的資源來予以推動。其中最後的這一項保證，最為讓吝嗇成性的亞瑟·辛克斯眼睛為之一亮；辛克斯立即連繫榮赫鵬，而榮赫鵬也迫不急待地接受了霍華-貝瑞加入探險的陣容。但很可惜，結果讓所有人都失望了，因為印度政府依舊完全反對任何把探險隊送進圖博的想法。事實上，他們連把聖母峰探險一事跟拉薩當局提一提，都表現得萬分為難。榮赫鵬在氣憤於印度政府的官僚與執拗之餘，也只能百般不情願地判定霍華－貝瑞的印度任務計畫還不夠成熟。

將近一年之後，榮赫鵬在法國蔚藍海岸（French Riviera）邊上的尼斯大飯店寫信給霍華－貝瑞，力邀在北義跟多洛米地山脈遊蕩的他迷途知返，回到倫敦來參加一場訂於一九二〇年四月二十六日召開的閉門會議，屆時與會者將有英國山岳會暨皇家地理學會的重量級代表。此時，就任皇家地理學會會長十個月的榮赫鵬已經將聖母峰視為他此生必欲完成的志業。「我想要讓這個念頭被供奉進英國社會的內心深處。」舉國的報紙都引用了他的這句話。「我們拒絕承認世界最高峰無法攀登。站上聖母峰頂的第一人，將能把世世代代無數人的精神振奮起來，並能讓人類更有堅定的勇氣去攀爬其他任何一座山峰。」榮赫鵬相信登山家將走在最前頭領路，而軍人、政治專員、基層的地理學者，還有英屬印度政府的公務員大軍，更不用說英國不分男女、所有自食其力的平民百姓，都會受到感召而向這樣的典範學習。隨著媒體的興趣被挑起，也隨著聖母峰慢慢成為時代氣氛下眾人逃避現實的有力目標，你可以感受到約翰．布坎在幕後操刀的斑斑斧鑿，因為努力扭轉局面的是他，設法積累眾人的興趣與氣勢的是他，爭取讓愈來愈多人擁抱聖母峰任務，最終使其成為帝國救贖的終極指標之人，還是他。

就短期發展而言，四月二十六日的會議促成了若干特定的決議，聖母峰任務的各種「參數」也因此敲定了下來。入山之路確定會捨尼泊爾而取道圖博。皇家地理學會會負責與英國、印度、圖博三方政府進行初步的協商，由榮赫鵬率領的正式代表團會即刻向印度事務大臣尋求支持。代表皇家地理學會與英國山岳會的聯合委員會將著手進行跨兩季的探險任務組織暨規畫。所需的登山者將由英國人出任，與外國的合作他們既不會主動尋求，更不會被動姑息。為了讓這一切變得可能，聯合委員會正式尋求了霍華－貝瑞上校的出手協助，並授權他前往印度推動他早在一九一九年三月十九日那封給亞瑟．辛克斯的魯莽信裡，就已經提議過要做的事情。

一個月之後的一九二〇年五月三十一日，榮赫鵬利用皇家地理學會年會的開幕致詞來宣告地理探險新時代的開始。他說，進入這個新時代，純粹的物質追尋會變得黯淡無光，繼之而起的會是一種新興的精神美學，由此地球將不再被視為「一顆等比放大的撞球」，而是「一種活著的生命體——地球母親」。在他華麗的詞彙裡（令人預見他後來那種形而上的書寫風格），榮赫鵬大膽地宣稱這世界最值得我們知悉的特性，就是其自然的美麗，就是一種會因為「人類見識到它愈多，也愈多人見識到它」，而在力量與共振上有所成長、無所不在的力量。他接著說到，皇家地理學會在他的領導下，會尋求一種探險的嶄新標準——每一個地理學者都要在走進田野裡時，帶著一雙詩人的眼睛與一種畫家的感性。

在這個皇家地理學會緬懷著厄尼斯特・薛克頓爵士（Sir Ernest Shackleton）在南極的英雄事蹟，並對空軍將領費德列克・賽克斯爵士（General Sir Frederick Sykes）以戰後「帝國的空中路徑」為題進行的簡報大加讚揚，稱讚他「選題符合帝國最高利益」的夜裡，我們很難得知榮赫鵬進行精神召喚的努力，究竟在何種程度上沁入了當天聚集的會友心裡。但可以肯定的是，這提供了他一個突破重圍的缺口，讓榮赫鵬得以對提出批評、並納悶為聖母峰頂賭上人命有何意義的質疑聲音，進行他的反擊：

> 要是我被問到：爬這座世界第一高峰究竟有什麼用處？我會回答說，沒有，一點用都沒有，就跟圍著一顆足球在踢，跟隨著音樂翩翩起舞，跟彈鋼琴或提筆寫詩作畫一樣，一點用處都沒有……但即便這麼做真的沒有用處，攀登聖母峰也無疑蘊藏著「善」。成就這樣的壯舉，將能提升人類的精神。這能讓人感覺到我們真真正正在地球面前占得了上風，讓人覺得我們對環境獲致了真正的掌握……能站上地球的最高峰，將讓人類的驕傲跟自信更上一層樓，由此我們將能更篤定地去與物質世界爭個高下。這種無法估量的善，便是攀爬聖母峰能夠贈予我們的獎賞。

開幕致詞在年會隔天獲得平面媒體的大肆報導，而榮赫鵬也再接再厲地又一次致函印度事務大臣艾德溫・蒙杳古，敦促他支持聖母峰探險。一個月後在倫敦的印度事務部，午後四點五十五分，由榮赫鵬、霍華－貝瑞、法拉爾，還有從印度休假返國的查爾斯・布魯斯共組的代表團聚集在等候廳裡。由於首相臨時召見了大臣，所以他們只能退而求其次與副大臣辛哈爵士（Lord Sinha）外加大臣的一些幕僚會面。且考量到霍華－貝瑞兩天後就要啟程前往印度，因此在那之前取得印度事務部與白廳願意支持他們的默契，輕則能為印度之行大大加分，重則會決定任務最終是死還生。而在會面中介紹了他們一路以來的努力，描述了各種入山路徑的利弊，還有探險任務的各種挑戰性之後，榮赫鵬很戲劇化地秀出了一張全景照片，上頭捕捉到了東起干城章嘉峰，西至聖母峰，喜馬拉雅山脈的完整北側。這幅合成影像集結了由地質學者海登在榮赫鵬任務中拍下，並假手寇松爵士轉給皇家地理學會的照片，其景色之壯闊令人嘆為觀止，惟其比例尺容易使人誤判形勢。榮赫鵬告訴辛哈副大臣，如同照片上所呈現的，前往聖母峰的問題不大。「圖中的北側坡勢相當平緩，」榮赫鵬表示，「所以看起來入山相對容易……至少比起喜馬拉雅的其他山峰，聖母峰的型態看來沒有令人悲觀的理由。另外值得欣喜的一點是，聖母峰位於季風氣候的影響以外。起碼我在上頭待了七、八、九共三個月，聖母峰幾乎每天都清清楚楚地出現在我眼前。」

只可惜在北麓坡勢與季風影響這兩點上，榮赫鵬都錯得非常離譜。不過話說回來，他流露出的自信似乎真的打動了辛哈副大臣，讓他看似熱血地表示願意有條件為聖母峰探險背書。畢竟身為公務員，辛哈爵士在通盤考慮過圖博問題的敏感性之後，表示了印度事務部可以放行，但前提是出手支持的部分只能由印度政府獨力為之。如此的結局，並非榮赫鵬希望斬獲的壓倒性勝利，但這樣的戰果已足夠讓他有底氣在隔天發了個更新的短箋給霍華－貝瑞，指示他在抵達印度之後直搗西姆拉，爭取與總督面對面磋商的機會。英國人對於聖母峰的巨大量體與剛烈個性都知之甚少，以至於榮赫鵬天真地建議霍華－貝瑞申請一行三人的探險許可，這包括「一名具有經驗的登山者、一名地理調查員，外加一名歐洲人」來負責打探山情，奠定路線基礎，以方便三名登山者在隔季確立攻頂的途徑。

在經過取道紅海的漫長酷熱航程，從亞丁晃顛到孟買之後，接續的是穿越印度平原，意外涼爽而且沒有漫天灰塵的火車之旅。最終，霍華－貝瑞在一九二〇年七月十二日星期一抵達了英屬印度的夏都西姆拉。他一點時間也沒浪費，一到西姆拉就立刻上工，並於三天之後從希賽爾飯店寫了信通知榮赫鵬說他已經與代理印度調查局長，一名柯爾史俊上校（Colonel Coldstream）見了面，取得了他會提供一組調查員給探險隊的保證。這組地理調查員會具備登山的經驗，且費用將由印度政府買單。霍華－貝瑞接著聯繫上了印度政府的代理外交大臣諾曼・愷特（Norman Cater），而卡特堅定地告訴他說印度與圖博的關係眼下不差，但仍有極高的敏感性。話說到底，一個重要的決定正由白廳的印度事務部審理，而印度事務大臣的決定會影響印圖關係的最終良窳。雖然細節說得有點雲裡來霧裡去，但可以確定的是這事牽扯到一批圖博當局高度期待的軍火供應。除非這個問題能塵埃落定，有個理想的結局，否則愷特說誰都不能保證印度政府或圖博當局會慨允對探險隊的支持。

霍華－貝瑞隔一場在皇家飛行隊總部的會面，相當令人失望。空中偵察的花費高得令人卻步，而且以現有位於安拉哈巴德（Allahabad）與加爾各答的機場為起點，根本沒一種飛機能飛抵聖母峰的側邊。空軍會出借攝影器材並擔任顧問，但關於在較靠近聖母峰之布爾尼亞（Purnea）搭建臨時機場的建議，則遭到空軍的斷然拒絕。惟皇家飛行隊這麼不給面子的做法，讓霍華－貝瑞面見於七月十五日的總督切爾姆斯福特爵士（Lord Chelmsford）不是很高興。切爾姆斯福特總督對探險隊非常友善，由此他信誓旦旦地說會在能力範圍內提供一切支援，但問題是按照爵士告訴霍華－貝瑞的講法，他即便貴為總督也有力有未逮之處，一切都還是要看現行印圖雙方談判的結果。這時總督表達了一個讓霍華－貝瑞覺得十分耐人尋味的看法：他建議霍華－貝瑞走陸路前往圖博的亞東去與跟人在那兒的錫金政治專員查爾斯・貝爾（Charles Bell）對談，並窮盡一切力量讓貝爾跟圖博當局對聖母峰計畫產生興趣。類似的話，霍華－貝瑞還曾經從一九一三年到過圖博江孜的英屬印度助理外交大臣貝索．古爾德（Basil Gould）口中聽到過。這麼一來，一條條通往聖母峰的道路，似乎都繞不過查爾斯．貝爾這個似乎連印度總督都敬畏三分，有如獨行俠一般的邊疆行政重臣。

五天之後，霍華－貝瑞取得了正式許可得以入境圖博，然後前進到亞東這個由榮赫鵬使團建於春丕河谷中，就在錫金邊境外部不遠處之英國商埠。到了亞東，他首先跟英屬印度代理外交大臣愷特共進了午餐。這場午餐令人失望，主要是愷特剛收到了一封電報，正是傳自查爾斯．貝爾。

「貝爾說有某個詩人兼聖人葬在聖母峰附近，」霍華－貝瑞在七月二十日寫給榮赫鵬的信裡回報說，「還說圖博人恐怕也會充滿懷疑……我擔心的是貝爾將成為任務的下一個阻礙，只要貝爾一日在其位，他就會無所不用其極地干擾任務的進行。」

查爾斯．貝爾發於七月十九日的電報內容，被總督引用在了一封標註為「祕密聖母峰」的電報中，在七月二十四日發給了倫敦的印度事務部。「關於預定在一九二一與一九二二年經圖博發動的聖母峰探險，」貝爾寫道，「（我們要知道）聖母峰的周圍有好幾處聖地，主要是被圖博尊為聖人的得道佛教詩人密勒日巴就曾以當地為家。圖博人不會樂見歐洲人在他們的聖地上恣意橫行……圖博人並不相信探險可以只為了地理知識跟科學的目的進行。他們會懷疑我們是說一套做一套，背後有其他的動機……除非能夠與中國在圖博問題上達成協議，否則這些聖母峰的探險不宜輕率放行。」

切爾姆斯福特爵士加上了自己身為總督的附議：「除非牽扯到圖博的突出政治問題，如武器彈藥供應等能先行塵埃落定，否則我們強烈認為自己不應該代表皇家地理學會去接觸圖博當局。貝瑞已經抵達這裡，也已經解釋（我們的）立場給他聽。」

一週之後的七月二十七日，霍華－貝瑞再次寫信給榮赫鵬說：「整體的問題在於，不論是蒙沓古或寇松，都未能在出售軍火給拉薩的問題上與提出此要求的印度政府達成一致的立場。」然後，在敦請榮赫鵬運用影響力來讓問題的解決朝印度政府的立場傾斜之後，霍華－貝瑞補充說道，「我愈是聽說貝爾的事情，就愈覺得他恐怕不會助我們一臂之力。外頭都說他是個很難應付的人，因為他秉持的原則就是小心使得萬年船，由此他決定事情非常慢，非常小心，而且他從來不走錯一步。」

這樣的評價，按霍華－貝瑞在西姆拉剩餘的日子裡所發現，也按他後來於加爾各答進行的調查結果顯示，是有失公允的刻薄之論。查爾斯．貝爾確實從不走錯一步；而他小心翼翼，是因為他知道在他當值的任內，圖博的未來可能改變。雖說他理性效忠的依舊是英國國王，但他感性上所無法割捨的是第十三世達賴喇嘛殿下。在達賴喇嘛的眼裡，貝爾是親近的朋友，是可以託付以祕密的心腹。但在榮赫鵬的眼裡，貝爾掛心密宗的聖人或對外人接近聖母峰有所疑慮，都屬於可笑而多餘。由此在一封從布魯塞爾發到印度事務部的電報中，榮赫鵬主張說「貝爾掛在嘴上的那些聖地，並不難以迴避」。但在霍華－貝瑞這邊，他對圖博問題的敏感性就沒有那麼嗤之以鼻，由此他對於貝爾的質疑也愈來愈收斂。在七月二十七日致函榮赫鵬之後，霍華－貝瑞從與許多官員的對談當中補足了貝爾的出身背景，而他非比尋常的過去也讓霍華—貝爾肅然起敬。

生於印度，然後先後在溫徹斯特公學與牛津大學接受教育的貝爾，在一八九一年加入了印度文官體制。一九〇〇年，他被派駐到大吉嶺，然後在那裡發現了他對圖博的熱愛。因為這份愛，他學會了把藏語說得極為流利；為了這份愛，他編纂了史上第一本圖博語文法跟圖英字典。一九〇六年他出任錫金代理政治專員，一九〇八年正式真除，成為克勞德．懷特的繼任者，然後一路擔任錫金政治專員到一九一八年他退休去從事學術研究為止。不同於榮赫鵬、貝里、歐康納與印度文官體制中大部分的邊疆政治專員，貝爾不是軍旅出身，而是個發自內心對喜馬拉雅的文化懷抱深刻興趣的學者與文人，而光是這一點人文關懷，就足以讓他迥異於在印度生活的絕大多數英國軍民。他能經年與達賴喇嘛殿下發展出深厚的情誼，是因為從一九一〇年起，達賴喇嘛便流亡於大吉嶺。而也正是因為衝著貝爾，英國才會在戰爭開打後成為藏民「選邊站」的對象。一九一四年一戰爆發，達賴喇嘛就立刻募集了一千名藏民要替英軍出力。這份心意雖遭到英國婉拒，但這支義勇兵仍在整場一戰過程中被留用待命，且全藏的寺廟也都舉辦了特別的宗教儀式來為了英國的勝利祈福。要不是因為與查爾斯・貝爾的私交，達賴喇嘛也不會在筆下寫道：「由是圖博的每個人跟我本人，都已然同心同德，而英國人與圖博人，已經是不分彼此的一家人。」一話說這樣的情緒能在距離榮赫鵬入侵圖博，與圖博軍在古魯遭到屠殺之後短短不到一代人的時間裡，就透過達賴喇嘛的意思表達出來，本身就是一件非常難得的事情。

七月三十一日，榮赫鵬在倫敦接獲印度事務部的通知，說印度政府已然正式駁回聖母峰委員會的成立。他心平氣和地消化了這個壞消息，並立刻拍了電報給霍華－貝瑞，鼓勵他無論如何還是要前進圖博，設法與貝爾見上一面。因為事情來到這個份上，貝爾儼然已經是他們最後的希望。

要抵達貝爾目前所在的亞東，霍華－貝瑞得走榮赫鵬當年入侵圖博的路徑，一天之內從錫金的熱帶森林上攻到一萬四千三百九十英尺處，白雪皚皚的扎勒普拉，然後再下到山口之後那帶有美麗溫帶風情的春丕河谷。在熬過了由水蛭與季風豪雨所交織出的漫長征途之後，他豁然開朗地進入了圖博的銀杉與石楠森林，並在鐵線蓮的草原、紫色的鳶尾花，還有野生的草莓之間感到心曠神怡。惟海拔高度的拔地而起，仍不免讓他感覺到精疲力盡。攀爬扎勒普拉，如貝爾寫道，「感覺就像在走一道永無止境的天梯，而且每一階都感覺比前一階跨距更大。往上，往上，一直往上到世界的屋頂。你會覺得一顆頭輕飄飄，四肢則重得跟灌了鉛一樣。環境裡的聲音只剩下人與騾的怪誕喘息聲，偶爾穿插著一陣陣咳嗽聲。」

等終於抵達亞東，霍華－貝瑞只感到渾身虛弱，所以倒頭就睡，把晚餐直接略過。隔天八月十四，他在徹底休息過的精神充沛中醒來，然後閒散地花了一個上午閱讀信件跟一些剛送達的報紙。雖然在地圖上看似前不著村後不著店，但現實裡的亞東可是小歸小但熙來攘往的商業集散地，圖博與印度之間有一半的貿易量在此發生。川流不息的氂牛與騾子把羊毛、鹽巴、麝香與藥草從高原上載下來，而茶葉與各種製品則從山腳或英屬印度的城市裡送上此地。從錫金的干托克到圖博的江孜，這一百七十五英里的距離，按部就班得走十一天，但土生土長的跑者可以在七十二小時內搞定。另外，發自加爾各答的書信與報紙可以在十天內抵達拉薩。所以從許多層面上來講，一九二〇年時的圖博通訊還遠遠比五十年後強。自榮赫鵬入侵圖博以來，英國人就一方面維護著通往江孜的電報線，一方面以日行距離做為間隔，運作著共計十一處連成一氣、功能類似驛站的公設「達克」（dak）平房，裡頭有床褥可以稍做休息，有小茶館供公務人員添購食物與基本的補給。這些服務不但造福了霍華－貝瑞，也幫助到了日後進行攀爬的探險隊伍。貝爾的前任克勞德・懷特曾一道命令下去，讓這些公立設施成為了本地住民的禁區，主要是他擔心混進本地人，會讓這些地方慢慢變得不適於歐洲人出入。這當然是充滿了歧視的做法，所以貝爾身為新任政治專員的頭一件事情，就是廢了這一條規定。

時間接近中午，霍華－貝瑞會晤了英國貿易代表大衛・麥當諾（David Macdonald）。一九〇九年由貝爾指派到這個職務上的麥當諾十分嬌小，只有一百五十公分出頭。身為蘇格蘭茶農與錫金雷布查族（尼泊爾人對絨布族人的叫法）母親的愛情結晶，出生時被取名為多吉（Dorjee）的他，完全在英國人的庇蔭下成長。他先是在大吉嶺念了寄宿學校，然後在妻室的影響下接受了基督信仰，事實上他的妻子也是英國與尼泊爾跨國婚姻的子女。做為貝爾的摯友與心腹且通曉多種語言，麥當諾曾於一九〇四年隨英國人進入拉薩，並曾短暫地擔任過榮赫鵬在入侵行動時的通譯。

正午時分，麥當諾與霍華－貝瑞前往與查爾斯・貝爾共進午宴，進場的時候排場頗大，主要是有支圖博軍樂隊以鼓點、號角跟橫笛演奏著編曲甚為慷慨激昂的英國國歌。貝爾給霍華－貝瑞的第一印象是外柔內剛，和藹好客之餘也沒忘了把意見給站穩。在給榮赫鵬的信中，霍華－貝瑞回報說貝爾非常在意母國政府尚未就是否把武器提供給拉薩的問題做出回覆，「他直言不諱地告訴我說，他不覺得聖母峰探險是個好提議，除非中印藏三方的關係問題能夠先全盤釐清……他還說了他今天就可以拿探險問題去問圖博政府，而他有一定把握對方會點頭，惟眼下他實在不建議這麼做。」

貝爾答應讓霍華－貝瑞沿春丕河谷中繼續上行，條件是他最遠只能前進到帕里，而且在帕里的期間不能對地方官員提到與聖母峰探險有關的隻字片語。霍華－貝瑞要求在返回錫金時能取道崗巴宗，但遭貝爾一口回絕，理由是在外交上過於挑釁。八月十五日，霍華－貝瑞在離開亞東時途經鎮郊的歐洲墓園，並一步一腳印地爬上了阿莫曲河谷（Amo Chu Gorge）的狂野山坡，只不過這些路上的景色，都止不住他在腦子裡想左思右想貝爾這名奇人。說起圖博的語言與文化，他就像本長了腳的百科全書；他夜裡用希臘原文閱讀經典，白天對佛教諸法和在地的精神展現出微妙的直覺，以至於他可以解讀並預期到各種應對與禮典的奧妙之處，進而在這一帶如魚得水。貝爾這種對抽象事物的敏銳，使霍華－貝瑞對其深感敬佩，畢竟霍華－貝瑞本身也對各種精神面與形而上的事物感到迷醉。據他得知，貝爾會刻意騎乘圖博人認為顏色吉利的馬匹，也會在排定外交行程時考量到圖博的時曆。遇到僧侶在雨季時閉門不出，以免傷及廣大昆蟲的生命，他不會貿然地妄加批評。他不認為藏人的天葬是病態的行為，而認為那是在地面常年結凍的土地上一種合宜而有效率的遺體處理，一種生活的智慧。

出於對本身職務的一種敬業態度，外加也是對他所欽佩的圖博人表示敬意，貝爾保留了英式的穿搭與服儀，畢竟那才是一名英國官員該有的舉止與外型，而且也唯有透過這種形象，他才能在拉薩與英屬印度的菁英外交圈裡展現權威與影響，惟他傲視印度文官體制中所有人的知識庫藏，仍使得他說出的話字字珠璣，充滿了無人能抵賴的說服力，而這也讓他得以適時以銳利的言語，突破模糊不清的外交辭令。論及中國人，他直言他們「傾向於對圖博人狗眼看人低，由此他們在圖博人身上使出的殘酷壓迫既不符人性，又愚不可及。」他光明正大、毫無矯飾地解釋了第十三世達賴喇嘛殿下的精神權威是怎麼回事。「不似人間應有的光線，」他寫道，「咸信會發自於他的眉宇之間，陪伴著他降福到朝聖者的心田；他的背影看得到先熱日（Chenrezi：觀世音菩薩）的烙印；他是藏人口中的昆丹（Kundun），意思是尊貴的活佛。」對於貝爾在圖博文化上如此敏銳，如此有天賦，圖博人有另外一番解讀：他們認為貝爾是前世的高僧，此生轉世到一個更強大的國家，就是為了回來幫助他的族人。

霍華－貝瑞花了十天時間一邊在春丕河谷探險，一邊緩緩地前往帕里與帕里再過去一點的圖博高原南緣。那片土地十分豐饒，至少在地勢相對低處，「生意盎然」可以說是那一帶的寫照也不過分。青稞、小麥與馬鈴薯交織出翠綠的田野，梨子與蘋果果園結實纍纍，野生杜鵑與侏儒石楠生長在山坡上一片又一片，玫瑰茂盛到整個谷地裡都聞得到空氣中的香甜。個別莊稼的模樣令人心生嚮往，包括有些房子的屋頂會緩緩地下降，上頭鋪著的是裁成約六英尺長、用厚重石頭給固定住的松木屋瓦，同時每戶人家都披掛著藏傳的繽紛經幡，每一面經幡都像是有形的真言在風中飄翻。但凡有人與他接觸，向他招呼，每個人都會在每句話的結尾處伸出舌頭，表達對他的謙讓與尊崇。他們的男人慷慨、好客，婦人則比起錫金跟印度的女性更來得落落大方，主要是他發現圖博的女人家會盯著他瞧，完全沒有害羞這回事。貝爾後來從他七十六本圖博藏書中取來一本由倫琴拉木（Rin-chen Lha-mo）所著的作品給霍華－貝瑞看，而其中一個段落總結了圖博女子對西方男性的看法：「一般的歐洲男性按照我們的審美標準，都不算好看。他們的鼻子太大，而且太凸，直讓人想起茶壺的壺嘴；還有你們的耳朵也太招風，就像豬耳朵一樣；你們的藍眼睛像孩子們的彈珠；你們的眼窩太深，眉毛像猴子一樣太濃。」

霍華－貝瑞就跟他之前的許多人一樣，都覺得帕里是個鳥不生蛋的鬼地方，一個從自身穢物中建立起來、零零落落的風城，其泥濘的街道就像開放式的下水道屎尿橫流，只有冷冽的晨風可以讓人從無孔不入的臭氣中暫時解脫。但出了帕里以外，卓木拉日峰的白頭打亮了天空，他選擇的路徑先帶他走上了一處溼地山谷，夾在草原丘陵之間，然後他穿過康布拉（Kambu La）

這處一萬六千英尺高的隘口，來到了一個活像是著色畫的深邃峽谷，當中的藍色是由不知名的野花、龍膽、藍鈴花、漏斗花、附子花與勿忘我共同提供。再往山谷上走，他遇上了一連串共九處聖泉，全部都是硫磺泉，其中一處還有某位高階喇嘛沐浴在隨從的包圍之中。他們熱烈地歡迎了霍華－貝瑞，並端出了酥油茶跟一碟英式茶點招待他。但你要是以為藏人的待客之道就只是這樣，那可就錯了，因為這後頭還有羊絞肉燉蔬菜切丁和蛋炒通心粉，而霍華－貝瑞也令眾人驚喜地嘗試用筷子來進食。大夥兒吃著吃著，山谷裡的許多居民因為受盡了各種生活之苦而來到了喇嘛的面前，五體投地行了三次大禮，然後才在得到了喇嘛祝福後一個轉身，頭也不回地緩緩步行離去。喇嘛後來帶霍華－貝瑞走近路回到帕里。身穿紅袍、手戴念珠，綁了長辮的油頭散落在他有著明亮妝點的鞍座兩側，此外他還頭頂著層層疊疊有如佛塔、上頭裝飾著中國文字與聖人肖像的黃色高帽，由此這名僧人在霍華－貝瑞在筆下所形容，「(是)我所見過最像一幅畫的人。」

八月最後一週，霍華－貝瑞沿原路走了二十八英里，從帕里回到了亞東。他又獲得了麥當諾熱情的歡迎，這包括又被招待了大量的食物，甚至還在某個靜謐的午後被半推半就地騙去打了一場網球。在從八月二十五日開始，停留於亞東的兩天當中，他跟查爾斯・貝爾見了好幾面，而每一次見面都在情緒與知識上滿載而歸。他在日記裡說，「貝爾跟我分享了我們與圖博關係自一九〇四年以降的來龍去脈，並說圖英關係正來到了十年來的最低點，而這只能怪我們沒能說話算話，恪守自己的諾言。他說中國人正拚命地想要恢復圖博人對他們的信任，而成果也已慢慢顯現。他說，現在基本上只剩下達賴喇嘛擋在中國面前，使中國還無法再度徹底成為圖博之主，由此達賴喇嘛殿下或許隨時會遭到毒殺。」

貝爾所陳述的故事，可不就是一段說一套做一套與背叛的歷史嗎？榮赫鵬帶隊入侵圖博的目的是希望確保拉薩內部不要有俄國勢力，並確保即便是透過商貿的利誘也好，圖博能展現出英屬印度的忠心。一九〇四年，由英國強加在拉薩當局頭上的《拉薩條約》裡載明，要圖博分七十五年賠款五十萬鎊給英國，實質確保英國在拉薩的政局裡有一席之地，並讓英國將兩國之間唯一可行的侵略路線——春丕河谷——給握在了手裡。中國人，則被刻意排除在了條約內容外。在一九〇三年一月八日一封寄給印度事務大臣的書信當中，寇松爵士聲明了英國的堅定立場：「我們認為中國對圖博的宗主權，是憲政上的子虛烏有之物。」當時的圖博按照這位印度總督所說，是自由而獨立的國度。

自由派政府在一九〇五年上台之後對榮赫鵬使團的否定，對在北平的中國政府釋出一個非常不同的訊息。一心想要與寇松代表的激進路線進行切割，但又同時急切地想要讓詭計多端的俄羅斯碰壁，如此左支右絀的英國決定先安撫好中國，於是他們決定對圖博全面禁運武器，並將榮赫鵬談成的賠款從五十萬英鎊降至十六點六萬英鎊，可分五期清償。這點小錢，中國一口氣便幫圖博付掉了，而此舉也確認了中國政權在拉薩的控制力與正當性。根據一九〇六年由中英雙方在北平談成，排除了圖博意見所簽署的《中英續訂印藏條約》，英國政府放棄一切由榮赫鵬入藏所取得的權益，並正式將圖博歸回中國的勢力範圍。相隔一年，一九〇七年的《英俄條約》確認了俄國承認中國在圖博的宗主權，藉此換取英國接受俄羅斯在蒙古的霸業。榮赫鵬入藏的結果是圖博軍一敗塗地，而後便再無自我防衛的能力。惟這樣的圖博依舊惹惱了中國。圖博挑釁地要中國試試看對這塊天高皇帝遠，而清朝之前寧可放著不管的土地，究竟能有多少影響力。圖博後續在外交上對中國的背叛，輕則可以說是開啟了中國侵略的大門，重則更像是逼著北平當局不得不有所回應。

於是做為對圖博的回擊，中國決定派兵入侵，而率軍的正是惡名遠播的東北軍閥趙爾豐，也就是圖博後來無人不知無人不曉的「趙屠夫」。做為一個立誓要把圖博殺到雞犬不留的虎狼軍閥，趙爾豐領兵來到了巴塘（Batang）與更慶（Derge），鎮壓了整個圖博東境，所過之處的廟宇遭到蹂躪、村落死傷狼藉，河流被血染紅。一九〇五年來到巴塘的他，先是殺害了四名僧侶，然後當消息傳來說鄰近的理塘（Lithang）有間寺廟民情浮動，似有造反之意，他便把兩名圖博官員叫來問訊，最後證實了消息的這兩名知賓（官員）被他當即問斬。等發現到山谷內的居民難以治理後，他便一不做二不休，派兵屠殺了僧俗共計一千兩百一十名圖博人。一九〇六年六月，趙爾豐的部隊包圍了貢噶朗林寺（Gongkar Manling），出來緩頰的四名老僧，也被砍去了頭顱。殺紅了眼的部隊就此開始燒殺擄掠，神聖的經典遭到焚毀，金銅佛像被熔鑄成錢幣，廟宇遭到洗劫，原本清淨的寺院在歷劫之後盡成灰燼與塵煙。時間來到藏曆繞迥鐵狗年，也就是一九一〇年第一個月的第三天，趙屠夫的大軍開進拉薩，砲轟了大昭寺與布達拉宮，在市區大肆行搶，還強姦了當地的婦人與少女，屠戮了反抗的僧人。一九一〇年二月，趙屠夫弭平了所有反擊，控制住圖博首都，數以萬計的圖博居民死於非命。

剛於一九〇九年十二月結束在中國的流亡回到家鄉的達賴喇嘛，搶在中國軍隊前面逃到了帕里，春丕河谷所有居民都跑來保全他們的活佛。達賴喇嘛隔日成功抵達了亞東，並在那兒獲得了大衛．麥當諾的庇護。麥當諾把自己的寢居讓給了活佛殿下，還用正規英式晚餐的雞湯、烤羊，乃至於收尾的烤卡士達蘋果派招待他，讓他補充營養。當天晚上達賴喇嘛在歇息的時候，麥當諾派了警衛在他的門口。隔日早晨，中國官員來到亞東，並悍然要求英國交人。麥當諾令人將這些中國官員拘捕起來並搜身來卸除其武裝。得知中國將大軍壓境來亞東抓人之後，達賴喇嘛喬裝成尋常的郵驛腳伕，星夜偕隨從熬過扎勒普的冰雪，逃到了錫金邊境的第一村納蕩（Gnatong），並在此進駐了一間電報用的小屋歇息，其門外一直到夜裡都有兩名英軍士兵保護。隔天天一亮，他們又繼續前進，並先後來到了卡林邦（Kalimpong）與大吉嶺。到了大吉嶺，查爾斯．貝爾將一間房子交由達賴喇嘛使用，而這樣的溫暖，達賴將不會輕易忘懷。

一九〇四年的英軍在榮赫鵬的率領之下，也曾經對圖博使出過時而略嫌殘酷的鐵腕，但比起中國的野蠻，英國人犯的那點事也就像是兒戲一般。畢竟對於圖博的傷者，英國還知道要提供免費的食物、薪柴、芻料與醫療，還知道要保護非戰鬥人員，要尊重圖博的降約，要敬畏聖地。還有最重要的一點，英國完全沒有威脅到這片土地上的宗教信仰。一九一〇年三月十四日，達賴喇嘛在查爾斯．貝爾的陪同下，獲印度總督明托爵士（Lord Minto）迎接於加爾各答，期間十七發禮炮大響。由此達賴喇嘛很合理地對在英屬印度的支持下反抗中國產生了期望。只可惜，這個期望最後變成了空想。總督對圖博的同情固然堅定不移，但他的行動被控制在白廳手裡。印度事務大臣莫利爵士（Lord Morley）身為自由派政策的擬定者，十分歡迎中國以對圖博的侵略來主張其對藏原的權利。他把達賴喇嘛批評得一文不值，措詞強硬地說達賴十三世是「一隻會傳染瘟疫的動物，一切苦果都是他自作自受」。一九一〇年五月，達賴喇嘛殿下被告知雖然屠殺在圖博仍持續進行，但印度政府並不能介入干預。

最終拯救了圖博人的歷史轉折，是由孫逸仙所主導的革命在一九一一年推翻滿清，清帝國因此氣力放盡，而滯在拉薩的中國士兵也成了孤軍。趁此良機，色拉寺（Sera）與甘丹寺（Ganden）寺僧發動了大規模起義，收復了拉薩。趙屠夫先撤退到四川，隨後也在那兒遭到逮捕與斬首。一九一二年六月，達賴喇嘛離開印度，緩緩地回到了圖博。之所以要算時間回去，是因為他得等隨扈確定收到中國官員已經全數離藏的消息。在大衛・麥當諾所轄的亞東，達賴喇嘛共計待了五天。要離開的時候，他觸碰過的每一樣物品都有如黃袍加身成為了聖蹟，而麥當諾貴為一方主官，卻也無法徹底禁絕有人偷偷把十三世殿下用過的門把、椅座、掃帚與臉盆偷偷占為己有。一九一三年的一月，達賴喇嘛終於凱旋回到拉薩。在他於一九三三年逝世前的二十年間，殿下都不容許任何一名中國政府代表進入拉薩範圍內。

查爾斯・貝爾駭然於英國對圖博的再三背叛，於是決定如果白廳不願意保護圖博，那他只好窮盡一己之力伸出援手，確保圖博有能力保護自己。在他的鼓勵之下，圖博政府創立了獨立國家應有的諸多象徵：國旗、貨幣、郵戳，乃至於足球代表隊。他驅策著達賴喇嘛推動經濟的改革與官僚體制的現代化，並藉由新政策來將稅負調整到合理、重新分配土地、廢除斷手斷腳的駭人酷刑。貝爾不眠不休地加強圖博與英屬印度之間的商貿、外交與軍事關係。而在達賴喇嘛的積極支持下，他讓從印度到江孜的電報線延長到拉薩。拆成零組件的柴油發電機翻山越嶺，被運到圖博，由此圖博的有錢人家也能享受到電力，而這當中許多人都是在大吉嶺受的教育，英語說得甚為流利。達賴喇嘛本人擁有一支電話跟兩輛汽車，包括一台車牌上印著TIBET

」的美國道奇；這輛車一樣是先拆成零件，走陸路經春丕河谷被運到圖博，然後才在拉薩重新組裝成車。不過或許比這些都重要的，是貝爾鼓勵了達賴喇嘛將軍隊現代化，包括將編制從五千人增至一萬五千人，並使其成為武裝完善的精銳。

一九一三年的九月，貝爾接到來自西姆拉的命令，意思是要他代表英國政府與中國跟圖博談判。表面上，這次高峰會的目的在於劃定從不丹到伊洛瓦底江—薩爾溫江分水嶺——也就是後來為世人所知的「麥克馬洪線」(McMahon Line)——全長八百五十英里的中英國界，惟真正拱著這場會議前進的力量，其實是英國想要趁著清朝覆滅，將其衍生出的政治洗牌與領土變化，弄成白紙黑字的既成事實。隨著中國對拉薩的掌控力斷絕，英國再一次在政策上見風轉舵，承認了圖博是一個獨立國家。白廳持續承認中國對於圖博的宗主權，但拒絕接受中國有權介入這個小老弟的內政。針對其自身的獨立地位，與會的圖博盼望著西姆拉能正式給予承認；在此同時，英國不改初衷地希望能在英屬印度的北境確立受到實質保護的緩衝區；相對於此，中國出席的目的是要收復西藏失土。當中國發現這樣的心願是緣木求魚後，其代表團便拒絕了條約的批准。但這並不妨礙圖博與英國將三方談判改為雙向談判，並達成最後的結論，讓中國在圖博問題上淪為旁觀的路人。

按照簽署於一九一四年四月二十七日的《西姆拉條約》最終版本內容，圖博政府將把與不丹東部接壤的一小塊畸零領土割讓給英屬印度。更重要的是，他們同意將國家分割為「內藏」與「外藏」。這是個把圖博一分為二，由此讓圖博人至今都耿耿於懷的決定。出於外交上的考量，條約中沒有隻字片語提到軍火的事情，但合約簽訂後不到兩週，印度政府就向拉薩輸出了五千支步槍與五十萬發彈藥，而這還沒算後來補強的第二批共二十萬發子彈。相隔三個月後，歐戰爆發。

隨著歐洲危機的警報聲大作，圖博也從英國的心思裡消失無蹤，而這無可避免地又為中國提供了一個插手圖博的開口。暴力爆發在康區（Kham）如星火翻飛，而到了一九一八年初，圖博與中國展開了雖屬零星但十分公開的軍事衝突，圖博人於此時前進到昌都（Chambo），占領了長江以西的所有土地。印度政府於此時送了五十萬發彈藥給圖博自衛，但由於為法國戰事忙得不可開交，又不想與中國交惡，加上若有機會，能設法解除危機仍是他們的第一志願，英國人拒絕了圖博希望能獲得額外軍火的要求，尤其是查爾斯・貝爾說英國答應過要提供給圖博的機槍。英國確實有想要派一名武官進駐拉薩，就算是讓中國有所忌憚也好，但圖博當局完全不領這個情。到了一九二〇年夏天，就在霍華－貝瑞與貝爾見面的同時，事情來到了即將要一翻兩瞪眼的關口。英國人在武器輸出上的食言而肥，讓拉薩保守派的疑心病更加升高，須知對於親西方的達賴喇嘛以追求現代化的方式治理國家，他們原本即頗有微詞。這麼一來，達賴喇嘛在採取必要措施來保護子民的時候，遇到的阻力又更多了，並且圖博也在此刻打開了門縫，開始感受到中國的影響力。

霍華－貝瑞在九月二日給榮赫鵬的信裡如是說：

貝爾告訴我，就政治上而言，我們與圖博的關係處於十年來的最低點……他們又開始朝著中國轉向，主要是他們說我們光說不練，承諾的事情都無法實現。我完全同意這樣的看法。之前把長槍交給人家的是我們，如今圖博的子彈打完了，對人家相應不理還理由一堆的也是我們。達賴喇嘛依舊是我們的老朋友，但他的輔臣都形同跳槽到中國那邊了。甚至連該把中國當假想敵的那一名統兵的將軍，現在都已然採取了傾中的立場。貝爾剛私下從達賴喇嘛處得知這樣的情形，由此他已經發電報向印度政府請假，希望能在去職前見殿下一面，而我想他應該能夠獲得印度政府放行。

事實上已退休的貝爾特地在一九一九年底重出江湖，目的就是要助達賴喇嘛一臂之力。一九二〇年的整個夏天與初秋，就在霍華－貝瑞延續著勘察之旅，並沿諾艾爾在一九一三年走過的老路於提斯塔河谷中前進了一個月，然後也同樣在那兒獲得了聖母峰驚鴻一瞥之獎賞的同時，貝爾焦急地等待著西姆拉與拉薩的回應。雖然急切想要抵達圖博的首都，但按照他對霍華－貝瑞說過的話，貝爾並不想空著手前往。他並不打算在對圖博人又一次的背叛中軋上一角。

時間來到十月中，霍華－貝瑞在會晤了錫金的大君後，回到了大吉嶺，並在大吉嶺接受孟加拉總督朗諾薛爵士（Lord Ronaldshay）的接待。霍華－貝瑞的旅程已經接近盡頭，而他實在一點都不確定自己究竟收穫了什麼。十月十三日，他寫信給榮赫鵬說：「我十一月二十日從孟買搭皇家郵輪印度皇帝號（*Kaesar-i-hind*）出航，預計十二月四日會抵達馬賽港。這裡的朗諾薛爵士會在各方面幫助我們，其他地方官員也是一樣。錫金大君會盡其所能提供我們協助，同時在亞東與江孜的貿易代表麥當諾也有機會管上大用。」但他也補充說：「只要貝爾在任的一天，我們就無計可施，惟我正在調查誰會成為他的繼任者。」

霍華－貝瑞並沒有不喜歡貝爾。相反地，他對貝爾的認識愈深，欽佩之情也隨之油然而生。他的挫折感不是針對貝爾個人，而是牽扯到任務本身。通往聖母峰之路繫於達賴喇嘛殿下，而通往達賴喇嘛之路又繫於查爾斯．貝爾一人，但除非圖博人能拿到他們迫切需要的彈藥與武器，否則貝爾就堅持不願意單方面向圖博討人情。這種做人做事該有的原則與立場，其實霍華－貝瑞內心既贊同也尊重，問題是這不利於他對於聖母峰的追求。

十月二十八日，他又寫了封信給榮赫鵬，而這次信裡終於有了驚人的好消息：貝爾已獲准前往拉薩與達賴喇嘛會商，但就霍華－貝瑞所知，外交部並未在圖博的軍火要求上退讓，所以貝爾會得到何種接待，實在很難講；惟無論如何，這都是外交上一次不容小覷的突破。「所以現在就要看貝爾如何在達賴喇嘛面前說明一切，而我們也只能等著殿下的答案揭曉，而那可能會是幾個月之後的事了。」

貝爾等待了十年，才終於在十月十五日等到西姆拉通過他希望接到的命令。但這漫長的等待是值得的，因為他將成為歷史上在圖博政府的正式邀請下，率團前往拜訪的歐洲第一人。他小心翼翼地計畫著行程，希望交通工具的安排能讓他們在十一月十七日進入聖城，因為他知道那一天是藏曆上的良辰吉日。

一九二〇年的十二月十日，抵達拉薩還不到一個月的貝爾發了電報給印度政府的外交大臣。這封電報在十二月十三日傳抵德里。兩天之後，印度總督又將電報內容傳達給了在倫敦的印度事務部。然後在十二月二十日，榮赫鵬收到了一封私信發自約翰・艾弗林・夏克伯格（J. E. Shuckburgh），印度事務部的政務次長（political secretary）。

「我親愛的法蘭西斯爵士，」夏克伯格寫道，「你應該會有興趣知道我們剛剛收到了一封總督的電報，當中提到了這樣的訊息：『貝爾拍來電報說他已經向達賴喇嘛殿下說明了探險隊的目標，乃至於行經圖博疆域的必要性，由此他已經取得了圖博政府的同意。』我們自然會另行就此正式行文給您，但在此同時，我希望在第一時間讓您個人掌握事情的最新發展。人的障礙——您近期提到過會讓人綁手綁腳之事——已經開始雲破天開！」

一九二〇年的聖誕夜，人在拉薩的貝爾坐定撰寫要直接向榮赫鵬進行解釋的信函，當中他提到了霍華－貝瑞的來訪。「在當時，我反對探險隊途經圖博是裡所當然。」他這麼告訴榮赫鵬。「但當我來到拉薩，並與我的圖博朋友進行過私下的交流之後，狀況便有了轉變。由此我深感榮幸能夠取得達賴喇嘛的准許，進而（字跡無法閱讀）了這次探險，讓這項計畫可以在皇家地理學會的認同與支持下啟動執行。查爾斯．阿弗列．貝爾敬上。」

貝爾在信中提到有了變化的究竟是何種狀況，現已無從得知。貝爾那次在拉薩逗留了將近一年。那是個凶險的時期，他隨時都會遭遇生命危險。他對於圖博軍方的支持，對寺院勢力而言不啻是一種威脅，而在默朗欽波（Monlam Chenmo），也就是祈願大法會的期間，拉薩街頭赫然出現說要暗殺他的牌子與標語，所幸他有達賴喇嘛十三世的保護與庇蔭，而達賴殿下也私下希望他能在圖博首都度過一九二〇年的漫漫寒冬。貝爾一開始自印度政府接獲的命令，是要求他絕對不得在口頭上對圖博承諾軍火，但在他離開拉薩之前的一九二一年十月，貝爾顯然達成了不可能的任務：讓英國在政策上一百八十度大轉彎，以透過雙方協議的方式讓圖博獲得武器、彈藥、人員訓練與技術協助。英國的軍火在一九二二年抵達了圖博：山砲、路易斯式機槍、一萬支李—恩菲爾德式步槍，還有數十萬發彈藥——加總起來成為了現代軍事力量的基礎。英國獲准攻頂聖母峰一事，無疑只是在一宗極其宏大而複雜的外交壯舉裡，有如冰山一角的小小一部分，而這宗外交成就又是靠著查爾斯・貝爾的想像力與執行力，才得以化身為一筆由英國提供的軍售，進而讓圖博有機會以此換得國家的自由。

4

辛克斯的操盤

Hinks's Watch

圖博核准了聖母峰探險的消息，在一九二一年一月十一日的上午傳遍了倫敦，主要是前一晚，榮赫鵬爵士已經在皇家地理學會的一場會議上作出了正式的宣布。新聞界在約翰．布坎的巧手安排下，表現也沒有令人失望。英國從利物浦到格拉斯哥，再從普利茅斯到愛丁堡的眾家日報，統統都將這個故事刊成了頭條。但報社只能為蓄勢待發的冒險吹響號角，真正讓這次挑戰的規模能銳利地在英國社會的視線中聚焦，還是得靠英國登山界裡那些名號響亮的領袖級人物。

幾個禮拜前，在查爾斯．布魯斯將軍於風神音樂廳的演講之後，甚具聲望的喜瑪拉雅登山者馬丁．康威爵士提出了一份潑人冷水的評估報告，他要《每日紀事報》（*Daily Chronicle*）的讀者別光被這股熱潮沖昏頭，而忘記了他們對聖母峰一無所知。曾經抵達過聖母峰山腳下的歐洲人數，是零；經繪製完成的入山路徑數，也是零。此外不論是聖母峰的結構、其冰層與積雪的特性、其側影與地形，乃至於聖母峰從其令人敬畏的雄渾主體，一直到那慢慢收細，氣勢磅礡的高聳山脊，究竟是由什麼樣的岩層一道道疊起，都沒有人能夠一錘定音地真正確定。一週之後，康威更是在接受《觀察家報》訪問時把話挑得更明。他說在聖母峰的高坡上，合理的預期是沒有人能一天垂直上升超過兩千英尺，而這便意味著高地營，必須整裝建立在兩萬五千與兩萬七千英尺處，而光是這樣的高度，現在都還沒有人類曾經爬到過，更不用說在上頭過夜了。在他說這話的當時，人類登山的高度紀錄是由阿布魯茲公爵所保持，一口氣在喀喇崑崙山突破了兩萬四千六百英尺的位置，而高地營的海拔紀錄則是一九一三年由查爾斯・弗朗西斯・米德在卡美特峰創下的二三四二〇英尺。在這樣的紀錄上再往上走會發生什麼事情，對全人類來說都是個謎。話說在十九世紀一場慘烈的實驗裡，法國氣象學者加斯東・提桑迪耶（Gaston Tissandier）曾利用熱氣球驟升，結果在兩萬六千五百英尺處昏厥過去。等他醒來的時候，自己已經失去了聽覺，隨行的兩名旅伴更已一命嗚呼。在戰時，飛機駕駛一般會在爬升到一萬八千英尺時戴上氧氣面罩，而他們回報說在兩萬英尺以上缺氧，會產生嚴重的不適狀況。「高度適應」可以讓缺氧的效應部分減緩，但不管怎麼說只要來到兩萬五千英尺以上的世界，那就是一個嚴峻與神祕程度幾乎不下於月球表面的環境。「想要爬上聖母峰的人類，」《每日郵報》引用湖區凱西克（Keswick）知名登山家喬治・亞伯拉罕（George Abraham）的話預言說，「必須能在未接受訓練的狀況下以一定的速度跑上白朗峰的最後三百英尺。」事實上這話要說得更清楚一點，《每日郵報》可以補充說白朗峰山頂的空氣含氧量只有海平面處的三分之一。

一月十二日，榮赫鵬爵士召集了聖母峰委員會的第一場正式會議，其間代表英國山岳會出席的是理事長波西・法拉爾，外加俱樂部裡兩名赫赫有名的登山家，諾曼・柯利與查爾斯・弗朗西斯・米德。皇家地理學會與會的則有榮赫鵬本人、一名E・M・傑克上校（Colonel E. M. Jack），外加艾德華・索莫斯・考克（Edward Somers-Cock），一名被任命為榮譽司庫的銀行家。眾人達成的共識是以聖母峰做為終極目標，由此他們也將鎖定聖母峰進行初步的偵察。第一年的工作重點會放在確立入山之路的首選。如果時間與條件允許，那偵察隊也被鼓勵獲准挑戰攀爬的極限，但前提仍是聖母峰得先獲得徹底的勘察，最可行的攻頂路線也要先獲得判定。

無可避免地，委員會的兩大勢力對這項決議各擁不同的解讀。對英國山岳會來說，他們一心只是想爬上山去而已，但皇家地理學會則肩負著更大的使命，這包括他們得把對山脈兩側未知之地的探索、測定與地圖繪製統統搞定。在榮赫鵬的堅持下，探險隊的陣容會納入召募自印度調查局的地形測定與地圖繪製專家，包含一名來自印度地質調查局（Geological Survey of India）的一名地質學者，還有一個負責為動植物造冊的博物學者。委員會最初的運作包括了兩名榮譽祕書長的任命，他們各是隸屬於皇家地理學會的亞瑟・辛克斯與代表英國山岳會的伊頓（J. E. C. Eaton）。而甫一上任，辛克斯就在榮赫鵬的默許下獨攬了幾乎一切的行政權力，此舉一來架空了伊頓，二者也甚至讓法拉爾的施展空間相形失色。嚴格來說法拉爾並不好惹，說起權力鬥爭，他也是個難纏而可敬的對手，但最終在歷經了與辛克斯的幾輪廝殺之後，法拉爾黯然敗下陣來，並於一九二二年從委員會中去職。

亞瑟・辛克斯是個複雜而難搞的男人。身為皇家學會（Royal Society）[1]的會士（fellow），辛克斯是名冰雪聰明的數學家與學術級的地圖繪製家，地圖投影的世界級權威。但這樣的他卻很諷刺地對探險毫無興趣，探險生涯的親身經歷也趨近於零。在於一九一三年加入皇家地理學會之前，他生涯大部分的時候都大門不出二門不邁地待在劍橋，擔任著劍橋（大學）天文台的團隊一員，並在那兒計算著月球的質量。一八七三年生的辛克斯鄙視現代化一事，就彷彿老一輩看不慣年輕人似的。「電話的存在是一種嚴重的錯誤。」他語重心長地對布魯斯將軍說。「快跟這種東西分手才是上策。天塌下來我也不會讓這種東西進我的家門。」脾氣糟、度量小、嘴巴尖酸不討好，辛克斯這人除了說話不懂得拿捏分寸，做事不懂得顧及輕重以外，還非常地小氣跟剛愎自用。自戀的他覺得自己是個天才，也總是認定自己的意見與智慧無懈可擊。看他的信，你會發現這人是個囚犯，他總是無法從狗眼看人低與見人就有氣的心情中逃脫出來

但這樣的一個人，工作起來卻又極其賣命、仔細、一絲不苟，完美示範了什麼叫做官僚對於流程控管的執著。從一開頭，辛克斯就像導演一樣把每個探險籌備的環節都掐在手中，從資金的籌募、人才的召集，乃至於補給的採買與裝備的設計。不論是取道印度的相對成本高低、

巧克力該買什麼品牌為宜、高海拔用爐具的工程設計、相機的改裝、燃料的供應、裝高壓氧的鋼瓶、攀爬高山用的靴子、濾除陽光的護目鏡、在高海拔沖洗底片跟印刷相片用的化學藥劑，再小的細節他都不會看走了眼，都在真正意義上做到了鉅細靡遺。他像編舞一樣排好了探險隊與新聞媒體間的大小互動，監督了所有交通行程安排，談好了探險報告的出版、紀錄片的發行、照片與植物標本的販售、地圖的繪製，最後還敲定了國際巡迴演講的時間地點，讓外界對聖母峰探險的興致能夠長時間不冷卻。這每一項決定、每一次衝突、每一場辯論、每一筆爭議，都得通過他的辦公桌；雖說他始終沒有離開過倫敦半步，但辛克斯無疑是聖母峰大計的樞紐，也是讓千絲萬縷得以纏成一股繩的線軸。他經手的書信往來，在皇家地理協會的檔案庫裡放滿大約四十個箱子，內含眾多檔案。他的人緣差到談不上有什麼人緣，喜歡他的人幾乎沒有，但要是少了他暴躁而不屈不撓的個性，探險隊恐怕根本踏不出第一步。

在正式榮陞為祕書長之前，辛克斯早已開始在幕後運作，設法招兵買馬，延攬各路英雄了。早在一九二〇年的十二月三十日，他就寫信給了當時正派駐在肯特郡海斯（Hythe）小型輕

1 全名為「倫敦皇家自然知識促進學會的會長、理事會及會士」(The President, Council, and Fellows of the Royal Society of London for Improving Natural Knowledge）簡稱「皇家學會」。成立於一六六〇年的皇家學會旨在於促進自然科學發展，目前為是全球歷史最為悠久且未曾中斷過的科學學會，有等同於英國中央研究院的地位。

兵器教練軍（Small Arms School Corps）中的約翰・諾艾爾。諾艾爾接受了他的邀請，但也提醒英國陸軍部不見得會准假放人。事實證明他的擔心是對的，陸軍部還真的不讓他走。一年之後，諾艾爾會為了參與一九二二年的第二次探險選擇放棄軍階。湯姆・隆斯塔夫不費吹灰之力在印度度過了一戰歲月，因為當時他隸屬於印度的吉爾吉特童子軍，直到一九一七年的十月，他才因為太陽穴被馬球集中而因傷送回英國。他因為知道自己不想真的去當一名醫生，所以便自請加入探險隊擔任醫官，但他也得等到一九二二年，才能真正加入探險的行列。在一次尷尬的插曲裡，身為聖母峰委員會成員的諾曼・柯利自告奮勇地希望能被納為探險隊的一員。他當時已經六十有二。話說這樣的提案能夠搬上檯面，證明了當時大家對圖博環境有多凶險的理解有多粗淺。不過最後他的提議還是委婉地遭到拒絕。約翰・德・瓦爾斯・海澤（John de Vars Hazard）是亞歷山大・凱拉斯曾在一九二〇年邀請前往卡美特山的專業登山者，自一九一九年起就追著辛克斯問聖母峰計畫的消息，不過到了最後，他還是在申請入隊時踢到了鐵板，原因是他在背上與一邊的大腿上都有開放性的傷口，而那都是在索姆河之役所留下，劇痛永遠無法痊癒的創傷。這位約翰・「傑克」・海澤（John “Jack” Hazard）要等到一九二四年才有機會在探險隊中一展身手，而事實證明雖然他的疼痛從未離身，但他最高還是來到了聖母峰的北坳。

任務正式對外發表後不過短短幾天，辛克斯都還在從已成名的英國登山家中精挑細選，各路英雄豪傑就迫不急待地開始毛遂自薦。信件如雪片般湧入皇家地理學會。從美國的德州，學會收到一封信裡有某個名叫威廉．羅素．布拉德福特（William Russell Bradford）的人，提及他內心有聖火熊熊燃起。他說那是他內心一股從未辜負過他的力量。另外他還強調自己在會騎馬之餘也善於射擊。另外一封從次大陸寄來的信件出自充滿雄心壯志的印度警員之手，他說他精通常體與敬體的藏語、尼泊爾語與孟加拉語。一名受雇於巴克萊銀行的皇家地理學會會士自陳，多才多藝的他會速記、打字，另外要駕駛車輛或應對「各部族的土著」也難他不倒。大部分的應徵者都在軍中服役過。一封動人肺腑的自薦寄自某位名叫凡津伯格（F. Vankinburgh）的人士，他說他曾經在加里波利身負重傷，又差點死在被魚雷命中的醫療船上。「我在埃及、巴勒斯坦與敘利亞的大小戰事中無役不與，」他寫道，「我現年二十四歲。自從一九一九年三月被解除動員後，我一直在倉庫裡工作，而那讓我有一種窒息的感受。我老是會回想起沙漠的開闊，我說什麼也要想辦法重新出國。」伯明罕的萊諾．梅森（Lionel Mason）則在信裡單押一個賣點：這人曾經從一九一四年十一月到一九一九年四月間服役於前線，而在這麼長的時間裡，他僅僅在醫院裡待過一星期。他認為這證明了自己兼具強悍的身體與無敵的好運，至於從來沒有爬過山的履歷缺陷，很顯然他認為那根本不是此處的重點。

不過在這麼些參與海選的人員當中，最令人意想不到的還得算是從南極探險失利回歸的兩名老將了。厄尼斯特・喬伊斯（Ernest Joyce）曾經追隨過羅伯・法爾肯・史考特（Robert Falcon Scott）與薛克頓這兩名英國南極探險隊隊長，而且他寄來的申請書裡還有克萊門特・馬克漢姆爵士（Sir Clement Markham）的親筆推薦。馬克漢姆爵士何許人也？他是皇家地理學會的前會長，也是英國極地探險的知名贊助人。一九一五年，喬伊斯曾經從南極的羅斯海（Ross Sea）出發去為薛克頓探險隊建立空投補給的中繼站。薛克頓的探險隊預計要以途經極點的方式穿越南極大陸。從母船極光號（*Aurora*）被派出去的喬伊斯率領一群孤軍，在六個月當中步行了一千八百英里，艱辛地穿過冰天雪地，有時候拚命走了十五個小時，也不過只推進了寥寥兩英里。在壞血病的摧殘與譫妄的折磨下，他們有三名弟兄失去了生命。靠生海豹肉撐著的喬伊斯使盡渾身的耐性，等待著一直沒有出現，也永遠不會出現的探險隊。有兩年的時間，他徹底被困在了南極的一隅，斷絕了所有與外界的通訊，也渾然不知自己冒著生命危險要為其提供補給的探險隊，究竟遭遇了什麼樣的命運。

薛克頓從倫敦出航那天是一九一四年八月一日，也就是德國向俄國宣戰的同一天。出於責任感，他主動提出要放棄任務，返航回到英國，但卻遭到邱吉爾本人的勸阻。邱吉爾以當時第一海軍大臣的身分，發了一封電報給他，上頭只有一個字：Proceed（繼續前進）。一九一五年一月十八日，在肉眼已經可以看到陸地之際，薛克頓的堅忍號在威德爾海擱淺，然後一行人就先在嚴寒中被凍結了九個月動彈不得，最後才被一群流冰擊中。船上的組員在大片的浮冰上紮營，然後就此再漂流了五個半月才進入開放水域，來到了象島（Elephant Island）這個距離最近的救援點——英屬南喬治亞（South Georgia）——都還有八百英里遠的岩礁。薛克頓在一趟壯絕的航程中，偕五名組員搭露天的小船出發求援，最後在嚴冬中的大海裡飄盪了十七天之後，他們終於沖刷上了南喬治亞的海岸獲救。一九一六年五月二十日終於抵達某個捕鯨站後，他們才得知肆虐歐洲的大戰還沒打完。在休養生息了短短三天之後，薛克頓便出發返航要去營救隊員。由於再三被不利的天候給逼退，他一直到第四次嘗試才成功登陸象島，而此時距離他出發求救已經整整十八週，所幸隊員們全員獲救。一九一七年的一月，在一次獨立的任務中，薛克頓在羅斯海岸邊救下了喬伊斯。

在象島獲救的其中一名組員是希奧多·歐德—李斯（Theodore Orde-Lees）。歐德—李斯鍥而不捨地致函辛克斯，希望能在聖母峰探險隊裡爭取到一席之地。他提到自己保持著一個紀錄是曾「從飛機上跳傘成功七十三次」，並在一封標記時間為一九二一年一月二十六日的信裡附上了一張機密照，上頭拍下的是他在打開降落傘前呈現自由落體的畫面。因為他認為聖母峰不可能在沒有額外氧氣供應的狀態下被攻克——這個想法肯定會惹毛做為登山基本教義派的辛克斯——歐德—李斯於是勾勒出一個方案是要空投高壓氧氣瓶。當發現這封信沒有得到正面回應後，歐德—李斯在一九二一年六月十四日的最後一封信裡說道：「我今年四十二歲，出身馬爾堡公學，從軍二十年，並偕薛克頓踏上了他的最後一趟探險。當時我在浮冰上撐了半年，在冰雪覆蓋的沙漠上把船當成避難之所，又活了四個半月，期間我幾乎沒有得吃，並在長達十個半月的時間裡沒有把衣服脫下來過，更別說洗過。換句話說，沒有我不能吃的苦頭。且個性雖然有點玩世不恭，但我仍下定決心不在這次任務中爆對上帝不敬的粗口。結果最後我不但說到做到，甚至控制住了脾氣，根本沒有發火。」

如果連像喬伊斯跟歐德—李斯這樣的信，都對辛克斯起不了作用，那你就可以想像他會如何回應由印度事務部所轉來，一封出自奧地利人之手的信。話說寫這封信的不是普通的奧地利人，而是一個在整場大戰中為德國效力過的軍官。一九二一年九月二十三日，辛克斯尖酸地回應了印度事務部政務次長萊納德．威克利（Leonard Wakely），因為正是威克利的辦公室轉來了這封申請書：「對於您在九月十七日來信詢問我們將如何回應萊契納先生（Herr Lechner，辛克斯特意在英文裡用上德文的先生稱謂Herr）的申請，我要在此致上謝忱，並藉此向您報告我已於本日正式行文給他，表示了我認為探險任務不存在延聘他的可能性。我迄今已經將來自前敵人想參加英國探險隊的每一份申請書，統統逕自送進廢紙簍。」

這支探險隊必須是英國的探險隊，這是辛克斯寸步不移的底線，而這樣的信念也使得法拉爾無法一償宿願，組成集國際登山菁英於一處的「夢幻隊」，如瑞士地圖繪製暨地理調查大家馬歇爾．庫爾茲（Marcel Kurz）就因此成為了遺珠。排除所有的外國人，包括手上並未沾染戰爭鮮血的那些人，成為了聖母峰委員會背書的官方立場，但這也從根本上讓探險隊的組成遭遇了困境。如湯姆．隆斯塔夫在給《登山手札》編輯席尼．史賓瑟（Sydney Spencer）一封措辭低調的信件裡所說：「因為戰爭的緣故，造成年輕登山好手的供應不若以往。」

而或許正是因為體能與心態都符合條件的人才庫規模不足，才導致了像哈洛．瑞彭（Harold Raeburn）這樣魯莽的蘇格蘭浪子被選進來濫竽充數。其實由瑞彭來率領這次的登山隊，表面上看起來其實並沒有不合理之處。做為一個熱中於獵鳥，且從小攀爬臨海峭壁長大的蘇格蘭子弟，瑞彭在登山界的聲譽卓著，而且還剛出版了深受好評的《登山之藝術》（*Mountaineering Art*）一書。不愛靠嚮導且經常隻身一人入山的瑞彭，是在本尼維斯山（Ben Nevis）走出諸多山徑的先驅，並在阿爾卑斯山與喜馬拉雅山區都累積過令人折服的攀登實績，更別說他不下九次在高加索山區完成首次登頂的壯舉。惟總歸一句歲月不饒人，已經五十六歲的他依馬洛里的形容，是個巔峰已過，「乖僻粗魯的老人家」。同時在蘇格蘭某山壁上狠狠摔過一次之後，他的勇氣與膽識都已經蕩然無存。他苦於久久不癒的腹痛，極有可能是罹患了沒被診斷出來的胃潰瘍或十二指腸潰瘍。他的脾氣就像個暴君，而且非常玻璃心，別人的話他基本聽不進去。另外他的幽默感是零，行事也一點都不冷靜。事實證明他最後雖然會在第一次聖母峰探險中存活下來，但經此折騰也讓他整個人被逼瘋。內心殘破不堪的他在幻覺中深信自己是得為凱拉斯之死負責的殺人兇手，瑞彭最後陷入了譫妄，一九二六年以六十一歲的年齡撒手人寰。

能夠不分偵察與攀登任務，同時統領整支探險隊的領導者，其實有一個顯而易見的人選，那就是早自一八九三年就在心中留了位子給聖母峰，同年還跟榮赫鵬在吉德拉爾的馬球場上第一次論及聖母峰的查爾斯·布魯斯。一九二〇年十一月八日，布魯斯將軍在風神音樂廳對皇家地理學會發表了演講。這場由他回顧了聖母峰相關歷史與前方挑戰的演說，在倫敦與全國性報紙上獲得了廣泛的報導，後來還於一九二一年一月，也就是聖母峰探險在如火如荼地組隊的期間，全文照登在皇家地理學會的會刊《地理學報》(*Geographical Journal*)上。最早在一九二〇年的十一月十二日，威爾斯的《西部郵報》(*Western Mail*)就曾報導過布魯斯將軍已正式獲選為聖母峰攻頂的隊長。

但對布魯斯沒有什麼愛的辛克斯顯然另有打算。探險將成行的消息剛發布沒幾天，辛克斯就代表聖母峰委員會就擔任探險隊隊長一事徵詢了查爾斯·霍華－貝瑞的意願。一九二一年一月二十一日，霍華－貝瑞從在愛爾蘭的宅邸中致書回覆，並在信中接受了此一邀約，惟他也在信中隱約提及了地方上的政治紛擾。他口中的政治紛擾會在幾個月後讓他母親名下的一處宅邸化為灰燼，而他在信裡的說法則是「我這兒大致上還算平靜，但每一天都有種過一天算一天，不知道明天會發生什麼事情的感覺」。相隔一週，霍華－貝瑞第二次致函聖母峰委員會，並在信中很大氣地建請讓布魯斯擔任一九二二年的探險隊領袖，因為「一旦我們認真地要嘗試爬上聖母峰的時刻來臨，由實至名歸的布魯斯來領軍才是正確的決定」。

霍華－貝瑞獲得任命的消息於一月二十四日正式公開。布魯斯將軍據說因為剛接下了葛拉摩根郡領土協會（Glamorganshire Territorial Association）的任命而分身乏術。這種說法感覺就像在粉飾太平，十分啟人疑竇。一九二〇年的夏天，布魯斯在辭去職務後正式從軍中退役，而他在領土協會的新工作與其說是軍事上的職務調動，還不如說是英屬印度陸軍軍官在回到英格蘭養老時，非常典型的那種象徵性派任。要說這種酬庸性質的閒差會讓布魯斯因為無法請假而抽不開身，實在有點匪夷所思，事實上在一九二二年，他也確實證明了領土協會並非沒他不行。實情是，聖母峰協會覺得霍華－貝瑞是比較好的隊長人選，辛克斯在一月二十二日寄到外交部給約翰．艾弗林．夏克伯格爵士的信裡提出了以下的理由：「探險隊會在星期一晚上公告隊長人選定為霍華－貝瑞上校。其人經過去年代表我們進行了成功的任務之後，已經為印度政府跟在地的圖博居民所熟知。我認為印度事務大臣應該會因為有他統括探險任務的裡裡外外而感到放心，因為對於我們與印度政府或與達賴喇嘛的關係，他應該都能把事情處理到服服貼貼、賓主盡歡。」

霍華－貝瑞憑著實績，拿到了探險隊長這項任務背後所代表的肯定，同時在與查爾斯．貝爾等印度政府要員建立起關係之後，他也已經具備了探險任務所需的外交手腕與交涉能力。在面對敏感事務時所需的分寸拿捏、機智謀略，還有低調謹慎，都難言是布魯斯將軍個性中最突出的部分。另外就是外界對將軍的體能狀況也有揮之不去的質疑。十一月八日，在皇家地理學會辦於風神音樂廳的例會尾聲，榮赫鵬一邊讚揚了布魯斯的報告，一邊也要在座的大家別忘了布魯斯在戰爭中可圈可點的英勇事蹟：「各位可能多數都耳聞過在加里波利戰役中，他被認為有一夫當關之勇。光是他一個人的存在，就被認為有不下一整個旅的震懾力。」但在戰爭中如此搏命，也正好成了一個問題：這樣在戰鬥中九死一生過的布魯斯，不要說還能不能沿著聖母峰山麓往上爬，就連他還能不能走路，都是一個謎團。

查爾斯．布魯斯是在印度探險時前往拉達克的半路上，聽聞了歐戰的爆發。一九一四年十一月，布魯斯與其所部之第六廓爾喀步槍兵團第一營正在埃及奉命保護堪稱印度生命線的蘇伊士運河，還有美索不達米亞平原上的油田。原本他們面對的是一場安靜的戰事。有五個月的時間，弟兄們主要是因為打橄欖球、爬金字塔，或是跟指揮官摔角而受傷，被土耳其敵軍所傷反而少。但時間來到一九一五年的春天，事情開始有了變化。

無邊無際的戰爭陰影，於此時開始飄上了英國的頭頂。有個人在筆下寫到他一想到將軍們「很樂於用英勇士兵的胸膛去對抗掃射的機關槍」，渾身就禁不住發冷顫抖。他的身分是第一海軍大臣，名曰溫斯頓．邱吉爾。身為國會議員的邱吉爾拒絕對壕溝中的現實狀況視而不見：「我每天都在國會裡捫心自問，當我們坐在這裡，當我們離開去用晚餐，或當我們回家就寢的時候，外頭正同時在發生著什麼事情？每二十四個小時就有將近一千人——英格蘭人、英國人、我們的同胞們——被染血的布匹包成一綑綑送進草率的土壙或送上野戰救護車。」他排斥歐戰必須要在法國的陸戰中贏下來的觀念，並進而提出了戰略上的替代方案。他主張利用海軍痛擊敵營最弱的一環，大膽地向達達尼爾海峽用兵，進而拿下君士坦丁堡，將土耳其擊倒後逐出戰線，最後為嗷嗷待哺的俄羅斯打通博斯普魯斯海峽，拉出一條地中海延伸到黑海的補給線。

這是一個十分凶險的計畫。達達尼爾海峽西邊盤踞著加里波利半島的乾燥山坡，東邊則閃耀著安納托利亞山脈的鋒芒。將歐亞兩洲一分為二的達達尼爾海峽從愛琴海到馬摩拉海總長四十一英里，最窄之處僅有一英里。海峽兩岸排滿了土耳其的砲陣地，通行的航路更是水雷滿布。

一九一五年三月十八日，一支有十艘主力艦的協約國艦隊在掃雷艇與巡洋艦的護衛下，駛入了烽火的漩渦中。短短幾個小時內，英國就有三艘戰艦遭摧毀，還有一艘遭到重創，共計七百人陣亡。法國布威號（*Bouvet*）無畏艦在爆炸後的三分鐘內沉沒。眼看著不好再讓艦隊暴露在持續的戰損中，英方選擇換個方式來讓土耳其的炮火閉嘴。他們決定從西邊走海路突襲加里波利半島，而這也創下了一戰當時僅見規模最浩大的兩棲作戰。

惟這次的突襲可以說是出師不利。英國的人員與物資在組織調度上多有闕漏而不夠周詳之處，以至於整支部隊被迫在埃及登岸來重整裝備與補給。亞歷山大與塞得港的每一名碼頭工人都知道詳細到以日計算的進攻時間表，更別說諜影幢幢的開羅，有土耳其跟德國特務會把大大小小的動靜都回報到柏林。英軍指揮官伊恩・漢彌爾頓爵士（Sir Ian Hamilton）靠三樣東西擬定了他的作戰方略：兩本旅遊導覽、一張過時已久的地圖，還有一本一九〇五年出版的土耳其軍教科書。對土耳其戰力的不屑被他拿來宣揚，由此他並未預期到太強的抵抗。他一開始的想法，是能在三天內把加里波利半島的下半部拿下。

四月二十五日，英軍第二十九師在澳大利亞與紐西蘭聯合軍團共三萬兵力的支援下，於加里波利半島南邊的海勒斯角（Cape Helles）登陸，但土耳其軍早就好整以暇地在那兒等著。澳紐軍團一上岸所面對的，不是原本說好的緩升海灘，而是被峭壁包圍的內灣，外加連番掃射過來的土耳其機槍子彈，滿載著屍體的攻擊艇就這樣連續數日飄滿了海灣。在澳紐軍團登岸處南邊的一個海灘上，愛爾蘭部隊的兩千名士兵在擁擠的克萊德河號（*River Clyde*）煤船甲板上遭到猛烈射擊，眾人情急之下只好跳水逃命，但還是逃不過被槍彈屠殺的噩運。按一名土耳其軍官所寫，愛爾蘭士兵死得就像被獵捕的魚群。死去的愛爾蘭人在海灘上連成一條密不透風的線，後續的英軍得跨過他們的屍體才能上到岸邊。

第一波登陸的三天之後，查爾斯·布魯斯與第六廓爾喀兵團的第一營趁著午夜剛過，在克萊德河號的殘骸掩護下來到了塞迪爾巴希爾（Sedd el Bahr）的岸上，目的是要增援第二十九印度旅這支協約國戰列中僅有的後備部隊。就在他們登岸的同時，夜空閃耀出英軍戰艦轟擊土耳其據點的炮火。內陸一英里處有激烈的炮火反擊，預示了土耳其不分日夜延續到五月六日的一系列正面還擊。在五月六日這天，英軍再一次發動了徒勞無功的攻勢，結果只是讓雙方都精疲力竭。英軍左側仍舊矗立著三百英尺高的斷崖天險，易守難攻但又不能不攻。五月八日與五月九日，由皇家芒斯特燧槍兵團與皇家都柏林燧槍兵團所發動的兩次攻勢均以悲劇收場。五月九日晚間，布魯斯與第六廓爾喀步槍兵團的第一營進駐前線，而他們接獲的命令是要在五月十二日黃昏發動新一波攻勢。他們好不容易在機槍炮火的掃射下通過縱谷，拚死來到峭壁的底部，卻又被土耳其的反擊狠狠逼退而且死傷慘重。從這一刻起有十天的時間，廓爾喀士兵蜷伏在壕溝裡與敵人對峙，雙方相距不過寥寥數碼的距離。然後在五月二十二日，土耳其軍向英軍陣線發動了衝鋒，激烈的肉搏戰讓雙方數以百計的士兵陣亡，最後只能曝屍在太陽下變得腫脹。不論是英軍抓到土耳其人，還是土耳其人抓到英國人，雙方的政策都是殺無赦。在滿布著塵埃，並混雜瀰漫著百里香與科代火藥氣味的溝壑之間，傷者的痛苦如噩夢般縈繞在倖存者的心裡面。

五月二十七日，戰士們一醒來便發現英軍艦隊已經棄守了加里波利，改到較為安全的地點下錨。同一天早上，廓爾喀兵團拿下了英軍戰線至左的據點。英軍未曾間斷而看似徒勞的自殺式的進攻，在六月四日達到了高潮。那一天，英軍的一次全面攻擊在推進還不到四十碼的地方崩潰。在左翼，廓爾喀兵團曾短暫攻抵了絕壁的峰頂，但沒多久又被土耳其的反攻給趕了下來，為此廓爾喀付出的代價，是七名軍官與一百二十一個士兵陣亡。隔天早上，布魯斯奉命重啟攻擊，而這一次他要率領的是來增援的第五廓爾喀兵團，而這也是他的舊部。布魯斯知道他等於是要帶著弟兄們去送死。「我想不起來這一輩子，有什麼任務更讓我心如刀割，」他回憶說，「因為我心知肚明以當時的戰況，他們要去執行的是危險至極的任務，也很清楚這幾乎等於是要我跟這群好友們訣別。最終，不出所料，這次的攻擊一敗塗地。」

倖存者陷回了壕溝裡，然後在痢疾與每平方英寸卡其服可擠滿二十五隻，多到像埃及十災之一的蒼蠅折磨下，度過了接著的幾個星期，屍臭濃重到士兵得用法蘭絨堵住鼻孔，用嘴巴呼吸。漢米爾頓將軍在六月二十八日再度下令攻擊，其中廓爾喀軍奉命要達成的目標是襲捲土耳其的五路壕溝。七月一日，在海面驅逐艦上安全無虞的漢米爾頓拿起了筆，在日記裡寫下這些字句：「海勒斯角持續傳回捷報……在他們敬愛的長官，布魯斯上校的帶領下，他們（廓爾喀人）奪回了壕溝，並且第一次帶著他們的廓爾喀彎刀衝入敵陣，割下了好幾顆腦袋。破曉時分，土耳其的半營兵力嘗試沿著峭壁山頂發動攻擊，但卻遭到了全殲的命運。」

事實上，廓爾喀人也幾乎遭到全殲。這包括醫官以外的軍官非死即傷，布魯斯也失去了他在營中所有的朋友，至於他本人則被機槍掃倒，兩腿幾乎全斷。他後來回憶說，「我收到的一份小小禮物，是被從半島上撤離，然後送回英格蘭的醫院裡待了一年或差不多一年。」他的病歷顯示射進他右腿的子彈，在脛骨的前方留下了一個四分之三吋的洞，然後以差不多的高度貫穿到另一側，從膝蓋關節底下出去；另一顆打中他左腿的子彈則擊碎了小腿腓骨。在要將他先運往懷特島、再運回英國家鄉的醫療船上，他無助地躺在病床上，眼看著舷窗外的德國潛艇擊沉了同一船隊，距離自己身處這艘不到一英里遠的另外兩艘船。回到英格蘭，一組醫療委員會建議他引退去過平靜的生活，並建議他要從此避免讓人太辛苦的上坡路。

在布魯斯暫時出局，而霍華－貝瑞跟瑞彭雀屏中選之後，辛克斯開始開始為了駐隊醫生與博物學家這個至為關鍵的職務，動起了一個老朋友的腦筋。在家人間小名是山帝（Sandy）的亞歷山大・費德列克・里奇蒙・沃拉斯頓（Alexander Frederick Richmond Wollaston）是一號害羞但善良，外加幽默感有如冷面笑匠的人物。按照友人約翰・梅納德・凱因斯的形容，他「用一句話跟一個眼神就能打開人的心鎖，讓除了他自己以外的每個人卸下內心的保留與防守」。戰爭讓三十九歲高齡的他以外科醫生的身分服役於一艘由半島東方公司的豪華遊輪所改裝而成，負責巡弋北海的武裝商船上，包括東起斯卡帕灣（Scapa Flow）到挪威與更遠處，西至法羅群島（The Faroes）與冰島的範圍，都是他們巡邏的地方。期間他歷經了寒冬的暴風雨，而他回憶說那海象之凶險，大海的湧現不是「一道道波浪，而是一座座在移動的山」。他說「風」這個字變得毫無意義，因為它完全無法形容「生活在這些緯度上的自然力量」於萬一。九個月之後，他被調往當時英國海軍艦隊中最大的一艘無畏艦，阿金科特號（HMS *Agincourt*）上。

他自身的戰鬥經驗，發生在一九一六年初，當時他奉命加入在德屬東非的一支海軍登陸特遣隊。經過五個月的戰鬥，沃拉斯頓與他的陸戰隊員前進到內陸，加入了由五十萬名本地挑夫提供後勤，但本身僅有八萬兵力的一小支英軍，而他們的任務是要在根本沒有路可走，而且面積相當於兩個德國的荊棘灌木與森林中找出敵人，並與之交戰。在一場已為歷史所遺忘的消耗戰與殲滅戰當中，戰死的還沒有病死的人多。在非洲待了兩年之後，沃拉斯頓返回了海上封鎖的崗位上，並就此到一九一九年都未再異動。最後是在被前往莫曼斯克的恐怖航程折磨了好幾趟之後，他終於在一九一九年十月獲得解除動員。

但回歸倫敦的日子讓他苦不堪言。「如果你知道有哪個發了戰爭財的暴發戶想要贊助地理探險，請務必幫我推薦。」他在一九二〇年一封給朋友的信件中說，「我覺得自己跟現在的英國人毫不搭嘎，相見兩相厭。」而這也說明了他為什麼在一九二一年一月接到辛克斯的來函時會那麼開心。辛克森拐彎抹角地在信裡徵詢了他是否有意願與時間參與聖母峰探險。一月十六日，沃拉斯頓用印有薩維爾俱樂部（Savile Club：上流社會的男性會所）信頭的信紙，寫下了給辛克斯的答覆：

如果你問了這麼多，意思是你評估我的體能條件能夠勝任這份探險工作，那我必須說我深感光榮，也虛心接受。而關於我的回覆，答案自然是肯定而堅定的沒有問題。我作夢也沒夢過對委員會提出申請，因為我相信英國這麼多能人，一定有許多人在各方面都比我更適合擔任探險隊的成員，但萬一真的有一絲機會可以加入這個團體，我自然會撲上去把握良機。若林曾要我加入他在一九一四還是一九一五年提議的聖母峰探險，當時他覺得事有可為，但就跟當時許多其他的計畫一樣，若林的提案最後也是不了了之。此次若您無意邀我加入冒險，我也不會感到失落，但若您真的願意讓我為其效力，我的驕傲將不知從何說起。

一星期之後，沃拉斯頓從在斯隆廣場（Sloane Square）的家中追加了一封信說：「沒有什麼會比探險的邀請更讓我滿心歡喜。」二月六日，辛克斯在回函裡問了一句他有沒有自行負擔費用的心理準備，但總之還是正式提供了一個名額給沃拉斯頓。他們隔天晚上見了一面，而沃拉斯頓按照辛克斯所說，同意了「自己找路去大吉嶺報到」。

自行前往印度的旅費對於沃拉斯頓來說，就跟對霍華－貝瑞一樣，都不是個問題。而且放眼英格蘭，要說有誰做好了去任何地方的準備，沃拉斯頓說第二，還真沒人敢說第一。出身顯赫的他有著一票學者、畫家與科學家的家學淵源，而這樣一個家庭，也不意外地為英傑薈萃的皇家學會貢獻了英國歷史上最多單一家族的成員。他有位在克利弗頓學院（Clifton College）擔任宿舍舍監，生性嚴厲而對孩子不假顏色的父親。而這樣一位篤信罰則的高壓教育者，打起兒子就跟他打所管理之年級的學生一樣，一點都不手軟。他們家有兩個兒子，另一個很明智地逃去了加拿大，所以小名山帝的沃拉斯頓就成為了實質上的獨子，陰盛陽衰的家中只剩六個姊妹跟他一個男生。所幸需要一個逃避之所的他，在大自然裡找到了寄託。除了在英國西南部的曠野中徜徉，二十一歲的他也會趁著學校放假的空檔，從劍橋跑到拉普蘭的遼闊林地中遊蕩。雖然痛恨成為醫生，但他還是選擇了習醫，因為只有這個行業可以讓他四處旅行。還在醫學院就讀期間，他就曾於一九〇一年的冬天逃離倫敦，偕查爾斯．羅斯柴爾德（Charles Rothschild）跑去蘇丹進行動物學探險。在完成學業的一九〇三年，他被選入了英國山岳會，接著又收到了羅斯柴爾德的邀請。害怕終於要認真當醫生的他，像溺水之人抓到浮木一樣，又回到了蘇丹協助物種的採集，有了豐碩成果，包括逾六百種罕見的鳥類與哺乳類。

在羅斯柴爾德亦師亦友的陪伴下——他們說好各自結婚後要把雙方的書信往來一把火燒掉——沃拉斯頓踏上了一系列的旅程到錫蘭、澳洲、紐西蘭，然後是新幾內亞沿岸的新不列顛島與俾斯麥群島，最後來到荷屬東印度群島。這些旅程，非但沒有讓他心滿意足，反倒是養大了他的胃口。他想要的是真正的冒險。一九〇五年回到倫敦後，他死馬當活馬醫地想要安定下來，為此他在劍橋的艾登布魯克醫院（Addenbrooke’s Hospital）找了一份外科住院醫師的差事。這場實驗性的就職活動，只撐了兩天就以失敗告終，原因是他聽說大英博物館某個已經出發前往非洲的隊伍，要去烏干達與比屬剛果邊界上的魯文佐里山脈探險，但他們其實還缺一名植物學家、一名昆蟲學家，還有一名醫生，而沃拉斯頓正好有這三合一的身分。為了趕上已經出發的隊伍主力，他數日之內就搭船出發前往肯亞的蒙巴薩（Mombasa），然後從那兒搭火車沿東非大裂谷的斷崖行經吉力馬札羅山麓，來到維多利亞湖；接著一艘蒸汽船載他抵達了殖民前哨恩德培（Entebbe）。來到恩德培，他讓人力車拉著他去到坎帕拉（Kampala），然後從坎帕拉一連在森林裡走了兩個星期。事實上，要跟探險主隊會合，本身就是一段長達大約九十天的壯遊。

會合之後的他展開了長達八個月的森林生活。他回憶說那是一段由陽光與神祕陰影交織而成的日子，神奇的動植物像引信一般，點燃了他永遠想看更多的慾望，招呼著他從一棵樹下走到又一棵樹下，收集著採也採不完的標本，畢竟信手拈來的每一樣東西於他都是新鮮的玩意，對人類科學而言也是。既沉醉於野外又抗拒不了高度魅力的他，登上了魯文佐里山上某座白雪皚皚，標高一五二八六英尺的嶙峋雪峰。後來當他得知阿布魯茲公爵帶著四百名隨從，也來到了這一望無際的大地上進行探險之時，沃拉斯頓想都沒想就步行了六十英里的距離穿過叢林，一方面去向公爵致意，一方面去提供科學研究上的寶貴建議。感念這樣的善意，想要投桃報李的公爵後來把那座雪峰命名為沃拉斯頓峰，這樣的誠意讓正直的沃拉斯頓在感動之餘只能心領，因為他寧可山川湖泊能保有原始的地名，更別說光芒集中在自己身上讓他頭皮發麻。

等大英博物館的探險告一段落後，沃拉斯頓與博物學者道格拉斯．卡魯瑟斯（Douglas Carruthers）為了橫貫非洲而出發西行。沿著運奴的阿拉伯古道在剛果前進，他們花了一個月步行通過沼澤與茂密的象草草叢，最終來到了一段灰色的水流，而他們發現那是一條不知名大河的支流。用木頭挖成的獨木舟順流而下，經過了把骷髏頭當裝飾品的村落，聽著孩子們在岸邊對他們叫囂著「肉！肉！」，在這段路上，沃拉斯頓與卡魯瑟斯見識到了屬於比屬剛果的瘋狂與邪惡：一名少年僕役只因為打破了一個杯子，就吃了二十五記鞭刑；年輕士兵因為每經過一處草叢就得擔心一次有獵豹或食人族藏身其後，結果活活被逼瘋；一名發神經的貿易商，每天的晚餐都會盛裝出席，並帶著一隻「知書達禮」會拿著銀湯匙喝湯的黑猩猩。

沃拉斯頓後來堅稱，在非洲旅行的活命關鍵，是要在破曉前拔營，趁著草上還閃耀著露珠之際前行，而且要隔一段距離讓挑夫走在前面。「我永遠也無法忍受非洲人獨特的氣質或氣味，」他如此寫道。他宣稱要控制好本地人，需要的是勤於與其交手、大量的菸草，還有「棒下出孝子，嚴師出高徒」的態度，要知道非洲人寧願皮肉痛，也不願意薪水被扣。非洲員工敢獅子大開口，他會眼睛眨都不眨就直接開揍。這樣的他，曾有一回把雨傘打斷在挑夫的頭上。「不要光顧著嘲笑本地人，」他建議，「而要學著用他們的方式打招呼，放低身段加入他們的兄弟血盟。」至於想要維持士氣與文明的禮節於不墜，英國人只需要「每天晚上洗個熱水澡或用海綿擦澡，定期來上一碗燕麥粥當早餐，睡前再來上一瓶『李文斯頓喚醒劑』（Livingston Rouers）[2]，外加好書一本。」靠著如此堅定的信條導引，沃拉斯頓與卡魯瑟斯最終將行遍整條剛果河，成為自亨利．史丹利（Henry Stanley）所率的探險隊以來，第一組橫越非洲大陸的人員。

他所著的《從魯文佐里到剛果》（*From the Ruwenzori to the Congo*）一書才剛出版沒多久，沃拉

2　知名傳教士探險家大衛．李文斯頓博士以奎寧做為主要成分，調製來對抗瘧疾的成藥藥錠，在英國銷售長達四十年，為英國士兵、殖民者在海外得以存活並建立起大英帝國的一大助力。叫喚醒劑是因為它可以喚醒因為瘧疾而昏睡的病患。

斯頓就決定了要在一九〇九年加入大英鳥類學者聯盟（British Ornithologists' Union）準備前往新幾內亞進行的探險。率隊的首席調查員沒有別人，正是大名鼎鼎的希賽爾．若林。他們的目標是找到一條路通往尚未完成探險、堪稱新幾內亞島骨幹的拿騷山脈（Nassau Mountains），並針對如何從岸邊的紅樹林溼地前往有白雪覆蓋之卡茲登茲峰（Mount Carstensz）[3]頂峰，繪製出記載了相關路徑的地圖。卡茲登茲峰是大洋洲的地理最高點，也是全世界任何一座島上的最高峰。

這趟探險非常地龐雜笨重，而且可以說從一開始就出師不利，主要是隊伍的組成包括六名博物學者、三名荷蘭軍人、四十名爪哇士兵、六十名罪犯、十名廓爾喀人，還有眾多的東印度群島挑夫，而這當中動輒就會有人叛變、崩潰、死亡，情況之頻繁令人慘不忍睹。由於諸多河流與低矮的森林都處於氾濫之中，因此他們花了將近一年，才只是把補給從離岸二十英里處移到一處前進營，而那不過是朝內陸深入的起點而已。「我從沒看過一個國家醜陋到這個地步……」沃拉斯頓在給植物學同事的一封信裡說，「沒有一丁點美麗、遑論浪漫，更沒有絲毫可以觸動我靈魂的東西存在。要是最後還不能踏上雪山的峰點，那我就等於是白白浪費了一年寶貴的生命。」

隊上先是死了一名研究者，然後又有兩名研究者因為熱病太痛苦而必須被撤離。兩名罪犯為了食物發生口角，接著便拿刀自相殘殺而亡。一名調查人員被發現在森林裡沒了氣息。另外一名成員則被迫害妄想嚴重到隊上得用鍊子限制其行動。在日記裡，沃拉斯頓描述了瘋狂的一幕：當河流水位再度升起，並開始淹沒他們的營地，營中僅存的三個白人裡有一人正因為瘧疾而神智不清，俯躺在用錫罐墊高於地面上的床面。沃拉斯頓與另一名倖存者坐在桌邊吃著晚餐時，水也漫上來到他們的膝蓋。他們的正餐是餅乾配沙丁魚，飯後甜點是餅乾配果醬，而在正餐與甜點之間要洗碗的時候，他們只需要很順手地把盤子往桌底的流水裡一浸，河水就替他們把碗洗好了，兩人連聊天都不太需要停下來。

就在探險來到潰不成軍的邊緣時，兩名土著從森林中出現，而他們身上除了用一管十五英寸長的乾葫蘆套住陰莖，然後用線固定在腰上以外，基本上是全裸的狀態。在這兩名不速之客的帶領下，沃拉斯頓死馬當活馬醫，進行了最後一搏。他逼著自己爬上雲霧繚繞的森林高處，越過林木線來到開闊的坡面，讓兩人在睽違了一年之後，再一次見到了久違的地平線。森林一路向下延伸到海邊，而海邊距離他們腳下的位置也不過四十英里遠。卡茲登茲峰的冰雪，就在他們的頭上向他們招手，但因為十五個月的叢林生活讓他們精疲力竭，所以他們實在沒有力氣爬上峰頂的山嘴。

3 今稱查亞峰（Puncak Jaya），海拔四八八四公尺。

令人難以置信的是，相隔不到一年，沃拉斯頓就返回了新幾內亞，要第二次挑戰卡茲登茲峰。這次他的第一站是婆羅洲，並在那兒招募了七十名當地達雅族（Dyak）的獵頭人，因為對他而言，這些人是他信得過的森林之子。加入了這群生力軍後，探險隊變得「軍容壯盛」。除了人員多達兩百二十名以外，還隨隊攜帶有十七噸的白米、一公噸的豬肉乾、半公噸的魚乾、外加帳篷、毯子、行軍床、步槍、貿易商品等各種補給跟裝備。四個月內他們勉力達成了一百英里的進展，而這樣的距離讓沃拉斯頓進入了雪的領域，但最終他還是不敵死亡、疾病與惡劣天氣，鎩羽而歸，不過至少他還是挺進了以距離目標山峰所在的山脊為中心，一個小時內就可以攻頂的半徑內。

在緊急撤退的過程中，因為瘧疾而高燒不退的沃拉斯頓瞥見了一道會成為他終生陰影的鬼魂。在雨霧交雜中，他看見另一名歐洲人在叢林前端移動，就像是在領著他向海而去。雖然對方的速度快得不可思議，但這個素昧平生的身影卻始終沒有將他甩開。等他終於抵達岸邊，沃拉斯頓四處打聽了一下，惟得到的答案卻是當地除了他，就沒有其他的歐洲白人了。多年之後的某日，在倫敦試穿西裝的他，見到鏡子裡出現了跟當年所見一模一樣的身影，那是他想像力所凝聚出的魂魄，化身為一個有著經典探險家與嚮導形象的守護天使。一九一二年，沃拉斯頓出版了他的第二本著作《矮黑人與巴布亞人》（*Pygmies and Papuans*）。這之後又過了兩年，正準備要為第三次挑戰卡茲登茲峰而重返新幾內亞的他，在倫敦的俱樂部裡得知了一件事情：英國對德國宣戰。由此他二話不說就擱下了新幾內亞，轉而直奔海軍部去志願擔任外科軍醫。

就在辛克斯與他搭上線的同時，沃拉斯頓也仍在替一篇預定要發表於《地理學報》的文章進行編輯工作。這篇以聖母峰上的供氧問題為題的文章，出自一個所有人都認為理所當然應被選入探險隊的作者之手，但事實上，這名山友才是最不應該被列入考慮的人選。而這要命的忽略，也讓這篇文章的作者成為了第一個犧牲在圖博的隊員。在約莫八次前往喜馬拉雅山區探險之後，亞歷山大·凱拉斯醫師在一萬九千英尺以上的高度累積了傲視現世所有探險者的經驗，同時他對通往聖母峰之路的知識之豐富也無人能出其右。他確認了雪巴人是本土挑夫中的首選，也經過思慮而排除了空中補給的可行性。他在戰時做的實驗，讓他對高海拔與缺氧會導致的人體生理效應有著比任何科學家都更可觀的認識，而不藏私的他也頻繁地透過延續整場戰爭的書信往來，將這些資訊分享給了沃拉斯頓，即使在他遠赴非洲與北海服役的期間。

一九二〇年，凱拉斯去到了大吉嶺，並在亨利·莫斯海德擔任印度調查局長的期間設計並啟動了一系列實驗，來測試氧氣鋼瓶之結構完整性，以及攜帶高壓氧到高海拔山區之可行性。在卡美特山來到兩萬三千六百英尺的高度後，他得出的結論是額外裝備的重量有著明顯的負面效應，而這跟氧氣無虞所能帶來的助益相比，一言以蔽之就是得不償失。他的另外一則判斷是設計來在聖母峰上使用的普里姆斯加壓煤油爐（Primus stove）根本不值得期待，因為只要超過兩萬英尺高，普里姆斯爐就難用到形同廢鐵。包括這些在內的種種關鍵心得，都在一份他花了三星期心血撰寫的報告中，傳達給了辛克斯。他寄出這份報告是在一九二一年的一月十二日，也就是聖母峰探險確定成行的消息登上倫敦各報頭條的隔一天。因此，由辛克斯寄給凱拉斯，邀請凱拉斯加入探險隊的信件，一定曾經在郵件海中與那份報告擦肩而過，因為一月二十六日，凱拉斯就從印度寫信給英國山岳會的諾曼．柯利，並在信裡告知說他已經獲選要前進聖母峰。就在這同一天，凱拉斯還寄出了另外一封信要辛克斯特別注意，意思是他認為這次的探險隊最好是英國登山者限定。他在這封建言書中說到：「起用外國嚮導，會讓這次的探險在某種程度上失去意義；對所有相關人員而言，使用外國人就像是賞了大家一個巴掌，就像我們技術都還很青澀，都還不知道怎麼玩這場遊戲似的。」

這樣的心境，讓辛克斯聽得十分開心，因為他就跟許多人一樣，都還盲目地沉醉在凱拉斯達成於實驗室裡與田野上的各項成就，同時間卻視而不見以五十三歲的年紀，凱拉斯已經不適於挑戰聖母峰的客觀事實。而一如辛克斯的短視，凱拉斯自己也不免當局者迷。在一封數週後寫於四月九日，霍華－貝瑞、馬洛里等探險隊隊員已從英格蘭出發前往印度後的信中，凱拉斯極其認真地分享了他是如何希望另外一個已經不再年輕的男人，六十二歲的諾曼·柯利，可以也加入探險隊的行列。

所幸探險隊裡不是每一個成員都如此兒戲。一月二十七日，霍華－貝瑞在給榮赫鵬的信中承諾，會在山上給予哈洛·瑞彭做為登山隊長不打折扣的揮灑空間，但在表面謙讓的態度背後，他其實對瑞彭的健康與體能畫上了一個大大的問號。沃拉斯頓四十六歲，瑞彭比他老十歲。三十七歲的霍華－貝瑞看似相對年輕，但今天要爬的可是聖母峰，所以奔四的年紀其實已經非常緊繃。出於政治敏感性與後勤補給上的考量，攀爬隊的規模限縮在四人。而也因為如此，所以霍華－貝瑞堅持要把最後兩個名額留給真正年輕力壯，而且實績斐然的新一代登山家。

以這種標準去看，英國全境馬上有兩個人顯得鶴立雞群。第一個不消說，自然是喬治·馬洛里這名英國戰後年輕一輩的攀岩翹楚。第二個人選就稍微麻煩了些，共識也較不夠。若說喬治·馬洛里代表了英國的理想與驕傲，集私立公學子弟、劍橋大學校友、不輸女性的美貌與男性特有的陽剛等內外在優點於一身，那喬治·芬奇（George Finch）就是個遨遊在澳洲內陸，整天在熾熱的岩壁上曬太陽的孩子。喬治·芬奇出身自一個挑戰傳統的非典型家庭，其存在本身對看似完美的維多利亞年代，就是一個被戳開的破綻。像他這種人，正是帝國眉頭皺也不皺就會丟去戰場送命，最好默默死掉而不要被發現他們真正身分的帝國子弟。不容諱言，喬治·芬奇的個性複雜得像個謎，但只要腳踏到冰雪之上，他就無人能敵，而對於波西・法拉爾來講這也就夠了，所以早在一九一九年的三月，法拉爾就已經鎖定了芬奇是聖母峰探險隊的人選。

全名為喬治・英格・芬奇（George Ingle Finch）的他，一八八八年八月生於新南威爾斯，少年時期在開放的空間中長大，每天上學都是騎著小馬，去十英里，回來又是十英里。而他最親密的同伴除了哥哥麥克斯，就是一條他用小碟子裝牛奶餵食的寵物毒蝮蛇。他出生時四十有五的父親查爾斯，是富裕農場主人的第四個兒子，比丈夫小二十四歲的母親蘿拉則是為了替她爸爸還債才嫁入了這段婚姻。

生活在孤立而偏僻的牛場上，讓原本養尊處優的年輕女子覺得渾身不對勁。曾經她去到哪裡都要帶著一個銀盒子裡裝著一片梅爾巴風吐司（Melba toast；梅爾巴是澳洲歌劇歌手海倫・波特・米契爾〔Helen Porter Mitchell〕的舞台藝名，這種吐司是她喜歡的烤法）的樣本，好讓飯店的侍應生知道要如何正確地準備她的早餐麵包。喬治六歲的時候，母親去雪梨聽了一場由神智學（theosophy；十九世紀下半葉誕生於美國的神祕主義宗教）領袖安妮・比桑特（Annie Besant）發表的演講，深受啟發的她有感於演講中提到的潛在神祕力量與人類是如何地四海一家，說服了丈夫舉家遷往巴黎，並於一九〇二年入住能俯瞰盧森堡公園（Luxembourg Gardens）[4]的一處府邸。一年之後，喬治的父親回到澳洲，但母親說什麼也不想離開法國。心碎的查爾斯・芬奇會終其一生繼續供養著全家人，惟他將再也沒有跟兒子們見面，也沒有再叫喚過妻子的姓名。不過這並沒有讓身為妻子的蘿拉傷心欲絕，因為她早已經移情別戀，愛上了一名法國畫家。對方除了跟蘿拉生了一個新的孩子，還任由她在巴黎縱情於波希米亞風的日子裡。通靈說、神祕學、來自遙遠東方的各種傳說，通過神智學創始人布拉瓦茨基夫人的著作與口說，日益讓蘿拉沉迷其中。而蘿拉愈是在神智學的謎樣信仰中愈陷愈深，與兒子喬治的關係就益發疏離而陌生。另外，喬治也永遠無法原諒母親對父親造成的傷害。

喬治鄙視這些形而上的囈語，認為是這些怪力亂神的東西破壞了他的家庭。由此在求學之路上但凡一有機會，他都會盡其所能去親近追求分毫不差的精準與理性。他的第一所高等學院是位於巴黎的醫學學校（École de Médecine），後來進入蘇黎世的瑞士聯邦科技學院（Swiss Federal Institute of Technology）就讀，最後在日內瓦以物理化學為自身的高等教育畫上句點。在所屬校內一拿到優等生的金牌，他就二話不說將之拿去變賣，藉此換取登山探險的盤纏。他是在一九〇七年旅居蘇黎世時，愛上了登山。而從一開始，他就在登山中融入了他對於紀律、發明與好奇心的熱愛，而這三點也是他能做為科學家發光發熱的本錢。話說當時多數英國登山者都千篇

4 巴黎左岸拉丁區的一座大型公園。

一律地穿著諾福克粗花呢西裝上山，就像是去鄉野間散步，而實事求是的芬奇卻在此時設計製造出一款輕薄而防風的連帽套頭登山外套，其實用性可說讓花呢西裝連邊都摸不著。針對聖母峰，他後來也發明了歷史上第一件羽絨外套。在一篇發表於一九一三年的文章中，他先是大聲地為不斷進步的現代登山技巧喝采，但也隨即有點挑釁地提醒英國山岳會的成員們一件事情，那就是他們平均而言都已經年過半百。對於在地嚮導的依賴，據說是英國紳士在爬山時唯一「得宜」的做法，但這種傳統在芬奇的眼裡不僅過時，甚至還非常危險，因為這會讓山友的運動本能退化不見。

由於能力不輸給任何嚮導，加上個性不容許他把自身的命運交到其他人手中，因此芬奇上山要麼隻身一人，要麼偕弟弟麥克斯一起。他爬山有時是在陽光燦爛下，有時候是摸黑趁夜，但不變的是他會鉅細靡遺地做好路徑的規畫，包括考慮冰雪的狀況、光影的變化，還有一整天待在高山上會歷經的氣溫起伏。每一次率先所有人登上一座新的山頭，他的聲望就更上一層樓，這包括一九〇九年的瑞士卡斯托峰（Castor）北壁、一九一一年的法國南針峰西南脊，還有一九一三年的比弗滕施托克山（Bifertenstock）西脊。一九〇九年，認真開始挑戰巔峰不過僅僅兩年的芬奇，就讓義大利前輩阿爾多・波納柯薩伯爵（Count Aldo Bonacossa）讚不絕口。伯爵形容這名年輕的澳洲年輕人是最頂級的登山家，也是活躍於阿爾卑斯山上的一名英雄豪傑。英挺高壯的他有著顏色彷彿冰山的瞳孔，外加一頭豪放不羈的長髮，由此伯爵回憶說芬奇生得「頗具異國風情，在瑞士人當中鶴立雞群。」

芬奇與眾不同的另類背景，並沒有讓波西．法拉爾心存芥蒂，畢竟法拉爾本身也是在德國跟瑞士受教育，但亞瑟．辛克斯對此就懷抱著疙瘩，另外連榮赫鵬都有點無法接受芬奇這個人選，連在紙上都不想提及他的名字。「身為一名登山者，」榮赫鵬寫到，「這傢伙集所有你能想到的優點於一身，但根據委員會裡好幾名認識他的成員表示，他的個性會在團隊中造成摩擦與衝突，進而會摧毀掉如同登山隊命脈的團結與向心力。」事實上唯一讓芬奇扣分的東西，並非榮赫鵬指稱的個性，而是他誕生的土地與所屬的文化背景。雖然他自認為是英國的子民，也在戰爭爆發的第一時間就以帝國子民的精神有所回應，但最終還是有片人格謀殺的歧視烏雲壟罩他的頭頂，揮之不去。

所幸儘管受到種種質疑，聖母峰委員會還是在自一九一一年起就與芬奇保持頻繁書信往來的傑佛瑞．楊恩力推之下，於二月十六日投票通過了讓喬治．馬洛里跟喬治．芬奇連袂加入一九二一年的探險隊。芬奇先是在二月九日接受了面試，然後在二月十七日接獲了正式的聘書。在此期間，吃飽太閒的辛克斯在一封似乎想挑撥什麼的信裡，問了馬洛里他願不願意在兩萬七千英尺的高山上跟像芬奇這樣的人睡在一起。馬洛里跟芬奇其實有一定的交情，畢竟他們早在一九一二年就認識於佩尼通。身為《山友俱樂部期刊》(*Climbers' Club Journal*)的編輯，馬洛里曾經刊登過芬奇對於一九一一年爬上法國德魯峰的第一手精采描述。一九二〇年的夏天，他們相偕攀爬阿爾卑斯山，並一起登頂了馬特洪峰(Matterhorn)與齊納爾洛特洪峰(Zinal Rothorn)。總之最後馬洛里在給辛克斯的回覆中說他不介意自己跟誰睡，他只在意能不能跟那個人一起登上聖母峰。

於是即便辛克斯、榮赫鵬，乃至於布魯斯心裡都有些不痛快，尤其布魯斯特別看芬奇這特立獨行的澳洲佬不順眼，但最終喬治．馬洛里與喬治．芬奇這兩名分別在英國登山圈裡擅長攀岩與行冰如履平地的一時瑜亮，都排好了行程，要在一九二一年的四月八號，乘蒸汽船薩丁尼亞號(*SS Sardinia*)出航前往印度。在那之前，他們只有短短的七週可以整理裝備並擬好攻頂計畫。

三月七日，探險隊的全體成員——也可以說是整個聖母峰壯舉裡所有的主角——都齊聚在了一場皇家地理學會特別召開來討論探險隊組織與後勤的會議上。首先發言的榮赫鵬一如往常地慷慨激昂，而且也沒忘了緬懷一下寇松侯爵與已故希賽爾．若林的名諱；諾曼．柯利把重點放在探險隊的科研潛力上：他估計在圖博發現的動植物會有足足六成是科學界未知的新物種；霍華－貝瑞的發言十分簡短，他只表示他期待「一場精采絕倫的探險，當中能充滿著各式各樣的趣味。希望回來之後的我們都能有很棒的故事可以訴說」。哈洛．瑞彭強調他們必須找出一條坡面可以遮風擋雨的上山路線，並且晨間得照得到陽光來舒緩寒冷與高海拔所衍生的危險。

傑克上校介紹了要帶上山的光學器材，包括口袋型的無液體氣壓計及多台照相機。至於曾經徒步在卡美特山爬到二三四二〇英尺高的米德，則主要論及幾項裝備的重要性，包括溫珀帳篷必須搭配防陽光的外帳，登山靴必須厚實耐用且附有鞋套，另外高地營中必須備有充足且口味不差的食物，因為一旦上了山，胃口也會隨之愈來愈差。沃拉斯頓強調，最引人入勝的生物學觀察將圍繞在人的身上，這包括人類身心會在高山上產生什麼樣的變化，其中心理狀態又格外值得留意。「我聽過一種說法是，人一旦身處一萬六千英尺以上，原本正常的脾氣就會變得非常暴躁。」他說，「至於人到了兩萬九千英尺會變成什麼模樣，我們只能拭目以待。」約翰．諾艾爾說明了高山攝影的挑戰與樂趣，包括在雪地中拍攝照片的困難之處為何。比方他說山上的紫外線強，所以需要黃色濾鏡去與之對抗，另外高山專用的顯影劑會產生特殊的化學作用，因此要沖洗底片會耗時較久。

雖然現場頭角崢嶸，但真正言之有物的反而是喬治．芬奇這個外來的登山好手。他預估屆時探險隊會在山上面臨極為嚴峻的挑戰，但以之與極地探險那種得咬牙苦撐數月之久的長期抗戰相比擬，又不具太大的意義，因為光是步行到聖母峰的山腳下，基本上會是一段平凡無奇、乏善可陳的旅程；然後假設他們能夠找出適當的路，那麼從山腳上到兩萬英尺處也不會危險到哪裡。芬奇點出真正的勝負關鍵，在於最後的九千英尺與最後的十天。他說那最後的一段路，才會需要他們拿出「真本領，包括不曾在其他探險任務中派上用場的專注力與應變能力……我們每個人都必須要毫無保留地召喚出對雪地環境的所有知識」。芬奇舉凱拉斯的實驗為例，提醒了與會者一件事情，那就是一旦去至聖母峰頂，相當可能、或者說理應會碰上華氏零下六十度（約攝氏零下五十一度）的低溫。「乍聽之下，低溫本身似乎沒什麼好大驚小怪，但別忘了在高海拔處，人體水分蒸發與熱量流失的速度都遠非海平面處可以比擬。」他說，「在高海拔處，人會遭遇到大量尚未被大氣層阻擋的紫外線，不像在海平面時我們受到很好的保護。山上的紫外線射在皮膚上，可以說是在燃燒肉體，而燒完後遺留的灼熱狀態，實在很難讓我覺得那會有益於人體的健康與福祉。」

這些科學上的見解有沒有被榮赫鵬聽進去腦子裡，我們無從得知，確定的是他在晚間為會議收尾時，又搬出了英國勇氣的神主牌。他說眼前的挑戰艱險歸艱險，「我們永遠可以相信這些年輕人會盡其所能爬到最高點。」

但意料之外的障礙還有一個尚未跨越。眼看著馬洛里跟芬奇還有不到兩個星期就要從英格蘭啟程出發，辛克斯與沃拉斯頓突然在此時丟出了一個令人措手不及的計畫，那就是要讓登山隊員接受健康檢查。為此聖母峰委員會找了在倫敦哈利街七十五號（75 Harley）共同開業的兩個醫生，一個是葛雷姆・安德森（Graeme Anderson），一個是法蘭西斯・艾德蒙・拉金斯（F. E. Larkins）。辛沃兩人何以非得在箭在弦上的緊要關頭丟出體檢的要求，至今成謎，但這並不影響體檢的結果充滿翻天覆地的戲劇性。安德森出具的體檢報告顯示馬洛里身高五呎十一吋（約一八〇公分）、體重一百五十九磅（約七十二公斤）、胸圍三十五到三十七吋、脈搏每分鐘六十八下、血壓一一五毫米汞柱，可歸類為「體能良好」，或如拉金斯所補充說的，馬洛里「在各方面都符合體適能的標準」。然而芬奇很顯然得不到這麼正面的評語。拉金斯在其三月十八日的報告中指出芬奇營養不良，整體氣色可見疲態，皮膚蠟灰、體格孱弱且看得出最近接觸過瘧疾的環境，另外牙齒也短少了十七顆。「此人此時並不具備理想的體能。」拉金斯下了結論，「他的體重一直在往下掉，人有輕微貧血，而且嘴巴一張開牙齒剩沒幾顆。這樣的狀況或可經由訓練來改善。」安德森也在前一天的書面報告中呼應了拉金斯的看法：「形色枯槁、營養不良、體態瘦弱、乾癟。體能狀態欠佳。」三月十八日，也就是芬奇寫信給辛克斯，表示他已經為馬洛里跟自己選定薩丁尼亞號第四十五與第四十六號艙位的同一天，這些給他定罪的健檢報告送到了沃拉斯頓手上，而沃拉斯頓身為探險隊的醫官，有權力對這這件事拍板定案。三月二十二日，沃拉斯頓把體檢的結果傳達給了辛克斯：「馬洛里——各方面都無懈可擊；至於芬奇則被形容為『此時不具備理想體能』。我因此強烈認為芬奇應有人取而代之。」這項訊息發布於三月二十四日，芬奇就在沒幾天就要搭船到印度的節骨眼上，被告知了自己因為健康因素從探險隊中被除名。

不論是聖母峰委員會裡唯一的「知芬奇派」波西．法拉爾，還是芬奇自己，都對這樣的事態發展十分憤慨，並第一時間就懷疑這當中有辛克斯或布魯斯耍的手段。持平而論，芬奇的健康狀態在初春就曾經被提出來討論過了。因為知道想爬到兩萬四千英尺的高度，對凱拉斯跟瑞彭都已經非常緊繃，所以馬洛里在二月二十一日致函傑佛瑞．楊恩，表達了他對芬奇體能狀態的擔心。四月十三日，在芬奇被探險隊除名後，馬洛里再一次在給楊恩的信中說到：「芬奇在我眼中一直是個賭注。他看起來一點也不強壯，而我對他的耐力也完全沒有信心。我對芬奇有一份惻隱之心。體檢不是不對，但時間應該要大大提前。但話說回來，他的行徑又讓人很難對他多所同情。」

馬洛里內心的質疑與保留姑且不說，無庸置疑的是喬治．芬奇在一個說是高度偏頗也不為過的體檢程序中，受到的待遇既輕率而不公。因為短短一年之後，這兩名出身哈利街的醫師又一次接受聖母峰委員會的委託，而這次他們面對高齡五十六歲且確診有心臟病而需要服藥的布魯斯將軍，竟會做出適合攀登聖母峰的判定。要知道此時的布魯斯將軍走起路來，只能依靠一雙在戰爭中受到重創而不再強壯的雙腿，就連將軍自己的醫師都建議他待在家裡過些太平日子，不要說聖母峰，最好連大吉嶺都不要去。「純粹只看病歷，你的結論會是這人的體能狀況並不理想。」拉金斯在一九二一年十月二十七日的報告中如此談到布魯斯，「但我必須說，放大格局去看，我認為他對於這次的登山大計，是再適合也不過的人選。因為意外或外傷而留下的疤痕，都不足掛齒。」而對於這樣一個疑似因為第三方的慫恿，就願意犧牲醫學專業的客觀性來迎合布魯斯所需的拉金斯醫師，懷疑他會在類似的情境下不惜扭曲醫學倫理，也要在體檢結論上對芬奇不利，讓芬奇被排除在探險隊名單外，也只是剛好而已。否則我們也不會在芬奇被除名短短幾天後一份更為詳盡的後續檢查裡，看到矛盾的結果。

在他的探險隊員資格被正式移轉給另一名登山者的四天前，依舊心向團隊的芬奇曾前往牛津去與翁納（P. J. H. Unna）教授合作，強化普里姆斯高壓煤油爐在高海拔處的使用效能，期間波西．法拉爾安排他進入一間戰時設計來讓飛行員適應高空環境的低壓室內。在那之前，率先為皇家空軍研發氧氣瓶的喬治斯．德萊爾（Georges Dreyer）教授為芬奇進行了徹底的體檢，這是任何人要進入減壓室之前的基本流程。結果德萊爾教授在三月二十八日，也就是晚哈利街那兩名醫師僅僅十天的報告裡，表示說芬奇體重略微過輕，但體型依舊非常優異，體適能也無可挑剔到足以他「較多數人更能因應高海拔的環境」。事實上，芬奇那「對高海拔諸多效應的過人耐受力」超脫常理，以至於德萊爾教授形容他是該低壓室檢測過的上千名年輕人當中，體能最優秀的一個，指稱「他對於低壓環境的耐受力之高，我們迄今不曾見識過」。他的身材比例落在正常範圍內，胸圍數據也很理想，肺活量高於平均值四成，血壓則略低於平均值——而這全都是體能超凡的徵象。

三月二十九日，波西．法拉爾寫信給辛克斯說：「芬奇在最後關頭被剔除掉，讓所有安排都亂了套。若論意外程度，至感吃驚的莫過於我。因為週五我人在牛津，親眼看著他身處相當三萬英尺高的真空室裡，靠氧氣供應與普里姆斯爐一起受試了約莫兩個小時。那環境完全不影響他正常講話、完整記下所有對爐具的觀察筆記，基本上他的行為表現看不出任何異狀。我讓他在低壓室過了一夜，隔天在喬治斯．德萊爾教授的建議下，他在真空室裡待了跟前一天大約相同的時間，不同的是這次他拔掉了氧氣供應，揹上約三十五磅的負重，然後在相當於二萬一千英尺的高度上歷經各種生理變化。完整的報告我會在稍後補上，但這難道就是我們決定甩掉的弱者嗎？」

如果嫌這樣的平反還不夠有說服力，不用擔心，因為被聖母峰委員會刷掉的芬奇，將一九二一年的夏季花在阿爾卑斯山上，並在那兒從事了一些絕對稱得上了不起的創舉，包括從弗雷奈冰川（Freney Glacier）為起點，在白朗峰上開通了埃克爾斯路徑（Eccles route）。在九月九日的一封信中，波西．法拉爾不能說沒有一點興災樂禍地告訴辛克斯說「我們認為不堪用的那個芬奇，參與了這個夏天在阿爾卑斯山上一次最大型的攀登行動」。

但故事到此還沒有結束。確實，芬奇樹立了一些敵人，而且身為登山者，他也確實在價值觀上有所偏差，包括他心存源自英國階級社會中的各種成見，由此你很難說他是一個懂得包容的人。至於皇家地理學會與英國山岳會，也都不是唯才是用的地方。很多人都知道有個後來成為爵士的阿諾・朗恩（Arnold Lunn）曾興致勃勃地跑來申請入會，但遭到英國山岳會的拒絕，理由只是因為他的姓氏正好與一家非常知名、但其實跟他本人完全沒有關係的旅行社相同。還有一起更為惡名昭彰的，是席尼・史賓瑟在跟芬奇的女婿兼傳記作者史考特・羅素（Scott Russell）論及芬奇的案例時，有意無意掃視了一眼窗外的清道夫，然後漫不經心地表示，他的英國山岳會絕不會接納像芬奇這樣的人，管他是不是當今無人能出其右的登山者。

但不論這類偏見小心眼到何種地步，我們都很難相信有人會單單為了排斥芬奇而去偽造病歷。這種陰謀論要成立，必然得把山帝・沃拉斯頓一起捲進去，而沃拉斯頓不論怎麼說，都是個不懂得欺騙的人。馬洛里在一封給楊恩的信裡如是說：「即便用體檢結果來卡住芬奇，確實是許多反對芬奇者的希望，但我完全無法想像他（沃拉斯頓）也會參與那樣不正當的勾當。」沃拉斯頓於三月二十二日寄給辛克斯的信中特別點出，拉金斯跟安德森這兩名醫生「在體檢當時只知道要檢查兩個年輕人（馬洛里與芬奇），但除了名字以外對兩人一無所知」。這話若屬實（這很可能就是實情），那我們就可以確認不論是任何一方，都沒有人惡意要透過捏造健檢結果來拉下某人。所以真相究竟是怎麼回事？

話說觀察芬奇這兩份體檢報告的行文，我們完全可以斷定這兩次的健康檢查都流於形式，醫生很大程度上給出的只是印象分數。安德森與拉金斯兩人用上了雷同的措辭：氣色蠟灰、形容枯槁、營養不良、面露疲態，卻絲毫沒有提及或診斷出任何有名有姓的病情，或具體而言芬奇是如何體弱多病。換句話說，拉金斯與安德森的報告只代表了在體檢當時，芬奇沒有好好吃飯，外表邋遢，外加看起來滿臉倦容、沒有血色，一副病懨懨的模樣。但芬奇會在命運的那一天看起來氣色這麼差，是有原因的。他的私生活在當時發生了非常糾結的劇變，再強壯的硬漢都經不起這種打擊。

事情得從一九一五年晚春一場軍官的舞會說起。芬奇做為皇家野戰砲兵的一名少尉，從戰事爆發之初就一直在前線服役，並於此間撐過了芒斯撤退跟頭一個月當中大大小小的慘烈戰役。舞會的當下他正暫時被派駐在樸資茅斯待命，而於此時登場的艾莉西亞．葛蕾迪斯．「貝蒂」．費雪（Alicia Gladys "Betty" Fisher）除了是個二十二歲青春正盛，期盼著要出人頭地的女優，還是名風情萬種、具有致命吸引力的美女。這一男一女其實沒有什麼共通性，但萍水相逢已足夠讓他們走在一起。於是小倆口就都沒有通知自己的父母，就在一九一五年的六月十六日私訂終身，其中芬奇登記自己的住家地址是「無人地帶」。他們的計畫是讓貝蒂在樸資茅斯郊區的南海（Southsea）等待戰爭結束，而芬奇則先回去把仗打完。

芬奇終於在一九一五年的秋天等到了久違的命令，而他出航的目的地不是法國，而是埃及。而在抵達埃及不久後，一九一六年一月，他染上了非常嚴重的腦型瘧疾，雖然最後幸運保住性命，但也有數個月的時間臥病而無法自理。在稍微康復之後，他被分發到皇家陸軍軍械團（Royal Army Ordnance Corps），並隨之被派到馬其頓的薩洛尼卡（Salonika）前線，並在那兒直到戰爭結束，都每天在實驗軍械、拆解炸彈、測試雷管與發明爆炸裝置中度過。在他的諸多創新中，有一樣是可以用氣球為載具送到空中，再於地面以電子方式發射出去的飛行炸彈；在其第一次的試射中，芬奇就成功用這種炸彈擊落了一架德國戰機。不過他對英軍最顯著的貢獻，則發生在一九一六年的七月。當時有人發現該戰區中所使用的各種砲彈，包括每一挺六十磅砲、四點五吋與六吋榴彈砲所使用的彈藥，還有英國皇家飛行隊使用的大部分炸彈，幾乎都受到了高溫的影響而出現了異狀，主要是當中的高爆物質阿馬托（amatol；TNT與硝酸銨合成）會滲漏出來，引信也會因此失效。由於通往埃及的補給線相當凶險，所以能不能把這批炸彈救回來就變得至為關鍵，而芬奇也為此想出了一個辦法。他先把砲彈的內部清理乾淨、將失效的引信換掉，然後再用石蠟將腔室填滿。這是非常危險的作業——有一次意外的爆炸就幾乎要了芬奇的命——但到了最後，這個辦法還是讓芬奇成功更換了六萬枚砲彈的引信，使其恢復了作用。

這樣的大功一件，讓芬奇在公文中獲得褒揚，也領到了不少獎章，最後他甚至在一九一九年十二月，在白金漢宮的一場敘任典禮中被授予了MBE，也就是大英帝國員佐勳章（Member of the Order of the British Empire）的榮銜。

一九一六年的最後幾天，他的妻子病重的消息傳到了芬奇耳邊。在取得特准的探親假期之後，芬奇在一九一七年一月底回到了倫敦，然後知悉了一個意外的好消息跟一個天大的壞消息：好消息是貝蒂活得好好的，而且成了一個小男孩彼得的母親；壞消息是彼得生於一九一六年的九月二十八日，而當時距離芬奇出發歸建已經超過十個月有餘。原來貝蒂雖然在芬奇離開前曾發誓過自己會守身如玉，但其實她的忠貞只維持了短短一個月。事實是芬奇前腳才離開埃及，貝蒂就在南海帕爾莫斯頓路（Palmerston Road）上，她跟芬奇居住的伍德雷住宅（Woodleigh）裡，認識了一名波伊斯·史凱奇利（Powys Sketchley）太太。史凱奇利太太的丈夫遠在加里波利作戰。一九一六年一月，就在芬奇躺臥在病床上與腦性瘧疾奮戰的同時，波伊斯·史凱奇利太太的兄弟，一名隸屬於印度普納騎兵團（Poona Horse）的溫特沃斯·艾德華·達拉斯·「伯提」·坎培爾上尉（Captain Wentworth Edward Dallas "Bertie" Campbell）從法國放了十天的假期返鄉，而伯提上尉竟在拜訪自家姊妹的時候，勾搭上了芬奇的妻子。宅心仁厚的芬奇覺得孩子是無辜的，所以還是把自己的姓氏冠在了小彼得的頭上，並在一九一七年二月五日完成了他的出生登記。不過孩子無辜不代表淫人妻女者也無辜，芬奇利用剩下的假期追到法國，找出了讓他戴綠帽的王八蛋。他後來回憶說：「我找到了他，把他痛毆到不省人事，只可惜沒把他給活活打死。」

驚險逃過軍法審判的芬奇在重新要妻子發誓不亂來之後，踏上了返回其所部的路途，並在二月底抵達了薩洛尼卡前線。穩定的來信讓芬奇安心了大約三個月，但隨著書信往來慢慢地不如一開始頻繁，他的懷疑又逐漸地升高了起來。而經過派人對貝蒂進行監視之後，芬奇的惡夢也得到了證實。

在此同時，芬奇也另外在薩洛尼卡邂逅並愛上了志願救援支隊（Voluntary Aid Detachment）的一名護士，葛蕾蒂絲・梅（Gladys May）。一九一八年的十月十日，他在信裡向葛蕾蒂絲・梅坦承了自己有婦之夫的身分。十一月十六日，他在另一封信裡向葛蕾蒂絲保證他決不會讓自己的過往影響到兩人的未來，對此他表示「為了不讓你跟我們將來的心肝寶貝受到委屈，我凡事一定會優先考慮你們母子。彼得不會跟我們同住，因為我們什麼都不知道的母親會把彼得撫養長大，而彼得不會孤單，因為他會有我十四歲弟弟安托萬的陪伴。」

一得以休假，芬奇就直奔倫敦，尋求與貝蒂在法律上一刀兩斷。他在訴請離婚的文書中提及她曾兩度與威廉・（溫特沃斯・艾德華）・達拉斯・坎培爾（William [Wentworth Edward] Dallas Campbell）和姦，一次是一九一八年四月四日至十二日在欣德黑得（Hindhead）的摩爾蘭斯飯店，一次是一九一八年五月二日至三日在南安普頓的西南飯店。

芬奇在一九二〇年九月二十九日走完了離婚手續。四個星期之後的一九二〇年十一月六日，他迎娶了葛蕾蒂絲・梅。一九二一年四月十日，她生下了兩人的兒子，布萊恩・羅伯特（Bryan Robert）。這孩子受孕於一九二〇年的夏天，而當時芬奇法律上仍是貝蒂的丈夫。按照事情的發展，我們很清楚地看到當芬奇一得知葛蕾蒂絲・梅有了身孕，他當下是想當個負責任的男人，一跟貝蒂離完婚就跟葛蕾蒂絲成婚。但等他真的跟貝蒂斷乾淨了，芬奇對葛蕾蒂絲的愛也淡了。就這樣，他讓葛蕾蒂絲心碎了，當時她已經懷有五個月身孕。一九二〇年的十二月五日，葛蕾蒂絲從牛津郡威特尼市（Witney）的蓋伯斯（Gables）寫信給芬奇，信裡是這樣說的：

> 親愛的傑夫：你的一走了之讓我心如刀割，而你在上週離開後寫下的那封信，我看了有如青天霹靂，你不會知道那對我是多大的打擊。我懇求你回到我身邊，讓我以妻子的身分與你一同生活，過去就讓它過去。不論你之前做了什麼，我都願意原諒你，只要你願意回頭是岸就好。你永遠的愛妻G。

在寫於倫敦薩塞克斯地三十號（30 Sussex Place），並從郵戳可看出是於隔天寄出的回信中，芬奇的回應顯得十分冷漠：

親愛的葛蕾蒂絲：我已經在本月五日收訖妳的來信。我記得我走的時候也曾經致函給妳說明原因。我很遺憾不論妳如今再說些什麼或做些什麼，都不可能讓我偏離我如今已再次選定的人生路徑。對於造成妳的痛苦，我真的很抱歉，我會繼續付妳一年一百鎊的贍養費。傑夫・英格・芬奇。

隔年春天，就在葛蕾蒂絲・梅的預產期剩不到一個月之際，命運對想要逃避的芬奇做出了反擊。一九二一年的三月二日，一名法官在起訴狀中指控芬奇惡意遺棄，並限他十四天內返家與妻子團聚，「為她盡到她在婚姻中該享有的權利」。另外訴訟的費用也統統要由芬奇來負擔。

但芬奇並不打算乖乖就範。兩星期後他刻意做了一件事情，讓他的第二段婚姻走不下去。後繼的法庭文件中顯示，在三月十五到十七日的夜裡，芬奇在史特蘭德飯店裡與四七七號房裡一個不知名的女性通姦，而且罪證確鑿。如此明目張膽地對另一半不忠，是當時的男性想要一口氣跟妻子撇清關係時的標準作業程序。而如他所願，這麼做確實讓葛蕾蒂絲陷入了進退兩難的處境。她要是不想成為外頭一堆人的笑柄，就只能放手讓芬奇稱心如意；一九二一年十二月十二日，芬奇正式結束了她的第二段婚姻。

相隔不到兩個星期，芬奇就又再婚了，而且這次他確定自己真的找到了愛情。他一生的摯愛與第三任妻子，艾格妮絲・伊索貝爾・「巴柏絲」・強斯頓（Agnes Isobel "Bubbles" Johnston）是個溫柔可人的女性，也是他後來三個孩子的母親，以及他餘生的人生伴侶。他終其一生都沒有把彼得的身世告訴任何人，包括他摯愛的巴柏絲，因此沒有人知道彼得不是他的親生兒子。即便後來彼得・芬奇一躍而成為了知名的英國演員，喬治・芬奇也絕口不提他的名字。至於他的第二任妻子葛蕾蒂絲・梅，更是徹底從他的記憶中被抹去。史考特・羅素曾在芬奇的名著《登山者的養成》（*The Making of a Mountaineer*）再版時，為其寫過一篇序言，並在文中鉅細靡遺地介紹了芬奇的生平，當中卻對芬奇的第二段婚姻隻字未提，葛蕾蒂絲的名字也無影無蹤。

聖母峰委員會的成員們對芬奇那剪不斷理還亂的男女關係知情到什麼程度，外界不是很確定。但很顯然榮赫鵬有他的擔心，因此當要組成一九二二年登山隊時，榮赫鵬寫了一封信給柯利教授，問的就是這方面的事情。而在一九二一年十一月二十六日的回信中，柯利心不甘情不願地推薦了芬奇：「我自然知道純以登山的標準而言，他是王牌等級的存在。我沒怎麼聽說過芬奇的婚姻狀態。要是我耳聞了什麼動靜，肯定會告訴你。」

要說柯利對芬奇的處境毫無所悉，不是沒有可能，但要說在那個高處不勝寒的倫敦社交圈中，連一絲醜聞的氣息都沒有飄散到皇家地理學會跟英國山岳會的成員面前，實在讓人很難相信。可以確定的是，在一九二一年三月十七日，也就是他接受哈利街兩名醫師拉金斯跟安德森的身體檢查那天，喬治·芬奇內心絕對是心事重重。兩個禮拜前，他才接獲了法官的命令要他回到他發自內心厭惡，還挺著九個月大肚子，眼看著就要臨盆的妻子床上。而從同樣慘不忍睹的第一段婚姻中，他則被強迫中獎地接下了四歲孩子的養育之責，而這孩子雖然姓他的姓，體內流的卻不是他的血液。為了擺脫第二任妻子的糾纏，他挑起了每年一百英鎊、沒有期限的贍養義務，要知道一百英鎊在那個年代可不是什麼小數目，尤其對一個講師薪水是其唯一收入來源的男人而言。他家裡把所有的積蓄都拿去買了西伯利亞鐵路的股票，跟著俄國革命一起煙消雲散了。而在體檢當天，他後續的行程是要跟人在史特蘭德飯店通姦，好讓他能以自導自演的方式重獲自由，進而終於能跟他夢想中的女人結婚。心裡壓著這麼多事情，換成誰都會吃不下飯，「氣色蠟灰、面露疲態、形容枯槁」也是自然。

芬奇的缺陣，對探險隊的戰力是一大打擊，而芬奇也形同在大庭廣眾下受到了強烈的羞辱，畢竟二月號的《地理學報》已經登出了他的名字，說他是聖母峰探險隊的一員。波西·法拉爾不僅對此怒火中燒，而且還非常擔心於這會對登山隊造成不良的後遺症。三月四日，他在對榮赫鵬提出的警示中說：「萬一有什麼原因造成芬奇或馬洛里脫隊，我必須說我想不到有誰能夠取代他們的地位，而我敢大膽這麼說，是因為我可能比誰都更熟知英國每一位登山家的造詣，外加當代大部分外國登山家的能力所及。」

氣憤難平的除了波西，也包括馬洛里，尤其是在得知了哈洛・瑞彭已經將他的老朋友兼登山夥伴威廉・林恩（William Ling）拔擢為芬奇的替補後，馬洛里更是不能接受。威廉・林恩是蘇格蘭登山俱樂部（Scottish Mountaineering Club）的理事長，而時年四十八歲的他在經過一番思慮之後，婉拒了邀請。此後其他的名號紛紛浮上檯面，當中包括霍華・森默維爾與諾艾爾・歐德爾這兩名優秀登山家，後來他們會在一九二二與一九二四年的探險隊中大放異彩，其中歐德爾因為新婚燕爾而沒有答應出馬，森默維爾則莫名其妙地被徹底跳過。威克菲爾也在口袋名單內，但事實證明他怎麼都連絡不上。一如法拉爾在一九二一年二月二十五日給傑佛瑞・楊恩的信中所寫，他（威克菲爾）「遠在加拿大，而我掌握到的消息是他的夫人不會放人。」事實上，受戰爭的陰霾影響，威克菲爾已經退隱到加拿大的一個偏遠僻靜之所。他希望自己能在新布倫瑞克（New Brunswick）的陰暗森林裡讓人生重新開機。「我對威克菲爾感到的惋惜，」馬洛里寫道，「某種程度上更甚於我對芬奇的不捨。」

在三月二十四日，也就是芬奇遭公開宣告從探險隊中被除名的那天，法拉爾在一封給楊恩的信裡直言說，既然如此，那不如就讓一九二一年的探險隊變成純粹的地理偵察任務，不要妄想帶有任何挑戰高山的色彩。法拉爾表示，芬奇「對冬夏兩季的雪況都擁有不輸給任何人的知識，甚至可以跟瑞彭一拚。若是因為芬奇的缺席而造成探險隊遇到雪況時的掌握度不足，到時候一定會發生意外。再者，芬奇也是此次探險隊中唯一懂得滑雪的人。我多少會覺得除非今年的登山隊真的夠強，否則比較穩妥的做法還是讓皇家地理學會回歸他們的老本行，今年就專門只執行探險計畫得了，登山的事等明年組一支真正夠強的隊伍再說。當然探險之事到底還會不會有明年，那又是另外一回事了。」

事實上在這之前，喬治．馬洛里就已經對探險隊的實力與凝聚力有所質疑。在三月九日，也就是馬洛里預定要出發前往印度的一個月之前，他寫了一封信給榮赫鵬，內容是在抱怨瑞彭還沒有搞定高海拔的專用帳篷，也還沒有針對聖母峰可預見的嚴寒做好相應的後勤儲備。馬洛里的結論是瑞彭「不是很勝任自己的位子。他甚至建議我們不要戴田皂角木髓帽，而米德跟朗史塔夫等人都直指會輕忽木髓帽重要性的人，肯定是瘋子」。

不過探險隊裡倒也不是沒有馬洛里欣賞的人。「我非常欣賞沃拉斯頓看起來的樣子，而霍華－貝瑞看起來人挺不錯，即便我還沒有接受他到能無所保留。芬奇跟我倒是已經有了不錯的交情，而我也很欣賞他給人那種可靠的感覺；他的科學知識肯定能派上用場，事實上在我們討論裝備的時候，這一點就已經讓我們收穫滿滿了。榮赫鵬爵士為我帶來了無比的樂趣與喜悅——他是個長年信奉美麗與冒險的堅定使徒！聖母峰探險在他眼裡就像是某種宗教性的朝聖之旅。我期待自己最終能夠坐在他的腳邊，聽他講述拉薩與吉德拉爾的種種故事。」

馬洛里希望在山上與他並肩同行的人是芬奇，也做好了心理準備要是自己提出的疑慮沒有得到處理，那他就不惜要放棄這次的聖母峰之行。三月二十七日，他在給辛克斯的信中說道：「自從收到你的信，知道了芬奇不會與我們一同加入聖母峰的探險之後，我就一直很認真在思考自己的處境。我們應該要放下優異的登山技巧，改以耐力做為標準來挑選芬奇的替補。一路以來，我都認為現在的陣容只勉強達到了此等冒險最起碼的要求，畢竟此行對人的精神與肉體都是極大的考驗。我之所以屬意芬奇，是因為少了他，我們團隊的強度就不夠了。你應該能理解我也不想拿自己的性命開玩笑。身為男人我已經有了家室，為此我不可能蠢到相信什麼船到橋頭自然直。」

在回覆中，辛克斯提醒了馬洛里一件事情，那就是偕凱拉斯登上卡美特峰的亨利·莫斯海德做為探險隊的新人選，已經獲得印度調查局的附議。此外他還接著寫道：

我不覺得你需要為了自己的處境感覺到任何一絲焦慮，因為你將接獲的任何命令，都將出自於經驗老道的登山家之手，他們肯定不會叫你去做你能力以外的事情。很顯然你一路以來跟法拉爾在一起混得太久，所以才會感染到他那種自以為是、幾乎沒有人認同的觀點。他認為這次探險的第一目標是在今年攻上聖母峰的頂點，但瑞彭已經獲得完整的授權可以不用硬性地強行攻頂。事實是他只須根據對聖母峰進行徹底勘查的需求，爬到某個適當的高度即可。至於關於莫斯海德的加入，我必須得說他已經又一次爬到超過你最高紀錄一半高的高度，而且還是在沒什麼時間準備的情況下做到的。我相信要是你曾經跟著他在田野中調查好幾個月，你一定會覺得自己跟不上他的腳步，而我相信那對他而言已經是最好的訓練。

這種狗眼看人低的回應，出自一個連自己的辦公桌都沒有爬上去過的人筆下，只是讓馬洛里看了更加火大。在他三月九日給傑佛瑞・楊恩的信中，馬洛里表示他已經接受了莫斯海德將成為探險隊一員的事實，也很歡迎他的加入：「我非常樂見莫斯海德的加入。我認識他的兩名兄弟；他們一家人都算親切，而根據我的各種耳聞，我很有信心他會是一個好相處的傢伙。」但這樣的肯定並不能改變根本的問題。勉為其難加入探險隊的馬洛里——姑且不論辛克斯的看法——這下子發現自己成為了隊上的異類，因為隊上不論在年齡、經驗與身心調整上都符合任務要求的登山者，只有他自己一人。

面對此一窘境，馬洛里想出的解決之道是繞過辛克斯，直接把老朋友居伊．布洛克（Guy Bullock）拉進隊裡。三月三十一日，他拿著這個想法去向榮赫鵬進行遊說：

關於居伊．亨利．布洛克的背景可以概括如下：我結識他是在他在溫徹斯特當一名學者的時候，而他同時也是一名非常傑出的跑者。事實上，在跟我同年代的人當中，你基本上想不到有誰比他更善於長距離跑步。這樣的他在精通各種運動之餘還非常冷靜，亦即在他表現強悍的同時，也不會忘記自己是誰，再多衝撞也撂他不倒……他在我看來擁有著過人的耐力，且回首前程，我想不到有誰能跟居伊一樣，讓我有一種他多半會撐得比我久的感覺……我覺得他心如止水，又有全方位的能力，在團隊裡必會是個極具價值的成員——在最危急的關頭，你可以確信他會是那個能挺住到最後的中流柢柱。

居伊．布洛克不是另外一個芬奇，但如果真要替芬奇找一個替代品，那他也絕對不是劣質的山寨品。跟馬洛里一樣，居伊也是葛拉罕．爾文（Graham Irving），也就是兩人在溫徹斯特之恩師的得意門生。青春年少時兩人曾是登山的夥伴，比方說在一九〇五年的夏天，他們就曾一起在本寧阿爾卑斯山脈（Pennine Alps）登上白牙峰（Dent Blanche）那海拔一四二九三英尺的峰頂。居伊・布洛克跟馬洛里一樣都是貨真價實、有實力的登山者，在一九〇九年就以二十二歲的年齡被選進英國山岳會，比馬洛里以二十四歲的年紀入選還早上一年。但在其他方面，他跟馬洛里又是南轅北轍。馬洛里有多混亂跟健忘，布洛克就有多有條不紊跟效率過人，更別說布洛克那慷慨的性格與脾氣之平穩，都在事後證明可以完美地在山上補足馬洛里的沒有定性。儼然是個嚴寒的絕緣體，而且既願意也有能力在任何狀況下睡著的居伊，是個能處變不驚，面對衝突也可以保持平靜的男人。他身為職業外交官的父親是個中國通，後來還在牛津大學教授中文，而居伊也追隨父親的衣缽，在一九一三年從事起領事工作，而他駐點的第一個地方就是紐奧良，主要業務是在那兒處理墨西哥人薩帕塔（Zapata）與龐丘・維拉（Pancho Villa）起義而衍生出的英國難民。一九一四年四月離開路易斯安那時，他被另行調任到幾內亞的費南多普島（Fernando Póo）。在那兒隨著戰爭爆發，他以德國在喀麥隆的非洲殖民地為目標，組織了軍事行動。後來是因為被派駐到馬賽，才讓他在一九一六年十一月回到了歐洲，然後隔年他又被調到了祕魯的利馬。

隨著馬洛里與其他人預定在兩週內出發，榮赫鵬立馬致函向外交部要人。他希望外交部能點頭讓還在利馬的布洛克加入探險隊，但一開始碰了個軟釘子，主要是外交部認為像布洛克這麼有經驗的外交戰力，實在沒有道理讓他偷閒八個月去爬山。吃了鱉的榮赫鵬並沒有死心，反而直接跑去找外交大臣喝咖啡，而這時的外交大臣正好是寇松爵士。在寇松爵士的支持與干預下，布洛克得以暫時放下在祕魯的外交職責，而且還可以在借調期間留職且只停半薪。四月一日，居伊・布洛克正式獲邀加入聖母峰探險隊。外交部准假到一九二一年十二月三十一日，但不得延長，因此布洛克只有一次的機會挑戰聖母峰。

此時在探險隊可以信心滿滿地出航前往印度之前，還剩下一個小小的挑戰需要克服：他們需要把資金徹底找齊。一月的時候，榮赫鵬曾大張旗鼓地呼籲皇家地理學會的成員與朋友們慷慨解囊，對聖母峰基金做出貢獻。「換作平常時候，」他解釋說，「學會絕對不會差這一點錢，但近期學會的會員人數持續往下走，主要是我們還沒能從戰爭造成的損傷中恢復過來。」皇家地理學會的總收入之所以會不斷萎縮，正是由於太多會士與會員戰死在法國了。英國山岳會在這方面也沒有比較好過，由此整體的吸引力大減。總之，他們的目標是要籌措一萬英鎊做為探險隊的資金，來支應兩年內整項計畫的經費所需。英國山岳會在籌款上的表現不錯，截至三月四日就募得了大約兩千英鎊。皇家地理學會雖然理論上有較大的會員規模，爭取到的款項卻不到英國山岳會的一半，由此榮赫鵬不得不在二月二十五日第二次登高一呼。這一次的回應有稍微熱烈一點，尤其是在三月十六日之後，主要是外界在那天得知威爾斯親王認捐了五十英鎊，而他的父王喬治五世更是兩倍於威爾斯親王，慷慨解囊了一百英鎊。

由於勸募的工作不算太成功，聖母峰委員會只得改弦易轍，設法從其他管道為探險隊找錢。亞瑟・辛克斯功不可沒地衝在最前頭，積極地做出了成果，包括他徹底放下了尊嚴與身段，近乎不擇手段地從任何可能的來源為計畫募款。由此看來，探險隊的構想固然誕生於愛德華時代的紳士傳統，但其執行卻出人意表地非常符合現代化的潮流：其最終能夠成行，所倚賴的並非印度政府、英國外交部、皇家地理學會等私人社團的擔保，而是拿媒體曝光、電影、演說、書籍版權等林林總總的籌碼，與各方金主談成了背書、折扣、獨家行銷合約等五花八門的交易，而這些後來都會成為登山界出團與籌款的標準作業程序。辛克斯雖然平日做事謹小慎微，但此時也大破大立地在談判與討價還價時拿出了傭兵般的狠勁，由此他為探險隊拿下了大吉嶺鐵道的免費通行權，談到了航運公司的運費折扣，還讓大批得送往印度的設備獲得了進口關稅的豁免。他爭取到的其他協議包括由倫敦的自然史博物館（Natural History Museum）認購探險隊取得的動植物標本，並讓皇家園藝學會（Royal Horticultural Society）暨皇家愛丁堡植物園（Royal Botanic Garden Edinburgh）以及富甲一方的大老闆們承諾，對第一批帶回的植物種子不論是死是活，都要進行競標。萊諾・德・羅斯柴爾德（Lionel de Rothschild）願意為了石楠與木蘭出價一百英鎊；而一位來自伯肯海德（Birkenhead）的A・K・巴利（A. K. Bulley）則以相近的價格認購了高山野花的權利。

為了讓探險隊取得各種裝備，辛克斯聯絡供貨的大型商品與服務供應商不下三十三家，而他也一家家去談了折扣：生產野營設備、睡袋、米德與溫珀型帳篷的廠商班傑明・艾金頓（Benjamin Edgington）；提供食物包裝與運輸服務的陸海軍商店（Army and Navy Stores）；羊毛毯廠商哈德遜灣公司（Hudson's Bay Company），乃至於探險隊專屬信紙與文具的供應商W・H・史密斯企業（W. H. Smith）。辛克斯對於把錢花在刀口上的信念，也適用於探險隊的每一位成員。除了讓不缺錢的沃拉斯頓與霍華－貝瑞自費同行以外，他還很不要臉地嘗試從其他每一個成員的身上拔毛，即便是一分錢也好。一九二二年，也已經同意要自費前往印度的隆斯塔夫向辛克斯請款十英鎊，用途是要請人繪製科學插圖，好登在某出版品上來弘揚探險隊的斐然成果，但辛克斯卻小氣巴拉而且口氣很差地回覆說：「聖母峰委員會把物種採集回來，還得自掏腰包製作彩色繪圖的印刷版，都沒有人願意稍微幫忙負擔，真是悲哀。」

除了把聖母峰冒險的方方面面——回報探險隊進度的越洋電報、由探險隊員執筆的雜誌文章、由英國國內權威針對探險行動撰寫的專業評析、現地照片、專用地圖、電影底片——都盡可能商品化以外，辛克斯還無所不用其極地鞏固了大後方，目的是確保聖母峰委員會可以掌控並獨家受益於探險活動的每一筆商機。其中演講活動的油水肯定最多。當山岩攀登社前任會長艾胥利・亞伯拉罕（Ashley Abraham）與帝國戰爭博物館（Imperial War Museum）現任館長馬丁・康威爵士先後上門徵詢，希望聖母峰委員會能出借幾幅影像來供他們進行公開簡報之際，這兩人都被狠狠地潑了盆冷水。聖經公會（Bible Society）與隸屬第十七騎兵團（17th Lancers）的兵團日誌跑來要些東西，現場也一樣上演了熱臉貼冷屁股的戲碼。其他被賞了白眼的機構還包括一家童書出版商，以及國家地理學會（Natinal Geographical Society），其中後者被斬釘截鐵地告知，任何一樣東西想要刊在雜誌上，都得出高價來換取授權，哪怕那只是一張已經在英國露臉過的舊照片。自此經過了四年的時間，辛克斯也不過只無償贈與過兩樣東西：一樣是給國王陛下的一小盒種子，另一樣是給尼泊爾大君之子的一幀聖母峰影像，好供世子將之用在其聖誕卡上。

在辛克斯的觀念裡，任何一文錢只要稍有機會能用在探險隊的身上，他就必須要錙銖必較。一九二二年，他收到一封於出自殘疾兒童援助協會（Invalid Children's Aid Association），署名是潔賽爾小姐（Miss Jessell）的來信。有瑪莉王后（英王喬治五世之妻）以門神之姿擔任庇護人的該協會，希望獲准藉由聖誕節期間的聖母峰電影試映會場合，在倫敦愛樂廳（Philharmonic Hall）外頭為孩子們設立捐款箱。十二月二十八日，辛克斯給出的回應如下：「我會覺得整體而言，在這類型的講談活動中要人樂捐並不太方便，更談不上恰當……因此我必須很遺憾地拒絕您的要求。」

辛克斯這種基本教義式的在商言商，讓聖母峰委員會的成員們一則以喜，一則以憂。二月二十六日，諾曼・柯利致函辛克斯，看似認真地推薦了一名可能的贊助金主。「去找利華赫梅爵士（Lord Leverhurlme；一八八六年與兄弟共同創辦聯合利華〔Unilever〕的前身「利華兄弟公司」，首創用植物油生產肥皂）聊聊，請他贊助我們一千英鎊，做為交換，我們會帶著一大塊他公司做的陽光牌肥皂（Sunlight Soap）跟上面印有陽光牌肥皂圖樣的超顯眼旗幟上山，然後把這兩樣東西插在兩萬九千零二英尺高的聖母峰上。這麼一來他就可以昭告天下：（一）陽光牌肥皂創下了每小時賣出兩萬九千零二塊的新紀錄；（二）陽光牌肥皂來到世界之巔，君臨地上人間；（三）怕洗不乾淨的人請用陽光牌肥皂，用陽光牌肥皂讓你一勞**永逸**（原文為Ever-rest；Everest的雙關語）。」

身為皇家地理學會的祕書長，辛克斯並不覺得好笑，柯利得知了這個大膽計畫後也翻起白眼。經由與約翰・布坎的密謀，辛克斯安排了要將聖母峰探險的獨家報導權賣給兩家報社，一家是英國老家的《泰晤士報》，一家是新大陸上的《費城公共紀事報》（*Philadelphia Public Ledger*），至於照片的版權則預定出售給英國的《畫報》（*The Graphic*）。根據相關的交易協議，所有從圖博發出來的任務報告或新聞，都要先由《泰晤士報》審視過二十四小時之後，才能釋出給其他媒體。消息一出，其他報社很自然地怒不可遏，包括近在英國與遠在印度的平面媒體，尤其朝氣蓬勃的印度媒體根本不能接受聖母峰的新聞得先送回千里之外的倫敦，然後再等著倫敦用電報把消息發回加爾各答。印度總督於是出手干預，並對印度調查局長萊德上校施加壓力。總督要求並未接受聖母峰委員會金援的調查隊成員，將報告直接供輸給印度各報社，他強調壟斷新聞的作法只會逼著被蒙在鼓裡的報社記者憑空臆測，而任由外面亂寫一通不但對探險隊本身有弊無利，更可能危及英國與圖博的外交關係。

不服輸的辛克斯在反擊中宣揚自己對媒體向來的鄙夷，並直指媒體是「腐爛到骨子裡的一群……與嗜血的鯊魚與海盜無異」。他在一封給霍華－貝瑞的信裡寫道，「要說有誰更衷心抱憾於我們不得不與新聞媒體打交道的這種制度，那個人一定是我。你不會不記得我一向對與新聞界接觸持反對態度吧？問題是，我的立場不能那麼做，我能做的就是按照委員會的指令行事，然後盡可能爭取最好的結果。」

面對新聞媒體，辛克斯內心確實感覺相當掙扎。即便雙方簽了約，他也把底線踩得很緊，沒有白紙黑字規定的東西一概不給，由此他不提供探險隊員的基本個人資料，不讓媒體去打擾隊員與他們的家人，甚至還一不做二不休，在未受訪也沒有照片流出到媒體的狀況下將人偷渡出英國。他在寄到印度給馬洛里的信中寫道，「對於能成功讓全體隊員在沒有訪問、沒有照片，也沒有影片的狀況下順利出發，我們除了感到非常驕傲，也非常期待可以延續這樣的紀錄。你在返國時一定要多花點心思，因為要是守住了這麼久的防線在最後關頭被記者突破，那就太令人遺憾了。」

惟不論他們內心對媒體也多少保留與掙扎，辛克斯與榮赫鵬都不打算跟錢過不去：他們跟《泰晤士報》初步談妥了一千英鎊，要是能登頂成功還可以追加兩千英鎊。四月二十八日，辛克斯胸有成竹地向霍華－貝瑞報告說在付清了英國部分的所有費用，同時還匯了兩千英鎊到印度因應各種開銷後，倫敦銀行裡還留有大約一千英鎊的壓箱底。

探險隊就此成行。已經抵達印度的除了亞歷山大．凱拉斯，還有負責調查工作的亨利．莫斯海德跟艾德華．奧立佛．惠勒（E. O. Wheeler），外加地質學者亞歷山大．赫倫（Alexander Heron）。哈洛．瑞彭在三月中乘著蒸汽船拉哈爾市號（SS *City of Lahore*）從伯肯海德出發，離開了英格蘭。在寒冷與顛簸中橫渡過地中海之後，霍華－貝瑞於四月十三日站上了位於埃及賽得港的蒸汽船摩臘婆號（SS *Malwa*）甲板，準備取道蘇伊士運河前往印度。三天之後，山帝．沃拉斯頓與居伊．布洛克乘著半島東方航運的蒸汽船納爾德拉號（SS *Naldera*）從馬賽出航前往孟買。馬洛里一個人帶著大部分的探險器材與裝備，在四月八日成為了蒸汽船薩丁尼亞號上頭等艙四十三名乘客中的一員，準備前往加爾各答。

在倫敦，波西．法拉爾依舊樂觀不起來。他在四月十二日給傑佛瑞．楊恩的信中說道，「我對他們這一季能夠達到多少成就，並不抱太高的期望。這樣的陣容在我心中實力並不算強，更何況他們對於冬季環境的掌握也可以說聊勝於無。」法拉爾在給聖母峰委員會的信裡更加口無遮攔，甚至還直接點起了名來：「以馬洛里先生與布洛克先生而言，他們僅有的登山經驗上都已距今一段時間，因此他們這個團隊將不具備條件，在瑞彭先生沒有自信帶領的高度以上繼續進行安全無虞的偵察行動。」楊恩對布洛克所知不多，但對喬治・馬洛里非常篤定，他知道馬洛里絕不會讓自己的壯志雄心受限於瑞彭的能力所及。在這個當下，縈繞在楊恩心間的是一張由法拉爾跟榮赫鵬傳來的馬洛里影像。榮赫鵬猶記得在二月九日的一場午餐會上，馬洛里被首次徵詢加入探險隊的時候，接下邀請的他「看來面無表情」，就好像他一瞬間用肩膀擔下了歷史的重量。

四月二十六日，一封電報從拉薩的查爾斯・貝爾發抵了倫敦，內容是貝爾提供的譯文，而其原文則是由至高無上的第十三世達賴喇嘛陛下發出給各地宗本，適用於帕里、亭吉宗、崗巴宗與喀爾塔，也適用於取道圖博前往聖母峰途中每一個碉堡與聚落的敕令。這份文件，無異於是讓探險隊在跨越邊界進到圖博境內後，仍能一路暢行到聖母峰的護照。該份敕令的聲明如下：

英國派出了一隊代表政府的薩博（Sahib；殖民時期印度對歐洲人的尊稱）要來觀察珠穆朗瑪峰（圖博對聖母峰的稱呼）。他們代表的是對圖博的深厚善意。偉大的貝爾專員親自請求了我們下令讓這些薩博可以獲得各種補給，包含供人騎乘的小馬，還有各種馱獸及苦力。所以當這些薩博帶著僕役涖臨時，你們理應盡力滿足他們在交通運輸上的需求，且收費必須按照國內通行的行情，不得哄抬，以期銀貨兩訖之間能讓賓主盡歡。此外諸位薩博若還有其他需要協助之處，不分白天或夜晚，也不分行進間或暫停時，你們也都要不得欺罔地全力以赴，以求維繫英國與圖博政府間的友好關係。必要時得在所轄範圍內各自下令配合。此敕令發布於鐵鳥年。協擺集體用印（Seal of the Sha-pes；協擺直譯為「蓮足」，是內閣噶廈成員噶倫的另外一種尊稱）。

一九二一年四月二十八日，榮赫鵬爵士發了封電報給在大吉嶺的霍華－貝瑞，並在內容中表示「我們將在（五月三十一日的）周年晚宴上為探險隊舉杯，並希望屆時能收到電報，得知你們已經平安抵達圖博」。兩週前，榮赫鵬已經寫了一封長信給探險隊的隊長，鉅細靡遺地強調了探險隊從山區發回來的報告有多重要。「不過分地說，全世界都會是你們的觀眾。」榮赫鵬在信中如是說。至於對時任印度調查局長的萊德上校，榮赫鵬發出的訊息比較沉得住氣：「此行的成功與否，端視眾人能不能不分彼此，有如兄弟般地通力合作。」

5

馬洛里登場
Enter Mallory

一九二二年的四月十二日早上，喬治．馬洛里形單影隻地站在船艄的上層甲板，望穿了破曉時那若明還暗的藍色背景，見證了海霧的升起；而同時間蒸汽船薩丁尼亞號駛過了直布羅陀海峽，進入了地中海。不是很喜歡長途旅行的他，從四天前在梅西河的伯肯海德上船之後，就一直過得有點悽慘，主要是沿著歐洲岸邊下到聖文森角（Cape St. Vincent）的過程為何謂濕冷下了最好的註腳，同時老舊的薩丁尼亞號本身就潮濕狹小到讓人幽閉恐懼感大作。被他留在英格蘭的除了愛妻茹絲，還有三個年幼的孩子，依序分別是六歲與四歲的女兒克萊兒（Clare）與貝里姞（Beridge），還有還在襁褓中，才七個月大的小兒子約翰（John）。在一封家書當中，他抱怨自己在船上的起居空間，還不如自己在法國待了十六個月的一戰西線。置身於船身外殼的呻吟聲與引擎勉強自己運轉的金屬敲打聲中，外加全天候有燈光照進他的房間，馬洛里在船上可說毫無隱私可言，對此他說「你完全不會有有僻靜或獨居的感覺」。前線的坑道與壕溝是低於地表的存在，姑且不論橫行的鼠患，「你至少可以享有一點孤獨，一點其他地方或許都體驗不到，大地像是啞掉了的孤獨」。

此外馬洛里想從旅伴身上獲得安慰的希望，也同樣落空了。「目前為止，」他在海上短短一天後就在給妻子的信中寫道，「我看都不想看到他們——甚至應該說，我的天啊，我厭煩死他們了。」用餐真的是一大考驗，其中晚餐時間又最讓人坐立難安。「我會被夾在一個弗雷澤上校跟一個名叫侯利歐奇，不知道來幹嘛的傢伙之間，其中侯利歐奇從上船以來，就沒有在餐桌上跟左右鄰座開啟過任何話題——所幸他的餐桌禮儀還算是相當得宜。上校是個高高瘦瘦、十分骨感的英裔印度人，外表有點嚇人——但個性倒是非常溫和，而且動作似乎也是我所見過最慢吞吞的一個。我覺得他內心應該是個好人，但就是非常不懂得聊天的藝術，由此跟他講話乾到不行——好的話題落到他的手上，會活活被用亂棍打死，不然又是被他踐踏到滿身都是灰。我只能倒抽一口冷氣。」

被馬洛里形容為「快活說書人」的船長是他一個小小的避風港，另外就是船上有一名印度陸軍的退伍老兵也有一點類似的效果。這名退役軍人老兵曾經在庫特（Kut）被奧圖曼土耳其人俘虜，但也許是老天眷顧，他竟然從美索不達米亞沙漠的死亡行軍中活了下來。要知道，當時所有的阿拉伯部落都會跑出來對戰俘丟石頭，扒走傷者身上的衣著，甚至還會用沙子塞住戰俘的嘴，不讓他們大呼小叫。這些文字所對應的畫面，讓馬洛里一想到就縮一下。而在信裡對茹絲描述這位印度老兵時，他會躲回到自尊心的制高點上，穿戴上他從進入劍橋就讀之後就慢慢打造出的保護盔甲。「雖然教養差又熱情氾濫，但這人還算善良。」馬洛里貶中帶褒地介紹了對方，但也沒忘了補上一槍說，「但他的問題不在於他醜到讓人受不了，或是個野蠻的食人族，不是這樣的，他的問題在於他無聊透頂。」

真正能馬洛里徹底放鬆的，是開闊的風，是像鷹巢般能讓他居高臨下鳥瞰一切的船艄，是能讓他釋放能量的體能活動。做為運動，他會在甲板上走個十三圈來湊成一英里，還會做一整套肌肉體操來讓人「腰軟筋開」，至少他是這樣對茹絲說的。早在他還在索姆河擔任基層砲兵軍官的時候，他就養成了一個習慣是在身上帶著一本叫做《傑佛瑞之書》（*Book of Geoffrey*；典出美國作家華盛頓・爾文〔Washingon Irving〕的《見聞札記》〔*The Sketch Book of Geoffery Crayon, Gent.*〕），但永遠不會出版的手稿，裡頭集結了所有他希望以嶄新的方式傳給下一代的道德觀與愛國情操，而如今他也會時不時拿出來複習裡頭的字句。此外他還會閱讀大文豪狄更斯的惡漢小說《馬丁・翟述偉》（*Martin Chuzzlewit*），品嘗西裔美籍哲學家喬治・桑塔亞納（George Santaya-na）的作品，狼吞虎嚥他朋友兼前追求者，同性戀英國作家利頓・斯特拉齊（Lytton Strachey）所撰的傳記作品——《維多利亞女王》（*Queen Victoria*）。不過說來說去，他最常做的事情還是思念著茹絲，也思念著家鄉。

等到直布羅陀的灰影緩緩地消解，巨巖[1]的全副立體感與輪廓終於以蔚藍的地中海蒼穹為背景，顯露出在他的眼前，他抑鬱的內心終於得以撥雲見日。「隨著日光慢慢升起，巨巖的樣貌也捨棄了模糊不清的邊際，重拾起斬釘截鐵的確切外形，」他在信裡對茹絲說道，「無比壯觀，一如詩人布朗寧（Robert Browning）所說，在宏偉到令人歎為觀止之際，也仍得以保持著單純到極致的美麗──你想像不出世上還能有比這更耀眼的岬角。」他反射性地思考起了登山者該走什麼樣的路線登頂。「巨巖有著非常純粹的表面，其一刀切的垂直程度實在名不虛傳，由此成功登頂的人幾乎可以縱身一躍，就從最高點跳進海面，我估計垂直距離大約會落在七百到八百英尺之間。」

對馬洛里而言，地中海是一個完全不同的世界，一個遠離「波濤洶湧的狂野海洋」，溫暖而明亮的地方。隨著體感溫度的上揚，一種愉悅的改變也降臨在了他的身上：「我感覺到我們進入了一個舒爽的世界，萬里無雲的晴空高掛天上，四目所及都是靜謐而耀眼的海洋。」在北方，粉嫩的雲堤從西班牙的土地上升起，蒼白的地平線外矗立著「潔淨而光芒四射、雪線深及腰際的山脈……創造出雪山聳立於海面上，無法言喻的宜人絕景」。

嶄新的美景每天都會不斷更新，船的右舷橫躺著北非的海岸，距離近到馬洛里靠著雙筒望遠鏡就可以區別出一個個小村子裡的一棟棟屋子，甚至還能辨識出從霧霾與塵埃瀰漫的地平線中升起的斜坡上，種著的莊稼分別是玉蜀黍跟小麥。在天空的另外一端，盤旋在落日之上的，是阿特拉斯山脈（Atlas Mountains）的白色諸峰，遠看就像非洲頭頂上的王冠。四月十五日，就在要登陸馬爾他的前夕，他在給茹絲的信裡是這麼說的：「地中海在日照中美不勝收，還有蒸汽船踽踽前行帶來的平靜步調，而我獨自坐在船艄看著開闊的海面，也看著陸地與我擦身而過……我們將在馬爾他停留六個小時，而我說什麼也要去賞賞花。再會了我甜美的天使，我對妳的愛永無止盡，還有許許多多的吻要給我們的孩子。」

過了馬爾他，下一站便是埃及。隨著薩丁尼亞號進入蘇伊士運河，兩岸可以看見的是散落著的各式戰鬥殘骸，那是戰爭初期由土耳其攻擊所留下的遺跡。那片蒼涼寂寥的地景，這「以戰爭之名集結的醜惡團塊」讓馬洛里油然生起一種「鄙視與反感」。在他的想像中，薩丁尼亞號彷彿是在沙灘上滑翔而過，平靜無波地穿越了運河，唯一的可以挑剔的只有在內心不斷加深的鬱結。原本他對這樣的低迷心情不以為意，他想著那不過是起源於席捲船上所有乘客與船員

1　直布羅陀巨巖（Rock of Gibrator）是位於直布羅陀境內的巨型石灰岩，高達四百二十六公尺。位於西班牙伊比利半島南端的直布羅陀面積僅約六平方公里，現為英國的海外領地，亦為地中海的入口。西元一七〇四年，英國在西班牙王位繼承戰爭期間攻占直布羅陀。一七一三年，西班牙波旁王朝為換取英國承認其合法性，正式在《烏特勒支和約》中將直布羅陀割讓給英國，此後英國就統治直布羅陀至今。

的痢疾，畢竟連船長都無法與之匹敵而倒了下去。但這種低落的心情不斷向下探底，就這樣當船噴著汽出了紅海，接近到亞丁的燃料補給站之際，馬洛里突然內心一股悸動，感受到了一種黑暗的直覺、一種不祥的預感，由此他在給茹絲的信中提到了「災難或危險的逼近」。到了熱到讓人睡不著的夜裡，他赤條條地躺在臥舖上，任由風扇扇葉攪動著停滯軟爛的空氣。來到白天，眼前所見不是大海就是地平線，能打破那種單調的，只有成群的鼠海豚跟逐浪的飛魚偶爾躍出海面。在橫越完印度洋，眼看要抵達可倫坡的前夕，他再一次陷入了憂鬱當中。「這文明生活的表象，全都是空洞的騙局一場。」他在五月二日的信中寫道。「大海有多美多吸引人，就有多邪惡、多深沉⋯⋯海中有一道不安的靈魂——即便在徹底平靜無波的狀態下，當海面真的就像凍結在了沉靜當中，其心臟也彷彿仍繼續隨著緩和的長浪在搏動著，而在船上的我們只能無止盡地隨之慵懶而溫和地一起起伏跌宕，就像是要偕海浪一同前往時間的盡頭一樣⋯⋯那感覺就像是我們身後被自然力量的殘虐陰影追趕著，容不得我們片刻忘記大自然能展現出什麼量級的暴力。」

不過瞬息萬變畢竟是他最突出的個性，馬洛里很快就在一個禮拜後找回了那個熱情洋溢的自己。五月九日他一睜開眼睛，就殷切地期待起了加爾各答。在這之前，他便已經心有所感於印度之令人驚嘆，如他在稍早登岸的馬德拉斯（Madras；今清奈）就待了好幾個小時仍流連忘返。按照他在接近孟加拉灣時寫給茹絲的信中所言，他在馬德拉斯的經驗可說「驚奇到無法言喻——光是這麼多人同時出現在一個小空間裡，就非常難以想像，更別說每轉一個彎，後頭都有不可思議的光景揭露著堪比金字塔跟西敏寺的差距，迥異於西方國家的生活方式與風俗民情。」

惟隔天五月十日，殘酷的現實在加爾各答重新集結，因為加爾各答將沒有人等著為他接風洗塵。前一晚他在薩丁尼亞號上收到探險隊長霍華－貝瑞的來信，信中指示他要自行登上碼頭，然後頂著豔陽走到兩英里外的海關，因為聖母峰委員已經指派了數千磅的裝備與補給品，要由他負責完成報關程序。帶著對英屬印度知之甚詳且對當地行事作風瞭若指掌的輕鬆口吻，這封信在結論裡要馬洛里先為做為探險隊命脈的補給品確保好通往大吉嶺的輸送無虞之後，再逕自閒步前往火車站，搭乘前往山區的夜車。「我這晚於五點動身前往大吉嶺，隔天中午才抵達目的地。」馬洛里在從加爾各答寫給茹絲的信中說。「我將在此接受孟加拉總督的招待——這裡非常豪華、非常舒適，但我並不期待跟那些官差打交道，而寧可待在我估計布洛克目前身處的聖母峰大飯店裡。其他人現在都已經到大吉嶺了，只有凱拉斯例外，最新的消息是他在四月五日爬了一座山，而這也讓瑞彭顯然有點緊張。這裡現在熱到會滴汗，但我還滿喜歡趁早餐之前去溜達溜達。先這樣，喬治。」

這個在聖母峰上以命相殉，令尚未從戰爭陰影中走出來的英國哀戚不已的男人，在一八八六年六月十八日生於一個小康的家庭。身為家中的長子，他的父親赫伯・雷・馬洛里（Herbert Leigh Mallory）是英國國教在莫伯利（Mobberley）的牧師，而莫伯利則是位於曼徹斯特這個工業中心郊外十六英里，屬於柴郡的一個繁榮大教區。赫伯・馬洛里是個信仰虔誠、廣受敬重，而行事內斂的神職世家子弟，早自一六二一年起，馬洛里家族就一脈相承，把家庭成員培養成村中能站上講壇布道的人才。他的母親安妮・貝里姞・傑柏（Anne Beridge Jebb）同樣有一位是牧師的爺爺跟一個也是牧師的爸爸，但此外她卻有著與丈夫迥然不同的性格。情緒容易陷入紊亂的她，個性衝動，但又優柔寡斷，你無法預測她下一步會往哪兒轉。她行事欠缺條理到無可救藥的地步，花起錢來也不懂得節制，但又是個相處起來趣味橫生的女子。她不快樂卻懂得悲憫，她會以她自己的方式尊重別人，也會默不作聲地包容別人與主流相左的意見。疑心病不時會發作的她，是有著強迫症的大胃王，由此她會堅持要僕人們每天沒有間隙地端上一餐又一餐——早餐、十一點的早午茶、午餐、下午茶、晚茶、晚餐、宵夜——她這樣一個充滿矛盾的女人，會在一九〇四年的春天精神崩潰，而丈夫對她這種無聲的呼救卻是充耳不聞，他只忙於在每一次用餐時間把僕役統統叫來，充當他朗讀聖經的聽眾。

母親性格中的各種元素，未曾間斷地在馬洛里的生命中留下了投影。他終其一生都與非正統的另類思考藕斷絲連，同時他也跟母親一樣情緒不穩，一樣始終為了金錢傷神。他恍神的程度，甚至足以在聖母峰上讓同僚無法專心致志。但不論怎麼看，母親的不幸福都沒有讓他的童年也跟著不快樂。兒時的他既是個小帥哥，也是個頑皮鬼。深受妹妹艾葳（Avie）與瑪麗（Mary）這兩個妹妹愛戴，又被弟弟特拉福德（Trafford）奉為偶像的他才剛會走路，就已經深愛上冒險了。七歲的時候，他曾經因為在午茶時間調皮搗蛋而被叫去房間裡反省，但沒一會兒只見他已經像隻貓咪，現身在教堂的屋頂。原來他沿著屋子的排水管往上爬，接著古老鐘塔的垂直岩牆也沒難倒他。他的妹妹艾葳形容他總能啟發人的想法：「他有種天賦是能讓事情變得莫名讓人期待，甚至讓人覺得有那麼點危險。任何東西只要有那麼一丁點可能性，他都要爬爬看。我很早就知道這人激不得。但凡你跟他說有棵樹不可能有人爬得上去，他就非得試一下不可，因為在他面前提到不可能，就像是在向他下戰帖。他曾跟我說過他可以輕鬆地躺在兩道鐵軌之間，任憑火車從他身上跑過去。當時我刻意面無表情，好像這本來就沒什麼似的。我怕我只要露出一點這根本不可能的表情，他就會真的跑去證明自己可以。」

十三歲的時候，喬治贏得了進入溫徹斯特公學就讀的數學獎學金。一九〇〇年九月來到這所寄宿學校之後，他連同其他天資最聰穎的新生，一同被分派到了學院舍房（College House），此後在新學校的第一年裡，他就與其他十個男孩共同以一個位於四樓的宿舍為家，睡在比該校的四合院建物還要高出很多的地方，而他這十個同學全都是英國的菁英子弟。馬洛里熱愛關於溫徹斯特公學的點點滴滴：他擅長的各種運動競賽；校內熾烈的愛國情懷；包含榮譽、忠誠、運動精神與責任在內的崇高價值觀；一首首的禱告與讚美詩；被改編到熱血沸騰的英國國歌，讓人一聽就化身為願意受帝國召喚去赴湯蹈火的溫徹斯特男兒。

他是生於帝國，在帝國滋養下長大的世代，而在那個年代，大英帝國及於全球各地的宗主權彷彿理所當然，一點都不需要感到奇怪。在馬洛里出生的前一年，高登將軍（General Gordon）[2]剛因為馬赫迪之役於蘇丹的卡土穆殉難。九歲的時候，他就能在《少年日報》（*Boy's Own Paper*）上讀到基奏納的復仇，並在各報上看到馬赫迪血淋淋的頭顱被插在長矛上。他跟他的同儕就這樣聽著帝國冒險的故事長大，當中有果敢的英雄會單憑英格蘭人的一腔赤膽忠心以寡敵眾，擊破野蠻與邪惡。從加拿大的克朗代克到南美洲的蓋亞那，從砂拉越到尚比西河，再從香港到加爾各答，世界地圖上紅紅的一片盡是大英的天下。既身為英國人，就是天命所歸，就是有道德與正直的加持。「我們恰好是世界上最優秀的民族，」塞希爾・羅茲（Cecil Rhodes）[3]的名言如是說，「由此世界上愈多地方由我們定居，對整體人類就愈發有益。」

英國的公學，包括當中一些歷史悠久者如伊頓公學、哈羅公學、溫徹斯特公學，還有一些誕生於十九世紀的新進者，都在一戰前的數十年間達到了各自的頂點。這些校園的存在是為了培養菁英來匡扶帝國，為了教育出公僕去帝國的邊疆戍守，為了訓練出軍官來帶領士兵戰鬥，為了讓陛下能派出官員去決定千百萬黑臉子民的命運該往哪走。教育深受重視，過半數的課堂都在教授經典，但總的來說，校園裡仍充斥著一股濃厚的反智氣氛。話說到底，學校存在的真正目的是要灌輸學生一種特定的價值觀，一種對上層階級的盲目服從與對下層階級的反射性壓迫，還有最重要的，是學校會後天陶冶出學生的優越感，因為這才是帝國維持穩定的核心保障。

社經背景傲視群倫的少年們一成為溫徹斯特等公學的低年級學生，就會立刻被剝奪掉他們原本的出身。身著制服的他們會被沒收所有的個人財產，分配到不同的開放式宿舍，然後過起斯巴達式的生活，洗冷水澡、吃起粗茶淡飯，還得在體能上接受嚴格的操練。他們會暴露在高年級學生的喜怒無常中，因為高年級可以挾著學長的頭銜而大權在握，心情不好就處罰誰。至於以校為家的師長們更是讓低年級的學生惹不起，因為老師一生氣，藤條就會不留情地打下，

2 Charles George Gordon。英國陸軍將領，曾因在中國指揮傭兵協助李鴻章與劉銘傳剿滅太平軍而獲得清兩宮太后封為提督、賜黃馬褂，得「中國人戈登」之號。英國則授之以「巴斯勳章」。高登後被調至蘇丹擔任總督，後於任內爆發的馬赫迪戰爭中戰歿。

3 礦業家與政治家，一八九〇到一八九六年間擔任英國開普殖民地總督，為大英帝國的擁護者。其轄下的不列顛南非公司在當時控制了今天的辛巴威及尚比亞，並在境內成立了以他命名的殖民地：羅德西亞。

所以年輕的學弟們會學著在大大小小的事情上循規蹈矩，會把自己的情緒壓抑在由機智跟伶俐的口齒所交織出的厚顏之後。比起學業上的傑出成績，更打緊的是人品，而學校在衡量人品時的標準有毅力、韌性、忠心、耐力、團隊精神，還有勝於這一切，在賽場上的運動能力表現。最好是你能不要太有主見，然後配上一雙快腿。哭絕對是大忌，至於緊閉的門後都發生了些什麼事情，沒有人會提起。

在溫徹斯特，馬洛里繞進了一名奇特師長的運行軌道，他是公學裡的一名家教，葛拉罕·爾文。年僅二十七歲，但葛拉罕·爾文已經是英國山岳會的成員，主要是他在不按牌理出牌之餘，仍舊在山上累積了不少實績。在注意到馬洛里健美體型的諸多師長裡，葛拉罕·爾文也是其中一人。「馬洛里真是個吸引人又受自然眷顧的少年。」他曾寫道。「不算特別用功，卻沒有在智育造詣上落後同齡者，反倒是有所超前。他徹底在身處的環境中如魚得水，感覺甚是愉悅……他的身形高䠷，而且四肢修長，柔軟度佳，但肌肉又不至於過度發達而失去了美感，就像體操選手身上常發生的狀況。他外貌極為出眾，五官給人一種溫和感，膚況也甚是平滑，以至於素昧平生的人會誤以為他有點陰柔，有點弱，但如果你是他的朋友，就會知道那只是種錯覺。」一九二四年，在刊登於《登山手札》上給馬洛里的訃聞裡，陷在追思情緒裡的爾文把話說得更加直白：「他俊美的臉龐能撼動人心，其線條形狀，其切割精巧的立體五官，特別是他那雙大大的眼睛，濃密的睫毛，若有所思的眼神，都讓人忍不住想起畫家波提切利（Botticelli）筆下的聖母與聖嬰，即便他已經不再是個少年了。」

一九〇四年的夏天，爾文邀請了喬治與另外一名學生哈利·吉布森（Harry Gibson），讓兩人陪著他上到阿爾卑斯山。在一個大環境瘋狂到讓傑佛瑞·楊恩、湯姆·隆斯塔夫跟道格拉斯·弗列許菲爾德聯名正式去函英國山岳會譴責這種行為的季節裡，爾文、馬洛里與吉布森在未帶嚮導的狀況下直接上山，期間他們除了得承受強勁的風勢，還差點從岩層上摔落縫隙而一命嗚呼，更別提有暴風雨猛烈到把他們打落了山坡。雖然看起來是在玩命，但馬洛里每一秒鐘都非常開心。在他人生第一次的高山之行中，他吐了不下十來次，但雙腳仍不停地往上爬，直到太陽終於升起於白朗峰之際，他才在結冰的瓦蘭峰正下方被迫掉頭，功虧一簣。即便如此，爾文依舊非常驚異於馬洛里的運動能力：「只有親眼見到他在陡峭的岩壁或冰面上活動，見識到他在向上爬升時那絕佳的平衡感與渾然天成的優雅，你才會了解到他的身體是如何天衣無縫地聽從心靈的指揮若定，而那是一顆即便有其他的思緒，也絕對更是一顆屬於登山的心靈。」在歷經了一段分外危險、沒有遮蔽的白朗峰路徑後，爾文的想法是「我確定從那天起，他便已在雪山中找到了一種不論在身心兩方面，都足以讓他充分表達自我的媒介」。

面對來自英國山岳會的責難，他們的回應是繼續往上爬，而等秋天回到學校後，他們便一起創立了「冰之俱樂部」（Ice Club），為此他們召募了包括居伊．布洛克在內的人手。日復一日，隨著馬洛里進入在校的最後一年，溫徹斯特於他愈來愈有家的感覺。一九〇四年夏天，就在馬洛里遠赴法國爬山的時候，他的父親出於某種不知名的原因跟另外一名英國國教的牧師——伯肯海德的一位教區長——交換了教區，那是位於梅西河畔的工業碼頭地帶，而且說實在不是一個很平靜的地方。這麼奇怪的異動造成了謠言滿天飛。有人說這肯定跟債務脫不了關係；有人說這當中搞不好有情感的糾葛。但不論背後的起因為何，這場家庭革命推動了馬洛里向前走去。十七歲的他在參加伍爾維奇皇家軍事學院（Royal Military school, Woolwich）的入學考試失利，不怎麼遺憾地放棄了軍旅生涯之後，選擇了將升學的志願從數學換成史學，並藉此贏得了莫德林學院（Magdalene College）的獎學金，進入了劍橋大學。在前往劍橋報到之前，他先在一九〇五年的夏天回到了歐陸，並在那兒偕爾文與布洛克一同登上了瑞士阿爾卑斯山脈中，海拔一四二九三英尺的白牙峰。八月二十一日的破曉，他們三人出現在了毫無遮蔽且危機四伏的白牙峰南脊，朝著峰頂而去。「一個山峰接著一個山峰，」馬洛里在回憶時說到，「獲得了第一道陽光的粉嫩光輝觸碰，而那光輝又一步步暈散開來，變成了一整片熾烈的紅火——映照在色澤有深有淺的鉛藍天空中。」他們在即將日正當中之際登上了曾奪走一條條山友生命的這座山峰，由山頭為這群還在念書的孩子見證了非凡的成就。

在劍橋等著馬洛里的是一種幽閉的生活，那是一處懷抱著修道般的理想，散文家亞瑟・本森（Arthur Benson）回憶說齊聚了「書本、音樂與俊美青年」，但又紛飛著新世紀裡各種智識、政治與情感可能性的地方。後來會在麥格達倫學院成為馬洛里的家教老師，並為其學習指點迷津了三年的本森，在來到劍橋之前，曾先在不怎麼光榮的狀況下告別了他任教有二十年之久的伊頓公學。他是個複雜而內心飽受煎熬的學者，也是個詩人與多產的作家。說他多產，是因為他在日記裡記錄下了自己感情豐富的生活中，大大小小的峰迴路轉。最終他累積出的日記篇幅有四百萬字之多，並按他的指示在其身後被封存了半世紀之久。雖然如今早已為大多數人遺忘，但當年他也曾活躍於英國文壇且頗具聲望。

本森的私生活會過得如此憂鬱，肇因於他悲慘的過往。他曾先後擔任過威靈頓公學校長與坎特伯利大主教的父親主張鞭子應該多用，而他的母親在被虐待到不成人形之後終於精神崩潰。在這對夫妻的六個孩子裡，英年早逝的竟有兩人，另外四個也終身未婚，其中兩人——包括亞瑟・本森在內——會為遺傳自父親的躁鬱症所苦。看到本森這樣的出身，我們或許便不難理解他為何會為了尋求慰藉而把注意力放到學子的青春身上，放到文字的美學之上，也放到柏拉圖式的忘年之交上。他希望讓這種跨越年齡的友誼聯繫起恩師與學子，讓雙方相處起來如父如子、如兄如弟，乃至於時不時會在某個稍縱即逝，渴望爆發的瞬間裡，讓這種關係成為一種更甚於父子兄弟許多的東西。在當時那個劍橋大學的老師得在教職與婚姻之間做出抉擇的時代，本森曾在甚具人氣的散文集《豐富人生》（*From a College Window*）回憶起大學生活的喜悅：「我愛那些能用閃光照亮古老庭院每個角落的年輕心靈，就像年復一年在春天升起的壁花，在我們腐朽的牆頂上展現出豐潤的橘褐色澤，散發出狂野的氣味。對任何一個喜愛平靜與自省、鍾情力量與青春的靈魂而言，那都是一種福澤滿溢的美麗人生。」

若說有誰能用最熱烈的光線照亮他頭頂的穹蒼，本森除了喬治·馬洛里以外不做第二人想。他第一次見到這名年輕人，是在一九〇五年的米迦勒學期（Michaelmas term），也就是秋天第一個學期開始前的最後一個主日，國王學院小教堂的晨間禮拜時。馬洛里此時才從瑞士山間回返不到幾個禮拜。「我今早在國王學院瞥見了一個氣宇軒昂的男生，十之八九是新鮮人，就坐在我的前方——瞧瞧那人後來過來叫住了我，喔，原來他正是來自溫徹斯特的馬洛里，麥格達倫學院的其中一名獎學金新生。他坐了一會兒，我實在想不到有哪個男孩，能比他更單純、更聰穎、更坦率，更對外界事物興味盎然。他將在我之下學習，這好消息不啻讓我欣喜不已。他似乎對所有美好事物都充滿了熱情，但又絲毫未曾沾染自以為是、一本正經的習氣。」

接下來的幾個月當中，馬洛里慢慢適應著劍橋的新生活，期間他一面褪去了對溫徹斯特的鄉愁，也一面在代表學校划船的過程中十分享受。而在這樣的過程裡，他與本森也益發過從甚密，這包括於公，馬洛里需要在本森的指導下迎接各式各樣的學業挑戰，而於私，本森領著他進入了博斯韋爾（James Boswell）[4]與特里維廉的作品世界中，更走上了一條由閱讀、學術、文學與藝術所鋪成的人生道路。一九〇六年十二月，馬洛里應本森之邀前往辛頓院（Hinton Hall），也就是本森租在劍橋郊外大約十英里處的度假之所時，這兩人之中的長者本森已然無可救藥地陷入了愛河。

對年僅二十歲的馬洛里而言，前往辛頓院赴約並過夜是再清白也不過的事情了，就像他之後去的每一趟都是如此。「那是個待起來很開心的地方。」他寫道。「你基本上下課回到那裡，都還趕得上喝杯晚茶，然後A．C．B（亞瑟．克里斯多夫．本森）會拿出瑰麗如寶石的文學作品，而我們兩人會一起閱讀到八點十五分的晚餐前……待在那裡的樂趣在於你可以隨心所欲地放鬆自己，而且每一樣東西都感覺如此地安詳、平靜與舒爽。」

相對於馬洛里的心無罣礙，本森每一次招待馬洛里都使他內心泉湧出情感與慾望的波瀾，為此他必須奮力地將之昇華。聖誕節前的兩個禮拜，馬洛里離開了辛頓院，而那也讓本森陷入了絕望的深淵。他在日記中寫道：「我穿過融雪回到家中，才發現我親愛的伴侶已經消失無

4　一七四〇～一七九五，全名為詹姆斯．博斯韋爾，蘇格蘭傳記作家，代表作有《約翰生傳》，因開創了現代傳記文類而聞名於世。

蹤……我們在門前合照過一張照片，但結果卻有點慘不忍睹，其中他看起來像個長不大的頑童，而我看起來像一隻老邁的熊……這之後我孤零零地去散了個步。」

整個一九〇七年的春天，在日記的字裡行間透露出不斷茁壯的迷戀。時間來到五月，在與馬洛里相處了一天之後，他捫心自問了一句：「我為什麼要繼續自欺欺人地說自己不愛這個年輕的朋友，也不享受他的陪伴呢？」隨著時序進入夏天，病倒於肝炎的馬洛里發現床邊出現了一束山谷百合，並被告知送花來的紳士沒有表明身分，只在紙條上署名「無名的美男子」（圓桌武士甘加蘭〔Sir Gingalain〕的別名）。六月底，馬洛里又在辛頓院過了一夜。馬洛里在那次造訪時朗讀了他的詩作，而本森聽完後的評語是「表達手法上相當傳統，但內容則洋溢著屬於年輕人、夾雜著憂鬱的喜悅。」在這樣的誘惑下，本森幾乎忍不住想對馬洛里告白，但最終還是顧忌其後果與影響而咬牙忍了下來。「空氣裡瀰漫著浪漫的情誼——但這種情緒隨即陷入了黑暗的道德領域，那是暗藏在這種友誼背後的陰影，也是我少數不會對人據實以告的祕密。」

馬洛里究竟知不知悉這些被記錄在私人日記裡的隱性情緒，我們無法確定。他很顯然對本森做為一名學者與作家有一份欽佩之情，並且是真心地以某種方式喜歡著這個比他年長的男性。一九〇七年的夏天，當本森陷入到一種想自我了結，而最終也讓他從劍橋校園消失了好幾個月的抑鬱深淵裡時，馬洛里曾一演完校內的舞台劇，就一臉濃妝外加一身戲服地直衝到本森的身邊。在接下來那個幽暗的秋天，馬洛里不離不棄地扮演著本森的摯友，同時也頻繁地去探視於他。基本上我們可以確定這段曖昧的關係始終沒有踰矩，但那並不是重點所在。他們之間的友誼在對馬洛里而言十足重要之餘，也扮演了促進他智識與個人成長的關鍵角色，而想要理解這段關係，我們只能將之置於當時的文化脈絡之下，我們要知道那是一個容許某種愛存在於男性之間的時代。被現代人標籤化的性向——異性戀、同性戀，一個人或直或彎——一旦放在那專屬於當時、由靈魂與人格共振出的男男之愛面前，其愛情坐標系的意義將不復存在。

愛德華時期的英國是標準的男女授受不親，只有進入了婚姻才能一口氣揭開兩性之間所有的祕密。當時的男性普遍晚婚，多半都要到三十歲以後才會娶妻，而且平均五個新娘裡會有四個處女。但當時的年輕男性就跟現代人一樣不時興禁慾，所以在婚姻之前，他們只有兩種管道來發洩自己的性慾：一條路是去找時薪相當於管家月薪的娼妓，另一條路就是其他的男性。「我的交友經驗僅限於同性。」馬洛里曾經在一封給柯蒂・山德斯（Cottie Sanders）的信裡如此招認。柯蒂・山德斯何許人也？她是馬洛里除了姊妹親族以外，第一個真正「認識」的女性。「老實說，我對女性幾乎一無所知，在她們面前我就像老鼠一隻。」

劍橋大學裡屈指可數的女性學生輕則讓人充滿困惑，重則使人心生厭女的衝動。在有女性在場的課堂上待了兩小時之後，約翰・梅納德・凱因斯在一封給畫家鄧肯・葛蘭特（Duncan

Grant）的信裡分享了他內心的不悅，而這兩人都是馬洛里的好友。「她們的心靈哪怕有稍微的作動，都會招惹到我。」這個一手為現代經濟學開天闢地的準經濟學者如是說。「男性的心靈，即便再怎麼愚不可及或醜陋至極，似乎都不曾讓我如此介意。」這位發想出嶄新的財務機制，進而讓英國政府得以（起碼在表面上）籌措到軍費的凱因斯，愛的是男人。他在劍橋時期是出了名的喜歡到處留情而且性能力超群。當時有人形容他是台「鐵打的交媾機器」。

曾有一說是英國人會把狗養在家裡，而狗屋是給家裡的少年住的。當然在愛德華時代，英國青年建立生活模式的場域不是家庭，而是寄宿學校。我們無法確知馬洛里有無在溫徹斯特公學的時期跟其他同學發生親密的性關係，但這種可能性確實如風中柳絮無從排除起。學校這種東西，按照王爾德的傳記作者尼爾．麥肯納（Neil McKenna）所言，是一個「少年之間大舉從事激烈性活動的淵藪」。與王爾德是一對情人的阿弗列．「波西」．道格拉斯爵士（Lord Alfred "Bosie" Douglas）是只比馬洛里早六屆的溫徹斯特學長，而他宣稱九成起跳的同學都跟其他少年發生過性事，亦即同學間共嘗禁果是常態，守身如玉反倒是種例外。「古希臘那種少年間的同性戀極其普遍，」道格拉斯爵士寫道，「通常只有醜男才會淪落到沒有性愛的生活。」

如此淫亂的場景並非溫徹斯特公學的專利。王爾德曾因為同性戀之舉而身陷囹圄的歷史眾所周知，但與其說他被關是因為做了什麼，還不如說是因為他不肯承認自己做了什麼。一如威廉・湯瑪斯・史蒂德（W. T. Stead）在評論王爾德一案時所寫，「如果所有跟王爾德同罪的人都要抓去關，那伊頓、哈羅、拉格比與溫徹斯特公學會有多到嚇死人的學生得改到潘頓維爾（Pentonville）跟霍洛韋（Holloway）這兩所監獄上學……在公學裡，男學生可說是被默許縱情於那些一旦離開學校，絕對會讓他們被送去勞改的行為。」

公學裡的特殊文化，讓性的迷惘變成一種必然。由奶媽扶養長大的少年到了十歲或十三歲，就在鮮少能與雙親自在接觸，對家門外的女性更是幾乎毫無經驗的狀況下，被送到了遠方的公學接受男性教師與校長的教育，一去就是好幾年，而這些男老師與校長也都是同類公學培育出的產物。在公學中，他們一方面在希臘神話的陶冶下，產生了男人與男孩相愛很自然、甚至很美好的觀念，一方面藴居在一個一切由青少年學長說了算的世界，殊不知這些年方十七八的學長體內有賀爾蒙源源不絕。由此勞勃・葛瑞夫斯會說「空氣中總是嗅得到濃重的浪漫氣息」，也就不足為奇了。

事實上，同樣的浪漫氣息在劍橋也不容小覷。一九〇六年十一月三十日，馬洛里與亞瑟・本森都參加了艾斯奇勒斯（Aeschylus）所著希臘劇《歐門尼德斯》（*Eumenides*，意為復仇三女神）在新劇場（New Theatre）的首演，其中陪同馬洛里出席的是一名原本在牛津大學新學院（New College Oxford）任職的大學圖書館員，查爾斯・賽勒（Charles Sayle）。與王爾德相交為友，並曾將其匿名出版之同性戀詩集送給對方的賽勒，之所以被勒令離開牛津，是因為他跟一名大學部學生在性關係上牽扯不清。以四十三歲的年紀，他在劍橋的創平頓街八號（Trumpington 8）重新站穩了腳步，而這個地方也慢慢茁壯為一個年輕人與現代思想家雲集的大觀園。當天也在觀眾席裡的還有愛德華・馬須（Edward Marsh），也就是溫斯頓・邱吉爾的私人祕書，而他假以時日還會先後成為馬洛里與魯伯・布魯克（Rupert Brooke）的戀人，其中布魯克正好是那一夜在台上飾演古希臘傳令兵的演員。布魯克的角色沒有台詞，他要做的就是看起來帥到爆，然後把喇叭放到嘴巴上，與管弦樂團的真樂器對嘴就行了。至少對他的粉絲而言，這樣已經非常足夠了。詩人葉慈（W. B. Yeats）形容布魯克是個金髮的阿波羅男神，也是全英格蘭最俊美的男人。一九〇九年夏天，造訪劍橋的亨利・詹姆斯（Henry James）一見到布魯克，就忙不迭地向約翰・梅納德・凱因斯確認這個帥哥是不是一個好詩人。凱因斯說不是。「感謝老天，」詹姆斯鬆了一口氣說，「要是他帥成這樣又會寫詩，那我真的就不知道自己在忙些什麼了。」

透過查爾斯・賽勒的引介，馬洛里進入了一個新的朋友圈，而這也讓他超脫亞瑟・本森的侷限，獲得了不同的眼界。他的心眼從此打開。在劍橋待了不過短短一個年頭，他已經完全捨棄任何在講壇上繼承父親衣缽的念頭。他從教徒變成了一個不可知論者，他擁抱了英國費邊社（Fabian Society）倡導的社會主義，他還在劍橋大學女性投票權協會（Cambridge University Women's

Suffrage Association）裡成為了其所屬學院的代表。另外因為迷上了藝術，特別是他非常欣賞後印象派的新浪潮裡如畢卡索、塞尚、梵谷等當時還沒沒無聞的畫家，馬洛里決定把頭髮留長，並開始在黑色法蘭絨襯衫跟色彩斑斕的領帶幫助下，打扮得花枝招展。因為感受到劇場的魅力，他偕好友傑佛瑞・凱因斯——梅納德的弟弟，一起加入了大學業餘戲劇社（University Amateur Dramatic Club），由此他得以在文藝復興時期劇作家克里斯多福・馬洛（Christopher Marlowe）改編的《浮士德博士》（*Dr. Faustus*）劇中軋上一角，並與魯伯・布魯克同台。傑佛瑞飾演的是邪惡天使，而馬洛里則出演教宗。兩人的演技都被布魯克評為一文不值，而布魯克本人則以惡魔梅菲斯托費勒斯（Mephistopheles）一角的表現光芒四射。

朋友圈的這一番開枝散葉，可追溯其根源至家族與學校。魯伯・布魯克與傑佛瑞・凱因斯早在拉格比公學就彼此熟稔。透過布魯克，凱因斯跟馬洛里認識了詹姆斯・斯特拉齊（James Strachey）這名少年布魯克在希爾布勞學校（Hillbrow School；拉格比的預備校）的同窗。詹姆斯的一個親戚是畫家鄧肯・葛蘭特，而他的親生哥哥則是文學評論兼傳記作者利頓・斯特拉齊。通過利頓與查爾斯・賽勒，馬洛里被介紹進了「使徒」（Apostles）這個陣容強大的祕密社團。會這麼說，是因為該社的成員包括哲學家伯特蘭・羅素（Bertrand Russell）、邱吉爾的男人艾迪・馬許（Eddie Marsh；邱吉爾疑似是同性戀），還有後來把馬洛里用作「喬治・愛默森」（George Emerson；一九〇八年小說作品《窗外有藍天》〔*A Room with a View*〕的主角）一角原型的作家E・M・佛斯特（E. M. Foster）。梅納德・凱因斯是使徒社團的總幹事，因此主要負責在校園裡搜尋潛在的「胚胎」，也就是每年可以獲准入社的兩三個幸運兒。

成立於一八二〇年的使徒社是一個有著兄弟會性質的小圈子，極其封閉而菁英，所以他們看重的除了腦袋聰明，最好還能加上皮相美麗。社內每週例行的演講，請來的都是作家亨利・詹姆斯、詩人希萊爾・貝洛克（Hilaire Belloc）、科幻小說家赫伯特・喬治・威爾斯等星度極高的名流，且社團成員隨時都要做好準備對社會中的任何時事發表意見。做不到這一點，就會有被逐出社團的危險。在眾使徒之間，男男之戀不光是獲得包容，而是更進一步地被捧成一種信念。魯伯・布魯克在一九〇八年一月成為使徒成員，而同時間馬洛里雖然是社內的常客，卻從未被邀請入會，惟那也未對他的社交生活造成任何阻礙就是了。事實上，他的社交圈很快就經由拓展而納入了搞歷史的喬治・特里維廉、赫胥黎兄弟（寫成《美麗新世界》的阿道斯與以生物學家與人道主義者大放異彩的朱利安）、整組「布魯姆斯伯里派」（Bloomsbury set；一個非正式的文壇組織）：維吉尼亞・吳爾芙與凡妮莎・貝爾（Vanessa Bell；娘家姓氏為史提芬〔Stephen〕，維吉尼亞的親姊姊）兩名女傑跟她們各自的夫婿，萊納・吳爾芙（Leonard Woolf）與克里夫・貝爾（Clive Bell），而這兩名人夫都是使徒。另外馬洛里還結交了皆為使徒成員的斯特拉齊兄弟、藝術家兼藝評羅傑・弗萊（Roger Fry），乃至於理所當然的鄧肯・葛蘭特。馬洛里一如傑佛瑞・凱因斯所回憶，「自然而然融入了我們的群體」。

這些朋友能夠志同道合地聚攏在一起，是以誕生於新世紀的各種可能性裡，有如風暴來襲的諸多創意做為黏著劑。至於要說催化劑，則得算是一九〇三年出版的一本書——《倫理學原則》（*Principia Ethica*）。該書作者是以劍橋哲學家之姿順理成章成為使徒成員的喬治・愛德華・摩爾（G. E. Moore）。摩爾在書中直接挑戰了道德中的確定性概念。他認為社會習俗、行為準則，乃至於正直與榮譽等概念，都欠缺可以對應的客觀基礎。他認為這些東西不過是反映了公眾與私人內心的各種恐懼。由此他主張真正重要的有三樣東西，一個是個人的心靈狀態，一個是與友誼相關的真實與自由，還有一個是「人類交媾的歡愉與對美麗事物的賞析」。這本書呼籲年輕人要刻意且有意識地擁抱透明的生活，要體認到行為的後果，同時還有永遠以開放的心靈，毫不猶疑地讓嘴裡吐出的只有絕對的真實。對於這些與維多利亞英國的愚民傳統相距不過一個世代的學子而言，摩爾的作品讓他們感到振聾發聵。在利頓・斯特拉齊的認知中，《倫理學原則》可以與亞里斯多德的經典或耶穌本人的教誨平起平坐。

布魯姆斯伯里本身只是倫敦的一區，只不過剛好有一票朋友的住居聚集在那裡：鄧肯・葛蘭特與梅納德・凱因斯住在費茲洛伊廣場（Fitzroy Square）、克里夫與凡妮莎・貝爾住在戈登廣場四十六號。「新異教徒」（Neo-pagan）只不過是一個維吉尼亞・史蒂芬（婚前的吳爾芙）發明的詞語，她藉以指稱的是在魯伯・布魯克身邊流連忘返的那群幫眾，主要是布魯克一天到晚邀請客人到他位於劍橋近郊葛蘭特徹斯特（Grantchester）家中的泳池裡裸泳。如今聽來煞有介事，似乎名聲相當顯赫的這些社交與藝術運動，在當時不過是一個個藝術家、思想家、詩人、劇作家，乃至於馬洛里這名登山客，想為自我的表達追求更新穎的形式，在生命中覓得不同於以往的自由而已。一如若干年後，馬洛里在一戰結束不過短短五日時寫的一封信裡嘗試對父親解釋的，「我的世代，成長在對各種文明樣貌的厭惡中，那些文明樣貌是如此地激烈，以至於對我們而言那是一種常駐於心靈的不適，一種讓我們十足不開心的疾患。我們並不是單純看到了邪惡所以想要批評，或是因此想要支持改革；我們是感覺到了一股無法估量的邪惡鋪天蓋地而來，以至於我們在無助當中找不到快樂。」

馬洛里降落在這群人之間，給人的感覺就像是一款審美的實驗，一款供人賞析、觀察與渴望的美麗物件。關於他的智識水準或存在各種不同的意見，但他的美貌則沒有任何懸念。鄧肯・葛蘭特在給他當時戀人梅納德・凱因斯的信裡說，「我聽說過馬洛里。他長得像、被稱呼為，也很顯然就是個亞瑟王的英雄。」曾經跟葛蘭特與布魯克都交往過的利頓・斯特拉齊，遇到他也是毫無抵抗力：

我的上帝啊——喬治・馬洛里——都寫下這個名字了，還有什麼好說的嗎？我的手在發抖，我的心在顫動，我的整個存在都因為這個名字而意亂情迷——噢，天啊！天啊！……他身長六呎，有著古希臘雕刻家普拉希特勒斯刀下的運動員體型，外加那張俏臉，令人無法置信地結合了文藝復興藝術家波提切利所創造出的神祕、中國書畫的精巧細密與吹彈可破，還有超出人想像、英吉利少年的青春與嗆辣。我或許有點語無倫次了，但等你親眼看到他，你一定要去見證一下，我保證你會承認我的每一句話都不假——我是說每一句話！……如今的我已然皈依於處子的神性，並且每天都會花上好幾個小時在傾慕、純真與幸福的情緒裡不能自已。那是一種完全的啟發，這我想你可以理解吧。我以神之名立誓！這過程中那純然的美麗，讓我脫胎換骨……對閒雜人等而言，他就是個將來要成為老師的男子，而他的智識並不算是特別出眾。但有他的容貌，還要智識幹嘛呢？

利頓的問題是時機不對。他晚了一步。梅納德・凱因斯已經把喬治・馬洛里介紹給了利頓的親弟弟，詹姆斯。一九〇九年二月八日，梅納德寫信給鄧肯・葛蘭特說，「詹姆斯與喬治・馬洛里陷入了彼此的臂彎裡。」三天之後，凱因斯在後續寄給葛蘭特的信裡報告說馬洛里已經對魯伯・布魯克自爆說他「不確定自己是喜歡詹姆斯，還是愛上了詹姆斯」。二月二十八日，凱因斯又八卦說「詹姆斯跟喬治已經公開在外頭你儂我儂地摸著臉了」。

詹姆斯・斯特拉齊生性謹慎、低調而內斂，由此他始終保持著一定的羞怯，並進而表示他並未對馬洛里懷有太大的「性趣」。這讓「隨時都可以」的梅納德・凱因斯聽了深感不可置信。「詹姆斯怎麼忍得下來？」他在信裡對葛蘭特有此一問。「怎麼會有人能忍住不愛上他（馬洛里）？有肌膚之親就算了，就算沒有，我也不覺得有人能忍得住。總之最後他點頭願意來場雲雨之歡，但即便如此，詹姆斯還是硬得像石頭一塊。」

三月三日，利頓用嘲弄的語氣致函親弟：「請轉告喬治・馬洛里說他犯了一個大錯，因為兩個斯特拉齊兄弟當中真正有趣的那個，是我。」

並不覺得好笑的詹姆斯，在三月八日回了信：「我根本什麼都還沒跟喬治做過，也不是特別想做。事實上我最近太常見到他，感覺這人無聊到令我頭皮發麻。」

但嘴上說怕會生膩，詹姆斯依舊邀請了馬洛里擔任他復活節一場巴黎之行的伴侶，惟喬治不依。他已經答應了要第一次偕傑佛瑞・楊恩的登山隊前往威爾斯的佩尼通山口。

馬洛里對於崇山峻嶺的熱情，讓登山依舊是他大學時期最大的興趣，而這一點，也強化了他與劍橋大學一草一木的心理聯繫，畢竟登山運動可是劍橋精神裡不可或缺的一環。亞瑟・本森差點在瑞士的阿爾卑斯山上墜入縫隙中喪命。維吉尼亞跟凡妮莎的父親萊斯禮・史蒂芬（Leslie Stephen）曾擔任過英國山岳會的理事長，同時還曾以歐洲登山為題寫過一本書[5]並獲得高度評價。查爾斯·賽勒有個身分是山友俱樂部（Climbers' Club）的創始會員。山友俱樂部成立於一八九八年，其宗旨是要推廣攀岩這種新運動。一九〇九年，馬洛里會在查爾斯·蘭姆紀念晚宴（Charles Lamb dinner）這劍橋社交行事曆上一年一度的高潮，結識當時在英國登山界裡最出名的楊恩，是經由賽勒與梅納德·凱因斯的介紹。楊恩跟本森一樣因為行為不檢，被待了五年的伊頓公學辭退。梅納德·凱因斯曾經是他的學生，兩人還曾一起去爬過阿爾卑斯山。楊恩的弟弟希爾頓借住在史蒂芬家中。常跟馬洛里與傑佛瑞·凱因斯一起登山，而後來將死於戰爭中的修·威爾森（Hugh Wilson）有個親兄弟史都華（Steuart），而史都華曾是魯伯·布魯克的戀人。鄧肯·葛蘭特曾偕馬洛里與楊恩前往威爾斯爬山。身為馬洛里的傳記作者，本身也是登山客的大衛·羅伯森（David Robertson）曾說過，「行走在劍橋大大小小的智識圈中，你很難不遇到幾個本身爬過山，或體內流淌著山友血液的傢伙。」

傑佛瑞·楊恩跟很多人一樣都迷上了馬洛里的外表，由此他在日記裡形容這人「六呎高的身體裡蘊藏著不輸給鹿兒的力量，完美地配合上了他的瓜子臉、經典的側面，還有紫羅蘭色的

5 指他於一八七一年集結了他在歐洲攀登群山的經驗所出版的《歐洲遊樂場》（*The Playground of Europe*）。本書出版後旋即成為暢銷作品，引發眾人前仆後繼前往阿爾卑斯山的登山熱潮。

橢圓雙眼……（外加）說起話來肅穆中不失美感的男高音」。楊恩在筆下寫道說兩人「一拍即合成為了密友，於是我便邀請了他一起前往威爾斯。」見證了兩人初見面的梅納德・凱因斯後來曾得意洋洋地表示，「我嘗試催生出他與喬治・馬洛里之間的愛苗，而成效也極其之好。他們之前從未見過面，但喬治・馬洛里隔天就約了傑佛瑞・楊恩共進早餐」。兩天之後，馬洛里把楊恩介紹給了魯伯・布魯克。楊恩開口要喬治成為山友俱樂部的一員，然後又大方地表示，若他願意加入他前往威尼斯一個禮拜，外加在阿爾卑斯山爬一整季的山，那所有的開支都由他來負擔。馬洛里一不做二不休，把兩件事都答應了下來。就這樣，馬洛里先是隨楊恩去威爾斯過了復活節，接著兩人便在一九〇九年的夏天出發前往歐洲。當時楊恩三十有三，馬洛里則不過二十三歲。雖然楊恩一輩子都在為了自己的性向掙扎，其間他還曾拋下婚姻，前往柏林縱情於見不得光的怪誕激情，但我們也沒有證據顯示他跟馬洛里曾經是一對愛侶。

馬洛里依舊跟詹姆斯・斯特拉齊打得火熱，但斯特拉齊的猶豫不決讓他心如刀割。一九〇九年七月七日，馬洛里寄了一封信給詹姆斯說：「你可不可以，天殺的可不可以明天午餐過來？」終於在馬洛里的歐洲行即將出發的前夕，斯特拉齊就範於馬洛里的熱情。他們從也是使徒的一個朋友葛茲沃斯・婁爾・狄金森（Goldsworthy Lowes Dickinson）處借到了劍橋大學裡的房間。詹姆斯・斯特拉齊在一封九月十三日從斯德哥爾摩寫給魯伯・布魯克的信中講述了那次尷尬的過程：「可憐的喬治告訴我他已經從阿爾卑斯山回來了。而同時，我一直沒有勇氣告訴你的一件事情是，他在我們分開之前堅持要發生關係。不，我一點也沒有採取主動。事實上我非常冷淡，但看著他那般急切的模樣，我實在假裝不了自己因為是處男而感到恐慌，最後我順從了他，把全部的流程走完——在可憐的老狄金森床上。你有沒有震驚到嚇出一身冷汗？我不覺得享受或好玩——相反的，我感覺有點乏味——怪的是提出這要求的馬洛里也並不樂在其中。我覺得他的反應比較像是受到震撼。總而言之他並無意願再來一遍。我跟你說真的，我覺得一定要在非常特別的情況下，交媾才有可能還算能讓人忍受……詹姆斯敬上。」

馬洛里以一連串非凡的攀登，把這段經驗加以埋葬。其中他於八月四日選擇的起點，就是前往瑞士伯恩山脈（Bernese Alps）挑戰內斯特山（Nesthron）東南脊的首攀，而那可是座令人膽寒，崛起於阿萊奇冰川（Aletsch Glacier）的險峻山峰。「我們在外頭待了二十一個小時，」他在給母親的信中說，「而整體來說，我們頗滿意於自己的表現。」事實上我們知道，馬洛里那天在山上與死神擦肩而過。遇到一塊巨大的懸岩橫在眼前，左右兩邊都是向下急墜的垂直岩壁的他，領頭在石面上一吋吋地推進，指尖是他僅有的支撐點。從下方遞送繩索的是楊恩，而他根本無法在攀登路徑上辨識出任何一個能踩上腳趾的立足點。馬洛里向上奮戰到懸岩的根部，然後用一種讓楊恩感到不可思議的爆發力，將身體彈射上去，翻過了有如飛簷一般的懸岩頂部。

霎那間，他摸索著懸岩上可以抓住的東西，但他的手什麼也沒有抓到，於是下一個瞬間他便從岩壁上直墜。楊恩因為有躲在一瓣岩石的後面遞繩的遠見，所以逃過了一劫，甚至還因此得以抓住繩索，使其撐在了繃斷的寸前。此時懸在半空中的馬洛里拿出冰斧，將自己拉回了岩壁邊。雖然剛在鬼門關前繞了一圈，他仍臨危不亂地爬回到楊恩的身邊，而看著同伴的無動於衷而驚魂未定的楊恩，則另尋了一個比較安全的路線，繞過了原本的懸岩。最終他們爬上了山巔，而且還趕上了馬洛里在筆下形容為有生之年看過最燦爛的日落，不至於與美景緣慳一面。

「那個年輕人我看很難長命百歲。」是奧地利登山者卡爾・布羅蒂格（Karl Blodig）在岩壁間與楊恩、馬洛里共處了僅僅一天後，唯一擠出來的評語。布羅蒂格曾經在阿爾卑斯山脈間登上過一萬兩千英尺高的山峰不下五十遍。但他認為馬洛里只憑一股衝動愚勇，這看法其實是一種誤解。一如某位與馬洛里相交為友的登山者所言，真正的馬洛里其實是「按他自身的標準在如履薄冰；只不過他秉持的標準遠高於中等程度的普通攀岩好手。實際上，困難的岩壁已經於他成為一種日常；他天賦異稟的肢體長度、他驚人的力量，還有他令人折服的高山技巧，共同匯聚出了一種貓科動物的敏捷性，而這也讓他得以在面對會讓平庸的山友覺得是玩命的岩壁時，內心非常篤定」。另一名待過佩尼通的山友李德（H. V. Reade）則言簡意賅地說，馬洛里在山上「想掉都掉不下來」。

馬洛里為登山活動示範了一種前所未見的運動能力，主要是他取材自他也很擅長的體操運動，將體操選手的優雅與力量融合到一種屬於現代發明的心理專注上。即便他偶爾會在日常生活中有點心不在焉，但只要一上了岩面，找尋起安全的攀登路線，他的專注力就會凝聚成一股有如雷射般的光線。「他對很多事情的記憶力很差，」有一名登山的朋友這麼說過他，「但只要跟山有關，就無懈可擊。」即便是一面玻璃，他也能找到路線上去。傑佛瑞・楊恩在他們從白朗峰的僧脊（Moine Ridge）下來的時候，拍下了一張目前僅存的他們那年夏天攀登阿爾卑斯山的照片，而看著這張照片，你會發現馬洛里靠釘靴踏在狹窄岩架的積雪之上，其老鷹一般的身形剪影眺望著遠方的山結。他一手搭在山壁上，另一手充滿自信地扶在腰上，幾乎無視於自己暴露在大自然裡遺世獨立，腳下一片虛空的處境。他並不是在欣賞美景，他的眼睛正在測定路徑，看是要朝巨人齒峰（Dent du Géant）、大弗蘭博峰（Grand Flambeau），還是佩特雷黑針山（Aiguille Noire de Peuterey）前進，這些全都是他視野中看得到的目標。這時的他用現在流行的心流理論來形容，就是「進入了化境」。

如此聚精會神的馬洛里，會在離開山區的第一秒鐘消失無蹤。八月底，柯蒂・山德斯這名年輕的英國旅者注意到，喬治隻身坐在瑞士策馬特羅莎峰飯店（Hotel Monte Rosa）一處人聲鼎沸的咖啡廳中，自顧自地讀著小說。柯蒂後來回憶那一幕說馬洛里「處於某種放空的狀態中⋯⋯

只偶爾會伸出手來，把動不動垂到額頭前的一撮金髮給推回去。他本身就是一幀不修邊幅的風景，身上穿著寬鬆的灰色法蘭絨，外加脖子上繞著一圈亮色的手巾；但他仍然引人矚目，特別是他外表的帥勁跟他的膚質……他的皮膚清澈潔淨到可以與女子匹敵。」

接下來的一個星期，他們見面的頻率不低，有時候是一對一，有時候會跟傑佛瑞．楊恩一起。他們聊的大多是山，或是跟山的美麗本質有關的話題。但柯蒂還注意到了別的東西：「他會讓人立刻感覺到，當下在他心裡有著一種貨真價實的東西，一種實實在在的火焰與熱情。他說起話來搭配那美麗的嗓音，還有精挑細選的用語，會讓人感覺他的發言在品質上鶴立雞群，羅莎峰飯店裡的其他對話相形之下，就像是一群白丁。」說起他於山間達成的傲人成績，馬洛里相當謙虛，甚至還隨口自嘲說那是「他發神經去玩命」，而這可愛到不行的說明也讓柯蒂對馬洛里徹底上癮。在兩人各奔東西之前，柯蒂接受了他的邀請，由此她將在秋天加入佩尼通的登山隊。

假以時日，柯蒂．山德斯會變成一名可憐愛爾蘭貴族歐馬利（O'Malley）身邊的怨婦，同時還會以安．布里吉（Ann Bridge）的筆名寫起小說作品，而她對喬治．馬洛里的理解之深少有人能及。他們十二月先在倫敦重逢，後來又在威爾斯的山上碰頭。在佩尼通，馬洛里把她引薦給了他鍾愛的諸多登山路徑：李威德山（Lliwedd）的「帶狀垂直直攻」（girdle traverse；不按部就班地慢慢登頂，而是直接從峭壁表面攀岩上去）、克洛格溫伊波森（Clogwyn y Person）的帕爾森之鼻（Parson's Nose），還有特里凡山（Tryfan）的中央拱壁（Central Buttress）。而柯蒂也禮尚往來地引他進入了與女性保持友誼與柏拉圖式關係的領域。柯蒂主要是個登山者，但她也對政治、文學、藝術有著不輸給馬洛里的興致。她與馬洛里有共同的理想，而她也理解兩人是如何在對山的神祕愛戀中交會了人生路徑。「他最深的慾望，」柯蒂非常直白地寫道，「就是要讓人的精神像在山丘上的登山者一樣，表現得那麼自由，那麼無懼，那麼愉悅。」

惟身為一個被排除在劍橋多數社交生活以外的女性，她以一種不可思議的方式察覺到了把馬洛里跟朋友們聯繫在一起的特殊關係。但濫交的流言蜚語先姑且不提，這些友誼其實有強大的理想做為其根基。「他們把人際間的交往關係看得是如此之重，」她寫道……

只有少數事情能在重要性上與其匹敵。雞毛蒜皮的各種傳統對他們來說意義趨近於零。他們依附彼此的程度高得令人吃驚，與其說親如兄弟，還不如說甚於兄弟；「赴湯蹈火，在所不辭」在他們之間不是一種誇飾，而是事實。他們熱烈地享受著彼此的陪伴，這包括他們會開開心心地去檢視並探索各種可能性與途徑，去認識彼此、更喜歡彼此。他們會從共享美食或一起運動的簡單樂趣中開始，最終以對某種哀愁或某種真相的共同接受中達成終極的親密……他們會把智識上的全副能量用於彼此的關係之上；他們不僅想知道自己確實愛人，他們還想知道自己是如何跟為什麼愛人。他們想理解喜歡這件事的運作機制，因為那機制是能觸發他們思想與情緒的湧泉；他們會學著去跟自己也跟彼此達成平衡，會想知道自己前進的方向跟理由。這種對理解的熱情是一種新鮮的玩意；看起來有點冷血就是。

不論怎麼說，馬洛里都確實因為跟詹姆斯・斯特拉齊的幽會未如人意而深受打擊，但他也絲毫不覺得床笫之間的出師不利該摧毀這段友誼。他八月的時候從瑞士寫了封信給斯特拉齊，但始終沒有得到回應。秋天回到英格蘭之後，他前往伯肯海德拜訪了斯特拉齊的家庭，然後回到了劍橋去完成博斯韋爾的傳記，而這也將是身為一名躍躍欲試的作者，馬洛里唯一完成且出版的傳世之作。

完成了大學學業，而還不知下一步要做什麼的馬洛里，決定先回到歐陸，然後取道巴黎前往南法待上好幾個月。他將在蒙地卡羅近郊接受法國畫家西蒙・布西（Simon Bussy）與夫人桃樂絲的招待，而桃樂絲也出身斯特拉齊家，跟詹姆斯與利頓是手足的關係。在做客的期間，他會閱讀法文小說，溜達下山丘去海裡游泳，還會熬夜飲酒暢談畫作與畫家，包括雙雙與東道主夫婦相交為友的馬諦斯與雷諾瓦。他會徒步去探索羅克布呂訥（Roquebrune）之上的山丘，但比較遺憾的是他的行動範圍受限於其中一邊受傷的腳踝。三個月前他怎麼想也沒想到，會在伯肯海德雙親住處附近一處廢棄的採石場裡重跌了一跤，痠痛到現在都還沒好。大部分的時候他會思考著自己的前途跟朋友，特別是持續保持緘默的詹姆斯·斯特拉齊。

最終在一九〇九年的十二月二十日，馬洛里放下了尊嚴，在一封信中以指責的口氣釋放了他的怒氣：「果然，最後我還是寫信給你了。關於我，你是怎麼想的？我很自以為是？我很容易受傷？我很愛生氣？我已經把一切都忘記了？從在漢普斯特德（Hampstead）跟你說了再見之後，到昨天已經滿六週了，期間我沒有寄給你隻字片語。愛你的我竟能如此！我為何沉默不語，理由你或許也心知肚明。自從我對你說了愛你之後，就沒有什麼話值得再說了。難不成我得惹人怨地不斷地重複我想吻你嗎？我心中所想也就這麼多了……你最好忘掉我曾經是你的情人。要是你能從此把我當成普通朋友，那我或許也能盡量自然然地與你相處。果真如此那也不錯！對你對我都好，不是嗎？」

就這樣一個月過去，詹姆斯處依舊音訊全無。馬洛里幾乎已經把盤纏用罄，於是他寫了封信給梅納德·凱因斯，希望跟這位未來的經濟大家周轉個十英鎊。凱因斯很重義氣地匯了錢過去，而十分感激的馬洛里則回應以一封很多八卦的私信。他的財務狀況苟延殘喘到一九一〇年的初夏，然後他收到了一封來自查特豪斯公學校長藍道（G. H. Rendall）的來函，邀請他回母校擔綱歷史、數學、法語跟拉丁文等科目的教師，並在指導學生之餘也負責一些校務，年薪將是兩百七十英鎊起跳。這待遇在當時那個鄉下醫生可以用年薪四百鎊過得舒舒服服的年代，算是相當有誠意。

馬洛里固然應了聘，而且會在查特豪斯公學一教就是十年，但他其實從頭到尾都沒有適應過這份工作。一如友人大衛．派伊（David Pye）所說，年僅二十六歲的馬洛里看起來極其年輕，以至於家長們會誤以為他是學生，而學生也不太能接受他是自己的老師。經過劍橋的歲月洗禮，他對這個自他在溫徹斯特的學生時代以來毫無改變的僵化教育體制，基本上沒有好感。在人生中的這個階段，他會做的事情包括跟柯蒂．山德斯衝去欣賞中國畫展裡「線條與用色的精妙簡潔」，包括為了聆賞德布西的《佩利亞與梅麗桑》（*Pelléas et Mélisande*）而在倫敦多留一夜，也包括擔任鄧肯．葛蘭特作畫的裸體模特兒。而你要這樣的他在心中燃起對這樣一個教育體系的熱情，真的不是很容易，畢竟在校內那個人治的環境裡，少年學子可能因為老師一個不高興就吃棍子，而人的價值完全取決於你在球場上的表現。他已經盡可能為學校注入一股不一樣的精神，為此他曾小心翼翼地起草以波提切利、拉斐爾、米開朗基羅為題的演說來發表，也曾組織過辯論社來帶領學校進入政治學、倫理學與哲學的世界。在跟三名較具想像力的學生聯手之下，他發行了用來諷刺官方學生校刊《加爾都西人》（*Carthusian*；加爾都西是天主教的隱修會）的雜誌《綠色夏翠絲》（*Green Chartreuse*；夏翠絲是用蕁麻釀成的藥酒，而且發明者正是法國的加爾都西會修士），其創刊號的封面由鄧肯．葛蘭特操刀，呈現出的是一名綠色僧侶隱約帶有醉意，畢竟他正拿著杯中物狂飲。

馬洛里的住處隨時對外開放，任何人都可以來找他談政治與文化浪潮的更迭，談愛爾蘭危機與歐戰逼近的威脅，談某幅畫或某句詩的意義，或是談蕭伯納的最新作品。但他的教室不論從什麼角度看，都是一團亂。教室秩序之差，聲音之吵鬧，已經成為他這位老師的正字標記。人生迄今累積的經歷與信念，讓馬洛里無法長久進行這場學生與老師的角色扮演，而不少學生都把這視為是身為人師者的弱點，因而擺出了一副看不起人的嘴臉。但也有某些心思細膩的年輕靈魂覺得這樣的馬洛里很值得敬佩。當時年僅十六歲的詩人勞勃．葛瑞夫斯認為馬洛里是他見過最棒的老師，並為此寫道：「從一開始他就待我如平等之人，而我會在空閒時跑到他房間裡讀他的書，或是跟他一起在鄉間漫步。他與我分享了許多當代作者的存在……蕭（伯納）、魯伯．布魯克、（赫伯特．喬治．）威爾斯、梅斯菲爾德等等，我原本都沒有聽過。」馬洛里把葛瑞夫斯介紹給了鄧肯．葛蘭特、利頓．斯特拉齊與後來的艾迪．馬許。其中鄧肯跟他們一起去了佩尼通，而傑佛瑞．楊恩也在那兒欽點了年輕的葛瑞夫斯，說他天生的平衡不輸給他見過的任何登山者。這種褒獎讓這位年輕的學生聽了一整個暈頭轉向，畢竟他平日只能在查特豪斯被惡霸欺凌。

葛瑞夫斯與馬洛里維持了一生的友誼，而他回憶說馬洛里……

在查特豪斯過的是被糟蹋的日子，至少我在那兒讀書的時候是如此。那兒的學生普遍看他不起，主要是他沒有能懲戒人的威儀，而且又對板球或足球興趣缺缺。他對各班學生都嘗試保持一種朋友的感覺，但這卻適得其反地讓學生覺得不知所措，或甚至於感覺受到冒犯，畢竟以學校的傳統而言，青春期的少年與身為成年人的師長原本就是敵對的兩方在打仗，由此什麼場面只要牽涉到老師，學生都會欺騙、說謊、詐術樣樣來，絲毫不會覺得有什麼丟臉，這些手段只有用在同儕身上才會顯得不道義。除了學生，喬治（馬洛里）還得罪了舍監老師，因為他不但拒絕接受老師跟學生之間的戰爭狀態，反而還老是找機會與少年們稱兄道弟。兩名與他交惡的舍監老師後來相繼辭世，而且時間恰巧相隔不久，對此他跟我開玩笑說：「你看勞勃，敵人在我眼前都只能抱頭鼠竄。」我一向都是直呼他的名諱，就像他校內另外三四個朋友一樣。這種一點架子都沒有的氣質，讓多數學生跟所有老師非常看不慣。未能適才適所的此一情形，最後終於慢慢表現在他的脾氣上，但他總是能找到四五個跟他一樣像是待錯了地方的孩子，而他們的友誼也讓生活勉強過得下去。

馬洛里身為人師最大的挑戰，是要學著接受潛伏在教師職務裡的偽善。查特豪斯公學的校長藍道曾眾所周知地，在某會議上對其他校長說自己校內的孩子「生性多情但鮮少逾矩」。藍道校長希望事實真能如他所言，由此夜間巡察校園與宿舍的任務就落到了基層的教員肩上。馬洛里非常清楚實際的真相，他知道自己很熟悉的勞勃・葛瑞夫斯就有個他稱為迪克・提爾特伍德（Dick Tiltwood），但真名是G・H・約翰史東（G. H. Johnstone）的交往對象——約翰史東其實就是後來的德溫特男爵（Baron Derwent）。其實馬洛里自己也深深著迷於他一個名叫雷蒙・羅達科夫斯基（Raymond Rodakowski）的學生，後來跟他許多學生一樣於一戰犧牲。更別說他此時還在一邊設法釐清自己對詹姆斯・斯特拉齊的感情，一邊設法迴避詹姆斯哥哥的追求。

一九一一的秋天，查特豪斯公學換了一個新校長：法蘭克・佛萊契（Frank Fletcher）。這個愛爬山的新校長是英國山岳會的成員，但這並不妨礙固執的他成為一名崇尚斯巴達教育的嚴師，而這也讓馬洛里對他非常不認同。因為校內職責而愈來愈感到幻滅的馬洛里，開始增加了他花在倫敦的時間。一九一二年的二月，他認識了艾迪・馬許，但這卻讓魯伯・布魯克被馬許痛罵了一頓，因為與馬洛里相見恨晚的馬許，很不高興魯伯沒有早點替他們牽線。「除了那張帥臉以外，」馬許寫道，「我也深感他的心靈與性格都極具魅力。」

此時仍在升任第一海軍大臣的邱吉爾身邊擔任機要祕書的馬許，開始打進了英國社會名流與文藝圈的金字塔頂。他於公於私的交遊對象包括首相赫伯．艾斯奎斯（Herbert Asquith）、五湖四海的作家如魯德亞德．吉卜林、亨利．詹姆斯、D．H．勞倫斯，還有一干詩人如葉慈、梅斯菲爾德、華特．德．拉．梅爾（Walter de la Mare）、希格夫里．薩松與準桂冠詩人勞勃．布里吉斯。比馬洛里年長十四歲的馬許，曾徒步抵達尼羅河的源頭，還曾勇敢地在一頭衝刺的犀牛面前張開了粉紅色的傘，成功擋下了這隻巨獸。不過其最為人所知的，還是他身為詩作贊助人的身分，而他主動要替馬洛里完成於一九一一年底的博斯韋爾傳記進行編輯與出版的提議，也獲得了馬洛里的欣然接受。由是在接下來的許多個月中，他們會不定期在魯伯．布魯克的偶爾加入下於倫敦碰頭，又或者他們會約在查特豪斯，由馬許朗讀最新的詩作來討馬洛里的歡心。一九一四年開春，他們相偕前往參觀了鄧肯．葛蘭特、凡妮莎．貝爾與羅傑．弗萊的聯合畫展開幕，地點說巧不巧就在英國山岳會。

一九一二年的夏天，馬洛里第六次重遊阿爾卑斯山，且再一次跟傑佛瑞．楊恩結伴。楊恩後來表示馬洛里那次上山的氣場空前強大，他說馬洛里「持續不斷起伏的動作是如此迅速，如此強大，以至於在一旁的你會感覺岩石因此在退讓或崩解」。他們最終抵達了熱內瓦尖（Pointe de Genevois）這座一萬兩千英尺高的尖塔頂端，並後來在馬洛里兒時就爬過的白牙峰上找到了一條新路。但在策馬特，噩耗傳來說他們的夫妻檔好友亨佛利與妙麗葉．瓊斯（Humphrey and Muriel Jones）在柏特瑞的紅山（Mont Rouge de Peuterey）上意外墜崖慘死。一名嚮導手一個沒抓牢，從著力點上跌落，結果把瓊斯夫婦也一併帶了下去，最後是由傑佛瑞．楊恩去領回了好友的遺體。他們的死為這個登山季節蒙上了一層陰影，自後馬洛里會有長達七年沒再回到阿爾卑斯山。

一九一四年初，馬洛里的生活在二十八歲這年發生了劇變。他先是在地方上的花園戲劇演出中軋上了一角，然後在卡司中認識了一名彷彿天使下凡，空靈系的妙齡女子，茹絲．透納（Ruth Turner）。後來馬洛里發現茹絲是一位知名建築師薩克瑞．透納（Thackeray Turner）的二女兒。身為鰥夫的薩克瑞跟三個女兒住在威斯布魯克（Westbrook）一間隔著韋谷（Wey Valley）與查特豪斯相望，建在山丘上的華美鄉間別墅裡。茹絲當時年僅二十二歲，略顯羞怯但通情達禮且為人坦誠而溫暖。馬洛里對她不光是一見鍾情，而更像是決堤之後的山洪暴發，他尚稱年輕的人生中所圈禁的情感，一口氣爆發了出來。他一整個在癡迷中十分開心。馬洛里在最早的一封情書裡說他字跡中的圓圈，「一個個都是給她的親吻，而那些飛揚跋扈的撇捺與尾巴，則都是在擁抱妳的臂膀。我是不是該從頭把一筆一畫都再拉長一些呢？」時間來到復活節，喬治受邀前往威尼斯加入透納家的活動，而威尼斯城正是個挺適合熱戀愛火升溫的城市。「跟你一起生活的日子一定會非常完美。」茹絲這麼告訴他。他則回覆說他們接下來得為了愛重新編纂一本字典。他們在五月一日訂婚，並將婚期定在七月二十九日。做為嫁妝，茹絲的父親開出了七百五十英鎊的保證年薪給馬洛里，另外還承諾要贈與一棟名為霍特（Holt）且價值一千六百英鎊的全新宅邸，其中霍特宅被馬洛里當禮物過戶給了茹絲。但無論如何，就物質生活而言，馬洛里至此可說是這輩子吃穿不虞了。

婚期定好後，馬洛里便開始籌畫蜜月事宜。茹絲很能走，而他也想帶著新婚妻去阿爾卑斯山上看看，但馬洛里不確定洞房花燭夜後的茹絲，是否會有力氣面對這樣的挑戰。馬洛里的母親倒是相當讚許這個主意，這位婆婆很堅持新婚的女子要鍛鍊一下體能，惟同時間也有雜音來自於他查特豪斯教師同事的太座們。馬洛里寫信給傑佛瑞·楊恩，而身為男儐相的楊恩則要他三思而後行。此時馬洛里已經徵求過一名威爾斯醫師（Dr. Wills）的意見，得到的回答是要他放心，由此在給楊恩的回信中，馬洛里就像是討論著某種異國不詳生物的健康狀態：「目前我並沒有看到任何純粹的生理性考量足以動搖我內心的盤算——惟你的觀察很自然地讓我增添了幾分憂愁，就怕我會不小心弄得太過，或是把這事變成一場實驗在做。」

但事實證明馬洛里多慮了，因為阿爾卑斯山上的蜜月根本暫時無法成行。一九一四年的六月二十八日，法蘭西斯．費德南大公（Archduke Francis Ferdinand）在遠方的塞拉耶佛挨了刺客一槍。一個月之後，就在馬洛里的婚禮前一天，奧匈帝國正式對塞爾維亞宣戰。在國際危機日漸逼近的陰影下，這場婚禮最後辦得低調溫馨，在場者描述新郎的帥氣跟新娘的美麗「夢幻到難以言喻」。婚禮結束後六天，英國對德宣戰。由此喬治跟茹絲放棄了瑞士的阿爾卑斯山，改而前往風景宜人的北德文（North Devon）海邊懸崖踏青，但即便是這個折衷方案也不幸提前夭折，主要是他們因為被懷疑是德國間諜在窺探什麼而遭到拘留。恐懼與猜忌的陰影已經隨著戰爭的開展，在英倫諸島上加蓋。

事實證明戰爭改變了一切。一九一〇年的冬天，鄧肯．葛蘭特、艾德里安與維吉尼亞．史提芬等一群友人共同喬裝打扮，其中艾德里安扮成通譯，其他人則假裝是阿比西尼亞（衣索匹亞的舊稱）的皇親國戚，而最終他們也成功登上了一艘無畏軍艦，要求並成功獲得了全套的軍禮相迎。他們騙過了艦上的指揮軍官，讓所有人相信他們是一支由某個馬卡林王子（Prince Makalin）率領的官方代表團。艾德里安看似在對他一個個包緊緊且珠光寶氣的朋友們進行口譯，但其實他只是長篇大論地在背誦古羅馬詩人維吉爾的《埃涅阿斯紀》（*Aeneid*），說的是他從小就背得滾瓜爛熟的拉丁語。聽完他「翻譯」的「皇族」們顯得很不耐煩，嘴裡念念有詞。艦上的旗官費雪（W. W. Fisher）正好是艾德里安的表親，但他也被唬得一愣一愣，還在那兒為了船上沒有準備阿比西尼亞的國旗而頻頻道歉。費雪下令讓艦上的樂隊演奏尚吉巴（Zanzibar）的國歌，因為那是唯一一首有譜而稍微比較接近阿比西尼亞國歌的曲子，然後又表示要發射十八響禮炮，但遭到了偽代表團以外交行程緊湊為由婉拒。事實上這群假非洲人緊張得不得了，因為天上已經開始飄雨，他們的妝容隨時都會被沖掉，而鄧肯．葛蘭特的八字鬍也開始剝落，由此這場鬧劇眼看著就要紙包不住火。在返回火車站的私人火車車廂中，還在演戲的假皇族隨從還堅持要服務生戴上白手套幫他們送餐。等騙局被拆穿了之後，鄧肯與艾德里安只被要求像個紳士一樣向第一海軍大臣道歉。

到了一九一四年十月底，隨著數以萬計的年輕人陣亡，加上舉國都為了這場史無前例的大戰動員起來，上面這種年輕人的搞笑行為變得難以想像。戰爭抹消了人的一切感性，讓這一小群朋友那志得意滿的珍稀嬌氣變成一片廢墟，要知道各有千秋的他們，原本曾能自信滿滿地穿梭在倫敦與劍橋的社交場域中，成為這些活動中一道美麗的風景。短短幾天內，馬洛里的許多朋友就紛紛投筆從戎，當中包括他的弟弟特拉弗德（Trafford）、他教過的學生勞勃．葛瑞夫斯、柯蒂．山德斯的手足傑克，還有齊格飛．赫爾福與休．威爾森（High Wilson）這兩名山友。「我們已經，」魯伯·布魯克寫道，「躋身於我們足以傳世的不朽功績。」[6]短短不到兩個禮拜，傑佛瑞·楊恩已經身處於前線，一開始是以記者的身分，後來則負責起傷患的運送。傑佛瑞·凱因斯身為馬洛里的摯友，很快就在被砲轟過的殘破地窖裡，為傷兵在煤油燈的明滅中動起外科手術。做為公學教師，馬洛里得以免役，於是雖然他也十分心繫如何將德國打敗，但實際上他還是只能置身事外，淪為在查特豪斯的課堂上分析衝突的起因。

布魯姆斯伯里派的核心並不想跟戰爭沾上邊。「我鄙視自己服務的政府，他們追求的目標在我看來是罪犯的行為。」梅納德·凱因斯在一封給鄧肯·葛蘭特的信中說得直白。但說歸說，相關的工作他並沒有少做。事實上他每天工作二十個小時，就是為了讓他有如變魔術般的理財天分為政府的最高層所用。其他成員有的堅守著自己的原則，有的退回到了被動的不作為當中。伯特蘭·羅素為此進了監獄，E·M·佛斯特簽進了駐埃及的紅十字會。鄧肯·葛蘭特獲准從事某種「替代役」，由此他戰時跟艾德里安·史蒂芬一樣，都在某個農場上種起了蕪

6 身為詩人，魯伯·布魯克在一戰爆發後加入了皇家海軍，並在一九一四年發表了一系列共五首充滿愛國情懷的詩句，標題分別是《一：和平》、《二：安全》、《三：死者》、《四：死者》與、《五：士兵》，其中《五：士兵》最為膾炙人口，而這裡的「我們已經躋身我們足以傳世的不朽功績」是《三：死者》裡的最後一句，原文是「And we have come into our heritage」。

菁。克里夫·貝爾在筆下表示過自身的反戰立場，但他說自己反戰並不是因為廝殺會造成人命損失的悲劇，而是因為戰爭過後，留下的必然是一個生活少了許多樂趣的世界。被問到他為何不願意為了人類文明而戰，時年三十四歲的利頓·斯特拉齊的回答是，「我就是你們口口聲聲在戰場上捍衛著的文明啊。」在以良心犯身分出席軍事法庭審判時，斯特拉齊被問到他要是看到德國士兵在侵犯他的姊妹，他會作何反應。「我會試著，」他用自帶道德高度的口吻答覆，「擋在他們中間。」只不過隨著傷亡人數不斷向上累積，這樣的機敏愈來愈顯得沒有說服力。

在進入一戰後第一個陰暗的秋天裡，隨著英國的正規軍戰力受到重挫，馬洛里經常從學校蹺班，去附近一家在戈達爾明（Godalming）的醫院探病，因為那兒有許多在休養中的傷兵，同時茹絲也在那兒擔任志工。他與前線唯一的聯繫，就是極端愛國主義的報紙文章與他跟傑佛瑞·楊恩的私信往返，而楊恩的第一手觀察總讓他有身歷其境之感。「我愈來愈難以心安理得地在這兒舒舒服服地當個學校老師。」他在十一月底給楊恩的信中說。「我今早讀到了前線又濕又冷的慘況，由此爐火邊的溫暖就像在對我作出無言但嚴厲的指控……很自然我會為了茹絲之故而不想入伍——但我能不能做些跟你性質類似的工作呢？」

一天天過去，他也一天天陷入進退維谷的困境。他不是不掛心自己在十二月懷上兩人第一個孩子的妻子，但醫院中傷兵的慘狀又讓他在午夜夢迴揮之不去。每迎來新的一週，就會有某個朋友或學生死去的消息又傳到他的耳中；一戰開打短短三個月，查特豪斯就犧牲了二十一名校友。每日午後，他都會看到有少年準備以學員的身分加入軍官訓練團（Officer Training Corps）。每一個月，軍中都需要一萬名基層軍官的新血來補上那些死者留下的空缺。而這些增援在戰爭的頭幾年，幾乎全都出身於英國的大學與公學，甚至有一整個畢業班直奔法國受任少尉軍階。以一九一五年而言，溫徹斯特沒有送任何一個學生到牛津。同一年，查特豪斯畢業了四百一十一個高年級學生，全部都直接進了前線的壕溝。

一旦奔赴戰場，就很難奢望人能毫髮無傷。的確在一九一四年，英國從十三到二十四歲的年輕人在戰事中的存活率，是三分之一。各校平均失去了五年份的學生。伊頓公學平日的學生量體是一千一百人，而在一戰期間老伊頓人戰歿了一千一百五十七人。威靈頓公學是一所平日不過五百人規模的學校，而他們竟在一戰中犧牲了六百九十九人。其他學校如阿賓漢姆公學（Uppingham）死了四百四十七人，溫徹斯特死了五百人，哈羅公學死了六百人，馬爾堡公學死了七百三十三人，查特豪斯死了六百八十六人。倫敦的公學俱樂部（Public Schools Club）死了逾八百名會員，導致該組織成員不足而就地解散。數千名公學生參戰的結果是每五人會陣亡一人，但幸運兒往往是那些在後方擔任文職的人，如果單算在前線壕溝裡作戰的年輕軍官，則是每兩人就會犧牲一人。

一九一五年的初春，在艾迪・馬許的幫助下，馬洛里向海軍部表達了想報國的意願。但校長佛萊契對此完全不接受，他宣稱馬洛里是該校無可取代的珍貴資產，而政府政策導致校長對這類事情有最終的決定權。但在對馬洛里下禁足令的同時，佛萊契卻對查特豪斯的其他老師開綠燈，想從軍就從軍。哈洛德・湯普森（Harold Thompson）在一九一五年一月登記入伍，最後在索姆河陣亡；哈利・坎波（Harry Kemble）加入了倫敦兵團（London Regiment），並在升至中校官階後於一九一七年戰死；威廉・蓋本（William Gabain）以隸屬於情報兵團（Intelligence Corps）的一員在法國服役，直到一九一六年十一月才因為負傷而被後送回英格蘭；蘭斯洛・艾倫（Lancelot Allen）在索姆河擔任隨軍牧師；伯納・維列（Bernard Willet）隨某攻城砲兵連派駐在砲兵單位；菲利浦・佛萊契（Philip Fletcher）在戰爭開打的幾週內就加入了通訊兵團。

眼看著這麼多同事一去不返，而填補他們職缺的往往是老人家或行動不便的退伍老兵，馬洛里在校園裡益發感到孤立。時間一週一週地過去，愈來愈多的少年在校內佩戴起黑色的臂章來紀念死去的父親、叔叔、兄弟。然後到了四月份，消息傳來說他的好友傑克・山德斯，也就是柯蒂的手足，在伊珀爾死於化學毒氣，而就在同一天，魯伯・布魯克也在地中海的一個小島上死於血液中毒。布魯克加入的是海軍，由此他先是見證了安特衛普之圍，然後在返回英格蘭後，與首相之女薇歐蕾・艾斯奎斯（Violet Asquith）一起入住於沃爾默城堡（Walmer Castle）時，寫下了戰時最為膾炙人口的十四行詩——〈士兵〉（The Soldier）：

萬一我死去，請如是將我想起
那就是在異國，原野上之一隅
將成為永恆的英倫之地，那裡
肥沃的土壤藏著一顆更加豐腴
生於英，長於英，明理於英國的塵粒
她曾予我花香撲鼻可供我奔馳之土地
那屬於英國的軀體曾呼吸英倫的空氣
並經家鄉的河水洗滌與陽光賜予福蔭

〈士兵〉連同同系列的另外四首十四行詩，被發表在《一九一四與其他詩作綴遺》（暫譯，*1914 and Other Poems*）這本輕薄短小，卻會在短短五年賣到二十八刷的詩集裡，只可惜布魯克本人並沒有見證這本書熱賣的命。在從埃及出發前往加里波利的途中，他搭乘的船艦於四月十七日星期六於希臘的斯基羅斯島（Skyros）暫停，而染上熱病的他，在飄散著百里香與鼠尾草香氣的橄欖樹叢中晃蕩了好幾個小時。此時一封艾迪．馬許的來信寄抵了他的手中，當中附上了印著〈士兵〉原文的《泰晤士報》剪報。復活節當天，聖保羅大教堂的教長站在講壇上，對著由數百名遺孀、雙親與孤兒組成的教眾朗誦了〈士兵〉一詩，結果一名隻身前來的年輕人跳了起來，然後用反戰的長篇大論打斷了朗讀的過程。到了四月二十二日星期四的早上，布魯克已經陷入昏迷，高燒更於午後稍晚來到華氏一〇六度（超過攝氏四十一度）。隔天他就因為被蚊蟲叮咬感染而死於敗血症，並被埋在了斯基羅斯島上，「異國原野上之一隅」。

馬洛里為此難掩心中的動搖。「我恐怕事實的真相便是，」他在四月二十五日給亞瑟．本森的信裡說道，「我實在太過幸運；當這麼多朋友承受著無比的恐怖之際，我卻仍在此日出而作日落而息，一派輕鬆，若無其事地苟且度日，未免有良心過不去之處。我今晨聽說魯伯．布魯克已經敗血毒發身亡。戰死沙場也就罷了，但這樣的死法實在令人唏噓，令人感到不值。」

讓這樣的天人永隔更加令人痛心疾首的，是有人在消費魯伯之死。這些人急著要為戰爭找一位英雄，希望透過造神來拉抬一場已經變得荒謬無比，不知為何而戰的戰爭。艾迪．馬許為《泰晤士報》執筆了有溫斯頓．邱吉爾署名的訃聞，四處褒揚與溢美的悼詞也多如雨後春筍。布魯克沒有待過一天壕溝，也不曾像希格夫里．薩松或威爾弗列德．歐文（Wilfred Owen）那樣知名地書寫過戰爭，但他僅有的見聞已足以讓他確定戰爭是一件既不神祕也無光榮可言的事情。「那（戰爭）就是件渾事。」他在投身血腥廝殺三個月後的十一月五日寫道。「歐洲半數的青年在痛苦中被炸得屍骨無存，葬身在毫無間隙、現代戰役中的機械屠殺中。我只能讚嘆人類還真是能忍。」

進入禍不單行的五月，馬洛里起初十分熱中於戰事的弟弟特拉福德，在從前線捎回的信裡描述了各種慘狀：堆積如山的屍體、塹壕裡衝鼻的臭氣、軍官同僚的腦袋被射進的子彈炸開。短短不到兩個禮拜他就在腿上受了重傷，但幸運地活了下來。但馬洛里另一名好友哈利・葛瑞特（Harry Garrett）則腦袋上挨了土耳其人一槍，死在了加里波利。在天真以為飛行員的生活會稍微比士兵安全的錯誤印象下，馬洛里寫信給艾迪・馬許，希望透過他找到關係來進入皇家飛行隊任官，但這顆問路之石最終也是石沉大海。那年春天在查特豪斯，馬洛里有二十名學生上他開給六年級以下的現代史課，結果十九個都在畢業後上了戰場，其中四個人沒能活著回來。馬洛里在佩尼通度過了一九一五年的夏季，同時間在法國的英軍則預備著投身絞肉機一般的盧斯戰役。

九月份，茹絲產下了一名女嬰克萊兒（Clare），同時間馬洛里卻聽聞他的好友兼登山夥伴修・威爾森（Hugh Wilson）陣亡於埃比泰納爾（Hébuterne）。勞勃・葛瑞夫斯與皇家威爾斯燧槍兵團一起派駐在盧斯，而他寫道，在八個月內，其所屬的那一營就失去了完整的作戰力量——

足足五回。想在戰爭中活下來，最好的辦法就是受傷。根據他的建議，最好的一種傷，容易出現在安靜夜裡的空曠地面上，因為此時被子彈打在手臂或腿上的機率最高，而且平靜的戰線也代表傷兵分流站不會太忙。夜間巡邏是受傷返鄉最好的門票，至於要付出的代價就是你得在爬在屍體中央，眼睜睜看著老鼠在美味的斷手或人頭之間爭搶。

一九一五年的晚秋，查特豪斯校長終於鬆口讓馬洛里入伍。馬洛里很聰明地尋求在皇家衛戍砲兵（Royal Garrison Artillery）裡任官，並在受訓三個月後被派駐到一個他向茹絲保證能安全待在戰線後面的砲兵單位。在出發到前線的前夕，他跟一名剛出壕溝，八個月來第一次返英度假的年輕軍官共進了晚餐。「想到那些人承受了些什麼，」喬治憂鬱地在信裡對茹絲說，「就覺得戰爭占有一席之地的人生似乎毫無意義。」

事實上只要到了前線，就沒有所謂後面一點會比較安全。在他來到前線附近的第一夜，一顆子彈就劃過了他與走在前方三呎處另一名士兵的中間。「我們許久前就下了定論，」他後來深思說，「人根本無力對死亡進行估量。」

馬洛里奉命前往阿爾芒蒂耶爾北邊一個有四門六吋榴彈砲在運作的單位報到，地點大概在伊珀爾突出部南方八英里處。那個砲兵連的指揮官是利斯戈上尉（J. Lithgow）這個和氣而熱情的蘇格蘭人。身為少尉的馬洛里跟一名負責四號砲的貝爾中尉（D. A. Bell）住在一起，而他第一次身處於炮火之下，是在一九一六年五月十四日晚間。十天之後，一枚德國砲彈摧毀了兩人居住的木屋後牆，但饒過了馬洛里的睡房。「我一點都還沒開始緊張。」他在五月二十七日對茹絲保證，「我們還沒有被猛烈轟炸過。你會不斷聽到漸強而拖長的哨音，最後以砰的一聲收尾，或是明快簡潔的一聲咻砰；耳朵在無意識的訓練之下，已經馬上能辨別出不同的音調，由此我們便能大致評斷出落彈的爆炸距離。」

兩天之後在一場黑雨當中，他的單位奉命趁夜向南前往阿爾貝附近的皮卡第，而他們的任務是要在那兒占領一處新據點來做為對索姆河發動攻勢的集結點。「很顯然我們來到了最火燙的一段戰線。」喬治寫信對茹絲說。「親愛的請妳要為我勇敢，我來這就是要戰鬥的。」

「我永遠不會忘記我們離開阿爾芒蒂耶爾往維米（Vimy）前進的那個夜晚，」利斯戈上尉的傳令兵拉姆齊（G. Ramsay）如此回憶。他當時也跟馬洛里同在向南行軍的行伍中。一隊隊的馬匹在轠繩裡使勁拖著火砲跟裝著砲彈的彈藥箱。各式卡車在泥濘的道上牛步向前，部隊前傾著身體在雨勢中挺進，低著頭舉步維艱。

「在維米經過數日的轟炸後，」拉姆齊說，「我們終於來到了索姆河與另外一半砲兵部隊會合，進駐了阿爾貝附近位於先鋒路（Pioneer Road）上的據點……這個據點留給我最深的印象，就是這兒除了工作還是工作，沒有一點娛樂，大伙只能不斷地把砲彈卸下來裝上引信，而砲管則因為大量發射幾乎燙到通紅，成堆的彈殼與砲身遍布四周，其中八吋與十二吋的榴彈砲在我們的左邊，四點五吋的野戰砲與十八磅砲在我們的後面，法式七十五毫米野戰砲在我們的前面，每一門砲都朝著德軍據點，彈如雨下。就在派駐於此的某天晚上，我們的姐妹連四十一連在晚餐時分的食堂裡失去了全部的軍官，為此我們抽調了兩名基層軍官去他們那邊支援，沒想到隔天晚上又發生了一樣的事情。」

馬洛里沒有特別提到這些人的死去，但在六月十六日給茹絲的信中提及被從空中掃射的危險。他表示最令人切身有感的恐怖，應屬死屍的遍布，還有就是很難挖土，因為隨便一挖都會有屍體跑出來。他此時住在一個向內挖進白堊地層裡的坑道當中，地底下是腐爛的氣息與老鼠橫行的臭味，而這兩種惡臭之下還嗅得到科代火藥與汗水的味道。他的單位，第四十攻城砲兵連，隸屬於第三十重型砲兵群（旅級），而第三十重型砲兵群又向上隸屬於重砲第二軍（軍級）。為了對索姆河發動攻擊，英軍在七天之內部署了眾多的榴彈砲或迫擊砲，平均每十七碼的德軍陣線就可以分配到一門。然後從六月二十四日開始的七天內，他們用比開戰第一年總數還多的砲彈數量濫炸了德軍陣線。馬洛里、貝爾與他們的組員以每四小時換一次班的方式全日無休。每天有如鬧鐘一般打破早上的沉默，是英軍會先以全線射擊的模式猛轟個八十分鐘，然後在白天剩下的時光中，轟炸的行程也會繼續不鬆手，平均每一門砲得打個上千發才收工。晚間有半數的砲會休息，但這時英軍會以重型機槍掃射德軍陣線的後方，目的在切斷敵人的通路，讓他們無法對防線進行修補。

德國人也以炮火還以顏色，由此馬洛里所屬砲陣地四周的土地會在砲彈、野戰砲與巨型六十磅砲的震盪下顫抖呻吟，期間燈會被震波吹滅，坑道最深處的梁木也會瑟瑟發抖。七月一日的攻擊前夕，馬洛里給茹絲寫了一封長信，他稱之為「抽搐顫動的一段思緒」，主題是關於宗教的本質與他希望女兒能接受精神教育的事情。「神的概念必須按部就班，慢慢地從孩子自身的精神體驗中培養起。」他在這節骨眼上說道。

三天之後，一陣暴風雨來襲，氣溫倏地降低。火砲日夜轟炸，以至於砲管在黑暗中閃透著紅光。一名野戰砲手從壕溝帶來的故事令人聞之生畏，而馬洛里則在口袋開本的莎翁劇本尋求慰藉，當中分別是《羅密歐與茱麗葉》、《哈姆雷特》、《奧賽羅》與《李爾王》四篇經典。對給父親的信裡，他寫到了死者與將死之人，寫到了整個軍團的報告「遭到機槍炮火切斷」。七月十一日，就在戰役的第二階段行將開打之際，他接到了前往壕溝報到的命令，並在那兒的一個前進觀察哨裡顧了足足三天，而他形容那地方是「潮濕的陶土洞裡一張用防兔鐵網鋪成的床」。他在那兒的任務是記錄某遠處掩體的發砲數，精確一點是說是一個距離他有八千五百碼遠的風車。他眼前的地景殘破不堪，樹不成樹的殘枝讓人油然而生一股絕望感，遠遠的壕溝裡則東倒西歪著「腐爛發臭的敵軍屍首與一重又一重的恐怖感受」。也是在這三天裡，他第一次親眼目睹了火焰發射器是如何將人活活燒死，「液體的火舌在爆炸中出現驚人的閃焰」。

七月二十五日，他看完了亨利．詹姆斯的小說《鴿之翼》（*The Wings of the Dove*）並寫信跟茹絲談到了純潔與真理，談到了他們的愛情裡有哪些特質令他珍惜。惟橫在他眼前的依舊是駭人的現實。「我的精神尚且能挺得住恐怖的考驗——但我的鼻子可就受不了了；但讓我動輒會心生不忍而叫喚出來的，仍是那些曝屍荒野的死者。再來是我時不時會因為遺體不可饒恕地沒有入土為安，而感到一股憤怒。」

七月二十九日，馬洛里來到了崩潰邊緣。他帶領著一隊工兵小組在遠離壕溝處出任務，結果遭受炮火攻擊，而落在他身後的是兩名他隊上的年輕弟兄，兩人都身負沉重的鐵絲網卷而步履維艱。隨著落彈在四面八方炸開，馬洛里跟全隊紛紛跳入鄰近的通訊壕溝來閃躲，並一起當中撐過了好幾分鐘，等火焰風暴過了才敢探出頭。等到德軍炸完最後一顆五點九吋彈，馬洛里爬出壕溝後，只見鐵絲網卷散落地面，而那兩名少年臉朝下攤在泥濘中，渾身染血又見骨。他原本一整天都把這兩個孩子帶在身邊行動，兩人都是老家在有克萊德河流經、港都格拉斯哥的蘇格蘭人，其中亞歷山大．克雷格（Alexander Craig）十九歲，約翰．佛瑞斯特（John Forrest）也不過二十二。馬洛里堅持要將他們運送到急救站，惟兩人已經回天乏術，畢竟他們幾乎已經要身首異處。

在名為索姆河之役的漫長夏天裡，他的一封封信記錄下的是一段朝著絕望沉淪的歷程。八月二日，從他睡覺用而爬著老鼠的泥洞裡，他寫下了這樣的字句，「周遭的環境難以言喻地淒涼，且點點散布著小小的十字架……此處的作戰都是苦戰……有度日如年之感；可能是我不夠有英雄氣概吧，我動不動就會想問一聲：還要多久？」兩週之後的八月十五，他在一封信裡對茹絲坦承說，「我已經不再那麼排斥屍體了，只要是新鮮的就還好。我已經發現自己可以跟新鮮的遺體講道理。在你和我之間，有著名曰生與死的天差地遠，但眾所周知的事實是人被殺會死，而我不需要你們來教會我這一點，我只要看著你們懸在那兒的下顎，看著你們會變化的膚色，看著你們血液從你們的傷口中汩汩流出，一切就都明白了。但面對傷者就不一樣了。看著傷者永遠都讓人那麼難受。」

兩天之後，他從茹絲那兒得知勞勃・葛瑞夫斯原已被列入《泰晤士報》上的死亡名單，後來又奇蹟似地起死回生，但馬洛里的回應顯示他的感官已經完全鈍化到對死亡的日常無感。「我沒有在傷亡名單中看到勞勃的名字。」他在八月十八日給茹絲的信裡說。「我看的是《泰晤士報週日版》，他能逃過一死還真是幸運。他這傢伙不討人厭，但我對他的詩失望了點，那些詩要是沒發表就好了。」

九月中，回到壕溝裡的馬洛里飄過一名士兵身邊，停下來察看了一下對方的臉，像是在望向時光隧道裡年輕的自己一樣。他一開始不確定那人是死是活，因為對方看著既像真正的士兵，也像是不著邊際的幽靈。他寫信對茹絲說，「他有一種少見的尊嚴。很顯然對他而言，周遭的環境不等於世界的一切。他用一雙美麗深邃的眼睛，若有所思地看著我，然後才回答了我的發言，而我感覺若我怯生生地問他：『你恨透了這一切嗎？』他多半會以深不見底的保留口氣回應我。」

到了十月份，馬洛里眼中的地平線已經是一條沒有起伏只剩荒蕪，被秋雨沖刷成滿是泥巴的平原。他寫到，地面已經沒有一平方英寸的土地，未曾受到炮火的侵襲，極目所及沒有一片綠草。在那片泥濘裡，人可以活活溺斃而不招惹人注意。「此後若我對朋友說『你下地獄吧』，」他在一封家書中自嘲說，「他大概會回答我說：『嗯，無妨。搞不好我已經去過了呢』。」

十月四日傳來的一個好消息是，勞勃．葛瑞夫斯已經來與茹絲同住了。葛瑞夫斯在十月二十九日寫信給了艾迪．馬許，告訴他喬治已經六個月沒有放過假了。在十二月九日的一封家書裡，馬洛里說他二十天內只見過天日一回。「問我喜歡人生嗎？」他在最近一次完成壕溝任務後有感而發，「不如說我喜歡的是還活著的感覺。」

一九一六年的聖誕節，對馬洛里而言標註著一個轉捩點。憑藉艾迪．馬許的介入干預，他的休假終於批了下來，而這才讓他有了美好的十天可以與茹絲、克萊兒母女作伴。在節禮日（Boxing Day，大英國協於聖誕節隔天所過的特殊節日，其宗旨在把剩餘的過節物資放在盒子裡，接濟貧困無依之人）回到部隊之後，他奉調到「官」滿為患的總部擔任某個上校的傳令官，而總部很安全地位在從前線向後推三英里處。他的任務是滿足上校的各種需求，但在馬洛里看來，這個上校的需求並不多，因為他本來就沒在做什麼。馬洛里寫到說上校看起來就像是吉伯特與蘇利文[7]的歌劇中，來自中國的滿大人。馬洛里自身的傳令兵在民間是以替人理髮為業，所以他現在在每天早上的例行公事就是在船上刮臉。沒多久前還在砲聲隆隆的壕溝中看人斷手斷頭，現在竟過起了幫高級軍官跑完腿之後再讓小兵替自己跑腿的生活，讓馬洛里有種非常不真實的感受。「我感覺有點像是個陌生土地上的陌生人。」他在一九一七年二月四日給茹絲的信中說。三天之後，他得知自己被舉薦了一個幕僚的位置，工作是去法軍指揮本部擔任聯絡官。但在那兒百無聊賴了兩個月，他又請調回了砲兵部隊。四月七日，他再度回到前線，並身處於一個無險

7 吉伯特與蘇利文是指英國維多利亞時代的幽默劇作家，威廉．吉伯特（William S. Gilbert）與亞瑟．蘇利文（Arthur Sullivan）。這對搭檔從一八七一到一八九六的二十五年間合力創作出十四部輕歌劇，較為著名的包括《皮納福號軍艦》（*H.M.S. Pinafore*）、《彭贊斯的海盜》（*The Pirates of Penzance*）和《日本天皇》（*The Mikado*）。

可守的觀察哨中，工作是在阿拉斯之戰中指引己方的炮火。從四月九日起的六天當中，協約國陣營的十四個師在兩千八百一十七門炮火的掩護下前進了三英里，其中並由加拿大軍團拿下了維米山脊。傷亡「僅僅是」四萬人死跟十二萬八千人傷，由此這被英國視為一場重大的勝仗。

在攻擊發動的前日，馬洛里在老天眷顧下因傷被調離前線，原來是他腳踝的舊傷已經困擾了他好幾個月。沒錯，那就是他八年前在伯肯海德，爸媽家附近的採石場中攀爬時弄傷的腳踝。這個舊傷從未被確診過，但其實相當嚴重。當時骨折的地方沒有好好痊癒，所以如今基本上已經連不回去了。唯一能根治的只剩下手術。五月初他回到倫敦，開始在波特蘭坊（Portland Place）的軍官醫院中養傷。馬洛里並未因為逃過一死而心存羞愧，他覺得這傷是上帝拯救了他。「特拉福德，我親愛的特拉福德，」他在回到英國不久後寫信給唯一的弟弟說，「我回來了，不會再回去了，讚美主。」

但這並不代表他可以一直休息下去。雖然他的腳踝一直到九月都還是有問題，但馬洛里還是在那個夏季被叫回去服役，而這次他是被派駐到溫徹斯特去跟新一代射程可達六英里的重型砲兵一起受訓。此時的他，很開心於每個週末都可以自由地去與自己剛成立的小家庭團聚，包括克萊兒、摯愛的茹絲，還有茹絲肚子裡的第二個孩子。傑佛瑞．楊恩滿是喜悅地從義大利來信說他願意擔任孩子的教父，而這個名叫貝里吉的孩子也順利出生於九月的第三個星期，但也就在孩子出世的同一天，他們受到了一個沉重的打擊，那就是消息傳來說月初受傷的傑佛瑞失去了一條腿。對馬洛里而言，這不啻是宣告了其心中一個夢想的死刑，就好像世上的每一座山都瞬間被侵蝕到海底。「某樣完美無瑕的東西，就此一去不返了。」他在給傑佛瑞的老媽媽寫信時這麼說道。「我們曾約好了要是能再見面，未來一定要有許多日子在山上一同度過。他的損失我感同身受，他有多痛我就有多痛。」

十月，馬洛里晉升為中尉並即將前往法國報到。此時在比利時，帕尚代爾之役已經從七月底激戰到現在。在經過為時三個月持續轟炸後，英軍所處的整片天地已經是一片濕透在混濁泥濘中的荒原，空中飄散著毒氣，戰廢品垃圾滿地，更別說還有死去的馬與騾子，外加無頭的屍骸、大小不一的屍塊，以及整組砲兵被炸飛天際，然後在掉下來時腳上頭下地栽進土裡。想要不陷入泥濘而無法自拔，唯一的辦法就是堅持走在鋪在爛泥上的棧板路上。當然敵人不傻，他們也會鎖定棧道為目標，由此你會看到棧道像線頭一樣穿在彈坑的中間，所以說做為補給的生命線，這些棧道只限定在夜間使用。夜裡摸黑走在棧道上，像瞎子一樣的士兵只能靠穿在木板邊上的救生索來確認方向。同一時間你能在途中聽到傷者的呻吟跟哭號，還有死命想爬出彈坑、但又被深不見底的泥巴給吞沒的同袍的淒厲尖叫。「帕尚代爾的無邊慘狀，」本身在這場戰役中負傷的劇作家勞勃・賽德里克・薛里夫（Robert Cedric Sherriff）寫道，「證明了似乎不證自明的一件事情，那就是將軍們已經與現實嚴重脫節。」

繼被爬採石場的舊傷救了一命，避開了阿拉斯之役之後，馬洛里又因著一場誰也想不到的意外免受帕尚代爾戰役的摧殘。十月八日，他騎著摩托車要到溫徹斯特寄信，結果在聖喬斯山丘（St. Giles Hill）過彎時後輪鎖死。車子轉倒之後噴飛出去，接著撞上了一根門柱。這場車禍不僅壓碎了他的右腳，還傷了他一根拇指。十月十六日從麥格達倫醫院出來時，他雖然還是不良於行，但還是回到了溫徹斯特的營區報到，而當時營中已經傳得沸沸揚揚，大家開口閉口都是要出戰的事情。

十一月三日，英軍開始全體禁休，已經離營休假者也被通令召回。前線有了危機，戰線上的高階軍官呼籲佛萊明的屠殺不能繼續下去。海格將軍堅持要繼續挺進，由此他每天的功課就是修正戰略與戰術目標來合理化無意義的慘重傷亡。這時的馬洛里已經對死亡看得很開。「對我來說，」他在十二月五日給傑佛瑞・楊恩的信中寫說，「我已經不做能活到戰鬥最後的打算，也不在乎一條命能換來什麼樣的榮銜。」所幸車禍的腳傷讓他直到聖誕節後才被認為適宜戰鬥，而當時嚴冬的來臨已讓戰鬥平息。

新年帶來了短暫的欣喜。勞勃・葛瑞夫斯以二十二歲的年紀，將與南西・尼可森（Nancy Nicholson）這個芳齡十八的美麗藝術家結為連理，而馬洛里預計將擔任他的伴郎。葛瑞夫斯在一九一七年十二月二十九日的信裡對艾迪．馬許說，馬洛里是「我還活著的朋友裡最老的一個」。婚禮定在一九一八年的一月二十三日舉行，受邀的賓客裡包括詩人威爾弗列德．歐文。葛瑞夫斯結識歐文，是透過希格夫里．薩松這個他在皇家威爾斯燧槍兵團中的軍官同袍。葛瑞夫斯日後回想這場婚禮「既狂野失控，又壓抑內斂」。他穿上了正式的軍禮服、野戰軍靴、馬刺與配劍，而做藍色打扮的南西則被這麼正經八百的婚禮弄得有點傻眼。戰時的配給制度讓糖跟奶油形同消失無蹤，所以當馬洛里「從蛋糕上掀開了其實是石膏模型的假糖霜，賓客們在齊聲嘆息中顯得非常失落……香檳也很久沒得喝了，於是賓客們像搶頭香一樣衝向了婚禮桌上僅有的那十二瓶。身為新娘的南西也豁出去地想說反正難得結一次婚，豪爽地灌掉了一整瓶。」

整個一九一八年的春天，馬洛里都持續福星高照。三月二十一日，德軍發動了春季攻勢，而其序幕便是整場一戰中最猛烈的轟炸，五小時內超過三百萬枚高爆彈與毒氣彈落在了英國第五軍的頭上。從迷霧當中，有「風暴兵」(storm trooper）稱號的德軍突擊隊跳出來發動了攻擊，短短幾天就收復了英國死命花了半年才在索姆河斬獲的戰果。二十四個小時之內被俘虜的英軍士兵多達兩萬一千人，九天內被抓捕的人數更攀升至九萬人，另外一千三百處英軍砲陣地遭到輾壓。四月九日，德軍再度在伊珀爾發動攻擊，結果促使了海格將軍對部隊發布了那決定了英軍命運的宣言：「我們被逼到了牆角，但仍相信正義站在這一方。我們必須背水一戰到最後一兵一卒。」結果到了六月初，德軍已經自一九一四年夏天之後再次推進到馬恩河，巴黎為之震動。急於扭轉乾坤的英軍，於是把所有身體條件尚可的男性都推上了前線。光是從醫院裡，他們就每個月召回了六萬名兵力。這些傷員被認定痊癒的狀況，已足以再度被投入到戰火的熔爐裡。

但在此時，出於某種無解——甚至可以奇蹟名之——的緣由，馬洛里又被指派到另外一個地方受訓，這一次是到肯特郡的萊德（Lydd）的砲兵學校上砲兵連長的訓練課程，由此他在這整段危機的過程裡都留在英國。他的書信記錄從一九一七年尾聲到一九一八年九月之間有一個空檔，因為這段期間他都跟茹絲與家人在利托史東（Littlestone）這個肯特郡海邊距離萊德不遠的小村，過著幸福快樂的日子。從英吉利海峽的各個港口，人耳都可以遠遠聽到法國戰場上傳來的聲響。一九一八年的夏天隨著法軍於埃納（Aisne）發動反擊，美軍也在浴火奮戰後將德國人趕出了貝勒森林（Belleau Wood）。當時有一萬五千噸的毒氣一口氣落在協約國的戰線上，而德軍的損失也攀升到逾百萬人死傷，但同一時間，喬治．馬洛里與茹絲正在蘇格蘭度假爬山。他是如何謎樣地脫離前線十六個月而避開了一戰的最高潮，沒人知曉，但你隱隱約約可以感覺到艾迪．馬許的手在幕後運作。等到他好不容易回到法國，時間已經是一九一八年的九月底，此時他被轉調到第五一五攻城砲兵連，駐地在距離前線一樣夠安全的阿拉斯與海岸線之間。他的新任指揮官是葛威利．洛依德．喬治（Gwilym Lloyd George）少校，正是當朝首相的兒子。英軍已經戰死過一個首相之子，那就是一九一六年在索姆河被一槍打進胸膛而致命的雷蒙·艾斯奎斯（Raymond Asquith），經不起再死第二個，由此在新主官的麾下，馬洛里幾乎已確定能從一戰中全身而退。

十一月三日，洛伊德·喬治少校被召喚到巴黎去與父親團圓。「這狗傢伙真夠幸運的！」馬洛里寫信給茹絲說。「真想也有個當首相的老爸。」五天之後，「在一個結霜但出太陽的美麗早晨」，他宣布自己「這天要往北去溜達溜達——說不定會去距此二十英里的地方找傑佛瑞·凱因斯。」凱因斯被派駐在康布雷（Cambrai）不遠處的一個傷員分流站。十一月十一日的夜裡，這兩個故人睡在同一頂帳篷裡，然後早上一起被人員大呼小叫與引擎像在吹哨的噪音吵醒。望向還處於黑暗中的外頭，他們看到的是整條前線爆發出威利信號彈[8]的光焰，而引燃這種場面的，是停戰消息為眾人帶來的喜悅。馬洛里的弟弟特拉福德在十一月十二日出現，而他們也就一起在康布雷的軍官俱樂部裡開了個派對，迎接和平的到來。

「我度過了美好的一夜。」喬治·馬洛里在隔天早上給茹絲的信裡說。「整體而言是公學出身的英國軍官會弄出的那種場面。就我的觀察，現在的氣氛大體上是一種人在大型競賽中與人

8 Very Lights，一種彩色的信號彈，通常以手槍發射。

努力較量過，且每個人都毫無保留奮鬥到底而取得了最終勝利，才會油然生出的欣喜。自由真是好啊！我就像是被淹沒在一波接著一波的開懷當中，開戰這四年來沒有體會過的無憂又重新復活了。我在想，大家到了此刻，似乎才真正意會到我們一直揹負在肩上的負荷有多重……我想要把我參差不齊的尖銳神經徹底放下，想要不顧一切地溫柔。我感覺這場勝利最大的價值與意義就在於此——我們終於能再把溫柔在心田種下。」

唯有一個人未曾慶祝戰爭的結束，這人是勞勃．葛瑞夫斯。他感覺到的只有絕望與悲傷。隨著炮火在佛萊明陷入死寂，那一晚的他「走在胡蘭（Rhuulan）沼澤上方的堤防上，邊走邊在詛咒中泣不成聲，思念著死去的人。」

威爾弗列德．歐文在英國海軍裡有一位隨巡洋艦艾斯特萊雅號（*Astraea*）派駐在非洲沿岸的親兄弟哈洛（Harold），而在停戰的同一天，哈洛看到了歐文的鬼魂貌似安詳地坐在他的艙房中，臉上掛著極度溫柔的笑容。同時間，小桌上擺著一封威爾弗列德前一年四月寫給哈洛，當中預期了自己難逃一死的信箋。威爾弗列德在信裡說，「我知道我會死在這裡，但也只有在這裡，我才能表達出自己的抗議。」懷疑起自己是不是在作夢的哈洛．歐文低下了頭，當他再抬起頭的時候，椅子已經空了。哈洛接著沉沉睡去，但醒來後的他非常確定自己的兄弟已然殞命。實際上，威爾弗列德戰死於十一月四日，而噩耗傳到在舒茲伯里（Shrewsbury）的雙親耳裡是在一九一八年的十一月十一日。這正是哈洛覺得自己看到鬼魂的那天，也是老家村裡的教堂敲醒勝利與停戰鐘聲的那天。

戰爭的結束，意味著和平的挑戰才剛剛開始，而眼前的第一要務就是要在一個原本把三分之二工業產能與勞動力都投入到了武器生產的經濟環境中，立刻為六百萬人在解除動員之後找到工作。

理論上，這是一場完全的勝仗。英國顯得高高在上，城市與田野毫髮無傷，海軍保持無人可挑戰的榮光，至於陸軍則是凱旋而歸，敵人遭到擊潰。但事實上，這場戰爭讓國家陷入了立場上的嚴重分裂、精神上的極度疲憊，以及財務上的廢墟一片。英國在戰爭中消耗了大量黃金儲備，飆高的外債也超過了國民生產毛額（GNP）的一倍。通貨膨脹跟失業率在短時間內打破了百年新高。光是人活著要繳的各種稅與人死時要繳的遺產稅，就在一九一八至一九二一年間造成了社會上普遍的周轉困難，以至於這段期間的英國全國有四分之一的土地過戶，上一次英國看到這麼大規模的財富與土地轉移，是西元十一世紀的諾曼征服（Norman Conquest）[9]。

9 西元一〇六六年，法國諾曼第公爵威廉對英格蘭的入侵及征服。此後英格蘭受歐陸的影響加鉅，受斯堪地那維亞的影響則逐漸式微，英格蘭的文化與語言都因此發生變遷。

「在一九一九年的秋天，我曾寫到過……」馬洛里的老朋友約翰・梅納德・凱因斯說，「我們處在命運的死亡季節中。操勞帶來的疲憊、恐懼，還有這五年來的種種苦難，都在當時來到了最高峰。由此我們暫時被遮蔽了感受與關心的能力，我們能注意的只剩下眼前最直接的個人與物質福祉。超脫我們自身直接經驗的事情不論再大，或是關於未來的預期不論多麼恐怖，我們都變得無動於衷……因為我們的內心早被動搖到人類所能忍受的極限，我們需要休息。現存於世上的每個人終其一生，都不曾看到普世的人性靈魂燃燒得如此黯淡無光。」到了一九二二年，英國會有兩百萬民眾失業，外加有五十萬退伍老兵在街上漂流，這些淪落成遊民的士兵只能挨家挨戶需求幫助，哀求人施捨他們一點吃的跟穿的。

長年戰爭造成的幻覺，誘發了全社會的抑鬱與麻木不仁。一種孤立、生活頓失重心與無止盡想要移動而定不下來的感覺，形成了小說家克里斯多福・伊薛伍德（Christopher Isherwood）所稱「一望無際，展出我們這一代人畸形心理的怪奇博物館」。對某些人而言，比如說勞勃・葛瑞夫斯，這種內心的衝突標註了他們整段成年人生。他回憶，成年後的每一個片刻都挑動了他想要朝內嘶吼的衝動，讓他感覺發瘋是一種責任。

「我們遠離戰爭，」英國詩人哲學家赫伯・里德寫說，「一如我們進入戰爭：恍惚、麻木、創意的行動遭到禁錮。我們唯一得到的特質只有一種：疲態百出。」薇拉・布里頓寫道，這整場徒勞的戰爭操作，只意味著「一種激情的否定——否定了幾百年來漫長的傷痛所帶給我們的一筆筆教訓。」在失去了未婚夫、家中兄弟、兩名男性摯友之後，她自認「世上已沒有可以共舞的人。戰爭或許告一段落，新的時代正在展開，但死者已矣，再也不會回來。」

隨著在巴黎進行的官方談判延伸進入一九一九年，英國政府組建了和平委員會來決定如何恰如其分地紀念勝利。初始的會議在由外交部長寇松爵士擔任主席的指導下，提案在一九一九年八月實施為期四天的慶祝活動。但退伍軍人跟上百萬仍在等待解除動員的士兵，認為這根本就是浪費公帑。在這樣的壓力下，這場活動縮水成僅僅一日的遊行。於是在表定的七月十九日，數以千計的公民來到了倫敦觀看一萬五千名軍人，步行通過用木板跟石膏急就章豎立在白廳的紀念碑，那是獻給「光榮戰歿者」的衣冠塚。要是那些死者統統活過來逛過白廳，那這場遊行得走上四天。要是每一個為國捐軀的士兵都能分到一頁大小的生平紀錄，那國家得先蓋一座圖書館來容納兩萬六千冊的藏書，每本書都有六百頁厚。

身為中學教師，喬治．馬洛里搭上了解除動員的第一班車。到了一九一九年的一月，他人已經回到查特豪斯，想起了每一個他看不起校長的理由（惟很諷刺的是，他討厭的這位法蘭克．佛萊契校長，稱得上是他的救命恩人，畢竟就是這位校長，讓馬洛里在戰爭前兩年得以遠離戰場）。馬洛里回到的是一間被戰歿學子英靈糾纏的學校，當中不少都是他教過的孩子。在這樣的時空背景下，平日已經很晦澀八股的儀式規定更讓人不快，至少馬洛里是深感比以往更加難熬。此時一封見不得人的書信曝了光，讓馬洛里得因為他與勞勃．葛瑞夫斯的交往受到懲戒——以那封信為證，年少時的勞勃顯然與校內另一名少年有染，惟這另一名少年已經死去，所以也就一了百了。

馬洛里嘗試重新當個不一樣的老師。他寫信給了老朋友大衛．派伊與傑佛瑞．楊恩，擘劃出了他構想中的新學校：一所不用讓少年離鄉背井，反而能拉近少年與家人距離的學校，當中提供的是一種以培育個人成長為目標，鼓勵想像，給予實驗精神獎賞的教育。他希望在這學校裡，從事運動會成為一種自由參加的選項，而不要再被當作是學生是不是個男人的終極測量。

但這是一宗不可能實現的夢想。因為知道自己在查特豪斯沒有前途可言，馬洛里寫信給了國際聯盟協會（League of Nations Union）這個主張和平的組織，希望在當中謀得一職。一九二〇年八月二十五日，他的第三個孩子來到世上，「一個拳腳都不缺，外加有張胖臉的男孩，一個轟然來到世上的小小硬漢」。那年秋天，他成為了國際聯盟協會的雇員，準備前往愛爾蘭報導當地的動亂。自從一九一六年的「復活節叛亂」（Easter Rebellion）以降，愛爾蘭島就一直在暴力衝突中動盪。絕大多數的當地民眾支持新芬黨（Sinn Fein，愛爾蘭語「我們自己」之意）這個倡導獨立的政黨。英國政府對此的回應是派出四萬大軍，宣告愛爾蘭議會為非法組織，壓迫媒體，然後實施了一波史稱「恐怖統治」(the Terror)的高壓治理。把顯然同情愛爾蘭的馬洛里放到這個位置上，可以說是適才適所。他有個在佩尼通上結識的山友康納·歐布萊恩(Conor O'Brien)在為愛爾蘭人走私槍砲。馬洛里跟他進行了聯繫，然後獲得了邀請，由此馬洛里得以深入獨立運動的進行，得知了都柏林城堡(Dublin Castle)房室內的可怕事蹟，見證了惡名昭彰的黑棕部隊(Black and Tans)是如何掃蕩愛爾蘭共和軍，也目睹了皇家愛爾蘭警隊(Royal Irish Constabulary)把無辜者排成一排搜身。有天在都柏林的夜裡，他自己也被一手槍一手手電筒的陌生人叫醒，只為了質問他是不是新教徒。「雖然兩邊都有錯，」馬洛里寫道，「但只有一邊能夠見到國家的野望，那種熱情的理想主義。而也因為這項事實，所以愛爾蘭會在訴求外界支持時高喊『要是英格蘭的百姓能知道真相就好了！要是他們能親眼來看看就會懂了！』」

一九二一年初回到倫敦之後，馬洛里悵然若失。他想要離開查特豪斯，他知道自己姑且可名之為文學志向的夢想，不會以中學教師的身分開花結果。他的友人——活下來的那些——並沒有拋棄他，但環境畢竟已經有了變化。從頭到尾沒見識過前線的鄧肯·葛蘭特在戰後與兩個人同住，一個是作家大衛·賈內特(David Garnett)，一個是跟克里夫仍有婚姻關係的凡妮莎·貝爾。鄧肯第一次跟凡妮莎做愛時，正好從房間經過的正牌丈夫完全沒有停頓地說「喔，別停，請繼續。」至於其他人，則回到了沒這麼戲劇化的生活節奏中。一九一七年，傑佛瑞·凱因斯娶了瑪格瑞特・伊莉莎白・達爾文（Margaret Elizabeth Darwin），也就是那位偉大博物學者的孫女為妻。一九一八年的春天，傑佛瑞・楊恩在伴郎馬洛里的見證下，與蓮・史林斯比（Len Slingsby）這名年輕的登山家與女演員踏上了紅毯。同一年，出乎所有人意料，在劍橋濫交到出名的梅納德・凱因斯無可救藥地愛上了一名俄羅斯芭蕾舞孃莉迪亞・羅波柯娃（Lydia Lopokova），最後把她娶回了家。到了一九二〇年，就連詹姆斯・斯特拉齊都安定了下來，並且在妻子——心理分析學者亞莉克斯・薩根—佛羅倫斯（Alix Sargant-Florence）的陪伴下，開始埋首他一生的志業——西格蒙德・佛洛伊德（Sigmund Freud）的作品英譯。馬洛里當然已經是三個孩子的父親，一個對婚姻忠實而投入的丈夫，這樣的他十分感激於能夠活著待在家裡。

突然其來的居家生活，固然是緩解精神面的良藥，但卻並不能根治有如宿醉一般的戰爭陰影。即便大家會出於禮貌而在日常中避開這個話題——取而代之的，如勞勃・葛瑞夫斯嗤之以鼻所說，是那些枝微末節的八卦，是倫敦第一名媛黛安娜・麥納斯夫人（Lady Diana Manners）的婚姻，或是德比賽跑某匹駿馬的勝利——但那不堪的過往仍總是如影隨形。那一絲希望遭受到的最後背叛，來自於《凡爾賽條約》。有一批老人在一九一四那年一把火將文明焚燬，如今同一批老人又在法國討論起和平的條件。希格夫里・薩松形容那是「一場終結所有和平的和會」。那些刺眼到令薇拉・布里頓不忍卒睹的條件，徹底背叛了年輕生命奮戰至死的種種信念。「這注定會成為另一場大戰的伏筆，那些人心知肚明。」葛瑞夫斯說，「但誰也不在意。」

這樣的情緒肯定也存在於馬洛里心裡，因為他跟許多同時代的人一樣，都在前途茫茫的一九二一年冬季，面對著未來的種種不確定性。查特豪斯他已經待不太下去，那已然是一個鬼魅的聚集之地，而主事的校長對前線發生過什麼毫無所悉，只覺得生活就應該一如往常繼續下去，彷彿戰爭只是一個不足為慮的中場插曲。還能錨定馬洛里生活的東西，僅剩他的家庭，而他真正還能得心應手的事情，則僅剩登頂了。「一場大戰，拆毀了英國中產階級腳下的舞池地板。」英國作家史提芬．史班德（Stephen Spender）寫道。「大夥兒就像吊在半空中的舞者，奇蹟似地假裝自己仍在跳舞。」

一九二一年的一月二十二日，正當喬治．馬洛里還一整個飄在空中，無法腳踏實地，他收到英國山岳會一封出自波西．法拉爾之手，懶得拐彎抹腳的來信。「看來挑戰聖母峰就是今年的事了。團隊會在四月初啟程，十月回返。怎麼樣，有興趣嗎？」一開始馬洛里有些遲疑，他不知道自己是不是應該離開自己的剛成立的家庭，特別是兒子約翰在襁褓中才五個月大而已。在把馬洛里推薦給聖母峰委員會的傑佛瑞．楊恩眼中，這場探險是喬治能離開查特豪斯，步入更大一片天的入場券，惟茹絲對此表示反對，而馬洛里也來到了拒絕邊緣。楊恩親赴馬洛里夫婦居住的霍特宅，傳達了說帖。楊恩回憶說，「他們倆在我面前，聽我講了二十分鐘，然後茹絲終於理解了我的用意：對於丈夫的職業生涯與進修計畫，聖母峰都會是個非常管用的標籤。她於是告訴丈夫：去吧。」

二月九日那天，馬洛里在倫敦見了法拉爾、榮赫鵬，還有哈洛·瑞彭這位探險隊內定的登山隊長。榮赫鵬觀察馬洛里，發現他「沒有明顯情緒起伏」地接下了邀約。隔天馬洛里謝過了傑佛瑞·楊恩為他牽線，並提筆寫下：「我已經做好了去聖母峰的心理準備……整體而言，這感覺是相當重大的一步，畢竟我回來得重新找工作，但放棄眼前看似平穩的安逸生活，並不見得是壞事一樁。老實說，比起公學的教室與講台，我渴望一個更像樣、更顯眼的舞台——至少在更能有人在意我、回應我的這層意義上……我在想關於你說服我前往聖母峰一事，我應該是找不到什麼會後悔的理由了；此刻的我對未來期待莫名，茹絲也興奮不已：為此我要謝謝你。」骰子已經仍出去了。兩個月後，喬治·馬洛里即將乘船航向名叫印度的遠方，一圓當時看來非常理想的職涯夢想。

6 入山的門徑 The Doorway to the Mountain

有兩個禮拜的時間，蒸汽船哈沓拉納號（*Hatarana*：日本川崎重工出場的第七大福丸蒸汽商船，後賣斷給英屬印度後改名哈沓拉納）載著探險隊所需大量的裝備與物資，下錨停在胡格利河（Hooghly River）和緩的水中，等待著加爾各答碼頭的泊位。等到五月十日，終於有一個泊位空了出來，而同一天早上，喬治，馬洛里也從薩丁尼亞號下了船。雖然哈沓拉納號只花一天就卸完了貨，但性子急而且自己也拖著三十五件行李的馬洛里，還是安排了讓大部分的船貨在之後跟上，自己在當天下午就先行輕裝前往錫亞爾達車站（Sealdah Station）趕搭大吉嶺郵車（Darjeeling Mail）這班晚間出發，北上到西里古里（Siliguri）的夜班火車。位於這條鐵道線終點的西里古里，是一處分散在石原上的小型貿易聚落，七英里開外就是從印度平原升起，形成喜馬拉雅山脈東麓丘陵的山坡。從西里古里，他將再轉接「大吉嶺喜馬拉雅鐵路」這條繞圈而蜿蜒的窄軌緞帶鐵道，沿山側垂直爬升七千英尺，抵達位於山丘間的大吉嶺車站——這兒除了是孟加拉政府夏天的辦公地點，也是攻頂聖母峰的起點。

他這趟長達將近四百英里的旅程始於燠熱與塵灰當中，然後就只見大吉嶺郵車冒著蒸汽、唧噹作響地穿越過由稻田、竹子、椰園、檳榔樹、香蕉與芭蕉所共組的單調地景。離開加爾各答三小時後，行車的噪音變得震耳欲聾，原來是火車開始重重地壓在跨越博多河（Padma River）的莎拉橋（Sara Bridge）上。然後，到了夜裡，外頭出現修長的月影，外加不計其數的寂靜村落以萬家燈火提供著微弱的照明，馬洛里從未見過如此稠密的人口聚集。破曉時分，在距離賈爾派古里（Jalpaiguri）不遠處，他第一回一閃而逝地瞥見了地平線上的層疊冰峰，一片讓他感到震懾夾雜興奮的美景。早上剛過六點抵達西里古里，他在火車站裡一處專門保留給歐洲人的舒適休憩室裡用過了茶；其實不只西里古里，全線這類設施都是歐洲人專屬。而就在馬洛里喝茶的同時，在地的挑夫則得趕忙把他的裝備轉送到大吉嶺喜馬拉雅鐵路那邊，因為從加爾各答的郵車抵達起算到大吉嶺喜馬拉雅線啟動，每天都非常準時地只有三十五分鐘的空檔。

離開西里古里後，鐵道會先前行七英里，途經熱病橫行的地面，通過榮赫鵬使團在一九〇四年入侵圖博前紮營的那片空曠原野，然後來到名叫蘇克納（Sukna）的停靠站。從蘇克納開始，火車終於要開始爬山。一開始的爬坡比較緩，通過的是一片繁茂的木棉樹與娑羅樹森林，接著的陡坡會帶著以比例尺而言就像玩具一樣的火車愈來愈高，最終進入到一團迷霧當中。在庫爾塞奧恩格（Kurseong）這個距西里古里已經有三十二餘英里遠，但要抵達大吉嶺還差十九英里的地方，馬洛里下了火車開始步行向前。這一方面是走路比較快，一方面是因為這方便他低頭飽覽五千英尺底下，孟加拉平原絕景的綠意盎然，還有平原上那其實是一條條河流的銀色緞帶。抬起頭來眺望天際線，馬洛里第一次看見了卡布魯峰與干城章嘉峰是如何以參天的高度讓他所知的阿爾卑斯群山相形見絀。茶園整齊劃一地閃耀著一種深沉的綠，但最令他印象深刻的——按照他從大吉嶺寄回給茹絲第一封信所說——是「森林本身，是山坡上一棵棵樹枝葉茂密，妝點著各式翠綠且或暗或明。那觸動人心而又不失神祕的美麗，讓人深感不可思議。尤其有一處，當我行於火車的前方，我不由自主地想起了中國繪畫裡是如何用覆蓋著林木的山陵來傳達某種深刻的宗教之情。」

火車在軟雨當中踽踽向上挺進，一路上通過了玉蜀黍田跟乳牛群，外加松林跟杉木，讓人幾乎忍不住要將幾個小時前還記憶猶新的溽熱低地給拋諸腦後。來到海拔七千四百英尺的古姆（Ghoom），也就是整條鐵道線最高的站點，空氣開始有感地變得冷冽，而伴隨火車進入抵達大吉嶺前最後四英里下坡，風勢也變得更加穿透而刺骨。馬洛里奮力想再貪看一眼干城章嘉峰的身影，但地平線已被覆上了遮望眼的浮雲。

來到大吉嶺車站，一群女性挑夫手握那種用額頭抵住來乘載後背袋中物品重量的揹帶，已經等著要把他的隨身行李頂到山丘上，送到孟加拉政府的禮賓府裡，而那兒正是馬洛里預定要留宿，讓孟加拉總督朗諾薛爵士以貴賓身分來招待的地點。馬洛里本身是在三個錫金山區原住民拉布查人的又推又拉之下，搭人力車被載了上去。馬洛里只管他們叫「苦力」，畢竟英國管所有幹粗活兒的原住民，都叫苦力，也不管對方究竟是來自圖博、尼泊爾，還是印度。有得選的話，馬洛里會寧可落腳在奧克蘭路上的聖母峰飯店（Mount Everest Hotel），因為他知道那兒有布洛克跟他的美國太太等著他；甚至他會更想住宿在商業街（Commercial Row）上的貝爾維尤（Bellevue）飯店，因為那兒有印度調查局指派給探險隊的官員攜眷從位於德拉敦的總部前來待命，一個是奧立佛．惠勒，一個是亨利．莫斯海德，其中惠勒夫婦是在四月三十日抵達，而莫斯海德伉儷則要在早上三週。惟探險隊隊長查爾斯．霍華－貝瑞已經決定安排馬洛里與具有博物學者身分的山帝．沃拉斯頓醫師住在孟加拉政府的禮賓府裡，共享那裡頭的賓館、甚為講究的住宿設施，外加居高臨下一覽無遺的村鎮美景。馬洛里抵達禮賓府是在五月十一日的下午剛過三點，而沒想到他前腳剛踏進去，就措手不及地被告知說稍後有由朗諾薛爵士親自作東，一場正式的接風晚宴要他出席。

這晚宴，按照馬洛里在給茹絲的信中所回報，是一個「很拉風」的場合，一應俱全的配備包含印刷出來的賓客名單、帶有浮雕效果的邀請函、紅色制服上頭裝飾有金銀穗帶的僕役、非常到位的管弦樂團，外加桌上擺放著光彩奪目的碗盤、餐具、水晶。現場有三十名賓客，分別是倆倆到場的十五對夫妻或組合。馬洛里這晚的女伴是艾薇・莫斯海德，他跟她丈夫的兄弟們是在溫徹斯特的舊識。而和亨利配對的葛拉罕太太（Mrs. Graham），她的丈夫在噶倫堡（Kalimpong）開辦了傳教會與職業學校。七週前才剛在孟買新婚的惠勒夫婦跟布洛克夫婦連袂到場，並立刻就朝山帝・沃拉斯頓走去。沃拉斯頓是偕布洛克夫婦一起搭半島東方輪船公司的納爾德拉號（*Naldera*）從馬賽出發，四月三十日抵達孟買。「這段旅程出發時很暢快，」沃拉斯頓在給皇家地理學會的亞瑟・辛克斯的信裡回報說，「但穿越印度的艱險旅程」卻讓他遲至五月九日方抵達終點。他剛到大吉嶺才不過兩天而已。

哈洛・瑞彭身為登山隊的領導者，已經從四月二十三日以來就進駐了聖母峰飯店。他這麼早來可以說完全沒有浪費時間，因為他在此間為探險隊找好了四名廚師，外加有四十名挑夫全是他口中的雪巴菩提亞人（Sherpa Bhotia），也就是具有藏族血統，家鄉在索盧坤布的那群人——索盧坤布市位於尼泊爾東北部的高山深谷，最遠可達到聖母峰的南麓。在五月初朝大吉嶺出發，並禮貌性前往了西姆拉拜訪過印度總督瑞丁爵士（Lord Reading）的霍華-貝瑞幫助下，瑞彭為每個雇用的人手都裝備好了靴子、毯子、英軍制式的羊毛軟帽、毛皮手套，還有保暖的衣物。那些準備前往高地營的人員還額外領到了羽絨睡袋。由於只有亨利・莫斯海德一個人通藏語，所以探險隊也得準備好通譯。霍華-貝瑞為此找到了兩個理想的候選人，一個是成長於錫金，通曉藏語且能閱讀並翻譯至為隱晦之佛教經文的加爾贊・卡濟（Gyalzen Kazi），另一個則是本身是藏人，在達賴喇嘛軍中當過軍官，且後來在隨印度軍在埃及參加一戰的切滕・王迪（Chheten Wangdi）。

瑞彭身為一名不是很習慣英式排場的蘇格蘭人，小小聲在會場與被印度地質調查局指派給探險隊的亞歷山大・赫倫聊著天，聊著聊著只見霍華－貝瑞前腳先到，後頭馬上又緊跟著在兩名武官以全套軍禮服陪同下出席的朗諾薛爵士。室內立刻陷入了安靜，好讓總督得以依序與賓客一一握手致意，順便行禮如儀地閒聊個兩句。從此刻起，這一夜的每件事情就都像是時鐘的齒輪一樣，井然有序地往前推進。僕役們從旁引領賓客一一入席，接著一整晚都盤旋在客人的身後緊盯，絕對不讓槽紋玻璃製成的香檳杯見底。樂音在場中流瀉，交談也十分輕微，然後只見朗諾薛爵士為英王兼印度皇帝的健康舉杯，這時所有人才安靜地聯袂起身，見證管弦樂團讓〈天佑吾王〉的旋律在全場迴響。

唯一一個沒寫好劇本的瞬間，發生在所有人就座後大約十分鐘，有個蓬頭垢面的怪傢伙闖進了晚宴中。大吉嶺始終不見亞歷山大・凱拉斯的人影，曾經讓霍華－貝瑞與渥拉斯頓都有點擔心，如今他終於現身禮賓府，人卻是一身溼答答的越野裝扮，畢竟他才剛從古姆的住宿處過來，足足走了四英里路。從一九二〇年六月起便待在印度的他，已經幾乎不中斷地探險了近一年，期間他入山摸索了構成尼泊爾疆界的山脊，測試了相關設備能不能順利在聖母峰上提供氧氣。他回到大吉嶺，已經是五月十日晚間的事情。疲憊加上身體不適，讓他不得不在床上歇息到隔天的大半天，差一點就要錯過總督設宴。以五十三歲的年齡過這種步調日子，本就不太適宜。雖然精疲力盡，而且很明顯苦於腸胃炎與痢疾，但他在霍華－貝瑞或甚至老朋友莫斯海德跟沃拉斯頓的面前，都對自己的身體狀況隻字未提，由此大家只是都很開心地看到這個被視為中流砥柱的探險老將可以及時歸隊。

馬洛里跟瑞彭一樣都受不太了正經八百的裝模作樣，由此他們一下子就愛上了凱拉斯。「凱拉斯這人我已經喜歡上了。」他在五月十七給茹絲的信裡說。「沒有比他更蘇格蘭的蘇格蘭佬了，說起話來一點都不文雅——整個就是文雅的相反。他在我們就座的十分鐘之後才來到筵席裡，而且服儀非常地邋遢而不得體……若他是要上台表演鬧劇裡的煉金師，那這一身打扮就非常到位了。他的身高不高，身形也單薄，甚至還有一點點駝背，一點點窄胸；他那顆頭……被真的很像馬車車燈的眼鏡跟又長又尖的鬍鬚搞得十分不討喜。」

雖然自承「現在就在筆下對隊員們一一品頭論足，似乎還太早」，但馬洛里在來到大吉嶺的幾天內，就已經對諸位同僚確立了強烈而日後也沒什麼大改變的主觀評價。布洛克自然是他學生時期的老朋友，沃拉斯頓也是他敬佩的舊識，「一號做事投入而不徇私的人物」。莫斯海德看似「是個和善而沒有架子的好好先生，容貌與秉性都極其神似莫斯海德家的其他男丁，但就是個頭比布洛克或沃拉斯頓都矮上一截。」

馬洛里對其他同伴的評語可就沒有這麼客氣。他嫌棄地質學者赫倫很無趣，他形容哈洛·瑞彭「極其令人生厭」，而且喜歡對人頤指氣使，是個沒有幽默感，不夠冷靜，「事實也經常弄擰」的男人。至於探險隊長霍華－貝瑞，馬洛里覺得他「太像個房東，身上不僅有托利黨的偏見，而且還有極其發達的階級觀，狗眼看人低地看不起……非其族類者；他討好（朗諾薛爵士）閣下——到了一個我覺得有點太過的程度」。

馬洛里把最嚴苛的評論留給了奧立佛·惠勒，一個他素昧平生，其在聖母峰上的成就也不被他承認的傢伙。「惠勒幾乎跟我沒講上幾句話，但你知道我對加拿大人有種情節。要我喜歡他，那我得先把他給吞到肚子裡，為此我希望上帝能好心地多賞我點唾液。」

在接下來的幾天裡，即便看似男人與他們的妻子都在欲罷不能地貪戀著大吉嶺所風行的各種休閒娛樂——他們可以去金卡納俱樂部（Gymkhana Club）打網球、羽毛球、高爾夫球；可以置身盆栽植物、棉質花色桌布與上個月的《泰晤士報》與《倫敦新聞畫報》之間，坐在皮椅上悠閒地喝茶；午後可以去勒邦（Lebong）觀賞賽馬，入夜可以去聖母峰飯店飲酒跳舞——但探險的雛型還是慢慢浮出了輪廓。一如在五月十二日早上的會議當中，隊長霍華—貝瑞對在喜馬拉雅山區初來乍到的馬洛里、布洛克與沃拉斯頓所解釋的，從大吉嶺入藏有兩條路，而且兩條都是英國人從榮赫鵬使團的時代就知之甚詳的路線。其中一條他表示會直接向北切穿錫金，途經甘托克、提斯塔河谷與色波拉這個榮赫鵬在一九〇三年七月第一次外交出使圖博所經過的山口，最終抵達崗巴宗。這條路會由亨利·莫斯海德負責，其身為印度調查局職員的主要任務將是針對喜馬拉雅山冠完成一項四分之一吋平板儀的調查[1]，藉此將地圖上的空白填滿，而這相當於要調查一塊長兩百二十五英里，寬六十五英里，位於尼泊爾邊境以北，雅魯藏布江／布拉馬普特拉河流域以南的未知地帶，其中藏布江與布拉馬普特拉河流域的地圖是由萊德繪定於一九〇四年，若林所率領的探險行程中。莫斯海德這一路的調查若能大功告成，則英屬印度的地圖就可以增加一萬五千平方英里的涵蓋面。

第二條前往圖博之路是遵循分別由榮赫鵬的入侵部隊在一九〇四年跟霍華—貝瑞本人在一九二〇年的勘查中走過的，那條印度與拉薩之間的傳統商道，其起訖分別是大吉嶺與崗巴宗，

1 平板儀在過去是一種於野外破碎地形中進行測量與繪圖的手動儀器，能夠同時測定特定地點的平面位置，以及點與點之間的高低落差。現今人類已經不使用平板儀測繪地圖，取而代之的是數位化的全站儀（全站式電子速距儀，一種集經緯儀、電子測距儀軟硬體於一身的現代光學電子測量儀器）和GPS-RTK（全球即時動態定位系統）。

中間是先穿過扎勒普拉與圖博邊界來到亞東，然後往上經過春丕河谷抵達帕里，最終往北轉來到江孜跟拉薩。霍華－貝瑞的資料來源顯示過了帕里大約三十英里處，一條路徑會從幹道邊上岔出後穿越一處名叫達格拉（Dug La）的山口，然後向西走四至五天路程即可抵達崗巴宗。

由莫斯海德負責，往北切穿錫金來通往崗巴宗的路徑，以距離而言是比較短的，但一如榮赫鵬在一九〇三年所發現，這條路不太可能讓大型馬隊通過。走上這條路，你得花上數日的時間通過有染上熱病危險且溽熱的提斯塔河谷，那是一個降雨量豐厚且水蛭盛行的地方。另外有一段距離相當長的山徑，是從提斯塔河與拉欽河上方的懸岩岩壁中挖出來的，相當不利於騾與馬的行進。由於搶在雨季前出發的先機已經過去，季風的雲層已經盤旋在孟加拉平原上的天際，因此兩條通往圖博之路都已經註定會濕淋淋。在大吉嶺，雨水已經降臨，而且天天都是傾盆大雨。時間是關鍵中的關鍵。霍華－貝瑞對這一點很堅持。讓探險隊盡快通過分水嶺，於他而言是當務之急，他希望的是只要通過分水嶺，高山就可以成為他們與季風主力之間的屏障，讓他們能不受氣候干擾地進入春丕河谷，往北朝聖母峰前進。

霍華－貝瑞的計畫需要莫斯海德跟他的調查小組在五月十三日從大吉嶺出發，而探險隊的主體則會取道扎勒普拉，分兩隊出發，每一隊各有五十頭騾子跟二十名挑夫，分別在五月十八跟五月十九日啟程。兩隊分隔一天的目的是考量到住宿的量能，主要是一路到江孜的路上，他們要住宿的達克平房都恰恰好相隔一日的腳程。沃拉斯頓、惠勒、馬洛里與霍華－貝瑞會打頭陣出發，後面跟上的則是瑞彭、凱拉斯、布洛克與赫倫。在從這條南北大動脈岔出，並向西朝崗巴宗前進之前，探險隊將始終與外界保持順暢聯絡。電話與電報線從大吉嶺延伸到江孜，而從帕里寄出的信件，可以靠郵差在短短三天內跑送到大吉嶺。莫斯海德的調查隊與包含登山者暨後勤人員在內的兩路人馬，最終會於崗巴宗會師。然後以崗巴宗做為起點，他們會真正地「走出地圖」，沿著一條理論上可以在七天後讓他們抵達定日宗的路線前進。定日宗除了是圖博駐軍的軍營所在，也是貿易的集散地，但最重要的是它被眾人期待已久，希望能成為初勘聖母峰北方門徑的基地。

要說有個人可以隻身讓霍華－貝瑞毫不遲疑、毫不擔心地派進未知的境地，那亨利・莫斯海德說第二，沒人敢說第一。一八八二年生於康瓦耳，而最終在一九三一年葬身於緬甸森林的祕境當中，亨利・莫斯海德是號劍及履及、行動力十足的人物，也是個貨真價實的探險家，充滿決斷力之餘又不失內斂沉穩。身高五呎九吋（約一七五公分）的他有著精壯而強悍的體能，活像個口袋版本的海克力斯大力士。有朋友形容他硬得像根釘子，意思是他可以徹底無視於自身的安適，天生的鐵胃讓他吃什麼都能消化，必要的時候可以葷素不拘，甚至為了活下去可以數日不喝水、不進食。身為受過訓練的專業工兵，且具有地形與地圖測繪跟防禦工事設計與興建專長的他，在一九〇六年加入了印度調查局。那之後，他便展開了長達十年的大冒險，而其中最戲劇化也值得一提的，就是一系列從喜馬拉雅山南邊朝阿薩姆東北叢林突進布拉馬普特拉河上游，最終抵達雅魯藏布江峽谷核心的探險。

中英兩國都一直做不到的一件事情，就是在印度東北邊境駐軍，而這也正是何以這段從不丹到緬甸共六百英里長的邊界，會一直無法釐清。在一八五八到一八九四年間，英屬印度四次嘗試綏靖當地而未果，而且每一次派去的政治專員都慘死在強悍部落阿波爾族（Abors）人之手。阿波爾人最令人聞風喪膽的，就是會用箭矢與木樁陷阱來殺人，主要是其箭頭與木樁上會塗有烏頭膏這種萃取自烏頭屬植物的致命毒藥。在一九一一年又犧牲了一名政治專員後，英屬印度終於受不了了。在以想要蕩平阿波爾族的心思做為近因，外加想針對布拉馬普特拉河之高海拔支流完成滲透與繪圖的大戰略下，英國發動了大規模的懲阿（波爾）部隊，而莫斯海德的調查支隊就在當中扮演了要角。兩千名以廓爾喀人為主力的部隊打好了奎寧，在裝備中領到了烏頭毒的解藥，並在行軍過程中獲得三千五百名阿波爾人死敵納迦族（Nagas）的支持。每個納迦人都武裝有長矛，並渴望著帶回敵人的頭顱當戰利品。事實證明這是一場不對稱的戰爭：英國人有步槍，有馬克沁機槍，而原住民只有石頭、長矛、毒木樁與弓箭。

阿波爾人被成功壓制後，真正的探險終於可以展開。調查隊上溯了迪邦河（Dibang；丹巴曲）、魯希特河（Lohit；察隅曲）與底杭河（Dihang）這三條布拉馬普特拉河的主要山區支流。當地的環境說惡劣真的是客氣了：四十度的超級陡坡覆蓋著濃密的叢林植被，河川的激流會在一英里內驟降五十英尺，還有挑戰人忍受極限的酷熱與低海拔處的水蛭，但一旦行至高處，氣溫又會冷到足以讓人死於凍傷。「就我個人而言，我寧可把這處邊境奉送給中國，如果他們想要的話。」一名調查員在家書中對母親說。「這麼糟糕的地方真是讓我開了眼界。」

莫斯海德卻如魚得水。一九一一年，他花了四個月上溯魯希特河，期間他除了靠吃米、狗肉與甲蟲過活，還得一邊披荊斬棘地在老虎跟大象的威脅下，從爬蟲類與有毒植物中殺出一條血路。另外他在回憶時形容那裡的氣候除了瘴疫四起，還潮濕得有如一場土耳其浴。而如此千辛萬苦，只是為了在有爭議的土地上插上英國國旗，因為那兒已經有同樣宣示主權的中國人放上一根木柱，上頭標明了此地是大清朝的南境。

時間來到一九一三年五月，他已經成功把整條迪邦河流域的地圖都繪製完成，包括上溯至其源頭，由此他也證明了這條河並沒有穿越喜馬拉雅山脈。在探索迪邦河上游的期間，他邂逅了一些來自康區的圖博人表示願意當他的嚮導，導引他沿布拉馬普特拉河而上入藏，而這代表著他有機會可以一舉解決喜馬拉雅山的其中一項地理之謎，那就是雅魯藏布江峽谷的祕密。我們前面提過，在一八八四年，印裔密探欽薩普已經證明了由岡仁波齊峰沿喜馬拉雅北麓東流的雅魯藏布江跟往下一萬兩千英尺的阿薩姆森林山中流出的布拉馬普特拉河，其實是一條河，但沒有人相信他。如今隨著阿波爾族之亂已定，布拉馬普特拉河的低海拔支流均已完成勘查，莫斯海德決定與費德列克・馬賀曼・貝里攜手解開布拉馬普特拉河的謎團。

一九一三年五月十六日，是兩人進入未知的日子。他們穿過了兩個高處的山口，抵達了位於底杭河上游一個叫做秀瓦（Showa）的小村，結果他們立刻就被從來沒見過歐洲人的圖博居民抓了起來，以為兩人是中國間諜。在僥倖逃出生天之後，莫斯海德跟貝里繞了一大圈路，先是往北，然後往西，最後往南來到了雅魯藏布江。他們嘗試順流而下到印度，但發現半路出現了一個超大的程咬金，阻斷了他們的去路：從一道像在怒吼的裂谷中拔地而起，一面高達兩萬三千英尺的參天山牆。往上游回頭之後，他們抵達了距離拉薩不遠的澤當（Tsetang），然後又在深入探索過一番後，取道不丹，在十一月中返回了印度，其中莫斯海德將所到之處全部繪製成了地圖。他們此行確認了雅魯藏布江墜入了地表上一處極深、極長且極為壯觀的峽谷，而在流過此峽谷並切穿了山脈之後，雅魯藏布江甩了一個大大的髮夾彎，開始與原路平行但流向相反，而且這一反就是六十英里，最後才又迷途知返地往南進入阿薩姆的森林。此一耐人尋味且出人意表的河道發展，造就出的是在不到一百英里的直線距離上，出現了深達七千英尺的戲劇性陡降。

最後當貝里與莫斯海德終於步行完一千六百八十英里的路途，抵達印度之後，兩人已經身無分文，渾身蓬頭垢面得跟什麼一樣。貝里回憶說，他們曾試圖在印度警察跟邊境守衛賣乖來討點便宜：「我開始仔細看著莫斯海德。還在圖博時我一點也不在意他身上穿得有多破。我們在圖博追求的價值是精神上的，而不是穿著打扮上的。但一旦跟警察面對面，我不得不承認莫斯海德看起來真的有點讓人搖頭。」

費德列克・馬胥曼・貝里本身也不是軟腳蝦。身為榮赫鵬入侵圖博的老兵，他曾經在一九〇四年的雅魯藏布江／布拉馬普特拉河源頭探險中伴於萊德與若林左右，最終也來到了岡仁波齊峰暨其外的地方。一九一〇年，他發想出了一項計畫，把十三世達賴喇嘛喬裝成送郵的跑者，助其逃往印度——他後來打趣說有轉世之神替英王陛下送信，大概也就這一次而已了。一九一一年，他走了一千七百一十五英里穿越中國東南部，取道湄公河與薩爾溫江的源頭，從東北方進入印度，當中也途經了阿薩姆著名的叢林。身為一名聰慧的博物學家，他發現了數十個新物種，包括具有傳奇色彩且讓他留名於世的喜馬拉雅藍罌粟（Himalayan blue poppy，學名 *Meconopsis baileyi*）。他曾經用抓蝴蝶的網子網住自己，讓自己在雪崩中存活下來。一戰時在加里波利與法國中三次身負重傷的他，後來成為英國的間諜，一個擅長十餘種姿態的偽裝大師，由此他曾在旅途中扮演過佛教僧侶、奧地利士兵、亞美尼亞戰俘，而他讓在塔什干與撒馬爾罕的布爾什維克分子吃到的苦頭之多，讓蘇俄終其一生都在懸賞他的項上人頭。

但從亨利．莫斯海德身上，貝里感覺到了棋逢對手。雅魯藏布江的探險開始後四天，貝里就在日記裡如此寫道，「我注意到了莫斯海德性格的另外一面，讓我吃了一驚。沒有人能完全不沾上水蛭，也沒有人能在行進中停下腳步來拔除水蛭。有回在歇息的時候，我發現自己身上竟然有一百五十隻水蛭。莫斯海德看似對這些吸血蟲無動於衷。我一開始以為他會如此冷靜是因為他發燒還沒退，但後來我才發現並非如此。因為等到他體溫無疑已回復正常後，這人依舊會站在那邊，任由身上覆滿水蛭，也任由鮮血從靴子裡潺潺流出，就像小朋友不會在乎被果醬沾成個大花臉。」最終貝里慢慢了解到，莫斯海德只是單純不在乎小阻礙，吸血的水蛭由此對他無足輕重。但貝里發現這人不僅僅是徹底無懼；他「對於任何危險都不太去考慮，以至於他似乎不明白風險是一種真正存在的東西」。

雖然莫斯海德不如專業的山友善於登山——確實他只有在一九二〇年跟凱拉斯去過卡美特山，那算是他唯一一次挑戰像樣的大山——但聖母峰確實常存於他的胸懷。一九一四年的五月，聽聞若林正計畫要在一九一五年的夏天前往偵查，以便為排定在一九一六年的攻頂打下基礎，莫斯海德便立馬自告奮勇要擔任調查員，而若林也收了他。不過光是聖母峰，似乎還滿足不了他的胃口。抱持著有如學童般的熱情與好奇心，他草草寫了一道訊息給貝里說：「在一九一五跨到一九一六年的冬天，當若林探險隊的其他人回到大吉嶺，在最終攻頂前當個植物人之際，我們可以去探索不丹的北境，甚至可以去尼亞拉拉（Nyala La）舊地重遊，跟那些高山盤羊（Ammon）再次相見歡。盡快讓我知道你怎麼想。」

只不過貝里還沒機會回覆，戰爭的陰影就飄到了歐洲的頭頂，莫斯海德的問題也白問了。被派駐到皇家工兵野戰連的莫斯海德一如預期地熱戰了一場，這包括他及時跨越了英吉利海峽，參與到了盧斯之役。兩次在戰報公文中被提及，且領到了傑出服務勳章，奇蹟似地活過了索姆河之戰、阿拉斯之戰與帕尚代爾之戰。壕溝中的一輪熱病讓他被送回了英格蘭，然後換回私服的他，在英格蘭的電車上被「白羽毛運動」（white feather brigade）的成員堵了上來。白羽毛是一個自命的護國團體，任何成年男性身上若未穿著軍服，愛國心就會遭到他們的質疑。被冤枉的莫斯海德並未多做辯解。一戰於他而言結束於一九一八年九月二十五日，那天他在康布雷附近的運河渡口進行偵蒐時，遭砲彈碎片嚴重炸傷了腿。被送到第四十八傷員分流站的他，隔天接受了手術，然後被撤離到羅恩的一家醫院。一九一九年的十二月，他回到印度的西北邊境服役，加入的是瓦濟里斯坦野戰軍（Waziristan Field Force），而這次的任務又讓他斬獲了更多的勳獎——印度服務獎章（Indian Service Medal）加三勳扣（勳扣是勳章上的金屬橫扣，增加勳扣代表在軍人在多個戰區達到受勳標準）。他一從西北邊境回來就立刻偕凱拉斯前往卡美特山攀登。

「我在德拉敦也沒有太平很久。」他寫信給老朋友傑克・海澤，他在索姆河的副官說。「得匆匆忙忙在魯爾基（Rurki）拋下太太，然後衝著離開。」所謂拋下太太，是指艾薇第一次來到印度，但是身邊沒錢、沒朋友，也沒人在碼頭接她。這些男人你怎麼形容都可以，但就是不能說他們感性。就在五月十三日，莫斯海德在大吉嶺召集其調查隊的同時，這夥人已經趁其他聖母峰探險隊員連山上的車站都還沒抵達的幾星期內，將兩千五百平方英里的錫金地面繪製到地圖上面。他眼前的任務是一項技術性的挑戰，是一個從他敬佩的前輩們手中接過棒子，把他們多年前起了個頭的事業給完成的機會——這些前輩包括若林、貝里與萊德，還有這三位之前的印裔密探哈利・拉姆與欽薩普。而丟下妻子跟四個月大的骨肉不管，只是因為任務要求如此。

蕭伯納（George Bernard Shaw）[2]曾看見一幅一九二一年聖母峰探險隊的合照——眾人全部著諾福克獵裝外套、七分燈籠褲，還有布綁腿，其中地質學者赫倫身上有一件駱駝毛的大衣，霍華－貝瑞身穿愛爾蘭多尼戈爾花呢外套加上同款的深色領帶跟背心，馬洛里裹在羊毛圍巾裡。看見這張照片後，蕭伯納打趣地說，這幅光景簡直就像「意外遇到暴風雪的康尼馬拉（Connemara）[3]野餐」，這段話後來廣為流傳。也確實，在啟程後的頭幾天裡，探險隊裡的狀況不但不英雄，還有點讓人搖頭。

五月十八日，馬洛里跟沃拉斯頓在上午十一點出發前往惠勒位於貝爾維尤的下榻處，卻只發現其中十八名帶著三頭騾子在三小時前到達的挑夫們，還在為了負重分配爭論不休。最後，等到四名廚子、一名勤務兵，還有額外四十七頭騾子也到齊了之後，隊伍才終於出發，其中馬洛里、惠勒與沃拉斯頓是坐在車裡。他們第一個目的地是十七英里外、五千英尺下方的帕夏克（Pashok）山屋，那是一棟建在山嘴上，可以俯瞰朗吉河（Ranjit）與提斯塔河匯流處的達克平房。車道的終點是過了古姆之後的六英里處，從那之後所有人都得步行。

不幸的是，一出發車子就拋錨了，馬洛里跟沃拉斯頓只好下車改騎小馬，而惠勒這個浪跡亞洲的識途老馬則招了輛黃包車。然後雨就下下來了。一如留下來看著第二隊在五月十九日出發，希望這之後再加速在噶倫堡趕上先鋒的霍華－貝瑞在給榮赫鵬之信中所說，「季風在那晚貨真價實地展開，傾盆大雨自此一直與我們同在」。事實上，暴雨的本尊並不是霍華－貝瑞以為的季風，而是當地人都知道的「丘提巴薩」（chhoti barsat，直譯為小季風），也就是季風的前奏，

2 一八五六～一九五〇。出生於愛爾蘭的都柏林，早年以音樂創作與文學評論為業，後來投身戲劇創作，成為以風趣詼諧聞名的黑色幽默大師，著名的《窈窕淑女》就出自他之手，並於一九二五年因「作品中的理想主義與人道關懷」獲頒諾貝爾文學獎。值得一提的是他參與創辦英國名校倫敦政治經濟學院。

3 愛爾蘭的森林名勝。

所以這之後雨不會更小，只會更大。騎馬的馬洛里撐著把陽傘，木髓帽上蓋著絲質的油布，背上有個帆布包，就這樣在騎腳踏車用的雨衣斗篷中一晃一晃前進。一如他後來在給茹絲的信中坦承的，他看起來極其可笑。但無論如何他還是很高興能離開大吉嶺，「那個糟透了的地方——或者應該說是一個原本美不勝收到令人幾乎難以置信，卻被惡魔們給糟蹋了的地方」。

路徑從古姆沿著有常綠橡樹森林的一條山脊前進，然後驟降過茶園與一小落約三十英尺高的樹蕨，樹幹上覆滿了蘭花跟纖細的水龍骨跟鐵線蕨。愈來愈潮濕的空氣讓人滴起了汗，雨勢則完全看不出一點頹勢，直到他們終於在晚上六點左右接近平房時都是如此。這間平房坐落在河流上方兩千英尺處，以木頭蓋成，有著四個房間（其中一間是儲藏室，兩間供旅人住宿，一間則保留給了馬洛里、惠勒跟沃拉斯頓三人），望出去是一片山谷，對面則可以看到他們的下一站——噶倫堡的輪廓。他們到得算晚，而且惠勒記得當時有點混亂。大雨猛下了一整晚，「雨勢聽著就像是猛烈的風暴來襲。」

但沃拉斯頓的好心情倒是不受影響。他壓根沒想到可以在山裡還這麼奢華，畢竟這跟他在非洲與新幾內亞的遭遇比起來，真的是無法想像。「你一走進去，」他用驚奇的口吻在筆下寫道，「就可以看到家具、餐刀跟盤子、燈跟油，甚至還有一小區是過期雜誌跟小說。」這根本不是探險，而是觀光行程，而且完全展現出英屬印度那無法模仿的獨有風情。每間平房的人力配置都包括一名叫做「巧奇答」(chowkidar)的印度門房，他們會提供薪柴跟牛奶，另外如廚具跟餐具，以及床板乃至於床墊，也都一應俱全。一張張貼出的布告上建議每兩個旅人同行應有三人隨侍在側：廚子一名、挑夫一人、清潔工一人，其中清潔工得負責在平房使用完畢後把廁所洗好，地板掃好。另外，添個負責午間輕食的助手來幫忙打理野餐並給廚師幫把手，則是個不硬性規定但強烈建議的選擇。不論是負責什麼工作的苦力，都不得扛超過五十磅的重量，而且布告上還說不能讓人家做白工，相當於租騾子費用三分之一的日薪一定得給。若是要前進到圖博，那他們建議旅者可以攜帶數罐餅乾，若干瓶人工添加過香味的水，還有幾箱肥皂，因為這些都是可以用來跟高官、喇嘛與宗本交朋友的伴手禮首選。送禮的時候要記得把東西放在托盤上由僕役端上，同時還要搭配名為「哈達」的傳統圍巾來表達敬意。

隔天早上的速度一樣緩慢，雨天也讓人旅行起來意興闌珊。三人當中惠勒選擇了步行，馬洛里與沃拉斯頓則繼續騎馬。急墜的山路在通往提斯塔河的三英里半距離中下降了兩千英尺的高度，然後一分為二，其中推車車道蜿蜒上山有十英里長，而由惠勒帶領的苦力之路，則會在五英里中上升逾三千三百英尺，抵達密林之後的噶倫堡。噶倫堡這個相對較大的聚落，裡頭有著商店、教堂、茶園、郵局，還有電報線。這兒的達克平房寬敞而優雅，六個房間以外還有一處種著玫瑰跟緋紅色扶桑的花園。惠勒在午後三點到達之後，剩下的整個下午都在寫信，然後才跟乘著騾子姍姍來遲的馬洛里、沃拉斯頓、霍華－貝瑞一起與在地的傳教士跟他三個女兒共進晚餐。食物很可口，但酒就差強人意了。「TT！」惠勒用很「刮」的筆尖在日記裡寫得十分憤慨——TT是tea toddler或teetotaler的縮寫，意思是滴酒不沾的人。他們十點鐘已經上床就寢，但那之前他們先聽聞了來自霍華－貝瑞的壞消息。

在大吉嶺集合時還很肥美的軍騾，已經因為經不起高溫與山路的環境而在第一天就垮掉了六頭，接著在通往噶倫堡的急升坡中又額外折損了幾頭。就事論事，這次的探險有在運輸裝備上嚴重不足的問題。在他們有的一百頭動物中，二十七頭揹負的是趕騾人員的個人用品。而在最好的狀況下，每頭騾子的負重上限也就是一百六十磅，而由於只剩下七十三頭騾子可以用，所以霍華－貝瑞不得不把大量的裝備留在禮賓府沒動。如今進到山區，他們手中有夠三個半月用的物資，但如果要如計畫般地待過九月份，那他們就得趁七或八月把其餘的東西搬上來。萬一軍騾全部垮掉，那他們能依靠的就只剩下當地原有的運具，或不到一代人之前才看著父執輩被英軍屠殺的圖博人的善意，屆時就只能祈禱他們對榮赫鵬與古魯之役不要有太清晰的記憶。惟好消息是霍華－貝瑞遇上了大衛·麥當諾，他在莫斯海德的老友貝里能從英國脫身來赴任之前，都會是錫金的代理政治專員。遇到霍華－貝瑞後，麥當諾隨即發了電報到亞東，然後帕里的圖博當局就立刻指示讓整個春丕河谷提供探險隊補給與交通。

隔天五月二十日的行程是輕鬆寫意的十四英里，而且沿路都是拔地二十英尺的濃密籬笆，上頭長著霍華－貝瑞所見過最美的灌木曼陀羅，而這還沒提到穿插點綴其中、長達八吋的美麗喇叭花，在薄暮餘暉裡發出閃閃磷光。但他沒有心思去欣賞美景。除了持續惹出麻煩的騾子讓他無暇分神以外，降雨也像是衝著他們來似的，那雨量大到防水的油布才短短幾分鐘就宛若一堆廢物。

下一階段從佩東（Pedong）到隆格利（Rongli）的路程也僅僅十二英里，但那條路會向下三千多英尺到瑞詩曲（Rishi Chu），然後在跨越錫金邊界後又沿錯落著鋪路石與圓石的險峻坡路爬升三千英尺，所以走起來難度極高。他們在阿里（Ari）相對簡陋的平房中用了午餐，然後接著下降了兩千英尺，來到了隆格利橋（Rongli Bridge）這處炎熱而熱病叢生的渡口，並在那兒暫停過夜。霍華－貝瑞又在此被植物生態弄得心神蕩漾：花團錦簇的蘭花、地面上開得有如粉色毯子一般的精緻花朵、一株株生意盎然的桑葚與胡桃，還有盛開於四下，一種讓人眼睛為之一亮的白色樹花，也就是當地人稱之為「奇烙尼」（chilauni）的木荷花。惠勒這邊則長出了一個先令硬幣大小的水泡，同時他的胃也在給主人添亂子。他們在途中活活累死了一頭騾子，而惠勒擔心接下來就是要累死人了。非常不理想的運輸狀況逼著霍華－貝瑞下令進度暫停，讓第一隊在隆格利休整一天，至於第二隊則奉命前進到阿里修整，與前隊保持三英里的距離。

五月二十三日破曉於炎熱的日頭下，而布洛克沒等第一道陽光出來太久就去追著蝴蝶跑了。在下方的隆格利，惠勒、馬洛里與沃拉斯頓起了個大早出發，而在沿隆格利曲右岸走了五英里，穿過了樹幹直徑巨大到四十英尺之硬木森林之後，他們便開始了陡升之路，目標是僅僅九英里外，但海拔卻高居在七千英尺處的夢幻竹屋聚落——賽東城（Sedongchen）。在先遣隊從大吉嶺帶出來的五十頭騾子當中，如今僅剩十四頭可以從事馱運工作，而且等到一行人來到賽東城之後，就連這十四頭騾子也都全軍覆沒，不能再走了。霍華－貝瑞迫於無奈，只能把整批騾子統統趕回大吉嶺，另行在現地與羊毛貿易商交涉新的運輸工具，主要是這些羊毛商會川流不息地從扎勒普拉與圖博的窄路中出來。這些羊毛商的臉有油汙造成的黑，豎起的長髮綁著紅色的結，另外還戴著精巧的珊瑚或綠松石耳環。霍華－貝瑞回想，覺得他們「笑容可掬有禮」，但就是做起生意非常硬，英國人從他們那邊討不到什麼便宜。

接著的幾天與其說是走路，不如說是在攀爬。一條垂直向上五千英尺的堤道有如一道漫長的天梯，帶著他們離開了叢林與水蛭的侵襲，通往了由橡樹、木蘭、銀杉、纖細的報春花，配上形形色色綻放著緋紅、洋紅、淡紫、黃色與白色花朵的杜鵑，所共同組成的童話仙境。天氣一放晴，從本地租來的小馬與騾子便在山上顯得生龍活虎起來，完全可以勝任馱運的工作。牠們穩步而健壯，挑起了極其之重的裝備與補給，而這也為霍華－貝瑞解除了燃眉之急。

登山者們在一萬兩千英尺處的納蕩過了一夜，那兒在長著草的山嘴內凹處，散落著石頭蓋的小屋。小屋再過去的樹已經為了燒柴而被砍了個精光，由此這裡在惠勒的日記裡被描述成一個「骯髒、乾燥而荒涼」的地方，更別說這兒有個墓園葬著一九〇四年榮赫鵬入侵時的死者，為此處更添了幾分低迷的氣場。霍華－貝瑞形容那個村落是「極其抑鬱之所」，其存在不過是肇因於這兒是英國在扎勒普拉與圖博邊界此端的第一個前哨站，其餘無他。由於霧氣長年不散，加上雨量不斷（年雨量約兩百英寸，超過五千公釐），這裡的泥濘一點都不輸霍華－貝瑞在法國戰地看過的任何一種慘況。惟幸運的是這兒有郵局與電報線，因此他才能打了一通換到今天將難以打通的電話到扎勒普拉另一頭的亞東，給一位「埃賽克先生，麥當諾先生的大總管，請他替我們在亞東與帕里安排好所需的小馬跟騾子。」

霍華－貝瑞接著提議，出於成本考量，讓馬洛里與惠勒在一通過扎勒普拉後就放棄他們從大吉嶺帶來的有馬鞍的小馬。他覺得此舉應能替他們省下幾盧比，但卻惹得馬、惠兩人不太開心。馬洛里咬牙沒多說什麼，但卻把氣憤宣洩在當晚寫給茹絲的信裡：「我覺得我根本不應該想跟這人好好相處，也確實在某種程度上，這點我應該是永遠做不到了。他這人心眼很小，算有見地但主觀很強，容不下有人懂得比他多。為了隊上的融洽，我很小心不要去捅到特定的馬蜂窩，由此有些話題我們完全不能碰。」馬洛里進一步承認瑞彭也依舊是個麻煩人物。身為登山隊隊長的瑞彭，跟身為整個探險隊隊長的霍華－貝瑞，兩人簡直是像油跟水一樣完全不合，而瑞彭的個性——愛批評、不懂得感謝人、防衛心強，而且毫無幽默感——已經讓惠勒與布洛克都與他保持起距離，更不用說馬洛里自己。才一星期就繃成這樣的緊張關係，讓人對未來很難有樂觀的預期。「再會了美麗的森林之鄉錫金，」馬洛里在五月二十四日的信中寫道，「歡迎——上帝才知道長怎樣的前方！且讓我們拭目以待。」

隔天早上，惠勒五點就起了床，但全隊卻遲到八點半才出發，而這都得「感謝」一名圖博「希爾達」(sirdar)，也就是營地經理的賴床。拖到八點半，四下的山坡都已經蒙上了一層霧氣，天際也下起了冰冷的豪雨。惠勒先走路熱了身，接著騎馬到了土庫拉山口（Tuku La；一萬三千三百英尺）的頂端，然後才沿著起伏的路面來到了第二處山頂。從第二個山頂下去後是一處名叫古帕普（Kupup）的惡地，而惠勒在那覓得了一個淺灘，涉水渡過了有豪雨壯其聲勢的溪流。他繼續沿一條陡峭的山徑上攻，穿過了矮柳與杜鵑共構的樹叢，也跨越了石面與碎岩，最終抵達了兩英里半開外的扎勒普拉，這個一四三九〇英尺高，通往圖博的門戶。在雨水與雲霧繚繞，以及刺骨的寒風中，扎勒普拉山口不宜久留。沒怎麼注意到地上人為的石堆與橫掛在高處的經幡，他踢著騾子繼續往前，朝著圖博的蓊綠森林前去。不出幾分鐘，在往陡峭石徑衝下去的過程中，他穿出了白霧與雨瀑，看到了幾星期以來第一眼的青金色藍天，外加遠方有白雪覆頂的卓木拉日峰直竄兩萬四千英尺的高空。

一方面想給霍華－貝瑞難看，一方面是想讓自己的肺活量接受挑戰，馬洛里徒步爬上了扎勒普拉，然後才意外地發現真正會帶給他頭痛與不適感的，是從山口頂端下來的那五千英尺。落後一天的布洛克也因為高度的落差而不舒服，所以在穿越扎勒普拉的前一晚沒吃飯就去睡了。這兩隊人都在三天以內上升了一萬兩千英尺。

惠勒相對之下，就神清氣爽，開開心心地穿過了扎勒普拉，擺脫了強降雨的糾纏，向下步行穿過了松樹與銀杉的森林，而這也讓他想起了青春記憶裡加拿大的洛磯山脈。他的父親，一名傑出的地理調查員兼地圖專家，創辦了加拿大版的英國山岳會，而惠勒開始認真攀登高山，是十二歲的事情。從十五歲開始，他每年夏天都會有四個月的時間在山上跑來跑去，探索山脈最幽遠的邊際。他的登山技巧與天賦的力量，吸引到了湯姆・隆斯塔夫的目光。一九一〇年，隆斯塔夫與惠勒一起登上了也屬於加拿大洛磯山脈的阿西尼博因山（Mount Assiniboine）山頂，而那一段二十一個小時的酷刑，後來也被隆斯塔夫形容為他進行過最艱難的一次攀爬；二十歲時，奧立佛・惠勒就已經讓隆斯塔夫覺得他是自己見識過最強悍也最精壯的登山者。一九一一年，惠勒打破了被選入英國山岳會的最年輕紀錄，為這提名背書的成員可說星光熠熠，柯利、穆姆、隆斯塔夫都列名其中，而他們全都親眼見過惠勒活躍在加拿大山中。

雖然如此少年英雄，但惠勒在任何一位與一九二一年聖母峰探險有關的人員眼中，都不是個真正的登山家。他的身分被嚴格侷限為調查員，主要職責是與山進行接觸。相對於莫斯海德的任務是繪製數千平方英里未知土地的地圖，惠勒的工作是要精準地描繪直接毗鄰聖母峰的周遭地貌，亦即他得負責兩百平方英里全世界數一數二艱險的山野。有兩個月的時間空檔，他得幾乎完全靠自己行動與存活。整支探險隊裡就屬他的落腳處比誰都高，脫隊的時間比誰都久，也最容易暴露在高山之喜怒無常中。「他此行比我們誰都更加艱辛，也更加得接受考驗。」霍華－貝瑞後來寫道。「他的貢獻值得獲得最大的肯定。」他的言下之意甚至是，比起馬洛里，惠勒有更大的潛力可以找到通往聖母峰的門徑。

山徑一口氣直降至春丕，而惠勒仍維持著驚人的速率，三點鐘就抵達了河谷谷底，然後再向上沿著阿莫曲河谷的右岸來到春丕村，並在那兒又一次渡了河，繼續前進亞東，並在大約五點三十分左右來到亞東的達克平房。比他早到的只有霍華－貝瑞，而根據惠勒在給妻子的信中表示，他們在亞東達克平房中獲得的招待是英國貿易代表的夫人麥當諾女士送上的一壺茶，外加「新鮮的牛奶與乾淨的糖——而且全都放在托盤上！」。惠勒很欣喜地得知有他太太桃莉寄自大吉嶺的幾封信，已經在等待著他，最新的一封是五月二十三日寄出，亦即上百英里以外的信，只花了兩天就寄到了。這點根據霍華－貝瑞的解釋，是因為郵遞的跑者是以每五英里換手的方式接力，而且日夜不停，由此每位跑者最終都是快走走完全程。透過複製這樣的系統，霍華－貝瑞希望可以將郵遞系統穩定地延伸到聖母峰的邊上。

等其他人也到達後，麥當諾夫人的招待更是火力全開。一如惠勒在日記裡所記錄下的，她送上了「頂級的晚餐……白色的桌布跟餐巾，湯品、肉排、火雞與蔬菜、肉的冷盤跟沙拉、草莓與鮮奶油、餅乾與蕪菁跟咖啡，而這些美食全都有威士忌、蘇打水跟綠色的薄荷甜酒幫忙沖送到胃裡」。這頓飯大獲好評，一如馬洛里在信中對茹絲所說，「我們已經刻苦好一會兒了。麵包的替代品簡直令人髮指，廚子弄出來的東西慘不忍睹，讓人怎麼看怎麼沒有食慾。」

霍華－貝瑞很明智地下令隊伍在亞東休整一日，一方面讓探險隊可以在這裡進行補給，購買些糖、青稞麵粉、馬鈴薯，一方面則是要招募一批新的挑夫跟騾子來幫助他們溯春丕河登上圖博高原。其中後者「可不是件簡單的工作」，惠勒在他的日記裡說。他側耳聽到霍華－貝瑞的住房中傳來熾烈的談判與爭執聲，而這也讓他鬆了一口氣，心想還好這不歸他管。最後探險隊一共招聘了十七名用來更替的挑夫，外加四十六頭騾子跟四匹小馬，而這還只是供探險隊的先鋒所用。

隊上的新人全都在五月二十七日早上準時到齊，然後隊伍就出發了。霍華－貝瑞記得沃拉斯頓跟他自己是騎在小馬上，外加兩名通譯加爾贊．卡濟與切滕．王迪也有東西可騎，然後就是有當地印度駐軍的一小隊人伴行，他們是身著紅色軍裝，第七十三卡納提克步兵團（73rd Carnatics）士兵，一行人看起來聲勢浩蕩。在離開亞東之前，霍華－貝瑞發了一封電報給榮赫鵬，宣告了探險隊進正式入藏。這封電報發抵倫敦的時機，正好來得及在皇家地理學會的週年晚宴上宣讀，而出席活動的會士們也為了這個好消息而歡欣鼓舞。

這天加入探險隊的有位埃賽克先生，也就是前面提到過麥當諾先生在亞東的大總管，而他也很好心地同意陪同霍華－貝瑞前往兩座佛教寺院拜訪。去程之路遵循的是阿莫曲的河岸，穿過了一個野花處處，長滿黃色刺蘗、侏儒杜鵑、白色鐵線蓮與纖細蘭花的山谷，每一道微風都攜帶著野玫瑰的芬芳，對前一年曾穿越過這裡的霍華－貝瑞來說，這種氣息仍記憶猶新。離開亞東三英里之後，山谷開始收縮，而就在中國人建造的防禦牆垣遺跡再過去一點的地方，他們看到了高高聳立在山坡上，距離山徑老遠的距離，正是他們要造訪的普納剛寺（Punagang Monastery），埃賽克解釋說這裡是古代苯教（Bonpo sect）教眾的避難之所。在人丁興盛的噶林卡（Galinka）村中，他們暫停去拜訪了另外一間比較新而與達賴喇嘛同屬於格魯巴派，也就是黃教的寺廟。在這裡，霍華－貝瑞在一個巨大的轉經輪前停下了步伐。說巨大，是因為這座轉經輪立在那裡足足有他的兩倍身高，直徑說不定有六英尺。轉經輪的內部有銘刻著在紙上，超過一百萬句禱文，由此輪子每轉動一圈，鈴聲每響一下，就代表著這些禱告文都上達了天聽一遍。嗡嘛呢唄美吽，看吶，蓮花上的珍寶，霍華－貝瑞彆腳地翻譯了一下，但他還是把輪子轉了好幾圈，日後並半開玩笑半認真地寫道他希望「那數百萬次送上去的祈禱可以保佑我們」。

從噶林卡往上，河流開始被一系列壯觀的瀑布打斷，而隨著路徑往上穿過野生的莓樹樹欉，吹拂過水面的風兒讓空氣中滿是野花的花瓣。沒過多久，山徑開始回頭穿越過河道，然後上升通過一處遼闊的巨石場，最後豁然開朗於一片美麗的草原——林馬塘谷（Lingmathang Valley）。這片古代湖泊底床的遺跡大約有兩英里長跟半英里寬。在某處山嘴可以俯瞰山谷的高點，矗立著東卡寺（Donka Monastery），也就是霍華－貝瑞希望能與「學養豐厚且德高望重」的老友格西喇嘛（Geshe Lama）重逢之處，只可惜但這位仁波切恰好人遠在拉薩，但年輕的僧侶們還是溫暖地招待起來自英國的貴客。霍華－貝瑞因為親眼目睹了一百零八卷甘珠爾（Kangyur）[4]，也就是達摩（dharma；即佛法之意）的文字寶庫而深感眼界大開，而當中的書法藝術也被他認為足以與歐洲中世紀最上乘的泥金裝飾手抄本文稿相提並論。他接著得以參觀了寺內護法吹仲（先知）的聖所，而護法本人也同樣不在寺中，而是去了康布的溫泉採集有療效的泉水。康布的溫

4　藏文大藏經的一部分，為藏傳佛教最核心的佛法教條。

泉曾讓霍華－貝瑞留下深刻印象。那兒的聖池據傳可治癒人類深受其所苦的四百四十種疾病。

護法的寶座是金色的，他的法袍則是緋紅色，至於護法在禪修進入忘我狀態時所配戴的華美頭飾，則圍繞著一圈銀色的頭骨，那象徵的是生命無常——探險隊每一個成員都能理解這個概念。在被領出由酥油燈提供著黯淡照明的聖所，準備來到一處露天的陽台喝茶之際，霍華－貝瑞的眼睛在適應陽光的過程中頓了一拍。他們坐在了低矮的凳子上，由一名僧侶端出了托盤，上面有蓋著銀色蓋子的瑪瑙杯。霍華－貝瑞為此瑟縮了一下；這並不是他與圖博酥油茶的第一次接觸。由奶油跟鹽巴製成的酥油茶在英國人嚐來與其說是茶，還不如說是湯，但出於禮節他們必須喝得津津有味。霍華－貝瑞從來沒有習慣過那種有點嗆鼻的餿味，但在探險的途中他會為了禮貌與習俗喝上數百杯。

離開寺院後，他們先是降入了一處淺谷，暢快地在開放的平原上馳騁，然後山谷開始變窄，通道再度開始穿越過由樺木與落葉松、杜松、雲杉、銀杉與山梨組成的各種林地。在溪流間來回穿梭，並且更深入了陡峭的峽谷裡之後，通道在十二英里後帶他們抵達了高斯塔（Gausta），而這個藏文地名的意思是「喜悅的草原」。高斯塔不是村落，而單純只是個達克平房之間郵遞跑者會途徑的哨站，有著一小間兩房的平房，數頂泥巴棚，還有孤零零的一間茶鋪，全都高居在一萬兩千英尺高的巨大峽谷當中。但對沃拉斯頓與惠勒而言，他們感受不到什麼喜悅，主要是兩人都病了。惠勒早早就上了床，還跳過了晚餐——反正那晚餐原本就不太吸引人。不過他倒是勉力給妻子寫了封信，懇求她寄來些巧克力。探險隊有的東西，他表示均「難以與我的食慾匹敵……（馬洛里）說他爬山時一天要吃掉四分之一磅的巧克力，對此我深表同意。畢竟人是鐵，甜食是鋼。」

那晚雨下了一整夜，但隔天早上卻破曉在亮光中，新鮮的降雪圍繞在以平房為中心，方圓一千五百英尺的範圍中。霍華－貝瑞早餐吃了野雁蛋，然後一整個早上很開心地徜徉在當地的植被裡，因為那兒有他許多他素未謀面的植物物種：一種淡雅的鳶尾花跟某種粉色的莢蒾、一款大型黃色的鐘形忍冬、好幾株罕見的杜鵑，還有貝里發現的藍罌粟也在此驚艷現身。惠勒這邊則是滴水未進，但這並不影響他把行程繼續下去。他的日記內容顯示這天又濕又冷，他們在大雨中向前挺進十六英里，來到了帕里，而這段路也讓他們從一萬兩千英尺爬升到一萬四千三百英尺。惠勒先是跨上了霍華－貝瑞的坐騎，前進了一段路，然後又換騎沃拉斯頓的馬匹，最後才在比較輕鬆的最後幾哩路下來與馬洛里一起步行。出發了四英里之後，在一片腳下觸感柔軟的山丘起伏中，他們第一次看到了帕里的堡壘，還有更遠處「王妃神山」卓木拉日峰的雪白冰峰，就閃耀在燦藍的天空中。他們可以從視覺上感受到風勢對山峰造成的影響，因為新鮮的雪會被猛烈地吹到空中，由此他們在心中感到了不小的震懾。一如馬洛里後來在給茹絲的信中說，「卓木拉日峰赫然從高原上升起，高出我們超過九千英尺，看起來真的非常壯觀，其令人嘆為觀止的莊嚴宏偉不在話下，但在光天化日下，不論你有多麼受其出類拔萃的絕壁吸引，你感受到的都不是那山勢的魅力——你會感覺到的是不住的寒冷與一定程度的恐怖。」他們都知道聖母峰要比卓木拉日再往天界上升五千英尺。

在山脈的陰影中，躺著帕里這個村落，其藏語地名有著「得榮耀之山丘」之意。但這在英國人聽來實在是再諷刺不過，因為他們眼前的帕里明明是一個名符其實被埋在其自身穢物中的聚落。海拔一萬四千三百英尺的帕里位於一片廣闊而平坦的石漠上，放眼所見只有荒蕪的岩塊與灰茫茫的地平線，還有不斷侵襲著的山風。要找個地方遮風避雨，這兒只有泥巴糊成的草屋；要引火對抗寒凍，這兒只有犛牛糞便可做為燃料。馬洛里在筆下形容這裡是個「髒到讓他幾乎無法想像，像兔籠一樣狹窄又擁擠的雜亂之所」。在因為糞便而臭氣沖天的街頭，癩皮狗會為了乾掉的動物屍體大打出手，至於露天的店家裡則陳列著散發嗆鼻腐臭的肉品與乳酪。一頭亂髮髒污到打結的孩童四處乞食，眼裡盡是血絲，臉上則因為油汙而看起來烏漆墨黑。

探險隊出於無奈只能在此停留，讓後頭的人員能趕上，並獲得一天的休息。從帕里開始，交通運輸將成為真正的挑戰，因為自此他們只要再經過一站，就要脫離從大吉嶺連到拉薩的交通大動脈，開始向西朝崗巴宗前進。霍華－貝瑞需要幾天的時間，一方面要雇用新的人手與馱獸，一方面拉近他與一宗之長，也就是宗本的距離，畢竟少了宗本的合作，探險隊想前進將會寸步難行。此外，探險隊本身也急切地需要重新整隊。他們出發才不過十一天，離開大吉嶺也不過一百二十二英里，但如同馬洛里在家書中所言：

我在想，任何能公允地評價我們這個團隊的人，都不會看好我們有登上聖母峰的勝算。我們迄今歷經的磨難，不能說沒對我們的實力造成一些傷害。凱拉斯醫師帶著腸胃炎來到了帕里，而雖然已經稍微好一點了，但現在他都得被用某種類似擔架的東西抬著走。惠勒一直都免不了有消化不良的毛病，這兩天更是狀況差到難以為繼。瑞彭看來也相當虛弱。大夥兒多多少少都輪著在忍耐，但赫倫、霍華－貝瑞跟我的狀況保持得還不錯，布洛克與沃拉斯頓也應該可以撐得下去。

達克平房的屋況可以說是慘不忍睹，容納不下整團人不說，裡頭還沒有柴火，惟起碼它與村中還拉開了一點距離。霍華－貝瑞在此下了啟用儲備物資的決定，這對探險隊的士氣產生了神效，畢竟對於配給的不足跟由「同一批爛廚子」準備的在地食物，大夥兒都已經快要受不了了。同樣能讓隊員打起精神的，還有郵件，惠勒尤其驚訝地發現能收到太太僅僅四十八小時前從大吉嶺寄出的信件。

午後，宗本帶著幾名官員跟一頭做為禮物的羊來訪。「當地的習俗，」惠勒後來寫道，「是要獻上名為哈達的圍巾，再由客人在要離開時交回。若對方是尊長，哈達會被放在桌上；若是平輩，哈達則要親手交給對方；若是晚輩或地位較低者，哈達則要圍繞在對方的頸上。」做為哈達的替代品，沃拉斯頓獻給宗本的是一支大雪茄，而「宗本顯然覺得這東西不太中用。他看起來病得很重。」

隔天霍華－貝瑞去拜訪了宗本，而他帶上的伴手禮裡有好幾只新型的「電子火炬」，也就是早期的手電筒。這讓宗本甚是驚喜，不過是先驚後喜就是了。在喝過茶跟一番寒暄說笑之後，霍華－貝瑞跟赫倫騎馬前往了霍華－貝瑞前一年造訪過的一間寺院，目的是把照片與其他禮品獻給寺內的僧侶。到了寺院，他們只見眾人正在由數百盞酥油燈提供照明的黯淡廟內參拜，現場誦經聲連天。返回帕里後，他們接受了宗本的邀約要在隔天晚上共進晚宴，只不過真正有辦法出席的隊員並不多，其中又以凱拉斯格外孱弱，從跟著第二隊在一點半抵達帕里之後就沒再下床。惠勒整個早上都在監督帳篷的搭建。一小群舞者在午後稍晚到來，並在平房的天井進行了一場算不上精采的秀。舞者們戴著面具，身著紅色燈籠褲，外加緋紅色的袍子妝點著犛牛的簇毛，就這樣表演起了惠勒筆下所說「各種看不出有何意義的特技跟一些三分之一圈的大車輪」。惠勒還說「有一個男人負責打鼓，一個女人敲著鈸。貝瑞賞了他們兩盧比，就讓他們高興到翻過去。」

隔天早上霍華－貝瑞偷了個空，只在一名巧奇答擔任嚮導的陪伴下，乘馬穿過了濃霧中的平原，抵達了某些個小小的山丘，他的希望是能找到一個好位置來拍攝卓木拉日峰的照片。很快地，他們就身處於雲端之上，俯瞰著一片白色的雲海，頭頂的太陽則閃耀在璀璨的天空中。騎在馬背上，抵達一萬六千英尺的海拔之後，他們開始下馬步行，再往上攀爬了一千五百英尺，直到他們可以隔空與卓木拉日峰面對面為止。風勢一直非常強勁，於是在為了貪看山脈而露出了幾次臉之後，霍華－貝瑞也就趕緊地走下了山脊。

這一趟固然玩得開心，但在帕里等著他的是一項危機。挑夫之間搞出了某種類似叛變的東西，起因是之前有睡過頭紀錄的那名圖博人希爾達想挑起事端，以便讓人不去注意到他跟他幹的一些壞事。自從探險隊出發至今，他都一直在苛扣食物的配給，然後把多出來的部分賣出去牟利。事跡敗露的他得走人，還有廚子裡那些酗酒成性的也得一併捲鋪蓋。隨著食物變好、休息比較充分了，惠勒與沃拉斯頓的狀態都好轉了些，但凱拉斯還是不見起色。霍華－貝瑞在報告中說凱拉斯「拒絕飲食，並對自身的狀況顯得非常悲觀」。

就體能狀況而言，布洛克、馬洛里、瑞彭與霍華－貝瑞是僅剩能在五月三十日晚上去赴宗本之約的四個成員。這頓晚宴相當精美，東道主首先端出的是小蛋糕跟果乾，然後是羊絞肉、義大利麵，還有燉蔬菜，幫忙沖下這些東西的飲料則有白蘭地跟有些烈度、非常有助於消化的薑酒。在通譯的協助下，生於崗巴宗與協格爾（Shegar）之間、一個就在他們前往定日路上之小村的宗本，提供了路徑上的有用資訊、聚落與村莊的領袖姓名、交通工具的選擇性，還有一路上糧草與水源的品質狀況。他另外還主動表示願意手書一封給他在老家村中擔任宗本代表的兄弟，希望他屆時能協助探險隊。這頓飯吃下來，讓霍華－貝瑞深感於達賴喇嘛的權威，同時他也非常感激老友兼同僚查爾斯·貝爾，因為貝爾的種種努力很顯然有效打開了入山的路徑。拉薩一道命令下來，他們一路上就像有股波浪在前方開道，確保他們得到所有必需的合作。

惠勒與赫倫此時正忙著處理存糧。他們打開了二十一箱東西來重新進行整理，主要是儲糧送來的時候是按照食材種類分類，而不是按照營地的數量分配。惠勒於是憑藉他年輕時在加拿大參加過數十回探險隊的經驗，跳出來把儲糧重新分配成每份兩至三週的量，共六份，也就是按他在日記裡所說，「原本就應該要有的做法」。他早早就上了床，但心裡仍惦記著還在不舒服的沃拉斯頓，以及「因為老毛病而病重中」的凱拉斯。就在他寫下日記的最後幾行，同時聽聞霍華－貝瑞等人赴完宴回到營區時，平日會在夜裡稍歇的風勢突然大作，空氣也一下子冷到刺骨。但雖然外頭冷若冰霜，但馬洛里還是遲疑了一下沒有馬上鑽進帳篷，因為只有入了夜，他才能感覺到這片初來乍到的圖博土地有多美。黃昏時他在給茹絲的信裡說，「這個國家變得內斂；陰影軟化了山坡；線條與摺痕開始相互融合，直到最後一絲光芒熄滅，由此你會衷心開始感激這裡的絕對荒涼，你會感覺這裡有一種純粹的型態之美，一種終極的和諧」。

在宗本的幫助下，霍華－貝瑞得以取得了四十頭驢子來陪著探險隊一路到崗巴宗。另外還有四十四頭其他的動物——小馬、騾子、驢子、閹牛跟犛牛——可以在每一站進行更換。全體隊員都將乘著騾子前進，只有凱拉斯例外得用搬的。五月十八日離開大吉嶺的沃拉斯頓，去跟前一天才又見到的凱拉斯談讓他留在帕里的事情，但凱拉斯堅持他完全可以繼續。凱拉斯非常能忍，且一如馬洛里後來分析的，「他非常羞於被人看到他休息的樣子。」為了隱瞞他的狀況，凱拉斯自從離開大吉嶺之後就堅持在其他隊員之後起床。不過在五月三十一日從帕里出發之後，凱拉斯的勇氣在最後一刻萎靡，他改變了心意，主動表示願意留在帕里。但此時整個探險隊已經出發了，廚子跟挑夫跟補給都已經在廣袤的平野上拉出一條長線，所有人，包括隊醫沃拉斯頓在內，似乎都沒有察覺到凱拉斯已經病重到什麼程度。惠勒在五月三十一日，也就是探險隊離開帕里那天的日記裡，僅簡單提到：「買了一副圖博高原的馬鞍，白銀跟鯊魚皮的材質看起來很時尚……最後大約九點啟程。凱拉斯由六名苦力挑在椅子上。這天非常之冷。」更多的注意力落在了瑞彭身上，因為他還沒離開帕里，就很奇葩地被從騾背上甩下來兩次。另外就是有兩個廚子被發現醉倒在路邊。總之就是沒人留意到亞歷山大·凱拉斯已經命在旦夕。

從帕里開始，山路會開始慢慢爬升到八英里外，海拔有一萬五千六百英尺（約四七五五公尺）的唐拉，這個貨真價實的喜馬拉雅分水嶺。這代表越過這個山口之後，他們就將正式進入葉如曲（Yaru Chu）的流域。葉如曲是阿龍河源頭的重要支流，而阿龍河則是正好從聖母峰東邊急墜穿越喜馬拉雅山脈的河流。他們前往定日的路徑會基本上沿著葉如曲的河谷前進到崗巴宗，然後至西到亭吉宗這個堡壘城鎮後，便急轉向西與向北繞行數個連峰，越過一個大山口，然後再於石靈（Shiling）降回到葉如曲。石靈是葉如曲跟朋曲匯流成阿龍河主流處上方一個不甚重要的過路站。沿著朋曲向上游再度往西走，他們將會抵達帕里之後的第一個目標——兼為貿易中心與駐紮軍營的定日宗。

離開帕里之後的他們移動非常迅速，一整天都在卓木拉日峰的陰影下乘騾前進，背上吹著刺骨的南風。他們在路上經過了成群藏名為「鏘」（kiang）的野生藏驢跟眾多藏名為「果阿」（goa）的藏原羚（較小的藏原羚是西藏蹬羚，較大的藏羚羊是西藏羚羊，這是兩種不一樣的動物）。他們身後呼嘯著季風逼近中的深色烏雲，但北方在唐拉的另一邊則能看到明亮而湛藍的天空。在前進了二十英里之後，他們停在了榮赫鵬曾經在一九〇三到一九〇四年間駐紮了幾個月的堆納過夜；但那兒說穿了，不過是在荒涼而飽受風霜的砂石平原上，湊起的一堆石屋罷了。那晚八名探險隊員擠在一間平房裡，難熬極了。

隔天早上凱拉斯看似好轉了一點，由此霍華－貝瑞便放心地離開了主隊，在僅僅一名在地村民的陪伴下，出發穿越唐本桑平原（Tang-pun-sum Plain）去尋找藏原羚的蹤影。最終他看到了很多，只不過都離得遠遠的，這飄忽不定的生物從不給他機會好好拍一張照。唯一整天下來他還是浸淫於卓木拉日峰的美景，外加一如往常地享受著在地的植物生態，這包括那兒有坐墊植物跟一種很奇特的喇叭狀紫色花朵從沙堆中冒出來之後，像地毯一搬鋪滿整片平原。午後，他重新回到山路上。這條山路沿著巴木錯（Bam Tso；錯即為藏語的「湖」）湖畔有數英里之長，而巴木錯本身是一個長約十六英里（約十公里），寬十英里（約六公里）的淺湖，湖水中富含礦物質與鹽分。他從來沒見過一個水體可以如此繽紛多彩，同一時間閃爍著深藍、各種紫色、綠色，甚至有特定藻類生長而發出的亮紅色。距離堆納十三英里處的多慶（Dochen）有座平房，就矗立在多慶錯的湖畔。多慶錯的閃耀湖面上裡除了有高聳雪峰的倒影，還看得到數百隻水禽、斑頭雁、濱鳧、燕鷗與鶺鴒在緩緩移動。

但從人那邊傳來的盡是不好的消息：沃拉斯頓跟惠勒都還很不舒服，瑞彭狀況也不好，凱拉斯想在隔天就自己走路或騎馬更是完全不可能。他早在還沒抵達大吉嶺之前就瘦了足足十四磅，如今在兩個星期食不下嚥之後，他更是憔悴消瘦得很。他唯一覺得心情輕鬆的片刻，是因為聽說一名從未見過罐頭的廚子把一罐魚放在滾水上煮。當他把那罐頭一打開，裡面的東西全爆了出來，噴了一廚房都是。就這樣，英國補給裡都是爆裂物的謠言在營區中不脛而走，但霍華-貝瑞也無意去澄清，因為這就順便解決了讓補給大量被偷的問題。

自多慶開始，探險隊終於脫離通往拉薩的主幹道，朝西北穿越一萬六千五百英尺高的達格拉，並在短短的十一英里後抵達克（Khe）這個髒兮兮的小村。霍華-貝瑞後來回憶那是個非常淒涼的地方，但縈繞著鬼魂般璀璨的過往，主要是好幾處遺址與證據顯示如今已是一片塵土的那裡曾經是遠古的湖畔。「風，是這片原鄉的詛咒，」惠勒說，「你的臉終將被吹裂成一片一片。」馬洛里則稱之為「我們的大敵……那吹不息的乾燥風塵……」。他說「現在對於舒適而言，真正的問題在於如何在抵達一天的目的地之後搭起帳篷，以便能免於吹風受凍。」這將是他們最後一次有舒適的公家平房可住。隔天早上，六月三日，新的一天在亮光中破曉。惠勒感覺並不好，但也表示「來一點含鉛鴉片就能讓狀況改善很多」。瑞彭還在低潮，但所幸凱拉斯看似沒之前那麼糟了。他的狀況一如沃拉斯頓後來分析，其實非常不好解讀。雖然很顯然處於痛苦中，而且身體的孱弱又讓其本人有點引以為恥，「但他還是以令人稱許的毅力撐過了漫長的步行過程，而且表面上始終保持著開朗」。

在很熱的這一天裡，霍華－貝瑞選擇在只走了十英里之後就在克魯（Kheru）停下腳步，並在此取得新的交通工具。大約二十個遊牧家庭在一處小型的支流河谷中紮營。為了等待著英國人的來臨，他們搭建了黑色犛牛毛帳篷，並用茶跟甜點為西方客人接風。惠勒在溫暖中找到了安慰，由是他一整個下午都窩在火缽邊，享受犛牛糞所燃起的火。霍華－貝瑞跑去獵藏原羚。布洛克拿槍打下了一隻斑頭雁。晚上惠勒邀請了赫倫、沃拉斯頓與貝瑞到他的帳篷裡來喝雞尾酒、一支上好的白蘭地，後來這群男人還用湯品祭了祭五臟廟，材料是布洛克打到的斑頭雁跟豌豆、馬鈴薯、米布丁，還有可可亞。「我吃得超滿足。」惠勒寫道，雖然這並不代表他晚上不需要再來點鴉片煙。

六月四日星期六從一早就有一個好的開始，主要是惠勒的狀況大幅改善，而沃拉斯頓更是完全康復了。這天算是輕鬆的行程是要走十六英里跨越兩個高山山口，去到號稱「獵鷹之巢」的達倉（Tatsang）。霍華－貝瑞再度離開了主道，沿著山丘的稜線前進。凱拉斯或許是受到卓木拉日峰、堡洪里峰與岡城遙峰等他全都爬過的崇山峻嶺感召，一早起來就精神抖擻，由此他甚至選擇了騎乘犛牛。惠勒跟沃拉斯頓一直陪他騎到第二個山口，才在一萬七千一百英尺處超車。惠勒後來坦承凱拉斯應該是不太舒服，但外表看起來還好。

所幸老天眷顧，馬洛里、布洛克與赫倫一直在隊伍比較殿後的地方，主要是他們想高高騎在山脊上來獵捕喜馬拉雅岩羊。他們剛抵達山口，也才放下東西想要吃午餐，就聽到通譯加爾贊．卡濟上氣不接下氣地跑來說凱拉斯在山口的上風處倒下了。布洛克一聽就拋下赫倫與馬洛里，想去照顧較年長的凱拉斯，為此他先拚命騎到前面攔下沃拉斯頓跟惠勒。回過頭來的沃拉斯頓發現凱拉斯一整個不省人事地在風中顫抖，而且嘴唇發青。沃拉斯頓給了他熱的保衛爾（Bovril，一種營養補給品）、白蘭地跟牛奶，此外，除了送他到營地，旁人能做的也不多。在日記裡，惠勒對這場危機的陳述顯得輕描淡寫：「在又前進了大約三英里之後，我們聽聞凱拉斯人在山口上面……所以沃拉斯頓跑回到後頭。布洛克跟我繼續穿過一片荒蕪的平原，抵達了達倉這個位於岩石絕壁頂端的小村跟寺院。營地搭在一條美麗小溪旁的低窪處。」幾名挑夫奉命帶著擔架往回走。「天曉得，」惠勒寫道，「他們何時能把他（凱拉斯）帶回來。」同時間的布洛克跑去釣魚，而且還成功用他的蝴蝶網捕獲了好幾條鱒魚。霍華－貝瑞在廚子身邊忙得不可開交，主要是在指導他們如何料理他這天親手打到的藏原羚。氣溫降到了華氏十七度（約攝氏零下八點三度），等凱拉斯終於被抬進營中，溪流都已經凍起來了。

隔天，據稱又能精神奕奕的凱拉斯在早上七點乘轎出發。這天的目的地是崗巴宗，也就是亨利．莫斯海德跟他的調查隊在等待的地方。為了抵達崗巴宗，凱拉斯必須移動二十一英里，並穿越到一萬七千兩百英尺高的山口。沃拉斯頓與霍華－貝瑞此時已決定一有機會就要把他後送回大吉嶺，但暫且他們也只能硬著頭皮走一步算一步。霍華－貝瑞看著凱拉斯出發的背影，然後跑去拜訪了附近一間尼姑庵，那兒有三十個女性剃了光頭，戴著令人讚嘆的羊毛頭飾，然後靜靜地在一個黯淡的小房間裡，面對數十尊全都蒙著紗布的佛像打坐。鴉雀無聲中她們撫著轉經輪在動，有些小，有些大到足以把謄寫了五十萬遍真言的羊皮紙給裝在裡面。

在辭別了尼姑庵的老住持之後，急於與隊員們會合的霍華－貝瑞沿乾燥的荒谷中輕騎而去。他早在隊伍緩緩朝通往崗巴宗的山口爬升之前，就趕上了凱拉斯跟扛著他的一小隊挑夫。拖著病體的凱拉斯看似還能有說有笑，於是霍華－貝瑞快馬加鞭上到了山口，並在那兒瞥見了三頭喜馬拉雅藍羊，而且全都是成年公羊。他策馬追了上去，並成功在一英里外射殺了其中最雄偉的一頭。他像打了勝仗似地向下通過了通往崗巴宗的山口，途中經過大片藍白色鳶尾花的田野，直到谷地縮進一處石灰岩的峽谷，而他也在那兒看到了從頭上四百英尺處投下的一道側影，那是雄踞在顛倒的巨大沉積岩絕壁上面，就像王冠被戴在山頂上一樣的雄偉碉堡。紮營在碉堡底部一片開闊平坦之草地上的，是印度調查員古遮・辛（Gujjar Singh）與亨利・莫斯海德。衝在其他人前面的惠勒已經先到了，因為他實在是急著想收私信，而且要跟莫斯海德討論很多東西。他們見到的莫斯海德跟辛都狀況很好，只不過早九天到達的他們，存糧已經幾乎要見底，兩人的耐性也幾乎用罄。他們這在這九天裡檢查了萊德上校在一九〇四年進行三角測量用的一個個三角點，只為了打發時間。

宗本在大約四點左右現身歡迎霍華－貝瑞，並給探險隊帶來了一堆禮物：五頭活羊、一百顆蛋，還有出自他自家碉堡內一個工坊，手工編織出的小地毯。他們誠摯的歡迎排場才剛一開始，就有人衝出來說凱拉斯沒氣了。剛抵達現場的沃拉斯頓對此完全無法置信，因為剛從山口下來時，他收到的消息是（凱拉斯）醫生人很好，但會在山口休息一兩個小時，所以到崗巴宗得晚一點。沃拉斯頓立刻快馬回頭去確認狀況，結果青天霹靂的消息是，凱拉斯已經毫無疑問地因為過度疲累而暴斃於心臟病發。「我想不用我說，」他在六月十一日給榮赫鵬的信中說，「這對我是很沉重的打擊，對此我深感自責。要是我能早些注意到他的體力已經所剩無幾，就不至於會大意讓他離開帕里。問題是一離開帕里人就很難回頭。現在回想起來，他根本不應該離開大吉嶺。」

在所有人當中，就屬馬洛里受到凱拉斯之死的震撼最大。「你能想像，」他在給好友大衛・派伊的信中說，「有比這次更不像是個登山隊的東西嗎？這次的行程安排原本就讓我很不痛快，現在出了這種慘劇我更是深感駭然——我們沒有一個人在他身邊陪伴，他就這樣死得孤孤單單。」但馬洛里也接著提出了一個有氣無力的解釋，意思是凱拉斯本身堅持要殿後。「嗯，在那種一馬平川又刮著強風的地方，一有人走在前面，就不太會有人想逗留在後面吃沙。就這樣等我們的焦慮慢慢消退之後，就都沒有人怎麼想在後頭陪著凱拉斯了。畢竟就算挨在他身邊，我們也不能真正替他做些什麼，再說凱拉斯也不樂見自己變成大家的負累。」

惠勒在記錄此一事件時的冷漠足以令現代讀者嘩然：「在抵達（崗巴宗）後不久，我們聽聞可憐的老凱拉斯在山口那兒死了。他狀況原本就一天天愈來愈差，一路上的顛簸與海拔高度果然推了他最後一把。他真的很可憐，大家也都很難過，但這也是無可奈何的事情。」他日記裡再接下來的幾行是，「這裡不似達倉那般寒冷。美麗的晚間可以隔著跌宕起伏的平原飽覽珠穆悠莫峰（Chumyomo）、干城章嘉峰與西邊的隆納克（Lhonak）群峰。」

隔天早上六月六日，探險隊集合起來把凱拉斯葬在了崗巴宗南邊不遠處的一處斜坡上，一個可以俯視圖博廣闊高原與更遠處喜馬拉雅山牆的地方。隆起在地平線上的諸峰有珠穆悠莫峰，有寶宏里峰，有岡城遙峰，而這些都是凱拉斯生前比誰都熟悉的山峰。西方的更遠處，相隔著或許百英里的距離且半掩在雲層後，是高聳的珠穆朗瑪——聖母峰——他賭上了那麼多的山峰。馬洛里在給傑佛瑞．楊恩的信裡說那場葬禮是「一場規模不大但動人肺腑的典禮，將凱拉斯埋葬在了石丘之上。我將不會輕易忘記那四個少年，四個他一手訓練出來的山林之人，大自然的孩子，是如何帶著驚異的神情就座於墓旁的一塊大石上，聽著貝瑞朗讀聖經裡《哥林多前書》的篇章」。石頭被堆疊成塔，凱拉斯的姓名字首被刻在了墓碑之上。

惟探險隊裡並不是每個人都像馬洛里一樣受到感動。或說得公平一點，並不是每個人都還保有被死亡這種俗事感動的能力。惠勒在凱拉斯下葬那天的全篇日記，讀起來是這樣的感覺：「阿布杜拉．賈里爾跟一個本地人去到帕里，傳達了凱拉斯的死訊，順便把盧比換成東加香豆（Tonka beas）[5]——於是大夥兒都趁機請託轉信。早上六點半，帳篷裡的溫度是華氏三十六度（太陽沒有照到帳篷）。我整天都在沖洗底片——也得到了一些不錯的結果。我用柯達拍的照片好像有點曝光不足——所以看來我得把底片的感光度從二〇〇換成一〇〇的試試看。調查隊拍的那些照片好像大致比較ＯＫ。凱拉斯早上入土為安了，但我是事後才知情——葬禮原本是排定在下午，所以我錯過了。我很遺憾沒有送他最後一程——但我確實很不喜歡喪禮這種場合。」

「惠勒的無聊，是走殖民時代的那種風格。」馬洛里偷偷在凱拉斯死前七天從帕里寄出的信中對茹絲這樣說，「但我並不討厭他。」奧立佛．惠勒並不是個特別複雜的男人，而因為成為大英國協成員已經五十幾年的加拿大，在馬洛里的眼中仍是英國的殖民地，所以或許他對茹絲發表的評語有一部分確實為真。但要說惠勒是個無聊的人，馬洛里恐怕是嚴重誤判了。事實上關於死亡，惠勒所確知之事，恐怕遠甚於馬洛里敢於進行的想像。

從年輕時就有志於從軍的惠勒進入加拿大皇家軍事學院（Royal Military College of Canada；

RMC），也就是加拿大版的桑德赫斯特或西點軍校，是一九〇七年夏天的事情，當時他還是班上入學成績最頂尖的新生。在皇家軍事學院的那三年，他每年每一個領域的成績都是第一名。一九一〇年畢業之際，他囊括了同期一共十三個獎項裡的十二個，包括大家搶破頭的榮譽之劍（Sword of Honour）。身高五呎十吋（約一七八公分）、長著一頭黑髮跟深棕色眼睛的他，跟馬洛里一樣，都是運動健將，網球、曲棍球、拳擊、足球、馬術與體操都是他的強項。文武雙全的他，同時還擅長於戲劇表演、數學與地形繪製。由此假以時日，他會接下印度調查局的局長一職。此外他在一九四一年被拔擢為准將，一九四三年獲英王喬治六世封為爵士。他在印度調查局長任內的努力，具體展現在二次大戰期間每年兩千萬張地圖的出版，而這絕對是盟軍在調兵遣將時的關鍵資料。一九四二年緬甸陷落之後，勢如破竹的日軍會在侵略印度時踢到鐵板，惠勒的功勞不會在任何人之下。

但身為一名剛從皇家軍事學院畢業，在英格蘭查塔姆（Chatham）駐紮受訓了兩年的年輕軍官，惠勒在外界的形象不過是個個性討喜積極的聰明新人。一九一二年被派駐到印度後，他先當了兩年軍營工程師，負責印度軍的基礎建設——第一站在德拉敦，後來調到密拉特

5 又名「零陵香豆」，原產於南美洲的神奇香料。

（Meerut）。後來一戰開打。做為年僅二十四歲的基層尉官，他被調任到英王喬治五世直屬孟加拉第一工兵暨佈雷兵團的第三野戰連，隸屬於第七密拉特師。惠勒奉令在八月九日開始動員，且在八月二十三日被通知要前往喀拉蚩，因此他搭上了印度軍首批奔赴法國的其中一艘重型運輸船：九月十六日出發的彭都阿號（H.T. *Pundua*）。他們的船隊在十月四日進入蘇伊士運河，並在十天後噴著蒸氣進入了馬賽港。接著還不到一星期，四萬五千名大多出身熱帶而在歐陸水土不服的印度軍，就已經搭上了前往北法的火車。

到了十月底，他們已經身在李奇堡（Richebourg）的壕溝中來換防受到重創的英國第二軍團，負責從紀梵希（Givenchy）拉過新沙佩勒（Neuve-Chapeelle）再到佛基沙（Fauquissart）的那條戰線。惠勒本身進入前線的前一天，印度軍的四個連已經攻擊了敵軍的突出部，並在激烈的肉搏戰後推進了七百碼的開放土地，把上頭的德軍趕了出去，但不甘示弱的德軍立刻發動了摧枯拉朽的反擊。到了這天的尾聲，印度軍已經非死即傷，失去了所有軍官跟三分之一士兵的戰力。「那不是戰爭，」一名來自法國的印度士兵說，「那是世界末日。」待在前線的兩個月，讓印度軍團折損了九千五百七十九名弟兄，而這還是印度軍人沒資格與其他帝國部隊同桌用餐或由白人護士照顧的時代。

身為工兵兼佈雷兵，惠勒的所部有兩項主要任務：一個是保護並強化協約國陣營的壕溝

——具體的工作包括鋪設鐵網、拆除炸彈、強化坑道與通路結構——另一個是盡其所能，不擇手段地去摧毀敵方的壕溝與防禦工事。而這些任務都讓他們得晝伏夜出，而且幾乎都得在敵人炮火下作業。一九一四年的十一月，對當時被派駐在費斯蒂貝爾（Festubert）的惠勒而言，情勢很明顯的是德軍正在系統性挖掘與其橫向戰線呈九十度直角的坑道，而且其尖端已經危險地逼近了英軍的防線。命令一出，上頭要工兵消滅這些德軍的坑道，並且要做到讓德軍之後不敢再越雷池半步。十一月十六日，惠勒負責區段的哨兵注意到兩路上述的德軍坑道已經推進到由印度軍第一〇七先鋒團（107th Pioneers）所據守之前線的三十英尺以內。隔天晚間，一百二十五名印度士兵在一名登達斯少校（P. H. Dundas）的指揮跟惠勒暨一名凱利上尉（R. E. Kelly）的支援下，執行了一次後來被通報為「小規模英勇奇襲」的行動。

八點五十五分，參加突襲的人員爬出了壕溝，並在長官的三令五申之下保持著絕對的安靜，在他們抵達敵方坑道之前都不能出聲。惟他們才一通過自家的鐵絲網，兩側的火力就開始猛烈射擊，逼著登達斯跟所部直切到右手邊的德軍坑道，而惠勒跟他帶的兵則衝到另外一個德軍坑道。兩個坑道裡都是滿滿的德軍，而且好死不死，他們正準備要對英軍壕溝中的印度軍發動突擊。狹路相逢的兩方陷入了黑暗中的恐怖混戰，那是一場刀刃、棍棒與槍上刺刀橫飛的肉搏戰。印度軍以三十四人陣亡的代價，全殲了坑道中的敵軍。惠勒照料著傷者，然後一整夜在德軍的持續掃射下，指示下屬拿著原本用以回填德軍坑道的鏟子，埋葬起了英德雙方橫屍在壕溝底部的陣亡將士。他們的遺體因為之前的扭打而蜷曲在一起，血淋淋的面孔，無法瞑目地凍僵在迷惘而驚嚇的神情中，就像突如其來的死亡弄糊塗了這些少年，讓他們戴上了一副副名為英年早逝的面具。編纂作戰日誌的軍官特別在行文中提及，「我想特別提醒您（長官）注意惠勒中尉在實戰帶兵時展現出的冷靜與英勇。」

但這，完全不是惠勒第一次與實戰跟死亡接觸；來到法國後有兩個月的時間，戰鬥與死亡都是他生活中唯一的日常。不過，這倒很可能是他第一次用手而不用武器殺人。而且他心中揮之不去的陰影是在黑暗中，在階級的脅迫下，也在四周炮火造成的壓力中，坑道底部的那些少年裡難保沒有人被活埋。緊接在那次突擊之後的日記裡，他只淡淡地寫說，「後來幾日大致平靜無波，頂多就是平日就有的砲轟、狙擊與轟炸。天氣極冷且結了霜，道路因此濕滑，馬匹寸步難行。」

惠勒在法國從一九一四年十月待到一九一五年的最後幾天，期間他與一小隊軍事工程師一起設計並建造了後來的西部戰線（Western Front）。他繪製了敵方壕溝與隧道的地圖，安裝了機槍與狙擊手的陣地來放大攻擊的效果，還訓練了人員矇眼進行隱匿的作業，使他們能摸黑在敵軍火網中無聲無息地構築防禦工事，不為對方所知。他全為印度兵的手下，率先在新型態的戰爭中就地取材，因地制宜製造出適合的武器裝備：壕溝迫擊砲、手榴彈、潛望鏡，還有用來炸開鐵絲網的「班加羅爾魚雷」（爆破筒）。九月份在盧斯，他跟部下在距離德軍戰線不到五十碼的地方作業，一夜之間成功豎起了一千四百碼的鐵絲網，但卻又在隔天眼睜睜看著四千名印度軍團同袍在單次攻擊中消亡。一九一五年的十二月二十四日，加拿大各報報導了惠勒獲頒法國榮譽軍團十字勳章（Cross of the Légion d'honneur）第五等騎士勳位（Chevalier 5th Class）的消息。此時他已經偕印度軍團撤離了法國，在前往美索不達米亞作戰的途中。在西部戰線的十三個月裡，包含兩個師共四萬八千兵力的印度軍團，損失了一千五百二十五名軍官與三萬兩千七百二十七名士官與士兵。印度軍中的英國軍官，在戰場上殞落的超過一千名，從一開始就加入前線的惠勒能活下來，除了幸運還是幸運。

惠勒偕印度軍團來到美索不達米亞，適逢協約國陣營的形勢低迷。戰事剛爆發，一支英軍曾從孟買出航並身負控制住油田的任務。一九一四年十一月，巴斯拉（Basra）已經穩穩由英軍拿下，戰略上的疑慮由是迎刃而解。但隨著戰事進入一九一五年的春天，想要阻斷鄂圖曼土耳其野心，藉此紓解加里波利戰場壓力的慾望，加上能拿下巴格達的吸引力，導致英軍對伊拉克發動了全面入侵，但事實此舉證明是災難一場。惠勒從頭到尾參與了整場戰役，贏得了軍功十字勳章；他七次在軍情報告裡被特別提及，而這還只是剛好有長官在一旁目睹的次數。在千辛萬苦沒戰死之後，他終於在一九一六年六月底因為傷寒而病倒，無法繼續作戰的他因此被後送回了印度。等他再度被判定可以作戰了，時令已經來到一九一七年的秋天，而英國此時已經拿下了巴格達，由此惠勒的任務也變得平淡無奇：整備軍營、架設探照燈與鐵網、造橋修路，還有鋪設鐵道。

戰爭的結束讓美索不達米亞成為荒鄉僻壤，但卻也成了混亂與革命的溫床。厭戰歸厭戰，帝國夢宿醉未醒的英國人仍一邊與鄂圖曼土耳其的餘孽鬥法，一面憑空捏造出了一個名叫「伊拉克」的國家，然後開始四處尋覓起了解英國苦心的人群。一九一九年六月，晉升為少校的惠勒奉命要去執行一項偵察任務，目標是從阿里亞加（Aliaga）到蘇萊曼尼耶（Süleymaniye）那片廣達一百三十六英里，且當中各民族據信對英國人有敵意的未知沙漠。他收到的命令，明確地界定了任務交付予他的責任。他將得就當地的地形進行描述，得觀察並留意當地行路的路況與方向，還得確認當地的飲食與交通暨糧草來源。他得就當地游牧部族的名號進行了解，得把可能遇襲的地點標明在地圖上，還得設想好遇到敵人火力設伏時的逃生之路。他執行這些任務的策略，一如他還是加拿大的年輕調查員，一如他是如何在戰場上殺死了第一名德軍，也一如他提議如何找出爬上聖母峰側邊的道路：盡可能靠近目標——用比誰都更強大的勇氣，成為最靠近目標的那個人。

探險隊裡有沒有人不滿惠勒缺席凱拉斯的葬禮，我們不得而知，但至少沒人將之形諸於文件裡的白紙黑字。馬洛里給妻子茹絲的信裡盡是小情小愛的體己話語，沒講到這麼沉重的話題；霍華－貝瑞平日都不留情面地在給辛克斯跟榮赫鵬的函件裡對同事大肆批評（尤其愛砲轟馬洛里跟瑞彭），這次卻隻字未提；布洛克的日記沒有任何相關的動靜；沃拉斯頓、赫倫或莫斯海德的信裡沒有相關的訊息；另外，所有隊員的傳記、探險報告或回憶錄裡，都像是對惠勒的缺席情事集體失憶；惠勒自身的日記裡也未記下一絲來自旁人的譴責或非議。在現代讀者的眼裡，這樣的情況似乎很難言之成理，或者應該說相當怪異。現代的登山隊上要是有人意外身亡，明明在營中的隊員竟然在葬禮時無故不到場，恐怕非常令人難以想像。但對這些人來講，戰爭已經改變了他們對於死亡的整體理解與想像。在壕溝中，他們每分每秒都與死亡一起生活——九死一生了好幾年的人也不止惠勒一人。年僅二十八歲，他便已經見證了數以百計的人類死亡，目睹了數以千計的殘破屍體。死亡的力量存在於恐懼，而恐懼會茁壯於人的想像力與未知裡。但對惠勒而言，他對死亡已經知之甚詳，再也無須想像，他唯一還沒見識過的只剩下自己的死亡。

從戰爭結束起的幾個月到幾年裡，就在倖存者找尋新的辦法來處理無可扭轉的死別之際，死亡的本質也遭到了重新定義。在一八九〇年代，火葬是一種幾乎聞所未聞的做法，全英國一整年的火葬遺體只有寥寥不到一百具；但到了一九二〇年代，火葬已經是數萬人死後家屬的選擇。日復一日由腐肉跟被老鼠啃蝕的屍體所帶來的恐怖，使得火葬儼然成為一種潔淨、純粹，且高度受到歡迎的葬禮形式。相對於也在一戰中傷亡慘重的信仰與傳統宗教，由死者構成的一道道河流則反過來引發了人群對於非傳統靈魂思考的高度興趣，而且還是愈小眾愈有市場，原因是神祕學、先知、靈媒或預言者都承諾著各式各樣的可能性。即便看遙不可及，這些怪力亂神依舊讓人對與死者交流產生了一絲希望。

在英國，數十萬個做父母的人到死都不知道自己的兒子發生了什麼。他們只是從官方手中收到了一封電報，上頭寫著「很遺憾——（我們）沒有任何蛛絲馬跡。」超過二十萬名士兵憑空蒸發，合理假設是被炮火給直接抹殺了。直至一九一八年，戰區裡仍有五十萬個無主之墓。戰後由帝國戰爭墳墓委員會（Imperial War Graves Commission）所建造並精心維護的諸多墓園，直到今日都還被以紀念物的姿態維護得美輪美奐，營造出一種幻象：一排排整齊墓碑下，真的躺著戰士們的遺骨。碑石上的銘文懷念著逝者，但大多數墓碑底下埋藏的，其實只有生者的希望與夢想。

那些體驗過戰爭之殘酷的人，就不會有這樣的幻想。死亡是他們生活的背景。不論哪一天，大多數人都覺得自己今天就要赴死。像惠勒這樣的年輕基層軍官想在前線待四年而不死，其機率可說低到令人髮指。當死亡的陰影就這樣天天掛在頭頂，他們想如何恣意去看待死亡，都不會有人多說一句。要說壕溝裡還有什麼基本的禮貌可言，那就是對私人尊嚴的一份尊重。每個士兵要怎麼在內心建立起這樣的尊嚴，去迎接自己或朋友或兄弟的死亡，都是他們的自由。沒有人應該擅闖那塊私人禁地，就像探險隊上也不會有人去批評惠勒在凱拉斯的葬禮一早做了什麼，或沒做什麼。

霍華－貝瑞不論怎麼說，都沒有時間去憑弔凱拉斯的逝去。哈洛．瑞彭已經五十六歲，而且還從離開大吉嶺後就遭到下痢跟急性腹痛的連環攻擊。他兩次摔下騾子，也兩次都被騾子踢到頭。失去了凱拉斯的霍華－貝瑞與沃拉斯頓，可不打算再冒失去第二名隊員的風險，於是在崗巴宗，他們做成了把瑞彭送回錫金的決定，讓他在低海拔的拉亨休養生息，主要是那兒有一間瑞典摩拉維亞修女所經管的基督傳教會。沃拉斯頓與加爾贊．卡濟會陪著瑞彭這位病人去到傳教會，然後再快步回到圖博高原與探險隊在兩週後會合。由此在短短二十四小時內，探險隊就失去了隊上僅有兩名有過喜馬拉雅經驗的登山者，且至少在沃拉斯頓歸隊之前，他們原有的兩名醫官一個都不剩。

但危機也帶來了新的契機，特別是在登山隊的組成上。瑞彭如馬洛里對茹絲所解釋的，早就不能期待他能在高海拔的山間發揮作用，因為他是個「無精打采又喜歡搞小圈圈的老傢伙，一點都不適合這份任務。」他的離開，別的先不講，首先就能提振士氣。凱拉斯加入這場探險，考量到他的身體狀態與年紀，原本的設定就是最遠只到基地營。赫倫倒是眾人意料之外一個「扎扎實實的驚喜」，但這主要是他非常善於處理挑夫的事情，登山一事他依舊無能為力。沃拉斯頓做為馬洛里此行以來最談得來的友人，是名優秀的博物學者，但以四十六歲的年齡，他也不可能在冰天雪地如魚得水。布洛克的體能沒問題，而且也很善於閱讀地形，馬洛里很認同他的潛力。馬洛里另外也很欣賞莫斯海德，因為「他從大吉嶺開始就一路在最高到一萬八千英尺的山丘上留下了無數的足跡，生龍活虎，看不出什麼問題」。霍華－貝瑞展現出了令人期待的強力腳程，所以也是登山隊第四名成員的候選人。「另一名調查員惠勒，」他在給楊恩的信裡說，「固然在加拿大累積了豐富的登山經驗，但只要腸胃還出問題一天，他就只能是一隻弱雞。他之後或許能振作起來，但我已經不期待他這次能派上多大用場。」

命運之手的操弄，感覺愈來愈斧鑿斑斑。雖然當時探險隊裡還都沒有人知道，但聖母峰已經在不知不覺中變成了屬於馬洛里的山。瑞彭的病體與凱拉斯的驟逝只是進一步為他清出了舞台。在凱拉斯下葬那天的破曉之前，營中其他人都還在沉睡的時候，馬洛里與布洛克就爬上了通往碉堡的荒蕪山坡，體驗起了人生第一次看見聖母峰的「奇妙喜悅」。

「那是一個完美的早晨。」馬洛里寫道，「我們在上升了一千英尺之後一個轉身，看到了我們起這麼個大早的目標。西方的兩座巨峰不可能被認錯；左邊毋庸置疑的是馬卡魯峰，灰色、嚴峻，但又有一份獨具的優雅，而另外一座偏右的山峰——其身分有誰能質疑？那是一顆鶴立雞群的白色尖牙，從世界的齒顎中增生出來。我們眼中的聖母峰輪廓並不是很清楚，主要是有一片薄薄的霧靄壟罩在西方；這樣的外在環境，為那一幕增添了幾分神祕與恢弘；對於這些一等一的高山未讓人失望的表現，我們感到心滿意足。」

事實上從崗巴宗的視角，誰也不可能完整而不受阻擋地看清聖母峰。聖母峰距離崗巴宗還有超過一百英里遠，而且其較低的兩翼還被附近的江嘎山脈群峰給遮蔽。江嘎山脈最高有兩萬兩千英尺且呈南北走向，與喜馬拉雅山牆垂直，距離探險隊的營地大約有四十英里。但從碉堡的堡頂，也就是宗本在葬禮當天下午招待霍華－貝瑞、莫斯海德與沃拉斯頓的地方看過去，人還是有可能辨識出幾樣重要的東西。從北邊看過去，登山者必須要完成的垂直高度似乎遠不如從大吉嶺看過去那樣驚心動魄。北坡看起來不似甚陡，而且雪線似乎也向上爬升了幾千英尺高。積雲隨著季風向北翻騰的巨大量體，貌似挨著聖母峰南側解體，然後用雨雪覆蓋住較低的海拔。錫金年雨量最高可來到兩百英寸（約五千零八十公釐），圖博高原上的聚落則大約只有十四英寸（約三百五十五公釐）。霍華－貝瑞建議若聖母峰北側真的比較不受季風影響，那他們攻頂的勝算也可以大幅提高。只不過他們不久之後就會發現，這樣的如意算盤打得太天真了。

集結新的交通工具，派發正式書函與電報向榮赫鵬通報凱拉斯的死訊，還有籌備如何將瑞彭跟沃拉斯頓後送到南邊的錫金，種種挑戰都讓探險隊被拖住在崗巴宗。直到六月八日早晨，他們才在歷經了與負重有關的討價還價與爭執之後，重新向西出發，進入了從來沒有歐洲人進入過的鄉間。第一天，他們走了十六英里，跨過了還是條小溪的葉如曲，穿越了美麗的柳樹樹叢，上到了一處岩石山嘴，而山嘴又通向了惠勒形容為「此行中看到過最漂亮的谷地」，一片一路延伸到定日、寬廣而翠綠的平原。一如往常並肩而騎的布洛克與馬洛里，登上了一座從谷地中升起的小丘，並在正午花了一個半小時「沐浴在陽光裡，調查四周的鄉野」，馬洛里寫道，並提及「這兒有獨具圖博風格的極致美景；這兒有比較豐沛的水，還有一片極深綠色且寬廣的起伏廊道，與谷底那些砂石狀的沙子或枯黃的草葉形成強烈的對比。但這只是一種形式上的美——溫和的緩坡從平原上升起，山丘的土地像一根根舌頭一樣伸進了山谷裡……圍繞著山丘的東南西北四周，有著幾乎不可計數的山脊在依序上升。」

為了過夜，探險隊停留在林加（Lingga）這個圍繞在沼澤與池塘間的小村，村中看得到野草沿著新生青稞的溫順植栽邊上生長。延伸在南方的是喜馬拉雅山的整片山麓，由此白晝中每隔一段時間就能瞥見聖母峰的身影，而聖母峰也像磁石一樣吸引著他們前進。莫斯海德一個人獨行，並在北邊數英里處的一個寺院裡紮營，目的是追著一道與主要山谷平行的山脊稜線前行。

在這樣的高度上，他可以同時向北與向南掃描，而他也會在隔天晚間與隊伍會合前持續對未知的鄉野進行調查。從林加到亭吉宗的旅程會在平原上持續十三英里，期間會穿過滿是小水鴨、綠頭鴨與斑頭雁的草地與沼澤與池塘。大群的犛牛與羊出現在地平面上。這裡是一片豐饒而水源充足的土地，天氣充滿了田園氣息，唯一讓人不堪其擾的只有數以千計的蠓蚊或沙蠅。牠們會雲集在所有活物的上空盤旋，包括騎在動物身上的人類也無法倖免。

前往亭吉宗的路徑帶他們穿過了一條引人入勝的帶狀沙丘，高度約有二十英尺。在風勢帶動下，沙丘聲勢驚人地移動在整條綠谷上。過了沙丘，大片的水源一路延伸到地平線，在午後的光線下閃閃發光。從陽光之中，霍華－貝瑞看見一行騎士朝他們走進，其中亭吉宗本乘著一匹美麗的白色小馬，身邊有好幾名隨從陪同。霍華－貝瑞後來回憶說，宗本是個身段優雅跟禮數周到都無懈可擊的男性，看起來有中國人的容貌，身上的行頭則是刺了繡的絲綢袍子，外加後腦杓留著長長的辮子，還戴著一頂令人莞爾的帽子。

在簡短的寒暄致意之後，宗本陪伴著英國人去到池塘邊上的一處峽谷，那兒已經搭起了好幾座帳篷，並有女子侍奉著點心、茶飲跟大桶冒著泡沫的青稞啤酒。在水源以外便矗立著碉堡斑駁的城牆，營地上頭有一個小村子跟一個被神聖古老柳樹叢所包裹住的寺院。在更為正式隆重的歡迎儀式中，宗本向霍華－貝瑞獻上了四頭羊與大約兩百顆蛋，但也沒忘了溫和地訓誡了英國人不要射殺或騷擾當地數以千計、會在山谷的濕地與池塘裡低頭或潛泳的水禽、鴨子、燕鷗、雁鳥。宗本解釋說在若干年前，達賴喇嘛曾從拉薩派過一名僧侶來以明確的指示馴服了亭吉的生物。從那之後，這裡所有的鳥兒就都成了聖鳥。那天晚上，霍華－貝瑞很驚訝地發現斑頭雁與野鴨這些正常來講生性非常容易受到驚嚇的生物，竟在他的帳篷四周搖搖擺擺地逛來逛去。他們一邊發出聒噪地呱呱聲，一邊在四處覓食，而他也就只能在這樣的環境下試著靜下來寫信。

因為取得交通工具比預想的費時，霍華－貝瑞不得不在亭吉暫停了一天行程。探險隊需要九十隻動物，但這也意味著他們得向至多四十五個家戶徵集犛牛、小馬與騾子，而每一戶人家都深信自己的動物要承受最重的重擔。為了排解這項紛爭，他們讓每一戶人家都拿出靴子上一條刺繡綁帶，放進一個皮袋後攪動，然後由營地經理希爾達每經過一批貨物就從袋子裡倒出一條繡帶。這麼一來，哪家的動物會揹到哪一批或輕或重的貨物，就都是命了，而人面對命運就沒有什麼好抗議的。不過抽籤的過程還是拖緩了出發，由此在花了一天時間休息跟寫信之後，探險隊算是很了不起地在六月十一日早上八點繼續出發。

前路帶他們在亭吉之後爬上了山谷，由此他們先是緩緩地攀上了一萬七千一百英尺的山口，然後再向西滑降到葉如曲的河谷。霍華－貝瑞在山口頂端暫停了一下，然後看著天氣晴朗，他決定繼續往上爬坡六百英尺。爬上去後，他向東望見了亭吉宗與崗巴宗，乃至於整個喜馬拉雅北側延伸了上百英里，達到了卓木拉日峰。向南與向西，不知名的山脊依舊遮擋了聖母峰身影，但他可以判斷出在兩天之內，一旦或穿或繞地越過了江嘎山脈之後，探險隊就可以一覽聖母峰的廬山真面目了。他從地上摘起了一朵花，一朵粉白色令人想到瑞香花的花朵，並將之別在了外套的鈕扣孔上，然後回頭與騾子跟在山口頂端等待他的隊員會合。接著，他們向下騎到葉如曲，並發現他們的營地紮在一片就在楚沙爾・南戈村（Chushar Nango）下方有著石塔遺跡跟大批黑鴉聚集的平坦草原上。直到那時，弟兄們才告訴霍華－貝瑞說，那花有輕則令人頭痛欲裂，重則讓人一命嗚呼的劇毒。

隨著日子一天天過去，里程一步步累積，山區的生活開始讓人萌生出愈來愈強的共鳴，而這一點馬洛里尤其能感同身受。不同於某些隊員還在苦於對飲食的不適應跟下痢的延續效應，他只是日復一日在對下一步的計畫與判斷中變得更強而已。在亭吉，他與布洛克給挑夫進行了一場校閱，從中挑選了十二名菁英來展開雪地訓練。晚間，他會抽空把釘子捶進靴底，利用各種補強來增加鞋底在冰上的抓地力。「就像是含苞待放的花朵，我的努力開始慢慢能看得出效果。」他在從亭吉寫給茹絲的信裡表示。「事情愈來愈有模有樣了。」而在同一天給傑佛瑞・楊恩的信中他說：「我們的旅途眼看要脫離地圖——脫離之前為拉薩探險進行的地理調查成果了。我們已經從崗巴宗之上遠遠看清了聖母峰一眼，而我並不相信從北面上去會有多容易。我希望在未來的一週左右，我們就可以在阿龍河谷這一側的某個山坡上，看到三四十英里外的聖母峰。傑佛瑞，事情感覺愈來愈刺激了。」

那是個雨夜，但隔天破曉又放了晴。在交通工具又換過一波後，他們直到上午十點才得以出發，然後在離開營地還不到一英里半的地方，他們又在涉水渡過葉如曲的時候遭逢了更多的延誤，畢竟那是條寬達八十碼（超過七十公尺）且深達三英尺，不容小覷的溪流。尤其新接替的犛牛野性甚重，牛脾氣一發便在那兒暴衝頓地，平原上很快就零落著被甩下來的裝備與補給。

行路開始沿著從山谷西側升起的山丘腳下豁然開朗了八英里，但這之後路就進入了廣袤的溼地，並在那兒隱入了許多分別朝各個方向發展的窄徑裡。在路口等著的，是他們下一站江嘎南帕（Gyangkar Nangpa）的頭目，而他正好是帕里宗本的親兄弟。他導引了探險隊來到自己的村中，並已經準備好了包子宴歡迎他們。村中的女性從沒有見過歐洲人，但都聽說歐洲男人非常高大，也因此她們準備了每人十五個大包子，另外還有湯、辣椒醬跟西倉（Chang；即青稞啤酒），好讓客人吞起包子來不會太乾。「我們對這些熱情銘感五內，但我們的胃有點無福消受。」惠勒回憶說，「尤其那個茶真的是夠嗆。」他們那晚紮營在一名頭目的綠野上，那兒有一片可以幫他們擋風的石牆。「今天我們越過了葉如曲。」他在給太太桃莉的信中說道。「我們已經脫離了確切地圖的範疇，現在我們只能靠一張圖博地圖的放大圖摸著石頭過河，而這放大圖只是大致根據探險前輩的報告計算出來的，所以格外模糊，但這也為探險過程平添了許多趣味。」

隔天早上馬洛里跟布洛克於七點動身。他們倆單槍匹馬，但也滿懷著進入未知領域的亢奮。他們沿著葉如曲前進，很快就進入了一個充滿視覺衝擊的峽谷，谷內的水沿著一陡峭的河床，一英里內下降了應該兩百英尺有。土路維持了三個小時的上坡，直到不算深的涉水處帶他們走出了一個促狹的溪谷，來到了一處敞開的平原，而葉如曲也在此轉彎向南。馬洛里知道他們已經來到了江嘎山脈的另一端，而江嘎山脈正是在崗巴宗阻斷視野，讓他看不到聖母峰的那段山脈。南邊，葉如曲一路流向了其與朋曲的匯流處，由此誕生出的阿龍河會向南與向西進，最終再納入薩噶曲（Dzakar Chu）、喀爾塔曲（Kharta Chu）、卡馬曲等三條連續的支流，這三流支流都是從聖母峰的東麓流下來，然後從喜馬拉雅山朝尼泊爾一躍而下。兩天之後，馬洛里在信中與茹絲分享了他的興奮之情：

> 騎馬進入了這片沙質的平原來評估我們的環境，就我們僅有的地圖來辨識相關的位置，我感覺自己就像個旅者。我們不僅率先把歐洲人的足跡帶進了這裡，更是在滲透一個祕密：

自從我們在崗巴宗將視線轉西之後，就一直有一堵南北向的屏障阻擋了我們的目光，而如今我們已經將視線鎖定了屏障之後的真相。從最遙遠的視角看去，確實馬卡魯峰與聖母峰露出了眼睛；但自從第一天從崗巴宗出發的早上，就連這些巨峰的頂端都隱身了起來。我們即將看到的會是哪些東西？它們會讓我們見識到什麼叫真正的壯麗嗎？朝著阿龍河向下看，我們知道它們就大抵在河谷的遠端，但現在我眼前除了一道雲堤，什麼都看不到。

馬洛里與布洛克決定把馬繫好之後爬上一座小山峰，希望藉此斬獲更好的視野。在辛苦地爬了一個小時後，他們停下腳步，拿出望遠鏡眺望起地平線，就像「雲幕之後會有奇蹟探出頭來」。而奇蹟也果然發生了。「突然間，我們的眼睛捕捉到雲層後的白雪。」他在信裡對茹絲說。

「一整群山峰，」馬洛里後來回憶說，

開始一一現身有如巨大的碎片。山形穿過雲霧往往奇妙瑰麗，就像是夢中至為狂野的產物。一方大得誇張的三角形體從下方的深處冒出頭來；其邊緣以七十度的角度向上躍起之後便看不到終點。山峰的左邊有一道鋸齒般的黑色稜線，以不可思議的方式掛在天邊。漸漸地，在幾乎無法察覺的變化中，我們看到了宏偉的山側與冰河與刃脊（Arête）[6]，開始像一道道碎片在漂浮的雲層裂隙中浮現，直到在突破想像力極限的高空中，聖母峰露出了它的白色巔峰。而在這一連串局部的窺探裡頭，我們已然看見了全貌；我們得以把碎片拼湊起來，解讀出夢想。不論尚有多少東西等待我們去理解，那夢想的中心已經有了清晰的意義，而那意義有著一座山的形狀，聖母峰的形狀。

「我們看到的不僅是聖母峰，」他告訴茹絲，「還有其整個東面，不下四落群峰，而這些連峰也共同構成了其北延的山勢，巨大而基本不為人所知的諸峰，據推測應該比聖母峰本體低一千五百英尺，緊緊挨在聖母峰的東南面，而最後則是兩處極為突出的山坳分居於左右，讓聖母峰與其鄰山明顯區隔出來。

「那是一幅逐漸清晰起來的景色。烏雲被狠狠打亮，但仍有一大片雲帶橫躺在聖母峰的面前，而我們也終於在此時轉身下山，追上看見正在向西穿越平原的苦力跟驢子的行列。」

探險隊的主體這天並未過得像馬洛里與布洛克一樣充實。早上，還拖著病體的惠勒開始改

6 一種陡峭的刀狀山脊，也叫刃嶺、刀嶺，通常是由兩條冰川侵蝕山脊兩側而形成，或是由兩個相鄰的冰斗後退而形成。

吃燕麥粥、湯、蛋跟牛奶布丁。交通工具又換過了一輪，平日的爭執與叫囂也又經過了一輪。村中的頭目一樣蒐集了鞋帶來進行抽籤，而輜重則被甩在了木質的馬鞍上，以犛牛毛編成的繩索固定。宗本的親兄弟導引探險隊通過了葉如曲的峽谷，遠至名為絨空（Rongkong）的小村。走了三英里之後路徑一分為二，叉路左邊沿葉如曲向左，朝其與朋曲的匯流處前進。揮別了送行的宗本兄弟之後，探險隊走上了右邊的叉路，向上穿過了沙質而覆蓋著荊豆樹叢的山丘，來到了有沙丘飄忽不定跟流沙的寬闊平地。午後例行的風勢吹將起來，惟這天格外出現了強風。強悍的沙塵暴掃過山谷，讓能見度趨近於零。

霍華－貝瑞思考著要不要暫停，但嚮導堅稱風反而是降低他們通過此處難度的助手，主要是風兒會把乾燥的沙子吹到溼沙之上。所以他們決定一鼓作氣，而霍華－貝瑞回憶說，「我們打扮得就像是準備接受化學毒氣攻擊，眼睛上蓋著護目鏡，口鼻也分別覆蓋著手帕與圍巾。」來自沙丘上的陣陣強風讓大家一下子都變成了啞巴，挑夫因為沙塵爆而四散且完全失去方向感，你根本聽不到他們的叫喊。霍華－貝瑞掉頭騎了回去，喝令要他們死盯著前後的人，不許脫隊，這才把人聚攏在了一起。這段路程給人一種幾近迷幻的體驗。風勢模糊了他們的感官，他們看不到地平線，天空也只剩下棕色的霧霾一片所過濾剩下的光線。飛揚的沙塵覆蓋著地面，使得人連跨下騾子的蹄都看不見，更別說另外一名騎士了。有些地方地面還會顫晃搖動，逼得騾兒在驚慌中往前衝刺，就為了能找到一個扎實的立足點。人類緊抓著他們的坐鞍，彎腰低頭面對著頂頭風。最終他們實在難以為繼，霍華－貝瑞只好下令暫停，眾人於是在呼嘯的強風中於沙丘上紮營。

馬洛里與布洛克並沒有完全避開風暴，但等他們來到營地時，最壞的情況已經過去，而在逐漸黯淡的日光中，馬洛里猶記得驚人的一幕揭示在他眼前：「我們一邊追趕著主隊，風也一邊吹拂著沙面，直至下風處所有的地景就像是澆水絲（Watered silk）[7]一般扭動著的夢魇。我們在一個從乾燥平原上升起的小小綠岸邊找到了他們，而那兒奇蹟似地存在著一處水泉。我們的朋友們在帳篷中發抖，但風勢在行將日落時緩了下來，大夥兒也都探出了頭來。我們步行了大約兩百碼到一個小小的隆起處，而從那往南瞧，正是清澈而璀璨到無與倫比的聖母峰。」

馬洛里隔天起了個大早，因為他睡不著，而他睡不著又是因為令他魂縈夢牽的山景。惠勒看著他在剛破曉後便步行越過了沙丘，身上還穿著睡衣跟臥室用的拖鞋。

隨著探險隊持續西行，告別了新月狀的沙丘並朝著朋曲河谷而上，只有稍微好轉但仍因為少進

7 澆水絲是摩爾絲（moiré silk）的別稱，是外觀呈波浪形的紡織品，主要由絲綢製成，但也有羊毛，棉花和人造絲製成。

食而虛弱的惠勒留在馱獸的身邊。霍華－貝瑞脫離了主隊，上行了三千英尺而登上了一處從北方君臨谷地的山嘴。他的腳勤獲得的回報是從東邊的卓木拉日峰以外延伸到西邊的高僧贊峰（Gosainthan，或稱希夏邦馬峰），一整條橫跨大約兩百五十英里的全景。恰恰好在全景正中央的聖母峰，看上去就像是俯視一切，世界的巔峰。他在那一幕前一坐就是五個小時，期間他只是在有溫度的太陽陪伴下，直直地對著山勢凝望。在某個點上，他注意到莫斯海德跟好幾個人從遠遠的下方，快速地往山坡上爬。這讓霍華－貝瑞微笑著想起在楚沙爾的那個晚上，布洛克與馬洛里是如何在一整天努力跟上莫斯海德這名資深調查員的步伐之後，拖著疲憊的身體回到營裡。當時他們一行三個人爬了一千英尺，上到了一處山脊，直到精疲力盡，另外兩人才暫停休息。他們後來跟霍華－貝瑞回報說，休息的兩人欣賞著令人讚嘆的美景，但莫斯海德卻獨自一人又猛衝了一千五百英尺上去，中間完全沒有休息。若要從探險隊裡挑一個最強壯，體能也最好的傢伙，除莫斯海德以外不作第二人想。從那一刻起，霍華－貝瑞就知道今年要是有機緣直攻聖母峰，莫斯海德絕對是登山隊中不可或缺的人選。

霍華－貝瑞與跟上來的莫斯海德還有其同伴們，稍微寒暄了幾句，畢竟他們已經七天沒見面了，而那之後他便讓調查隊們去忙他們的工作，獨自一人下了山，接著向西展開了對馬匹與騾隊的追趕。山谷中有牛瘟病毒在傳染，所以能補充的新馱獸只剩下騾子。為此，他想著隊上的負重，那些瘦小的動物如何能撐得下去。

就在霍華－貝瑞登高去從北方山嘴眺望聖母峰的同時，馬洛里與布洛克踏上了另一條不同的方向，他們希望藉此找到一個不同的角度去觀測入山之路。早早就棄營而去的他們，回頭朝阿龍河前進，涉水渡過了匯流處正上方的朋曲。其中布洛克平安無事地過了河，但馬洛里卻領著馬兒走進了一道深溝，差一點就被水捲走。鬧脾氣的小馬不肯走緊接著河岸升起的險峻沙地，惟所幸經過一番搜尋之後，兩人覓得了一處絕壁中的間隙，可以通向另外一片平地，他們便從那裡騎上了河流西側最崇峻的山頭。把小馬繫穩在谷地上方一千公尺的開闊山嘴後，兩人便爬上了長達兩千英尺的碎石坡，來到了那座山根據無液體高度計所測量出來，海拔一七六五〇英尺的北峰。雲層遮蔽了西邊的群峰，但聖母峰本身仍能望見，一如壯絕的馬卡魯峰也同樣現身在東邊。馬洛里與布洛克都又一次同時感受到喜悅與不安，主要是面對這種等級的高山，他們完全無法在經驗裡找到參照點——地球上沒有人能做到這一點。月球表面有多麼難以想像，一九二一年的聖母峰就有多難以想像。

他們拍了照片之後便不再久留。他們一共向上爬了三千六百五十英尺，而且出發的時候已經過了下午四點。一方面由於時間已晚，一方面要測試自身的肺活量，馬洛里與布洛克用跑的下了山，三十分鐘內回到了他們的小馬身邊。等他們重新跨過朋曲，來到隔著河流與楚寇爾村

（Chukor）相望的特朗索昌巴伯（Trangso Chumbab），並在一個中國式的老客棧裡與探險隊重新會合時，夜色已經升起。對布洛克而言，這趟路他邊騎邊感覺冷，主要是河水讓他到膝蓋都是溼的。

隔天早上他們發現自己身處在一處豐饒的山谷，看似這天可以輕鬆地沿朋曲右岸向西北推進十七英里到吉雄村（Kyishong）。但霍華－貝瑞還是沒有乖乖照著路走，而是穿越了一片寬廣的平原去探索了一個側邊的山谷，並一如往常地開心徜徉在那兒的植被，包括一種新的黑色鐵線蓮、好幾種花卉，還有一片鋪滿野生黃玫瑰的草原。他射殺了一頭藏原羚，還捕獲了一隻鷓鴣跟好幾條野兔。有段時間他在泉水邊一面休息，一面替沃拉斯頓筆記起來喝水的鳥類：烏鶇、岩鴿與濱鷸，而且全都出奇地親人。

早上原本溽熱的天氣，一到下午突然變臉，山頭上突然變得烏雲密布。整片整片的冰雹重擊著地面，青稞、麥桿與野草應聲倒地，整個村子瞬時變得白茫茫。季風已經啟動，由此隔天早上山上就會降雪。在趕著退回到了主要山谷的途中，他看到了一方神聖的園地，四個角落分別建有四個大型的白色曲丹舍利塔組成，中央則矗立著另一種名叫窣堵坡（stupa），身形更大些的舍利塔。對圖博人而言，曲丹舍利塔跟窣堵坡舍利塔都是山的象徵，都是用來壓抑黑暗，並將佛教的曼陀羅種在地表上的一把儀式性的匕首。霍華－貝瑞後來得知說，在窣堵坡的下方躺著一隻惡魔，而四邊的曲丹舍利塔就是在幫忙施壓，讓埋在石材裡數以百萬次的真言重量把惡魔壓垮。

隔天的行程是沿著泥濘朋曲的主要山谷前進，由此穿過充滿生命力，長著矮小柳樹、纈草與鐵線蓮的沼澤地，然後進入一系列的峽谷群跟長滿鼠李的開放平地。走了六英里之後，路徑北轉離開了河流，向上爬起了一座側邊的山谷，而這座側谷之後將會展開為霍華－貝瑞在圖博迄今見到最壯觀的景象。遠遠地孤立在閃耀於晨光中的富饒青稞田裡，有一座宛若城堡的連峰升起大約三千英尺，在最上方化身為線條銳利的尖頂。那與其說是座山，還不如說是神話故事裡的布景。依著懸崖的正中央那光滑的絕壁上，錯綜複雜的白色建物就這樣攀附在險峻的山勢上，活像是高不可攀的燕窩。這些為數數十的建物由牆垣與塔樓連接到一個氣勢凌人的碉堡，位於山的更上方，而碉堡上則可見巨大的護牆升起至至高的山巔。山巔如頂著王冠似地，戴著一個略顯哥德風格的圓塔，圓塔中則噴吐著羽狀的裊裊炊煙。由經幡串連起的帶子長度不下數百英尺，飄揚著紅色、藍色、綠色與黃色的旗面，妝點著山稜的每一面，就像是在賦予每一個石頭生命，也把每一抹動靜都連結至風勢與天際。

隨著霍華－貝瑞與探險隊逐步接近，他們慢慢能瞧見在山的基底是做為區域首府的協格爾，那刷白的牆垣在陽光下閃閃發光。大部分的鎮民都跑了出來歡迎這些他們打出娘胎就沒有見過的歐洲人。探險隊搭起了小帳篷，但逼上來的群眾實在太過擾人，以至於霍華－貝瑞選擇退到了一堵石牆之後。協格爾駐有兩名宗本，僧俗各一人，但這天兩人都沒有現身，為此霍華－貝瑞遣了切滕．王迪去了解一下狀況。結果不多時王迪就帶著名手持一籃雞蛋的官員回來覆命，而那籃雞蛋就是宗本送的禮。出於某種誤會，拉薩方面並沒有正式訊息發到協格爾，所以負責的宗本一開始半信半疑，直到雲開霧散才滿懷歉意，領著探險隊來到柳樹叢陰影下一片圍起的草地，那兒已經為了讓他們有廚房可用，豎起了喜氣洋洋的中式帳篷。霍華－貝瑞慎重其事地請宗本不要讓酒水傳到挑夫的手裡，但對此宗本表達了異議，且隨即因為看到英國人脫了個精光在洗滌而面色僵硬。一如圖博人的常習，洗澡於宗本也該是一年一度、在深秋所進行的事情，由此六月份有男人在沖洗自然讓他深感詫異。

探險隊在協格爾歇息了一日。這一天，布洛克追蝴蝶追了兩個小時，然後考慮著要不要向西北方爬上一處顯眼的石灰岩山頭，盼望著能從那兒望見聖母峰，但最終他選擇了朋曲南側的一道山脊做為攀爬的目的地。馬洛里忙著準備臨時的營地，好讓他們過夜時有地方遮風避雨，但他的目光始終聚焦在聖母峰上。為此，他覺得協格爾跟定日之間有一座山，看似能提供他極佳的視野。在日記裡，布洛克幾乎沒有提及他們在協格爾的停留，惟他確實寫下了在六月十六日的夜裡，「營地遭到了一個瘋子的攻擊……我持冰斧把他追出了營地，扣住了他的槍架。」他們後來得知這名犯事者是個精神錯亂的年輕人，平日遇到月圓之夜便會被雙親用鎖鎖住。而好死不死，他就在英國人作客的同一天逃脫。

至少對霍華－貝瑞個人而言，在月光映照下聳立於探險隊營地之上的寺院與碉堡，讓他看得目瞪口呆。馬洛里經常拿霍華－貝瑞在信仰上心胸狹隘來問罪於他，但其實在精神領域上，霍華－貝瑞可是徹底地以馬洛里永遠做不到的方式，對這世界開放。霍華－貝瑞曾在巴德里納什向學者學習梵語，曾經在印度支那的僧侶間尋求上座部佛教（Theravada；大體上即為小乘佛教）的智慧，也曾經用精油塗抹身體並踏上沿恆河而下的朝聖之旅。精神上的追尋，啟發了他年輕時的諸多旅行，而戰爭雖看似掏空了他的內心，但卻未掩熄他最基本的好奇心；認真地說，那段經驗反而強化了他的求知欲。

隔天早上，他偕莫斯海德去行禮如儀地向與他們接洽的宗本致意。宗本一派簡樸地住在通往碉堡與寺院的路徑底部，一個小小的屋子裡。他正規的官邸是在碉堡裡，但因為上了年紀，所以爬坡對他已經過於吃力。他們受宗本之邀吃了些日常的餐點，包括蜜餞與茶，還有絞肉與摻了辣椒做為香料的麵，而趁著席間，霍華－貝瑞與莫斯海德詢問起通往定日的路徑，並懇請宗本先行派人將探險隊的住宿、運具與補給需求通報定日。但在當時，霍華－貝瑞真正感興趣的東西其實在他們頭頂，是得沿著向上經拱道通往幽深聖所與寺院內庭的小徑，才能抵達到的東西。

他在大約下午三點去到那裡，陪同的有惠勒與莫斯海德。進入到聖所那黑暗的深處後，他很驚異地瞧見那兒的十二座雕像，全都裝飾著綠松石與各種寶石，而在雕像後面是一尊大佛，高有五十英尺，且全身覆滿了黃金。面容如惡魔般猙獰的怪誕人像，以守護神之姿把聖壇團團圍住。酥油燈投射出陰影，讓珠寶閃耀出鋒芒，還提供了足夠的光亮給許多面鏡子，共同創造出聖所延伸到無窮無盡的幻象，就像佛心充滿了無限的潛力一樣。

來到佛寺的露天屋頂，也就是眾人稍事休息的喝茶之處，讓他們得以飽覽下方一千英尺處與遠方朋曲西流而去的絕景。霍華－貝瑞徵求了寺方的同意，要給一群小僧拍照，而他也才發現原來他們沒一個人見過照相機這玩意兒。離去之前，他們覲見了在寺裡住了六十六年的住持喇嘛，靈闊仁波切（Lingkhor Rinpoche）。身為前一任住持的轉世化身，他具有活佛的身分，是已然得道但選擇留在俗世中，以便能幫助眾生逃脫輪迴虛幻之苦的肉身菩薩。在霍華－貝瑞的請託下，住持答應了拍照，並在其陪同下來到外頭的天井擺姿勢。對此，霍華－貝瑞後來在筆下描述說住持「身穿美麗的金色織錦袍子，身後擺放了無價的中國絲綢掛幅，而他則被安排坐在有高度的講話台上，面前有張精雕細琢的中式桌子放著他的鈴與杵（法器）」。這張照片可謂一炮而紅，由此在之後的探險路程中，霍華－貝瑞會動輒被索取加洗照的人團團圍住，畢竟照片裡的人是活佛，是可供人膜拜的神明轉世。

當然，協格爾的來歷錯綜複雜，霍華－貝瑞那天認識到的不過是冰山一角。跨在兩條大商道的交會口，一條南北向，另一條名聲更顯赫的，則以東西向從圖博中部到尼泊爾拉出一道弧，協格爾宗做為這樣一個充滿戰略意義的地方，長久以來就是兵家必爭之地。這裡的碉堡是在十四世紀，圖博各敵對王國血腥廝殺的衝突中建起，也是在不算太久之前，圖博與尼泊爾的激烈戰爭中建起的；一支八千人的廓爾喀軍曾包圍過協格爾這塊險要的巨岩，那也不過是一七八八年的事。

這裡的寺院做為與碉堡的對比，據說是誕生在預言之中。霍華－貝瑞聽得的故事是這樣的：在印度菩提伽耶（Bodhgaya）的北邊，也就是釋迦牟尼佛的得道之處，有一片土地上矗立著高山，而群山就像柱子一樣升到了天際。在山的下面有美麗的湖泊，有綠松石構成的圓型曼陀羅。那兒的冰與雪，就是晶瑩剔透的一座座白色窣堵坡。紅赭色的山坡其實是金子做的。而據說在那裡，某個秋天看得到金色的葉子，夏天的草原帶有綠松石的色澤，而且還能散發出薰香的王國裡，真正的心靈樂園將會出現在其中，而那也正是雪境保護者的故鄉。在這些高山裡頭，也就是在大慈大悲觀世音菩薩的領域中，會有一塊立石呈現出多羅菩薩的形體，而多羅菩薩便是觀世音菩薩化身的女性菩薩。預言堅稱有朝一日，列位國王、皇后、僧侶、喇嘛都會住在那個群山之巔的樂園裡，而那兒將會成為一個學習與傳播世間萬法的偉大中心。

現實中在八世紀，當蓮花生大士（Padma Sambhava；Guru Rinpoche）把佛教傳進圖博之際，他撞見了這麼個地方，住著惡魔般的一群神靈。蓮花生大士馴服了這些山中惡鬼的野性，讓他們蛻變為萬法的守護者，其中至黑者更被他教化為全身白晰有如閃耀水晶，超凡脫俗的女神。這座金剛山（孜加山）於是幻化為她的姿態，成為了這位荼吉尼女神（dakinis；意譯為「空行母」，即行於空中的舞者）的座席。此後荼吉尼女神的身體，便在真正意義上成為了寺院的地基，其中第一間這樣的寺院就建在她的左胸之上。此外一枚白色的海螺被祕密埋在了她的陰部之下，而那個無人知曉之所，正是所有智慧與教條流瀉而出的地方。

假以時日，協格爾這座依山而建的閃耀水晶寺院（Shining Crystal Monastery；應即為曲德寺〔Shegar Chöde Monastery〕，另協格爾此藏語地名本身就是白色水晶之意），便成為了佛學與教誨的重鎮，吸引著來自圖博四境學有所成的喇嘛。雖然帶有謎樣的神性，但蓮花生大士也同時是個有血有肉的真人，而他將佛學引進圖博，更是開歷史先河之創舉。桑耶（Samye）的第一座寺院就在他的監督下建成，同時他還以梵文知識完成了佛典中的教義翻譯。他邀請了印度學者來到圖博講學，也派遣了數以百計的圖博青年到印度留學。在歷經了十二世紀末伊斯蘭勢力入侵印度，回教長達百年的迫害導致僧侶遭到屠戮，寺院與圖書館毀於一旦之後，圖博儼然成為了佛教諸法的寶庫。鄰近圖博與尼泊爾邊境的協格爾，某個程度上扮演著庇護所的角色。曲德寺、大經堂與史上第一所薩迦學院（薩迦是藏傳佛教四派之一），都在一三八五年的藏曆木牛年建成。一六四三年，藏曆的水羊年，達賴喇嘛五世將協格爾改建成一處格魯巴派的寺院。幾百年來，此處的聖地聲譽不斷累積。當時據傳在協格爾，朱紅的光線會讓天地之間滿布番紅花的色澤，神聖的戒律與佛學的智慧在四處迴響。

英國探險隊抵達的時候，協格爾有二十一所學院投身密宗、辯證、形上學的研究，數以百計的僧侶會在靜坐與對內心的省察中追求「格西」（geshe：意譯為善知識），亦即佛學學位的最高等級。英國探險隊員所觀察到的各種儀式與辯論，還有他們親身體驗的茶憩作息，本質上與實務上都已經近四百年未變。

有趣的是在三個英國人裡面，好像只有霍華－貝瑞意識到協格爾這個地方的影響力、意義與重要性。布洛克與馬洛里則幾乎渾然不覺。惠勒在給妻子的信中提到協格爾是「我們一路上看到數一數二如畫的地方」。他覺得這裡的人有「可憎的好奇心」，並在後來坦承「我恐怕不太長於以文字描述這裡，但我之後會寄一張照片過去」。

持平地說，他們沒有人具備理解眼前所見的知識背景。在接近世紀之交，榮赫鵬入藏的過程中，由英國探險家兼作家亨利．賽維吉．蘭朵（Henry Savage Landor）與英國旅行家記者帕西瓦．蘭登（Perceval Landon）筆下文字所召喚出的，那些圖博是如何殘酷與野蠻的畫面，已經大體被證明為無稽之談。但今日我們心中那個神祕的圖博，則還沒有被發明出來。華特．埃凡斯－文茲（Walter Evans-Wentz）曾於一九一九年到過大吉嶺，但他的《圖博死者之書》（*The Tibetan Book of the Dead*）譯本直到一九二七年才問世。神智學信徒暨藝術家尼可拉斯．洛里奇（Nicholas Roerich）要到一九二三年十二月才展開他在圖博與印度的四年旅居，對應的遊記作品《亞洲之心》（*Heart of Asia*）更要到一九三〇年才出版。亞莉山卓．大衛－尼爾（Alexandra David-Neel）在一九一二年造訪錫金，但真正讓她享譽國際的拉薩之旅，是晚至一九二四年才發生的事情。她對於瑜珈修行者能飛，還有對喇嘛身懷密宗力量的描述，大大影響了後世的著述，包括詹姆斯．希爾頓（James Hilton）發表於一九三三年，以虛構手法描寫香格里拉的《失落的地平線》（*Lost Horizon*）一書，而此書也是世上第一本平裝的大眾市場暢銷書。但亞莉山卓的兩本著作，分別是一九二七年的《我的拉薩之旅》（暫譯，*My Journey to Lhasa*）與一九二九年的《圖博的魔法與奧祕》（暫譯，*Magic and Mystery in Tibet*），都要到英國初步展開聖母峰計畫後才出版。就像形塑了我們對「失落的一代」[8]的認知，曾經泉湧而出的戰爭回憶錄一樣，頌揚轉世重生等圖博奧祕的一波波遊記，也從一九二〇年代尾聲到一九三〇年代初期如雨後春筍興起。這兩股趨勢並非完全平行，但同樣的是它們都太晚出現，而無以影響站在協格爾宗奇景之前的霍華－貝瑞。

在這因為不知該期待什麼而產生出的虛無當中，霍華－貝瑞只是耿直地看到什麼就回報什麼，並在這麼做的過程中，懷著一顆開放的態度與無比的包容心。在被要求於給《泰晤士報》的一篇任務報告中報導圖博人的生活與習俗時，他提到圖博人穿在身上的是自家用羊毛縫製的衣服，還說他們的青稞與豌豆等作物都可以在極高海拔豐收。他說圖博人洗澡確實是一年一次，但那單純是寒冷氣候下的生活方式，而圖博女性把油脂跟煤灰抹在臉上，是在風吹日曬中保護皮膚的辦法。圖博人一妻多夫，亦即大哥的妻室也是其他弟弟們的妻子。對於這樣的婚姻設計，霍華－貝瑞字斟句酌地表示這讓女性可以自由與一個以上的男人發展關係，並獲得生活上的援助。

真正讓他覺得詫異的，霍華－貝瑞坦承是牽涉到喪葬的風俗。圖博社會裡有一個特殊的族群，會負責把死者的遺體大卸八塊，然後一塊塊餵給兀鷹。「這種做法非常乾淨。」他忙不迭地說明，「死者一轉眼就會被吃到屍骨無存，畢竟圖博每年有六個月是徹底冰封的狀態。」在圖博高原上生活並不容易，他如此評論。冬寒是每晚的常態，夏天的酷熱又令人難耐到「太陽一升起來，人就會被搞到了無生趣」。但他也補充說圖博民眾對英國人展現了「至高的善意」。他

8　語出海明威的小說作品《太陽依舊升起》（*The Sun Also Rises*；舊譯《妾似朝陽又照君》）一書，通常指在一次世界大戰期間成長的那一代人。

說：「別忘了這些圖博人都是這輩子頭一回見到歐洲人，但他們還是把我們當成了貴客相迎。」這樣的肯定，與馬洛里的某些情緒形成了強烈的對比。眾所周知馬洛里曾在某個煩躁的瞬間，說過圖博「是個可恨的國家，住著一群可恨的圖博人」。

六月十八日，馬洛里與布洛克在早上七點帶上半打挑夫，揮別了協格爾，隨身的配備僅有兩個馬默里帳篷、毯子，還有不算豐富的補給。他們的計畫是在朋曲以南建立兩晚的飛營（Fly camp；臨時營地），目標是在時限內盡量爬到最高，以便對聖母峰連峰進行直線距離最近的觀察。「聖母峰已不再只是看起來壯觀而已了。」馬洛里對茹絲解釋說，「我們開始認知到它是一座形體與眾不同的山峰；其巨大山脊與冰川所構成的挑戰也於焉成形。這些挑戰會不經意跳出來亂人心思，進而讓人思考起確切層面上的問題。我們還能去哪裡再看一眼，再去多揭開一點它巨大的謎團呢？從這天以後，這個問題將與我們長相左右，寸步不離。」

布洛克被他那頭脾氣很拗的小馬弄得心神不寧，但兩人最終還是來到了朋曲，但他們誤以為那是另外一條旁支。還在搜尋主河道的他們循著一個不起眼的支流，進入了一處山谷，然後又掉頭涉過幾條深度達到挑夫腰部的溪流，卻只發現他們經過了七個小時的跋涉，回到了朋曲南側他們第一時間應該選擇的道路上，而此處距離協格爾僅僅五英里之遙。馬洛里尤其溼得一塌糊塗。他丟失了他的麥金塔披風雨衣，讓野外用望遠鏡浸了水，帽子也被泡爛。等他們再度出現在因為各種延誤而遲至中午前都還在協格爾沒出發的霍華–貝瑞與整支探險隊眼前，馬洛里跟布洛克這兩隻落湯雞看來慘不忍睹。惠勒在日記裡形容這段插曲，話只說了寥寥兩句：「馬洛里跟布洛克出發大約是七點，霍華–貝瑞見到他們是下午兩點半。他們涉水高度已經幾乎到了脖子，可以說整個人都豁出去了！」

布洛克跟馬洛里吞下了尷尬，硬著頭皮繼續南行。由此他們上到一處山谷可通往一個小鎮名喚龐拉（Pang La），最後他們在龐拉紮營的高度是一萬四千三百英尺。隔天，他們天沒亮就起身，凌晨四點半動身，一步一腳印地步行將近兩個小時，到達了一處高海拔的山口，對完整的聖母群峰有極佳的視野，可供他們飽覽從馬卡魯峰向西直到一系列莫可名之的山巔，任何一座參天高山都起碼有兩萬六千英尺高。放眼所及，躺在他們面前的一切都尚未有人類前往探險。西邊在聖母峰後方大概十二英里的地方，有囊帕拉山口（Nangpa La）通往尼泊爾與索盧坤布，也就是雪巴人的故鄉。高聳在囊帕拉山口上一柱擎天的，是海拔二六九〇六英尺（八千兩百零一公尺）的世界第六高峰——卓奧友峰（Cho Oyu）。從卓奧友峰沿地平線朝聖母峰的方向移動，人的目光會掃到格仲康峰（Gyachung Kang）矗立在二五九九〇英尺（約七九二二公尺）的高度，而這已經比美洲任何一座山都要高出三千英尺。聖母峰以二九〇三五英尺（約八八五〇公尺）傲視群雄，但東邊仍有二七八九〇英尺（約八五〇一公尺）的洛子峰，外加二五六〇四英尺（約七八〇四公尺）的珠穆隆索峰與其二七七六五英尺（約八四六三公尺）的姊妹峰馬卡魯峰可與之互別苗頭。這一連串山峰與其說是獨立的山，感覺更接近一個整體中的個別元素，而那個整體便是一堵由冰與岩所構成的巨大山牆，以一個弧度延伸大約四十英里後，才見得山脊旁落進阿龍河那切穿喜馬拉雅山脈東麓的壯闊峽谷中。雖然馬洛里與布洛克當時並不知情，但那天在龐拉山頂，在遮蔽地平線的雲海倒灌進來前的短短一刻鐘之間，他們見證了四座世界前六的高峰。即便是將這些高峰分別開來的山坳——也就是所謂攻頂的真正起點——都比歐洲最高峰白朗峰，也就是馬洛里身為登山者所踏上過的最高點，高出一萬英尺。

被那一幕震撼出了謙卑與鬥志，但又一想到眼前任務之艱鉅就忍不住顫抖的他們，開始從龐拉山頂往下走，並在上午八點回到了營地，然後在相隔不到一小時後重新出發。他們頂著炎熱的太陽與一次小型的冰雹風暴騎馬前進，行經了咱廓爾村（Tsakor），在剛過午後時抵達了莫蒙（Memong）的草原。隔天，他們清早六點起行，並讓挑夫在後頭追趕，兩人先行馳騁穿過朋曲沖積出的廣闊平原，在上午過去一半時抵達了定日。

在此同時，探險隊的主隊已經沿著從協格爾出來的幹道在推進，且第一晚就在咱廓爾村紮營。馱運的行列直到入夜後許久才出現，而整個探險隊那晚就睡在由當地犛牛牧人所慷慨提供的廚房兼大帳篷中。隔天，他們為了趕路而起了個大早，因此在餘裕中穿過了朋曲在兩岸淺灘間淌流所開拓出的廣闊河谷。再晚一個月，豪雨就會抹去任何河道的概念，整個谷地從左至右，都會淹沒在倒灌的洪流中。此時沼澤與原野已然濕透，由此上頭有成群的涉禽、鷺鷥、黑頸鶴在走動。蒼蠅與蠓蚊聲勢嚇人。霍華－貝瑞剛用帕巾摀上嘴，就看到一幅讓人定住的畫面：遠方有個男性隻身一人，看似在不停地絆倒又爬起，規律地活像個人體節拍器。爬起之後的他會先站直一會兒，但那只是再一次絆倒的序曲。眾人靠近些後，霍華－貝瑞認出了那是張蒙古臉孔。他穿著好幾層濕透了的羊毛衣物，兩隻手跟左右膝蓋都裹在骯髒的碎布中。他的頭髮糾結，他的臉因為油汙而發黑，唯有前額閃耀著油脂被摩擦拭去的光輝。

這名踏上朝聖之行的男人，在十一個月前從拉薩出發，朝加德滿都的方向移動了六百五十英里，而他前進的方式是行全身著地的大禮，每次一個身長的距離。從站姿開始，他會注視著前方，盡其所能舉起為了祈禱而合十的雙手到肩膀以上的最高點，然後把手拉回到額頭、喉嚨、胸前，最後彎身向前以四肢觸地，掌面伸平且膝蓋垂直跪於地面。再來他會把額頭點到地上，完成五體投地。五體投地的意義在於淨化他的心靈，讓「貪、嗔、痴、慢、疑」這五毒被代換為五種對應的智慧。重新站起之後，他會再次把合十的雙手拉到胸前，以此祈拜的手勢象徵他願意努力當一名菩薩，來承受世間所有生靈之苦。每一次在無聲中行完的大禮，都會讓他朝目標更接近一個身長的距離，而他的目標不是一個地名，而是一種心境；不是某個目的地，而是一條能予人救贖與解脫的路徑。須知救贖與解脫，才是這趟朝聖之旅的終極追尋。

對離開了佛萊明戰地與血腥恐怖還不到三年的霍華－貝瑞而言，這不啻醍醐灌頂地為他確認了信仰的意義。他緩緩地超越了朝聖的男子，豎起耳朵傾聽。胯下的小馬在路上發出喊哩匡啷的馬蹄聲，但他仍能聽到身後羊毛衣物在摩擦地面時的沙沙作響，也聽得到雙手掠過塵土時的風切聲。往南望去，群峰變得清晰，青金色天空如背景般輝映著聖母峰愈來愈無法忽視的雪景。探險隊在六月十九日正午剛過抵達了定日，距離揮別大吉嶺正好一個月，已走了三百六十二英里。

7

鳥兒的盲目 The Blindness of Birds

公元八世紀，身為贊普（國王）的赤松德贊（Trisong Detsän）親率吐蕃大軍攻陷了唐朝的京城長安，大肆洗劫後才又西行去威懾阿拉伯的哈里發與中東四境。然後在他權力的頂峰，亦即中亞大部盡歸吐蕃之手的時候，這位贊普決定讓他的同胞從暴力與野蠻當中解放出來。他召喚了一名偉大的印度賢者——蓮花生大士，請他為吐蕃引入佛家的諸法，希望這些教義可以讓吐蕃舉國內心的魔性獲得馴服，讓善嫉的山神沉默，並為全民帶來祥和、智慧與超脫。一開始不知從何下手的蓮花生大士尋求了佛陀本人，也就是早已遁入涅槃之釋迦牟尼的協助。得道後回歸的佛陀出落得法像莊嚴，並從地上撿起了一塊石頭，那是一顆輕盈如鴿的球體。佛陀將之旋轉在指間，然後高高扔過了喜馬拉雅山，等石頭落地時，一聲完美無瑕的樂音迴響在大千世界中。佛陀將石頭落下的地點稱為「定日」，藏語中的意思是「定聲之小山」，並遣蓮花生大士前往尋石並開始教誨民眾。

蓮花生大士首先去到了朋曲，也就是英國人在霍華－貝瑞領導下沿之離開協格爾的那條河。在朋曲以北的山中，一個今稱斯布里（Tsibri）的權力中心與朝聖目的地，蓮花生大士遇見了一名空行母。這名山中的守護女神領著大士重新穿過了河谷，抵達了蘭埗（Langkor）的山丘，而大士也果真在那兒找到了佛陀擲出的聖石。

此後終其一生，直到他最後升入「銅山淨土」之前，蓮花生大士都寸步沒有離開過定日谷，終日不是靜坐清修就是進行教義的傳授，並在過程中啟發了寺院的修築，使吐蕃這片土地浸淫在萬法的精髓中。而他所傳講的教義，正是佛陀灌注在「四諦」中的四項神聖真理。首先，眾生皆苦。佛陀這麼說，意思並不是在否定一切生命，而只是表示生命中會發生很多悲慘的事情。邪惡不是例外，而是生命的常態，是人類行為的後果，也就是由人的所作所為，所製造出的「業」(karma)。再者，眾生皆苦源於無知。而佛陀所謂人的無知，並不是在說人愚鈍，而是指人會昧於事實而巴著殘酷的幻象，自認可以永生不死而且是世界的中心，並自絕於萬事萬物存在的常軌。三來，佛陀向人揭示無知可以克服。第四，也是最重要的一點，在於佛陀勾勒出了一套修練之道，讓人只要照著去做，就能為痛苦畫下句點，讓人心得到真正的解脫與蛻變。這麼做為的不是逃離人生，而是要逃離被人生奴役的命運。這種修練的目標不是要消滅自我，而是要消滅無知，讓真實的佛性顯露出來，須知佛性就像閃閃發光的寶石一樣被埋藏在人心裡，等著重見天日。由此蓮花生大士為吐蕃帶來的，不啻是一張頓悟得道的路徑圖。

被尊為古魯仁波切（Guru Rinpoche），享上師之名的蓮花生大士（生於蓮花之意），會假以時日神化於藏人的心裡。他的飄泊本身就是一種祈禱，他的降生與存在就是一種神聖的象徵，是圖博大地上的永恆印記。他留給人的無盡追憶與所行出的神蹟，吸引了朝聖與密宗修士在前往定日與更遠處的路上不絕於途，直至山溪所到之處的荒野，而那些溪水又源自於世界上最高也最崎嶇的山結，融化於其上的冰川與冰原。他是英雄中的英雄，是真正的人間菩薩，是智者，是自身得道卻不獨善其身，選擇留在俗世間幫助人擺脫輪迴、痛苦與無知，讓眾生得以從中獲得解脫的全人。

為了指引人踏上這樣的追尋，也為了確保智慧的教義可以永世迴響在人間，古魯仁波切沿著飄泊的路上種下了靈性的寶藏、神聖的典籍與密宗的教誨，希望它們可以歷盡迫害與劫難而不毀，就這樣神奇地隱身在地景之中，直到世道再現這些智慧可以供人參見的機緣。這些寶藏，或稱「伏藏」，有的真是封印在舍利塔或洞穴中的文稿，有的是在密宗典籍裡代代相傳，在土、水、火、風、空等五種元素裡諱莫如深的教誨，還有些內容獨立遺世在禪修的場域中。為了方便這些佛法能無止盡地開花結果，古魯仁波切經由預言，穿越到未來的時空，賦予了德爾敦（tertöns）——也就是天賦異稟，注定要隨著時間推移尋得這些佛法寶藏的「伏藏師」——一般人難以企及的神通，形成了一個傳統。這種能力會如靈光一閃，帶著伏藏師繞過繁複的儀典、瑜伽的修為，或屬於正統做法的視覺化操練，一口氣直達佛法的本髓與佛陀的境界。

除了這些伏藏以外，遺骨繞著喜馬拉雅山本體被埋成一圈的古魯仁波切，還在山裡散落了不止一個被稱為「貝尤爾」(beyul)的神聖山谷。那是隱藏在山間，充滿生育力的福地，是單單誕生在其中，生活在其中，就可以從生老病死的無盡輪迴中解脫出來的世外桃源。這些隱谷，一如藏北有個據說存在於羌塘草原的無邊地平線外，充滿神祕色彩的香巴拉王國，啟發了西方人對香格里拉的想像。但對藏人而言，貝尤爾是真真切切的存在，是同時橫跨現實與抽象世界的地景，是真有其地理意義的避難所，也是在山神羽翼保護下的谷間綠地——孤獨無依的朝聖者可以去那兒尋求庇蔭，百姓也可以成群在戰時逃往那裡安身立命。

在物質世界的層面以外，貝尤爾也存在於密宗的維度中，只有佛法造詣最為精進者才看得到、摸得著。據傳八世紀一本出自古魯仁波切的手筆、名為《指南》(*Lamyig*)的古籍，當中便描寫了貝尤爾的地點與風貌，指出在跨過隱谷門檻前需要進行什麼樣的儀式，並列出了一年當中的哪幾個月有哪些良辰吉日可以供人踏上這趟奇幻的旅程，穿過隱谷的門戶。《指南》把種種入谷的條件都講得非常明確，同時也詳述了違反隱谷聖潔得承擔什麼樣的後果與罪孽。但凡踏入聖地的人都會戒慎恐懼並懷著強烈的期許，因為光是步入那個由蓮花生大士認可過的區域，就是一種肯定，就能在用心純淨且時辰吉利的前提下悟道並獲得力量。若是沒準備好就擅入貝尤爾，或是闖進了未經得道之人以靈力開啟的谷地，都有可能招來極大的禍患，為此古魯仁波切在危險的通道上，給朝聖者留下了清晰的警訊：

獲得賜福的你們，能夠在未來發現我所留寶藏的你們，請牢記此番遺言。如果你們不能謹遵教誨，那禍事絕對會降臨在你們身上……若在機緣未到前就透露了祕辛，你們必會遭到痛擊。讓你們的視野與天齊高……你們的行動要英勇而自信……只要行為都能按照我的提點，福氣就會自發地累積。你們將發現佛陀就在你們內心……不照我的建議去做，你們將使佛陀蒙羞……而，讓自己踏上通往地獄之路，你們等於是糟蹋了寶貴的肉身。

霍華－貝瑞並不知道神祕的朝聖之路正是以定日鎮為中心，朝各個方向與各個維度輻射出去。初來乍到，他絲毫看不出這裡有什麼奇特之處，只覺得這裡就是一堆石頭湊成的迷宮，腳踏實地到一點都沒有天上人間的感覺。他注意到這裡看不到木頭，午後不久就看得到光線裡有以動物糞便生火而燒出的炊煙。街上的小攤與店面堆滿了羊毛與鹽，另外就是一疊疊的紅辣椒跟堆成丘的白奶油、青稞麵粉與片狀的肉乾。他那雙屬於士兵的眼睛看出了定日在戰略上的險要之處：兩百間平房緊緊挨在一處孤高的山丘側邊，顯現出超乎尋常的獨立性，須知那座山丘從谷底那片寬闊而飽經風霜的平原拔起約三百英尺，而平原再過去則是被三面高山團團圍住。他被告知當地人，尤其是當地的遊牧民族，管這裡叫做崗嘎（Ganggar），也就是「高地營」之意。

向東可至協格爾與拉薩，向西六十英里可通往聶拉木（Nyelam；Nyenyam）與更遠處的加德滿都，向南直接穿過喜馬拉雅山可抵達雪巴人的故鄉索盧坤布，這樣一個位於各古道要衝的定日，在漫長的歲月中，都是圖博與尼泊爾進行邊境貿易的樞紐。就跟邊疆的許多哨站一樣，這裡也是藏污納垢。做為一個充斥著賭博、酗酒、鬥毆的過路站，這裡是一個整夜不睡的聚落，裡頭開著煙霧瀰漫的黑暗客棧。進了客棧，你會看見盜匪與竊賊間混雜著工匠暨僧侶，會看到躲債的人藏身在眾多從寺院莊園中逃出來、人畜無害的農奴之間。對要在這裡待上將近一個月，以此為基地來探索聖母峰門徑的英國登山客而言，這裡一如沃拉斯頓筆下所寫是個「髒到無以復加，住民生活習慣極差」的地方。英國人的道德觀為此被燃起了熊熊的怒火，並不值得奇怪，但其實即便在圖博境內，定日也在某種程度上是個有爭議的存在。這個鎮有圖博全國最高的非婚生子女比例，但同時其生育率也是圖博最低，原因是太多居民因為氾濫的性病而絕育。

在定日的山丘頂上有一個陳年的中式堡壘，因為年久失修而於不久前成為廢墟。霍華－貝瑞發現堡壘的地板上仍四散著被留下的中文文書，內部的牆壁上則妝點著明亮的浮雕，上面的圖案除了展翅的飛龍在天，還有戰士騎著公鹿在奔赴沙場。當探險家兼印裔密探哈利．拉姆於一八八五年行經定日時，這裡的兵營有近六百名中國與圖博駐軍，而可能從尼泊爾入侵的廓爾喀人則是他們的假想敵；到了一九二一年，定日的駐軍已經只剩下猶如殘影般的四人，外加一名士官，跟一個職稱為「代本」(depon）的軍事長官。這名代本的主要任務是每年進貢五千盧比給尼泊爾人這支圖博人依舊畏懼的民族，即便他們厭惡的中國人終於在十年前被從圖博趕了出去。

在定日山丘的底部有一間不算小的賓館是由中國人所建，為的是要接待來訪的政府官員與權貴；惟如今已鮮少有圖博人會想要待在賓館的園區內，因為那兒據信仍遊蕩著眾多在其牆垣內被殺害的中國冤魂。由此對英國人來講，這賓館就成了很理想的住宿處。裡頭的房間小，而且地板上沾著泥巴；屋頂經過他們住了一晚後發現需要大修，但建築本身頗具韻味，有如畫作一般，除了附帶飛狗與惡魔主題的精采壁畫以外，結構上也大致完好如初。那兒有三個呈同心圓的天井，因此霍華－貝瑞可以讓整個探險隊住進去：最外層住挑夫，調查隊、莫斯海德、惠勒與赫倫住中間，探險隊的核心成員住最內層的聖所。水一開始是個問題，主要是在地的水源看似是黃濁的泥水。但所幸他們很快就找著了一處清澈的水泉，距離賓館不到半英里遠。等他們檢查過所有的補給與設備，確定了從大吉嶺到此有沒有丟失了什麼或損壞了什麼之後，他們隨即啟動的優先工作就是搭建暗房，主要是他們得在田野間創造出一個無塵無風的空間，以進行底片與照片的沖洗。在進駐賓館之後才短短幾個小時，他們就在一間窄室的地板、天花板跟牆壁上抹上了灰泥，然後這天結束時，他們便已經在雕成龍形的柱子間串起吊線，掛上了還溼答答的照片。

隔天六月二十日，扣除還沒抵達定日的馬洛里與布洛克，霍華－貝瑞與整團探險隊一起趁早爬上了山丘，在六點多時登上了頂端，希望能一覽南方的山景。很可惜雲層遮蔽了南方地平線的大部分，惟聖母峰依舊舉頭就能輕鬆望見，然後在西邊，大概相隔二十到三十英里的地方，矗立著二六九〇六英尺的卓奧友峰。那是令人驚心動魄的一幕，也讓他們心中的未知感又更上了一層樓。他們的第一項任務，一如馬洛里後來省思的，是要找到一條入山之路，而且還得同時面對一道黑暗而風起雲湧中的季風。以聖母峰為中心所輻射出的每一片橫谷，都必須加以滲透並探索。但這些橫谷無疑會一道道被讓人心涼一截的山脊區隔開，當中的每一條路徑都得加以測繪標註，每一處山口都得進行實地確認的程序。而等到他們真正與聖母峰近距離接觸後，真正的工作才會展開。屆時他們得把每一面山峰與山脊都研究個透徹，前往每一處山鞍或山坳的路線也得進行無微不至的觀察。山的細部形體與結構——其沉積岩的性質、冰雪的特性——都隱藏著等待被解開的謎團。「我們必須辨識出其盔甲中的弱點，」馬洛里寫道，「一旦有攀登的機會出現，便用我們的技術去和障礙物一決勝負，直到窮盡所有這樣的機會。」

英國人對基本的地理已略知一二。從凱拉斯埋骨的崗巴宗算起，他們已經向西步行到了朋曲與阿龍河的匯流處，然後沿著朋曲向上游走，他們先朝西北抵達了協格爾，然後又再次向西來到了定日。在定日，朋曲驟然轉彎向北行，而其尚未經由探險完成測繪的源頭，就躺臥在構成阿龍河與雅魯藏布江分水嶺的高山上。雅魯藏布江這條圖博第一大河，由西向東貫穿了圖博高原，然後一如莫斯海德與貝里在一九一三年的探險中確認過的，它急墜切穿喜馬拉雅，在另一端化身為壯闊的布拉馬普特拉河。

在定日加入朋曲且直接從南方流過來的，是另一條圖博人稱為「拉曲」(Ra Chu) 的河流，而沿著這條樸素的支流向南方的上游走，霍華－貝瑞知道他們會在一天或頂多兩天內，就會來到一片從卓奧友峰山麓降下來的廣大冰原，也就是基耶特拉克冰川 (Kyetrak Glacier)。冰川的源頭聳立著一萬九千零五十英尺高的囊帕拉山口，一個每年只有一半時間可通行到索盧坤布與喜馬拉雅南側之尼泊爾的險峻山口。囊帕拉以東翻過卓奧友峰，在糾結到天邊的冰塊與岩石中，矗立著聖母連峰：格仲康峰、洛子峰、聖母峰本尊、珠穆隆索峰、馬卡魯峰，以及數座稍微低一個檔次的山峰──普莫里峰 (Pumori)、凌川峰 (Lingtren)、章子峰 (Changtse) 與佩唐策峰 (Pethangtse)。這些高峰層層疊疊，從囊帕拉起延伸了四十英里，才在剛過馬卡魯峰的地方一躍而下，墜入為聖母連峰畫定東界的阿龍河大峽谷。

很顯然，傳統上沿拉曲上到囊帕拉的商道，提供了從西邊進入聖母峰一個不錯的開口。為了獲取更多資訊，霍華－貝瑞走了一趟鎮上受到富商青睞的區域，親訪了那天下午正好一家子都在家的代理代本（軍事長官）。這名笑容可掬的代本出奇地年輕，身穿雅致的繡袍，一只珍珠與綠松石的耳環從他的左耳垂下有足足六英寸。他的妻子與岳母把頭髮盤起在由串珠跟珊瑚構成的圓環上，頸子上的修長項鍊則看得到綠松石、珊瑚珠子跟整塊琥珀，外加有精巧的金色護身符，以及鑲嵌著寶石的嘎嗚盒（Ghau：祈禱用的法器）。這一家人害羞到令人吃驚，畢竟這是第一次有歐洲人找上門來，而為了排解緊張的情緒，所有人只能用僵硬的手指猛數著念珠。霍華－貝瑞提出要為其拍張全家福的要求，甚至把人都逼急到哭了出來，做丈夫的人費了好一番工夫，才把千百個不願意的妻子跟岳母安撫下來。

這名代本不是定日本地人，而他對南方鄰國的所知，除了部分是真正的地理知識，也有不少是道聽塗說。就跟所有的圖博人一樣，他表示距離的單位不是英里，而是時間。他較少提到地名，反而開口閉口都是人物與事件，比方說哪些偉大的瑜伽修行者行出了哪些奇蹟為地景帶來了蓬勃生氣，但這都讓霍華－貝瑞聽得毫無頭緒。所幸，他還是去蕪存菁地從對話中蒐集到了一些重要的資訊。夏季月份沿拉曲而上通往囊帕拉的商道，有著不算太過繁忙的交通流量，但其高度的危險性卻是終年不墜。在春秋兩季，這條商道會完全無法通行，冬天走那條路更等於自盡。但從拉曲河谷本身出發，其他路徑則會向西與向南穿過一個名為普胡色拉（Phuse La）

的山口去到絨轄曲（Rongshar Chu）的流域，與因為深受愛戴的密勒日巴活菩薩在那度過一生而成為聖地的拉布吉（Lapche）谷地，然後再往前就是尼泊爾那邊稱為庫提（Kuti）的邊境城鎮聶拉木。霍華－貝瑞認得密勒日巴這個名字，因為正是圖博人對這名傳奇密宗聖者與詩人的尊崇，讓查爾斯・貝爾一開始對任何聖母峰偵察任務的提議都抱持反對的態度。

不過代本接著說還有另一條路；這條路會從拉曲河谷向東穿過名為蘭姆納拉（Lamna La）的高山山口，來到薩噶曲這條向東與東北方流動，平行於朋曲，且位置大致在朋曲南邊十五英里處的阿龍河支流。薩噶曲本身是由兩條較小的溪流組成，其中一條是據稱誕生於包裹住聖母峰北基之冰川群的絨曲。冰川的邊緣有一座寺院，而更上方在谷地的側邊洞穴住著隱居者，一群決定以退隱、孤立與祈禱的生活度過一生的朝聖者。到了夜裡，他們會彷彿感受不到風寒似地，自顧自一邊跳起舞來，一邊按照雙頭鼓的節奏誦經，外加還會穿插著演奏用人類大腿骨雕刻出來的喇叭，而這一切都是在召喚宇宙中的靈體與神祇。沿著通往絨布寺，也就是圖博最高寺院的路徑走下去，代本警告英國人說，他們就會抵達聖母峰核心中的核心。

雖然有點模模糊糊，但霍華－貝瑞還是把代本的建議聽了進去，並將之納入了其攻頂計畫的考量。眼看著不容小覷的季風即將穿越喜馬拉雅，他選擇兵分多路去尋找一條通往聖母峰之路，藉此來最大化偵察的範圍與效率。亨利・莫斯海德心中的第一任務是朋曲上游的探險與地圖繪製，目標是將他自大吉嶺以來率隊完成的調查工作連接上由若林探險隊在一九〇四年完成的藏布江流域地圖。惠勒少校將在地質學者赫倫博士的陪同下，前往拉曲一探究竟，並在那兒針對從囊帕拉與卓奧友峰西進聖母峰之路進行調查與攝影。兩人的一項主要任務是判定位於卓奧友峰基底的基耶特拉克冰川，是否在西邊連著一片源自聖母峰的無名冰原。若是，則這又可能開啟另外一條通往聖母峰的路徑。在此同時，馬洛里與布洛克的兩人登山隊會直接向南前往絨布曲與屬於聖母峰本體的中低山麓跟冰川。霍華－貝瑞會擔綱各路人馬的聯絡人，視需要隨時進行急行軍，但同時他也在期待著探險隊的第二個主要階段的開始，也就是要從東邊接近聖母峰。他從與代本的對話中歸納出聖母峰，或稱珠穆朗瑪峰，是一個極具力量的地方，而他誤以為這是指這座山本身很神聖。事實上，聖母峰比起其他的山峰並沒有格外神聖，甚至比起某些座山還略遜好幾籌。真正被賦予神聖性的，是這片土地本身，因為不論他們想要怎麼走——向西朝拉布吉與絨轄，向東往絨布，最終繞過山的遠端而到達喀爾塔跟從康雄壁流進阿龍河的諸多河流——他們都是遵循著古魯仁波切，也就是蓮花生大士走過的路，進入到隱谷中。他們的每一步，都會是踏在神聖的道路上。

馬洛里與布洛克在六月二十日的早上來到定日後，先與霍華－貝瑞交換了意見，然後就立即著手策畫出發。從崗巴宗起就已經展開漫長入山之行的馬洛里精選了十六名雪巴，每個人都讓他們配備了登山靴、一把冰斧，還有一整套內衣。他招募了杜克帕（Dukpa）這名廚師中的廚師，並雇用了一名信得過而且有幹勁的希爾達。為了方便與這名要以總管之姿統率所有幫手的希爾達溝通，馬洛里強記了一百五十個藏語單字，並將之抄在隨身的一本小本子裡。他們準備了十五頭犛牛做為運輸工具，食物與補給則帶足了兩星期的量——但按照馬洛里後來所寫，原本預期的兩週會慢慢拉長到一個月之久。他們預計的動身日期是六月二十三日。

隨著山上覆蓋起厚厚的雲層，布洛克在六月二十一日選擇休息，待在了他的帳篷裡閱讀美國作家喬瑟夫·赫格斯海默（Joseph Hergesheimer）的《三個黑潘尼》（暫譯，*The Three Black Pennys*）與王爾德的《快樂王子故事集》（暫譯，*The Happy Prince and Other Tales*）這本童話選。隔天他重新安排了自己的裝備，拋下了他的粉色雨傘與偌大的工具袋，也割捨了他那天早上在定日市場裡購得的若干紀念品：一把匕首和兩副單價兩盧比的手環。

那天下午，隊醫山帝·沃拉斯頓在僅僅脫隊十三天後就回到了探險隊的陣容，引起了眾人驚呼。就這短短的十三天，他已經順利把孱弱的哈洛·瑞彭從崗巴宗帶過喜馬拉雅山，安全抵達了錫金拉亨的傳教會。這趟路不可謂不凶險。在刺骨的寒風中穿越色波拉之際，他們被迫得在開放的戶外野營，差一點就頂不住大自然的考驗而死去。在把瑞彭交由修女們照顧，並囑咐了一名助理外科醫師要將他撤離到甘托克之後，沃拉斯頓只能休息一天，就要重返圖博高原，而此時陪在他身邊的只有通譯加爾贊・卡濟一人。為了趕在六月二十二日之前抵達定日，他們快馬加鞭從協格爾連夜上路，而隊醫的歸隊可以說正是時候，因為霍華－貝瑞的勤務兵正因為傷寒而病重，而供惠勒使喚的艾斯嘎・可汗（Asghar Khan）也是一樣。

有了來到定日的沃拉斯頓可以照顧病患，霍華－貝瑞便開始啟動設定好的計畫。莫斯海德在其印度同僚古遮・辛的陪伴下，向北前去探索朋曲的源頭。六月二十四日，惠勒與赫倫將會出發前往基耶特拉克冰川與囊帕拉山口，而他們一行人會包括三名針對高海拔進行配備的挑夫，十名指派給莫斯海德做為調查人力的挑夫，還有按照惠勒所寫，用來取代艾斯嘎的一名「醉漢廚師」。這當中好幾個人都出身自尼泊爾的坤布河谷，就在山口過去一點的地方。他們警告惠勒這條路相當不好走，而且他們的八頭犛牛將難以抵達分水嶺。從事貿易者少有人會冒險攀高，所以惠勒與赫倫一行將極有可能在這條路上徹底孤軍奮戰；但這副景象卻也讓惠勒竊喜在心，他巴不得獨自跨越那道禁忌的邊境。「我希望附近能一個人都沒有。」他在出發之日的日記裡吐露了心聲。「我將得以稍微挺進尼泊爾，看看聖母峰的南側諸山脊。」

馬洛里與布洛克在召募了通譯加爾贊・卡濟加入團隊之後，於六月二十三日星期四早上七點從定日出發，但他們幾乎立刻就遇到了問題。他們的第一個目的地是邱布（Chöbuk）這個薩噶曲岸邊的寺院小村。薩噶曲將在距離邱布不遠處與絨布曲匯流，而絨布曲正是他們希望能溯源到聖母峰之上的那條河流。惟離開定日不到三英里，他們就發現隊上的在地人帶著他們誤入了歧途，朝南邊西南偏南的方向走上了開闊平原上錯誤的一邊，而在地的隊員這麼做，顯然是為了繞遠路讓旅程拖長。在經過一場「沒完沒了的三方爭論」後，馬洛里與布洛克拋下了加爾贊，讓他去跟挑夫們糾纏，然後兩人便怒氣沖沖地向東而去，目標是一片橫跨整片山谷的遼闊冰磧基底。他們在大約下午兩點暫停了腳步，主要是天空有了要下雨的徵兆。他們紮下了一頂馬默里帳篷，然後焦急地等待起犛牛的蹤跡，一等就是兩個小時。最後終於與加爾贊跟其餘的隊伍會合後，他們攀爬了一千英尺的陡升坡，越過了冰磧，然後向下來到了一條窄溪的岸邊，並在一群野藏原羚的注視下，紮起了有塊岩石遮蔽的草原營地，而此地距離上方那座可以在納祖爾嘎（Nazurga）過河的橋，還有一英里的距離。被一匹「軟爛的小馬」整了一整天的布洛克，最終在那天早上抵達的郵件裡獲得了撫慰。那當中有他妻子的來信，外加一盒巧克力跟牛奶糖。馬洛里的安慰則來自於自己「破獲了本地人的陰謀，沒有讓他們拖緩我們的進度」。

隔天他們在納祖爾嘎過了河，然後回頭往上通過了冰磧，向南與向東移動並穿過了若干巨大的山嘴，直到他們來到了一座山谷的頂部。那座山谷通往蘭姆納拉這座一萬六千兩百英尺高的山口，這山口將在傍晚帶他們抵達位於薩噶曲河谷裡的攢布村（Zambu）。在那樣的高度上，他們再次瞥見了聖母峰，並勉強能辨識出其西北與東北山勢的交會點。聖母峰的北面按照布洛克那天晚上在日記裡所說，形勢「極陡，就跟西脊一樣」。他同時在日記裡提到了一個壞消息：部分挑夫已經「顯露出疲態」。

星期六破曉後，探險隊在強烈的期待之情裡轉向上游而去，目標是絨布曲與他們寄予厚望的一條入山路徑。他們只花了一小時多，就抵達了邱布，並在那兒暫停來幫馱獸卸貨。人員與補給走搖搖欲墜的懸臂橋過了河，犛牛跳進了激流中，然後在人的扔石或喊聲中前進。正確抵達了絨布曲的對岸後，剩下的就只是溯河向源頭走。到了中午，他們進入了一處滿是紅色石灰岩峭壁的峽谷，裡頭有雨水匯集在岩石上，或是積累在底下茂盛的草原上，紫菀與報春花、侏儒杜鵑與野玫瑰之間。那一幕讓馬洛里憶起了阿爾卑斯山：那炎熱的夏陽，那靜止的空氣，那杜松子被踩扁在鞋底的芳香。他有一股幾乎壓抑不下來的衝動，想要躺下然後沉沉睡去，因為他從入藏以來就沒再見過這樣的綠地。但他還是繼續挺進。在爬上了長長一段山谷後，他再度在一點也不溫柔的光線裡被單調而乏味的荒蕪坡地包圍。路徑的左右兩邊都看得見一落落小小的石堆，出自朝聖者之手。

這條路升至一片高地，然後從兩座披著紅黃經幡緞帶的窣堵坡佛塔間穿過。挑夫經過時，人人都停下來大喊了一聲，表示對山的敬意。數人扔出了若干包白紙到風中，而每張紙上都印著古魯仁波切的六字真言：唵嘛呢叭咪吽。這六個音節，分別代表著在透過佛陀的微妙本心達到純淨，並讓生滅獲得窮盡之前，人所必須要通過的六道輪迴（天道、阿修羅道、人間道、畜生道、餓鬼道、地獄道）。挑夫們一一伸手去觸摸了一落石堆，跟著一起這麼做的馬洛里與布洛克在山口愣了一下，然後便向南對「純然令人驚嘆的景色」行起了注目禮。馬洛里後來回憶說，他們並不怎麼期待能在分水嶺看到聖母峰，更別說在腦子深處積累了「一票無解的問題」。「但那絕景放逐了所有的思緒，我們忘記了那只有石頭的荒原，也放下了沒有看到其他美景的遺憾。我們瞬時沒有了要問的問題，也沒有要發表的評語，世界只剩下我們與眼前的崇山峻嶺。」他如此說道。

在他們面前，延展著地球上第一流的山脈全景。向南朝聖母峰延伸的絨布河谷在二十英里的長度中只上升了四千英尺，而且水流變得直得出奇。你只要站在稍微有點高度的位置，視覺上都會感覺那河谷完全是一塊平地，當中巨大的冰原匍匐在河谷的表面上，就像脫離了做為其源頭的山脈一樣。兩側高聳的稜線，讓人不由自主地將目光集中在山谷的頂端，那兒有高聳達一萬英尺的聖母峰北坡，以具有絕對優勢的量體壓縮了視野，創造出一種跟遠近與深度有關的錯覺，讓人一下子感覺聖母峰一蹴可及，一下子又覺得它遙不可及。「在河谷的盡頭，」馬洛里寫道，「以及在冰河的上方，升起後的聖母峰與其說是一座山峰，還不如說是一塊份量十足的山體。」

在萬里無雲的光天化日下，馬洛里一點時間也沒有浪費。他是走山脊爬稜線的高手，而由於北面是連考慮都沒得考慮，他的目光第一時間就飄向了天際線。他完全不清楚聖母峰南面有什麼，但從他在北面的制高點看去，兩條顯著的稜線岔開在山上，一條向西行後急墜了數千英尺，先通過岩塊，然後沿一道匪夷所思的冰雪刀刃延續了約莫三英里。相對的，第二條稜線以一個較為合理的斜度射出了聖母峰的金字塔，大約在半英里的長度上下降了一千英尺之譜，然後才接續以更陡的角度向東北方墜去，長度大概也有三英里。

此一東北向的刃脊在海拔較低部分的險峻程度，一點也不輸給聖母峰的西脊，但馬洛里可以看到就在其稍微高一點、山勢坡度變得比較可以應付，甚至稱得上和緩的地方，有一個輪廓清晰的山肩從稜線出發向北落去。他辨識不出那山肩的基底在哪裡，因為那基底前面擋著在他左手邊那道構成絨布河谷東側，「一道由山群構成的北翼」。但即便如此，他仍正確地臆測到那道北翼伸出了一道連續且與聖母峰東北脊垂直的山脊，而這隱含的意義便是那個讓他在意的山肩會陷落出一處山坳，也就是一個把東北脊跟北翼山群區分開來的鞍部。抵達那個山坳，跟那條通往山肩的通道，就有可能將攻頂者置於東北脊的凶險之外，並提供攻頂者一條可能可以沿天際線通往山巔的路徑。但那也並不容易。他在當天稍晚寫給茹絲的信中說，「不過分地說，它（聖母峰）有我所見過最瘋狂的稜線與最懾人的斷崖，而要天花亂墜地說會有一條好爬的雪坡，根本就是痴人說夢。」但儘管如此，不變的事實是馬洛里成功隔著將近二十英里的距離，一眼判斷出了後來登上聖母峰的鎖鑰——北坳，或是他後來所稱的「我們夢寐以求的山坳」。找到了這把登頂的鎖鑰，下一個挑戰就是找出能上到北坳的路線了。

霍華-貝瑞打算在六月二十四日早上偕惠勒跟赫倫從定日啟程，但暗房中的化學藥劑散發出次氯酸的煙霧，導致他氣體中毒而無法言語。為此有兩天的時間他變成了啞巴，而沃拉斯頓則在在地民眾的驚恐中派人大肆屠戮鼠類、鳥類、蜥蜴、甲蟲跟魚類來做為大英博物館的收藏。最終在六月二十六日早上，霍華-貝瑞南行趕上了惠勒跟赫倫。穿越了定日平原九英里之後，他來到了名為沙爾托（Sharto）的小村，並在途中雇用了一個新的幫手是老蒲（Old Poo）這個「腦子清楚，鮮少喝醉酒」的圖博人。老蒲讓人驚喜的是他的手藝，而這也使其在霍華-貝瑞身邊待到探險結束。那晚做為老蒲正式上工的第一夜，外頭風勢吹得猛烈，蒼穹則被打亮在投射到紫色天空上的奇妙光束中，而霍華-貝瑞就在這樣的場景裡，一派優雅地享用著野生綠色植物、大蒜與蕪菁葉所組成的餐點，同時還得以欣賞一群野生藏驢在圍繞著他營地的青稞田上大快朵頤。

隔天早上他趕早出發，一邊往南走，一邊想著要攀爬一座大約一萬七千七百英尺高的小山丘。事實證明這段路比他盤算的要長些，山的位置要遠些，屬於拉曲的冰川溪流也要比他想像中更難以涉水而過，由此他直到上午九點才抵達山丘頂端。從那樣的高度上，他可以看見北邊一百英里處有雅魯藏布江的分水嶺，而他回憶說分水嶺的更遠處是一幅「光影交錯、色彩繽紛且雲朵層疊的迷人勝景」。往東看去，聖母峰的頂端從冰峰中探出了頭來，而在他行進方向的前端，卓奧友峰雄踞了大片天空。霍華—貝瑞從來沒見識過這樣的岩石，巨大的花崗岩絕壁直墜數千英尺，然後接上「蜿蜒的雄偉冰川」。一開始囊帕拉可以看得非常清晰，但隨著他把望遠鏡沿山坡往下移，他發現裊裊的雲絲纏繞起了冰面，然後在短短幾分鐘之內模糊了整個山口，乃至於周遭群山的畫面。即便是在夏天，他也聽說過犛牛會一整隊「被消失」，主要是說起就起的暴風雪會捲起細緻的粉雪成為旋風，讓整群的人與動物在開放空間中窒息而死，一如燭火被掐滅。在這樣的高山上，他暗忖著大自然就等於著危險，天候的任何一點改變都可能讓人灰飛煙滅。

惠勒與赫倫紮營在一萬六千五百英尺處，靠近基耶特拉克這個小村的地方。更精確地說，基耶特拉克是個寸草不生的石頭屋聚落，位置就在冰川的鼻頭下方約一英里處，距離北邊的定日大約二十英里。霍華—貝瑞在那天稍晚趕上了惠、赫兩人，當時他們正好剛返回基地營，靠著村裡到處都是的坍塌曲丹舍利塔石堆在休息。霍華－貝瑞提到供惠勒使喚的艾斯嘎已因為傷寒而陷入譫妄，而惠勒則分享了關於這片土地他所蒐集到的情報。運氣使然，一名來自尼泊爾的廓爾喀鹽商從囊帕拉下來，並與惠勒用雙方都很流利的印度斯坦語暢談了一番。惠勒本身從事了兩天收穫甚豐的調查工作，期間天候大致保持著清朗的天空，幾乎無風。就在那天早上，他在破曉前的嚴寒中離營，高高地爬上了山谷的東側。從那裡的三角點上，他用相機拍下了卓奧友峰、高里三喀峰（二三四〇五英尺）、格仲康峰（二五九九〇英尺），乃至於完整長度的基耶特拉克冰川，包含分別從南方通往囊帕拉山口與從西邊通往普胡色拉的路徑。普胡色拉這個山口高度較低，通往絨轄河谷（Rongshar Valley）這個密勒日巴的神聖家鄉。

惠勒有理由感到開心。他手拿相機不僅僅拍下了風景，而更應該說是開啟了印度調查局的近代史上一項頗值得一提的實驗性作法。自從十七世紀以來，地理調查員基本上就都倚賴著同一套基本的田野調查技術。一台平板儀、一處平坦的木質表面，通常用三腳架提供支撐，將器材設在某個已知的點上，由羅盤進行定位，然後藉由調整三腳架的各隻腳高度來把平面調到水平線，並靠平板儀中的泡泡位置來確認是否還有傾斜。平板儀上會放著一張繪圖紙，紙上會置放著一台有望遠功能的瞄準鏡，連著一把平坦而邊緣是直線的量尺。沿著某條視線上的距離、角度、方位與海拔高度，都會經過測量而直接印記在紙上。相關的繪製工作會在田野中完成，而這也就是地圖一點接著一點從無到有的過程。

這種傳統的技法應付薩福克郡那和緩的丘陵地，或是搭配老家英倫島上英國地形調查局那種不慍不火的悠閒步調，都可以運作得很好，但事實證明這一套搬到帝國轄下的崇山峻嶺裡，不論是魯文佐里山、喜馬拉雅山，還是帕米爾高原，統統都寸步難行，要知道這些地方光是天氣，就逼得人不得不動作快一點，效率高一點。惠勒的父親亞瑟·奧立佛曾經率先使用過後來被稱為「加拿大式攝影地形測定法」(Canadian Photo-Topographical Method）這個獨具巧思的創新作法，主要是原本的瞄準鏡尺跟平板儀被代換成了經緯儀跟固定焦距的F45相機。三角點的設定，仍一如以往靠的是嚴謹的三角定位，而拍攝角度與曝光數據也會被仔細地在田野間做成筆記。這些照片的構圖，反映的是真實的視角，且忠實還原了調查員使用望遠瞄準儀跟平板儀時會親眼看到的田野風景。拍下的畫面被確保在玻璃片材質的負片上之後，便可供日後沖洗出來成為照片，好讓人在基地裡好整以暇地研究。現場不會進行地圖繪製的工作，而騰出來的時間就可以調查隊建立更多的三角點，涵蓋更大的調查面積，精確性也會因此提升，主要是扮演地圖繪製者的調查員不用再只依靠自己的記憶孤軍奮戰，而有了實際的地景照片可以做為視覺上的參考來補強原始資料。

加拿大式攝影地形測定法做為一種技術，自然也有其侷限。一如所有的地圖繪製法，加拿大的技術也倚賴三角測量的準度，畢竟三角測量是地理調查工作的基礎。固定點的位置必須為真，高處的三角點必須確立，而且多多益善，但倒不是非山頂不可，因為從遠處的各參考點對同一地形地勢取得多重的影像，是極其關鍵的工作，而且這些影像要重疊處愈多、覆蓋面積愈大愈好。更重要的是，天氣必須要晴朗，風勢必須要適中，相機位置必須安定且穩固到足以進行三到五秒鐘的猛烈曝光。且雖然這種新方法需要的笨重設備較少，其最核心的裝備並不能算是輕如鴻毛。

以印度調查局的代表之姿，惠勒在一九二〇年趁在加拿大休假期間購入並組裝了基本的工具組。他將相機、共十一片玻璃負片的補給，以及裝有筆記本與鉛筆的粗壯皮套都放進背包裡，整體重達三十磅。經緯儀拆解成了兩部分，分別存放在各自的保護木箱裡。經緯儀搭配上三腳架，讓設備全重夯不啷噹增加了二十七磅。相機用的水平調整基座、備用玻璃片匣、捲尺、用來盛裝土石來穩定相機腳架的三角帆布袋，還有其他有的沒的大件小件，讓整個田野工具組重量逼近百磅大關。而這還沒算進惠勒親自打包的玻璃負片，得一片片用乾燥植物學用紙包紮起來，再一片片放進鍍錫箱中一個個一英寸長的保護袖套中。最後，他親手用焊槍封死了錫箱，而這每一個錫箱都重達三十二磅。

在出發前往大吉嶺之前，惠勒曾在德拉敦進行了若干初步的測試，但時間有限，而實戰一如預期都得在田野中、在聖母峰的未知山坡上見真章。「這個區域應該頗適合進行實驗。」他後來寫道，「這兒包含大約一千兩百平方英里的鄉野——如果天公作美的話，約莫是一季的工作量——並可提供我們機會去拍攝各式各樣的野外，從上有村落與耕地的起伏丘陵、深邃的峽谷，再到冰川、廣闊的雪地，還有冰覆的山頂。因此在莫斯海德少校的允准下，我決定以繪製清晰的地圖為目標挑戰這片區域，並將採用一英寸與四分之一英寸（代表一英里）這兩種比例尺。」

惠勒即將踏上的，是各項任務中最具挑戰性的一個，而這也讓霍華－貝瑞甚感安慰與激賞。在聖母峰偵察任務長達五個半月的過程中，惠勒將與他的英國同胞隔絕將近三個月之久，探險隊裡沒有另一個英國成員可望其項背。他總計將有四十一天宿營在冰磧上與冰川表面，高度落在一萬八千與兩萬兩千英尺間，並在此期間拍下並沖洗出兩百四十幀影像。這每一張照片的背後都是一趟「全副武裝」的拂曉出擊與磨人的攀登過程，所有裝備都得帶好帶滿。而每一個好天的背後，都有半打日子得忍受風兒颳起山上的冰雪，而人得費盡九牛二虎之力才到得了三角點，卻常發現雲山霧罩，讓相機英雄無用武之地，整趟高山之行瞬時變成單純的體能練習，對地形調查毫無意義。這過程十分考驗人的精神士氣，但惠勒也因此得以保持警醒。他無時無刻不用媲美鏡頭的縝密與分秒必爭的紀律看著眼前的地景。扎扎實實的重擔壓得他腳步想快也快不起來，但憑藉著他井然有序的步調，地平線上幾乎沒有該注意到的目標能逃得過他的法眼。

六月二十七日星期一的夜裡，一道冷霜說起就起，而隔天早上當惠勒確認了裝備與組員都準備就緒之際，霍華－貝瑞與赫倫這邊則趕早啟程，要前往囊帕拉這個目的地。前七英里他們一起駕馬，騎上了冰川東側的冰磧。赫倫刻意放慢了速度，希望趁機去理解眼前的地景。身為一名地質學者，他絞盡腦汁想理解海洋化石與可觀的沉積岩層何以會在科學界之前想都沒想過的高度出現。但霍華－貝瑞可沒有這份閒情逸致，他只想趕緊在雲層影響能見度前抵達山口。甩開了所配小馬與同僚的他開始步行往前挺進，身邊只帶著挑夫一名，就這樣他爬了四英里，翻過了一處陡峭而溼滑的冰磧。他設定了不可思議的速率，而翻過每一處新的橫谷，後面都是另一片壯闊的冰川。來到冰磧末端，挑夫的靴子已經徹底磨爛。肩負著沉甸甸相機的霍華－貝瑞獨自繼續前進，越過了不一會兒就變軟了的堅實冰面。它艱辛地跋涉在濕潤的雪地與及膝的水裡，一步步來到一處冰隙的邊緣，然後沿著裂隙走了半英里，抵達了一道岩牆，而在費了一番工夫後，那道岩牆也帶著他抵達了高處的囊帕拉。

精疲力盡的他瞥了眼尼泊爾，但看不見什麼，接著躺在了熱烈的陽光下，睡了下去。若干分鐘後他醒來在一場風暴中，然後驚異地發現自己被蓋上了一層一英寸的「雪被」。等到他終於走下山口，他已經拖著相機走了六小時之久，腿幾乎無法再動。赫倫跟挑夫在冰磧邊緣等著要帶他回基耶特拉克，而他在那兒有點意外地發現惠勒已經自行上到了囊帕拉，意圖要在冰上待上個兩星期。

那天晚上在距離山口只有四英里處，紮營於一八一八〇英尺的惠勒獨自在一頂米德型帳篷[1]裡休息。「帳內很舒適，但進出很恐怖。」他說。那頂米德帳篷長七英尺，寬六英尺，搭起後高度約五英尺，本體的薄帆布與椿柱加起來重約十五磅之譜。他的三名高海拔助手烏格延（Ugyen）、達瓦（Dawa）與林佳・那姆珈（Rinjia Namgya）同住一頂較大的溫珀帳篷。因為在寒冷中無法用燧石跟犛牛糞點火，他們只能搬出惠勒在加爾各答買的雙管普里姆斯爐來用。雖然在高海拔還是很難點著，但一旦點著，燒起來就非常順了。他們圍起爐來，享用了一頓牛尾湯、羊肉、烤馬鈴薯、甜餅乾，還有洋李乾的大餐。惠勒帶著一杯可可亞與一本跟赫倫借來的、由道格拉斯・弗列許菲爾德所著的《干城章嘉紀行》（暫譯，*Round Kachenjunga*），退回到了自己的帳篷。一時間他發現自己睡不下去。「我覺得我自己好像來到了睡著的邊緣，」他在日記裡坦言，「但那瞬間我似乎會屏住呼吸，接著喘著大氣驚醒。睡眠於我是萬事俱備，但東風就是不吹。」無眠的黑夜逼著他默默胡思亂想起來。「情勢看起來並不好，」他在六月二十八日星期二寫道，「冰磧超級大，側邊的冰川則會射石頭下來。本地人說不少人死在這一帶……不管往哪兒去，石頭都鬆滑得嚇人──東西南北無時無刻都有落石秀在上演。山峰的坡度都陡到不行，尤其是碎石坡。我從沒見過像這樣一路都很陡峭的坡面與稜線。」

攀上囊帕拉山口的隔天，霍華－貝瑞跟赫倫出發去勘查絨轄河谷，為此他們於破曉時分在基耶特拉克涉過了拉曲，從冰川西側爬上了冰磧，抵達了那片和緩向上、長著草的山丘，通往第二個主要山口——一萬七千七百英尺的普胡色拉。雲層掩蓋了大段的地平線，惟南邊有一個宏偉的山峰仍成功冒出頭來。霍華－貝瑞途經一群溫馴的雌岩羊，溫馴到他乘馬從羊群經過時，距離剩不到五十碼。向西朝絨轄河谷而去，越過了山口的長下坡，是一條熙來攘往的路徑，一條在雄曲（Shung Chu）上方，鑿進岩石裡建成的正規山路。雄曲是條狂野的激流，一路撿拾其他從分水嶺流下來的冰川溪流而變得相當難以通過。小檗、忍冬、白色跟粉色繡線菊所共組的高山草原慢慢收窄成為一個宏偉的峽谷，而峽谷走了一段距離後又豁然開朗，連上了塔桑（Tasang）的綠色青稞田。塔桑是一個小村莊，其聚落上方有一個台地，就是探險隊將紮營過夜的地方。從山口過來，探險隊已經下降了逾四千英尺，能再來到森林與田野之間讓他們甚是欣喜。那天晚上他們用杜松起的火煮了飯，那比起用犛牛糞生火的辛嗆味真是有天壤之別。基本上用犛牛糞做飯，什麼菜都是同一個味道。

隔天早上，霍華－貝瑞醒在一個神聖的山谷裡，而其神聖的部分原因就在當地有茂密的杜

1 Meade tent。惠珀型帳篷的小型變化版。

松。杜松在圖博人心目中就是一種神聖的樹種。這種樹的氣息，總能讓霍華－貝瑞想起他的愛爾蘭故鄉。他被告知在塔桑的四面八方，都有隱士或尼姑過著穴居的生活。他們會把杜松樹枝當成薰香燒，且每日晨昏都會在居住的洞口燃火來淨化空間，吃食則由村民逐日供養。就在英國探險隊的營地上方，高高地在岩塊上，就住著一名已經終身遁入隱居的男子。霍華－貝瑞可以看見那人燒出的藍色炊煙。據當地民眾說在閉關了十年之後，那人將能夠一天只靠十粒青稞過活。「另有一名女性的終身隱修者，」霍華－貝瑞在筆下提及了一名據稱在那隱居了一百三十八年的女子，「也受到高度的尊敬。話說她下了一道在谷中不得殺生的禁令，難怪我們之前經過的成群岩羊會如此溫馴。」

在讓挑夫與馱獸放了天假的這日，霍華－貝瑞與赫倫獨自朝山徑遠處走去，走了大概有八英里，多數時候是下坡的步行帶他們穿過了狹窄的溪澗與低矮的樺樹、柳樹與野玫瑰森林。每一個水泉處都生長著茂密的銀蓮花與黃色的報春花，而在比較乾的地面上則會有鵝莓灌木結實纍纍，只消一個小時，兩人就採集了夠吃好幾天的儲量。氣壓計顯示他們最低來到了一萬兩千英尺處，而他們從那兒一名在地牧人口中得知那條路往下還得再走三天，人才會進入做為圖博與尼泊爾國界的裂谷。

對於這兩國國境的探險，必須得先擱下來等會兒。霍華－貝瑞此刻最關心的是馬洛里與布洛克在聖母峰邊上的絨布河谷，現在是什麼狀況，畢竟那是目前看來最有希望的攻頂路徑。六月的最後一天，霍華－貝瑞與赫倫轉身背向絨轄河谷，開始沿原路返回塔桑，並冒著冷雨在累人的跋涉後抵達了目的地。隔天早上在濃霧當中，他們重新跨過了普胡色拉，然後又一次向下降至拉曲河谷中。在基耶特拉克，他們得知惠勒還停留在他的高地營中，孤立於囊帕拉正下方冰川的側邊上。他們接著轉向北行，尋找著能涉水過河的地方，並希望能找到路徑帶他們前往蘭姆納拉山口跟絨布攻頂路線。就在此際，霍華－貝瑞回頭望見了厚重的霰與冰雨讓冰磧陷入一片陰暗。他這一走，得將近三個禮拜才能再見到惠勒。

絨布寺的僧侶看似並不樂於在鐵鳥年的第六個月裡，見到有陌生的不速之客出現在珠穆朗瑪峰的陰影之下，他們位於高山裡的僻靜之所。當霍華－貝瑞嘗試秀出他的通行證件，也就是一本上有十三世達賴喇嘛印璽的護照時，他才得知閉關中的住持無法接見他們。絨布寺的低矮石室裡只有二十名長住的僧侶，但夏季的月份裡會有數百人來來去去，由此遍布整座山谷長度的窄室與洞穴裡住著人數浮動於三四百之間的避居者與隱士，男女都有，同樣的是他們都立誓要終身遁出俗世。英國人的突然出現，肯定會破壞這些人的清修，騷擾這裡的野生動物，甚至於驚動到山中的惡鬼與神祇。

霍華－貝瑞懇求著寺方的諒解，並透過通譯承諾會保持尊重並暫停打獵。在入山的行路上，他再次驚嘆於野生動物的溫馴。「他們好像一點也不怕人。」他寫道，「在爬上山谷的路上，我們經過了相距不到四十碼的一大群公羊，而返程時我們則巧遇了一些充滿好奇心的母羊跑到我們身邊十碼內，只為看個究竟。岩鴿會降落在人的手上進食，而烏鴉與其他各種鳥類也同樣很乖。」那實在太有趣了，他說，「看著牠們表現出種種習性，而且距離還這麼近。」須知這些話可是出自一名英國博物學家之口，但其實在絨布所發生的種種，對他而言都是一次迥異於以往的全新體驗。「我眼睜睜看著野生的綿羊在清晨下至隱士的窄室接受餵食，距離我們的營地不到一百碼的距離。」他說。他第一次嘗試訪問絨布喇嘛的隨從而未果之後，曾在離開時途經一處大型的白色曲丹舍利塔，由長長的木竿撐起，其側邊爬著一條細細的裂縫，看起來任何時候坍掉都不奇怪。一如整座寺院，這曲丹塔也給人一種既蒼老又簇新的感受，如腳下這片土地般古老，又如頭頂的天空般歷久彌新。

其實早自古魯仁波切，也就是蓮花生大士的時代，絨布一地就已經開始吸引求佛之人前來。據傳大士曾隱居於絨布谷的黑暗中七個月，並一邊像播種一樣在此埋下了伏藏。十一世紀時，密宗的法師兼瑜伽修行者瑪吉拉準（Machig Labdrön），這名圖博的女中豪傑，來到了冰凍的絨布，目的是透過精神的操持與修為來打破當時的正宗，而她的這種修行法也成了後來被稱為「施身法」的覺宇派（chöd），直譯就是要能「斷除我執」。以一介年輕女流成為佛學宗師的她，後來尋求讓心靈從所有的智識中解放出來，她相信人只有斬斷所有對於「概念」二字的執著，才能真正達到解脫的境界。而要觸發這種蛻變，觸媒得是荒野，得是墓園與天葬場等最可怕的地點，得是最崎嶇嶙峋且沒有遮蔽的地界。「除非讓身邊的現實變得奇糟無比，」她寫道，「否則我們將無法得到解脫……所以請遊晃到屍林曠野與鬼祟聚合之處……不要因為戒律與典籍而分心……而要專心在最可怖與荒蕪之處……得到那真實的體驗。」她想傳達的訊息，是我們要去面對自己專屬的惡鬼；讓一切驕傲與虛榮歸於息滅，將肉身當成禮物獻給荒野。

在神聖的瘋狂裡獲得啟發，就是覺宇派施身法的精華。男男女女來到山中最荒涼的深處，不單單是為了住在山洞裡，而是為了退隱到內心的那個洞穴裡，進入自身存在的那個小宇宙裡。假以時日，他們便會在外貌上化身為那個他們尋求要擊潰的那些惡鬼，面容被煤灰燻黑，指甲從來不剪，一頭亂髮糾結著垂到地面。暴露在嚴寒的天候中，他們基本身無長物，唯一有的就是一把三叉戟、一塊稍可遮風擋雨的破布、一塊被他們當成碗的頭骨、一支金剛搖鈴、一張雙頭鼓、一把用人骨製成的喇叭。他們睡覺時也保持著抬頭挺胸的姿勢。早上在他們會在喝熱水之前，先吞下乾燥的青稞粉來餵養胃裡的蟲兒。入夜之後他們會手持雙頭鼓與號角，在所有的神靈與空行母面前舞蹈，藉此把來自輪迴生滅的牽掛與桎梏都踐踏在腳下。據說他們死去的時候，彩虹會橫越在天空中，象徵著他們的心靈已經溶解而回歸到明晰的光照中。

在十九世紀晚期前往絨布尋求庇護的人當中，有一名年輕僧侶名喚拿旺．坦津．諾布（Ngawang Tenzin Norbu）。在火兔年，也就是一八六六年誕生的他，故鄉是距離聖母峰不遠的喀爾塔，而生命一開始帶給他的是由貧窮與失落交織出的艱苦生活。他有一名兄弟死去時年僅十四，另外一名姊妹則在二十歲那年難產而逝。他的父親在身為一名佛法的修行者之餘，也是一個酒鬼。少年諾布進了敏珠林寺（Mindroling Monastery）學習，但因為身無分文也沒有人撫育，所以被迫乞討維生。並未被一手爛牌嚇著的他，在十四歲那年第一次隱修，而悲天憫人的胸懷使他聽到鳥兒的歌聲會想到人類所受苦難之深。待其出關之後，為師的喇嘛特魯爾施仁波切（Trulshik Rinpoche）指示他回到絨布。他一開始有點抗拒，因為他認為那是一片不毛之地，一個只有熊跟雪怪的荒郊野外。「誰說我們要有綠草如茵跟綠樹成蔭才能研習佛法？」其恩師給出了這個知名的回答。就這樣，拿旺．坦津．諾布去了絨布，並在絨布一處連門都沒有，他覺得隨時都會跑進來隻雪怪把他給吃了的洞穴裡，清修了三年多。他的隨從因為日子太苦而拋棄了他，但他還是不畏物質匱乏撐了下來，即便這期間他沒得穿、沒房子住，甚至幾乎沒得吃。最終在二十五歲那年他回到了協格爾，正式宣誓入寺出家。

在當時，絨布在地僅有的固定建物，只是一群供人打坐的木屋，裡頭住著禁慾苦行的尼姑。但到了一九〇一年，也就是他三十五歲那年，拿旺・坦津・諾布回到了絨布谷裡，決心要在這個至高的聖地上建起一座寺院。憑藉著一腔熱血，他將一小小的住所擴建成有模有樣的廟宇，並為日漸雲集、為了學習而來的青年僧侶、女尼們蓋起了落腳之處。他開始得道多助，得到了定日商人與在尼泊爾囊帕拉山口外，索盧坤布之雪巴人的照顧與庇蔭。他用之不竭的精神魅力，慢慢打破了圖博與尼泊爾的國界，為他贏取到聖母峰四界所有村民的忠心。

因為他外表實在太像釋迦牟尼而驚嚇到的孩子們，開始稱呼他桑傑佛陀（Sangye Buddha），也就是絨布的佛陀。對這些孩子們的父母親而言，他的身分則是札珠仁波切（Dzatrul Rinpoche），伏藏的揭露者，古魯仁波切的化身。做為覺宇派的另一名宗師，他終其一生派遣了逾千人去山裡找尋自己，去面對自己內心的惡魔。晚年他被一名新進的修行者問起，若打坐到一半突遇洞口有雪怪出現該如何正確處理，為師的他答道：「這有什麼好問的，當然是請他進來喝茶啊！」

跟許多偉大的圖博喇嘛一樣，札珠仁波切也口述了一本藏語稱為「南塔」（namthar）的靈性自傳——講述成長過程的部分較少，較大的篇幅在於慶讚儀式與修持是如何賦予了生命意義，帶來了超脫。南塔的字裡行間用多到使人麻木的細節，記錄下了他對於逾百種奧妙儀式、誓詞、移轉、賜福與淨化手法的掌握，另外還鉅細靡遺地收錄了在一種獻身於宗教儀典的人生裡，曾有過多少剪不斷理還亂的際遇。不過時不時，傳記內容也會回頭觸及真實發生的事件，只不過不會每次都提供線性的編年史。這本南塔中揭露了在絨布的大窣堵坡舍利塔始建於一九一九，也就是在霍華－貝瑞眼前顯得如此老朽的前兩年。仁波切本人就參與了灰漿的攪拌，裡頭的成分有土、水，跟各種聖物：得道之人的膚肉、伏藏師木乃伊身上的結晶鹽、據傳來自密日勒巴身上的毛髮。舍利塔建成後，他便移駕到尼泊爾去加持另一座新寺院：湯坡崎寺（Teng-boche），一座他在夢裡預見而成的貢巴（gompa；喇嘛寺）。為了抵達坤布，他由八人大轎扛過了一萬九千零五十英尺的高度，通過了囊帕拉，而那可是最高等級的喇嘛才能享有的尊榮。他記得那天的天氣極美，「沒有暴雪、只有春天本該下的雨水」。一行人抵達湯坡崎後，一道五色的彩虹生起在新建的貢巴寺之上，而隔天在札珠仁波切獻上杜松做為獻禮的歌聲中，天空中同時間出現了日月星辰。

各種行腳與朝聖消耗了他一九二〇年大部分的時間，當中包括他回了聖母峰東側的喀爾塔一趟，為的是主持一場淨天的供養，並獻禮給為古魯仁波切守護眾隱谷的一名白髮女性，她全身裹在珠寶裡，曾與他在天眼通裡打過照面。但隔年一九二一，他卻留在了絨布照看寺院的運作，負起了住持各種樸實無華且相當入世的責任：推動建築計畫、跑文書流程、應付官僚、納稅給在協格爾的政府。根據其南塔傳記記載，札珠仁波切在這年的第五個月作了一場非比尋常的夢。「從東方升起一道聲響，伴隨著光芒……這之後有……」他寫道，「六名英國薩博、三十名僕役、七十頭動物揹著大包小包，一起來到這裡。他們在靠近東邊泉水的地方紮營，然後待在那裡。他們的幾個領袖前往了雪山。他們停留了二十天，但無法爬到山頂。他們臨回去時既沒有惹出任何麻煩，也沒有傷害任何動物或地方上的百姓。他們離去時是從喀爾塔離開。」

聖母峰探險隊的出現，絨布的僧侶第一次看見的歐洲人臉，就只值得南塔傳記中的匆匆幾筆——就上面那幾行字，沒了。對札珠仁波切而言，這是個忙碌的夏天。駐寺的僧侶超過四百五十人，另外還有密宗的灌頂儀式要主持，有整本甘珠爾要背誦，還有盛宴要籌備。在清修的尾聲，整個修行的社群共同為他舉辦了一場長壽法會，當中他們所創造的曼陀羅是如此光華萬丈，以至於「天空掛滿了彩虹，五色花朵如雨般落下」。在寺院以外，覺宇派的修道之人紛紛從洞穴中現身，跳起了他們每一步都知道是為何而跳的舞步，畢竟圖博境內再無比聖母峰更荒僻之所，而對他們來說，荒僻乃是王道。

六月二十七日破曉前的凌晨時分，從他們就在寺院上方的紮營處，馬洛里與布洛克趁著月光帶了五名挑夫，出發去對絨布冰川進行了首次探索。他們在經過九十分鐘的移動後來到終端的冰磧，然後在黑暗中跨過從冰裡頭冒出的激流，一路穿越了巨石與冰丘橫布的平原，來到了一條乾涸而沿冰川西側而上的河床。七點太陽升起，他們便在一個巨大黑石的下風處休息用早餐。這之後他們又奮力走了一個小時，而這也終於讓挑夫們累了。馬洛里表示他們才不過勉強爬了兩千英尺，精神就已經渙散掉了，笑聲也不見了，取而代之的是疲憊引發的抱怨。同時間布洛克也爬得很掙扎。在這樣的高度上，他們都像是來到新世紀的嬰孩一樣，連呼吸都得重新學起。他們出發時的營地在一萬六千英尺處，而這高度雖以喜馬拉雅山的標準來看是還好，「但依舊已經比白朗峰高，」馬洛里寫道。他決定要非正式地試一試自己的耐力，辦法是穩定地以較快的速度讓其中一名挑夫在後頭追趕。馬洛里寫到說那人身形不大，「強壯而活躍，肌肉十分結實，問題是他尚未掌握到在石頭與石頭之間以有節奏的方式走動並輕鬆保持平衡的藝術。」

馬洛里衝在前頭，始終把冰川側邊當成他前行的標線，而那冰川邊緣看似逐漸向西偏過去。他先是等待著其他人跟上，然後便放挑夫們去休息，由他與布洛克爬上山邊去進行勘查。結果一如推測，他們是來到了側谷的谷口處，而那兒有第二個冰川從西邊與絨布融合起來。他們此刻位於一萬八千五百英尺處，雲層遮蔽了冰川源頭，但這片被馬洛里命名為西絨布（West Rongbuk）的新冰層似乎在步步高升，最終將達到一個寬廣的盆地，絕對可以在規模上與在聖母峰腳邊的主冰川一較高下。很顯然，這些地方都會在適當的時候得到探索。

但此刻已經來到上午十一點，陽光已經愈來愈熱。他們已經足足走了八個小時。與其沿原路折返，馬洛里與布洛克選擇穿越主冰川回營，藉此探索一下冰川的彼岸，但這個決定卻相當失算。在阿爾卑斯山，冰川除非是當中的冰隙過大，否則都是離開一座山崗最好走的方向。但在喜馬拉雅，冰川是登山者緩緩步向煉獄的路徑，難走不說，而且還幾乎不可能下山，活脫脫就是一座由融雪池塘、超現實的巨大冰塔，以及無止盡的危險所共同組建出的迷宮。有三個小時的時間，馬洛里靠著不斷切出冰階，步履維艱地通過了「大得出奇的冰塔，當中不乏超過五十英尺高者。」那對眾人而言是一次很好的訓練，畢竟除了馬洛里以外，大家都不熟悉登山繩。但對兩次在冰隙中落水而浸濕了衣衫的馬洛里來說，那卻是體力的大考驗。直接反射在白色冰面上的陽光讓他們疲憊到幾近中暑。直到前進了勉強有一英里的冰面，終於抵達主冰川的彼岸後，他們停下來休息了一個小時。然後他們沿著橫在冰川側邊冰磧上的冰架，努力步行踏上了返程，並在晚上八點十五分精疲力盡地回到了營地，而這時距離他們出發已經有十七個鐘頭。

隔天早上，稍微學到了教訓的他們決定進行整備並養精蓄銳。布洛克幫眾人裝備了冰上專用的冰爪。馬洛里一早上幾乎都在用望遠鏡觀察山脈上方的狀況。稍早從遠方所拍照片所顯示該有的溫和長坡，幾乎可以確定是誤會一場。「我們會需要實打實的登山者，而不是一堆不知道自己在幹嘛的半吊子。」他後來思忖說，「這任務難度似乎超乎我的預期……我有一種這些山生來並不是要給人爬的感覺。」布洛克挑明了說，爬西脊是不可能的任務；馬洛里則稍微沒那麼悲觀。但很顯然，比較理想的路徑應該是沿東北脊而上，關鍵就在於如何更貼近山，包括他們得先去勘查一下北坳，再來則是要繞行到西側與南側，希望能邂逅到比起北坡來得不那麼讓人腿軟的一面。最終他們決定留一個人在基地，其他人則向山谷上方推進四個小時，然後在西絨布冰川入口下方一英里處建立高地營。以此高地營做為根據地，他們將能探索兩座冰川較上方的區域，而這都是為了攻頂所做的努力。腦筋靜不下來的馬洛里為此感到滿心歡喜。「親愛的，這整件事都太令人興奮了。」他在當天稍晚給茹絲的信裡說，「我實在無法表達自己有多著迷於這一切，也沒辦法徹底說明那是多令人期待的前景。這一切實在太過美麗！」

那日午後大約五點左右，出於要確保運補線等各種動機，馬洛里與布洛克走訪了絨布寺一趟。他們看到了中央的祭壇與一處裝飾十分華美的新建禱堂，但整個地方並沒有讓他們眼睛為之一亮。「在見識過協格爾宗之後，這裡感覺並不是特別有趣。」布洛克在日記裡說，「沒有德高望重的僧人帶我們四處參觀。早上，一整年沒見人了的喇嘛送來了麵粉、鹽巴與牛奶等贈禮給我們。」

六月二十九日星期三，布洛克醒來在從冰川飄下來的雲霧中。他沒有睡好，輕微的頭痛維持了一整天。馬洛里不是很開心，因為前一晚應該要搞定的一項差事被人給忘卻了——普里姆斯爐要用的煤油跟酒精，應該要裝滿在小容量的錫罐裡。通譯加爾贊．卡濟能感覺到他的不悅，但身為圖博人的他對這事只是冷處理。「為了讓行動更有效率，貨物得安排得更加理想才行，」馬洛里寫道，「但加爾贊在被催促之後的反應是去打結或收集帳釘——完全沒有要去加緊統籌隊務之意。」他們最終在比計畫晚了一小時的早上八點鐘拔營，帶著十三名負擔沉重的挑夫跟廚師杜克帕，展開了一趟尚無目的地、緩慢而艱苦的步行之旅。他們攜帶著兩頂溫珀帳篷與兩頂馬默里帳篷，糧食與燃料也只帶了給六名挑夫用四天的分量。馬洛里的計畫是要先建立更高的營地，接著把大部分人遣回基地，然後利用接下來的幾天把人分成三組，讓他們輪流到較前進的高地營來受登山訓。至於留在基地營的人，則可以負責維持糧食與燃料的流通。

但他再一次低估了地形帶來的挑戰性。眾人來到冰川時都還好好的，但爬上冰川表面卻讓好幾個人累趴了。等到他們抵達距離基地營四小時路程之處，也就是馬洛里與布洛克在六月二十七日早上休息吃早餐的地點時，以幾名年長挑夫為主的成員，包括一名叫作尼伊瑪（Nyima）的，都已經咳嗽咳得很凶了。馬洛里注意到他們的負重都必須減輕。他下令暫停，讓眾人休息並吃點東西，同時由他與加爾贊先行爬上一陡峭的冰磧，到較高處一個他已經追蹤了四十分鐘的冰架上，並在那兒尋找水源與適合建立營地的地點。

就在他決定放棄回頭時，他注意到了一處美麗的池塘跟水泉。那地方不會被風吹到，而且有可以搭帳篷的地表，是個絕佳的紮營地點。此處海拔是一萬七千四百英尺，遠高於絨布，更重要的是，這裡比絨布距離聖母峰又近了六個小時的行程。「現在我們應該已經有條件可以帶偵察隊上到主冰川，並向西前往盆地，不用再往前進了。」他寫道，「我們只要先花點時間適應一下這裡的海拔就行了。」但對於遲至下午四點三十分，太陽早就讓位給陰影後才蹣跚進入營地的挑夫們來說，他們一點都不覺得有什麼好開心的。布洛克在那天的日記裡說得一針見血：「當晚所有的苦力都留了下來，沒有人按計畫返回基地營。」

那是一個下雪的夜晚，隔天清晨則寒冷又沒有太陽。大家的狀況都不好。馬洛里跟布洛克沒有把這天的行程排得很重，由此他們等到天色放晴的九點半才出發沿著冰架前進，並在剛走了一英里後來到了絨布冰川與其西部分支的交會口。他們可以看到在兩條冰河相互撞擊的地方，一道石堤沿主冰河的冰塔邊上堆積了起來，並由此構成了一條跨越整個西絨布寬度的天然堤道。他們沿著這條石堤往前穿越了大約只比一個小時多一點點，然後帶著輕鬆愉快的步伐在當天稍晚踏上了歸途，但這樣一小趟路，已經足以讓他們心滿意足地找到了一條路徑可直達絨布冰川的上層跟聖母峰的北坡。他們興高采烈，但也在讓他們鬍渣上留下碎冰的冷雨中，渾身疲憊地回到了營地。

一整天都感覺很差的布洛克決定好好休息，於是上了床去吃了一頓罐頭雞肉跟豌豆的晚餐。「還滿好吃，尤其是豌豆。」他在日記上草草交代了幾筆。「冷冷的像果凍一樣，可能是好吃的原因。」喜歡吃熱食的馬洛里則差一點燒掉了當成食堂的帳篷，只為了把普里姆斯爐點起來；這齣為了吃而就算火燒帳篷也在所不惜的戲碼，在隔天早上又重演了一次。

這天，布洛克留在營區抓蝴蝶，成果包括三個物種，外加一些飛蠅與蜜蜂；而馬洛里帶著五名挑夫回到了冰面，目標是達到位於北坡腳邊，主冰川的頂部。在輕鬆穿越西絨布之後，他們很快就在軟雪中被拖緩了腳步。他們奮戰了三小時才掙脫了困境，但這時不利於任務的天候也慢慢逼近。「在與雲層賽跑的過程中，」他後來寫道，「我們敗下陣來，沒能找出在聖母峰西北刃脊的下方，冰川的西邊頂部究竟是何等光景。」

雖然經此挫敗，但這一天仍收穫滿滿。他們抵達了一萬九千一百英尺處，與他們自從第一眼看到絨布河谷起就一直很在意的那個地形，拉近到了一英里不到的距離。能見度固然相當有限，但馬洛里仍得以仰望那處沿東北脊下來的山肩，辨識出了如今已被他稱為北坳，在圖博被稱為暢拉（Chang La）的此一地形輪廓——位於聖母峰與橫在其北面之山脊之間的鞍部。那道北部山脊的最高點就是章子峰，也就是俗稱的聖母峰北峰。馬洛里已經看夠了西北脊，也認定了那是非不得已不會採行的最差路徑。而從西邊通往北坳那一路上破碎的冰面與陡峭的坡壁，感覺也同樣是面銅牆鐵壁。於是就在馬洛里帶領疲憊的團隊返回營地的路上，他心裡已經確信兩件事情，一件事是北坳做為聖母峰的開口，就像是其盔甲上的一個破綻，第二件事則是他必須要從東邊找一條路前往北坳，但這個探險任務恐怕會比說起來困難很多。

在雪中待了十三個小時讓眾人精疲力盡，且由於布洛克依舊處於低潮，因此馬洛里不得不放七月二日一天假，即便這天天氣明明很好。這天大家分頭去幹了不同的事情。搭檔布洛克趁放假繼續去抓蝴蝶，而且很有效率地找到四個新物種；通譯加爾贊帶來了補給品——高山攀登箱、兩錫罐的餅乾，還錯拿了布洛克的皮包。至於馬洛里則在這一切發生的同時，跑去寫了封長報告給在英國山岳會的法拉爾上尉。

「您應該會想要知道，」信的一開頭說，「關於聖母峰的一些事情，而某種程度上這事情非常好交代。基本上，聖母峰就是一個巨大的岩石山峰，上頭披著白雪，坡面則比我所見過的任何山壁都還要險峻。」

他接著在信裡提及他們的營地位於「一個窄得出奇的冰川之左岸，而那座冰川的右岸就是聖母峰的北脊。這座冰川如輕騎兵一樣向上而去，形成了一個好似在威爾斯可見到的冰斗，高居在一個上萬英尺絕壁的下方，然後就如我昨日所見，偏左去到一個讓人想起瑞士提芬馬騰

（Tiefenmatten）那側之獅子坳（Col due Lion）的地方。山坳後面在聖母峰北邊山脊的第一座山峰（也就是章子峰）有著陡到不能再陡的坡面，唯一的例外或許就是山坳附近的區域，但這點我無法從雲霧中判斷清楚。」

形成絨布冰川頂部的是一個巨大的冰盆地，而在把注意力移至盆地的另外一側後，馬洛里表示：「冰斗的西側是由巨大的壁壘（西北刃脊）構成，並由積雪的山肩陡峭地下到一片低廣的山坳處，而冰川也應該是從那兒繞彎進入我們尚且無法滲透的西北西灣區。」

這第二個山坳洛拉（Lho La），就是馬洛里並沒有能在七月一日抵達，而且那一整天當中也幾乎都被雲給遮蔽住的山口。但他還是正確地預測到在那鞍部的背後，有另外一座冰盆地橫在聖母峰西北脊的另一側。這座冰盆地其實就是西冰斗（Western Cwm），亦即艾德蒙・希拉里（Edmund Hillary）與丹增・諾蓋（Tenzing Norgay）最終將於一九五三年從南邊成功登上聖母峰的那條路線。一九二一年，這條西冰斗路線仍基本是英國人的禁區，主要是尼泊爾並未將其開放。但政治上的顧忌並無法阻止馬洛里尋求各種可能的攻頂路線。即使在寫信給法拉爾的同時，他也仍持續計畫著要前往西冰斗，看是要取道絨布冰川與洛拉，還是走西絨布冰川，因為他相信西絨布冰川的頭部可能就與西冰斗的冰原連成一氣。如果這代表要跨越尼泊爾的邊界，那就跨吧。

但即便如此，眼下攻頂聖母峰的前景還是不太理想。按照他在筆下所寫，整體呈現一個弧度的聖母峰北坡依舊……

……完全牢不可破。西北西面在接近頂端處可以說完全沒有機會，而大致說來，雖然不能把話說死，但東北面與東南面也恐怕機會不大——這些都是從遠處不同角度觀察出的結果。另外還有各個刃脊。西邊的刃脊收在非常陡峭的岩石當中——再過去我們就看不到了。西北脊可以向上爬到我提到過的積雪肩部，那地形如果在阿爾卑斯山遇到，我會說就是冰爪可以解決的事情。在這之上是一長段雪脊通往一片陡峭的岩坡；然後再過去還有一段較短的陡坡，可見到一條垂直的山勢與稜線交錯；但在這兩個地方，岩石看來都被山溝切得支離破碎，而我並不覺得它們有可能攀爬。真正的頂峰是一塊角度不算太困難的岩塊。北刃脊並沒有從頂峰下來，而是從東刃脊下來，而東刃脊在雪線之上相對平坦且多積雪。我覺得如果我們能抵達北刃脊與北邊第一峰（章子峰）之間的山坳，那這條路應該會可行。

嗯，我們現在從攻頂的觀點去看，對聖母峰的了解大概就是這樣……北邊所有的坡面都陡得很嚇人，所以即便西刃脊是一條進攻路線，我也實在不相信靠近聖母峰這一側會有可以接近的山坳……說了這麼多，您應該可以理解我們眼前的任務有多麼艱鉅。我對抵達山頂可以說幾乎不抱希望，但當然我們還是會明知不可為而為之地以攻頂為目標。

馬洛里在報告收尾對眾人做了快速的簡評。挑夫獲得了高評價，很可惜還沒有能加入登山組的莫斯海德也是。馬洛里還補充說，「布洛克正在起高山反應，惠勒持續苦於消化不良，由此我已經不期待他能對我們派上大用。至於我個人狀態則好得沒話說。」

隨即在七月三日，馬洛里就當機立斷地決定要測試挑夫在冰上的能耐。清晨五點一過就離營出發的他們，爬上冰架開始朝西絨布前進，並在過了冰川之後繼續朝其南側向上挺進。他們的訓練目的地是位於兩座無名高峰之間的積雪鞍部，且這兩座高峰按照布洛克所言，都「一直有落石掉下來」。山坳本身被保護在「陡峭的冰面與破敗的頁岩」，跟一道在兩萬一千英尺處橫跨整個坡面的冰隙裡面。馬洛里把兩條繩子綁成一條，並在布洛克與其他人在冰隙下方等著的同時，前行到冰面上切出冰階。這段陡峭的行程讓他前進了一百英尺，來到了雪地中的一座石島。

眾人開始跟了上去，以緩慢的速度地爬上了馬洛里切挖出的階梯，其中布洛克走在第四位。圖博人沒有一個人來到過堅硬的冰面上。其中一人滑了一下，他是排在布洛克後面那個，要不是有布洛克止住了他的跌勢，這人就要掉下去摔死了。馬洛里見此便同意了放棄練習，開始後撤。馬洛里寫道，大家往下走的「表現比較好」。關於這件事，布洛克沒有再在日記裡多所提及，只說他們倆都很滿意於眾人在高海拔上的整體表現。但這很可能就是馬洛里與布洛克這兩名登山者之間緊張關係的開端。相隔近四十年後，居伊・布洛克的遺孀艾莉絲（Alice）在一九六〇年寫道：「我先生當時覺得馬洛里已經準備好孤注一擲，冒險讓未經訓練的挑夫走上危險的冰面。起碼有一回，他曾經拒絕帶他那一繩子的挑夫踏上馬洛里所提議的路徑。馬洛里對此並不是很高興。他（布洛克）對於有著基本差異的意見做不到說支持就支持。」

馬洛里一心一意只有一個目標，就是聖母峰，而下一步在他看來就是要往高處走，遠離那些谷地跟不可能克服的冰川，並前往更高海拔處，好讓他能夠對此處的地形地貌有更進一步的掌握。他已經在腦海中擘劃出一幅景象：聖母峰一枝獨秀地從四周匯集的冰川中升起，位置就在他們營地的西邊。他們七月四日早上正要出發時，得到了其他英國人已經來到谷地，並正朝著他們的營地爬過來的消息。

破曉離開了絨布的霍華－貝瑞與赫倫享受了一段很愉快的爬坡過程，翻過了冰山的鼻頭。他們在明亮的陽光下走了七英里，而這也讓他們在九點三十分抵達了高山營地，進行了一次短歸短，但馬洛里回憶說「非常愉悅的訪問」。霍華－貝瑞評論了他們途中所經過那些讓人好奇的住所，可能是小型寺院吧，還有就是有為數眾多的窄室裡住著「不問世事與從事修行的隱修與避居者」。但相較於此，布洛克比較有興趣的是赫倫可以告訴他關於岩石的事情。「這裡的黑色岩石是一種角閃石片岩，較下層的則是花崗岩。」布洛克當晚在日記裡記下了這些。他們比較了彼此的無液體氣壓計，然後表示布洛克的似乎讀數有點偏低。霍華－貝瑞頗欣慰地看到高地營頗具規模，探險也在進行中，還有挑夫們正在接受正規的冰訓。他沒有帶來惠勒的口信，惠勒依舊獨自待在囊帕拉山上，惟他倒是表示這段日子，囊帕拉那一側的天氣極差。馬洛里開心的是看到霍華貝瑞與赫倫帶來了一些野味，精準地說是藏原羚肉：「比起這一帶說是綿羊肉但其實只有皮包骨的東西，藏原羚的美腿不知道好多少倍。」

霍華－貝瑞來訪主要的目的，是要傳達給馬洛里與布洛克他的一項計畫，那就是他打算要東行去尋找喀爾塔，然後在那兒建立偵察工作第二階段的基地，也就是要以喀爾塔為根據地來探索康雄壁與從東邊進軍聖母峰的路線。若是一切順利，霍華－貝瑞預計會在大約月中時返回定日去關閉營地，啟動把整個探險任務遷移到喀爾塔的程序。他指示馬洛里與布洛克要在七月二十日前做好遷移的準備，惟日期仍有可能改變。他與赫倫在午後近晚，天光才剛變美之際告辭。霍華－貝瑞回憶說，聖母峰頂高達雲層之上，並在清澈無比的夜空中形成了剪影。他們在剛入夜後回到了絨布，而那兒已經有一些想請他們提供醫療照護的僧侶聚集。同一群僧侶在隔天早上再度出現，這次他們懷裡捧著一大碗新鮮雞蛋要給英國人送行。

馬洛里與布洛克在隔天七月五日早上四點十五分出發，爬上了就在他們營地旁邊拔地而起的陡峭碎石坡。他們趁日出時短暫停留，拍攝了一下燦爛的朝陽，其餘時間都持續著穩定的步伐，完成了兩千五百英尺的攀爬，最終在早上七點抵達了位於高處的肩部。在繫好繩索之後，他們穿越了一片廣闊、沒有遮蔽，而且面向南方的岩冰混合坡面。他們花了整整三小時，才在一處積雪的鞍部找到了安全的落腳地，而鞍部之後就有向上的山峰稜線升起。他們當中的兩人，包括一個負責攜帶四分之一吋平板儀相機的人員，在此時已然精疲力盡，且即便在休息了四十分鐘之後，他們還是難以為繼。布洛克指示他們就在山坳待著，同時馬洛里看著前方的是條漫長蜿蜒的雪脊，稍微看得到邊緣處有突出的懸雪，而往前則有一處岩質的肩部會升起而達到被雪覆蓋的山峰，山峰之後矗立著真正的山巔，高度略高一點，且大約位於稜線再向前大約五十碼的地方。他們出發爬上雪地。但之後走不到一個小時，剩下的四名挑夫也一一體力不支，紛紛得由人陪伴回到他們認得路的點上，再由他們自行沿原路返回鞍部待命。

愈往上，路線的角度也愈來愈斜。隨著布洛克欲振乏力，馬洛里挑起了領隊的責任。「我們移動得非常之慢，」他後來表示，「因為一方面要維持肌力，一方面要克服疲倦，所以我們得拉高頻率進行深呼吸。整個過程非常吃力。」他們最終抵達了岩脊，而從那之後馬洛里也僅剩模糊的記憶。雖然稜線左右兩側的坡面愈來愈毫無遮蔽，但山峰的位置卻感覺隨著人每踏出一步也跟著在往後退。馬洛里開始步履蹣跚，身體也漸漸不聽使喚，只是自顧自地一直停下來休喘。

經過一番奮戰，終於他們抵達了一座冰牆的基底。馬洛里使出了剩餘的所有力氣，才向後向上挖出了一道通往山頂的路。然後又多走了幾步，他們總算登頂成功。這時已經是下午兩點四十五分。不利的天候威脅著要從西南方與北方襲來，而在他的腳邊有一團暴風雨，已經懸在了絨布河谷的上方，雲層讓冰川陷入黑暗。布洛克的氣壓計雖然有誤差而讀數偏低，但仍顯示出此處的海拔是二三四五〇英尺，而這代表他們從最初的營地上攻了五千五百英尺，在這樣的高山上是很了不起的成績。「我們檢視這一切時，不禁吸氣鼓起了豪氣的胸襟。」馬洛里在隔天寫給妻子茹絲的信裡說。「隆斯塔夫爬過一座兩萬三千六百英尺的山。在只在高地營待了一星期的狀況下，我覺得這已經是很好的表現。」且如果數據準確的話，他們等於是創下了當時史上登頂第二高的紀錄。馬洛里想要把這座山取名為凱拉斯山，但最後勝出的還是其藏名日嶺（Ri-Ring；音譯，應為今曙光峰）。惟事後證明，這座山的真實高度只有二二五二〇英尺。

但高度紀錄一點也不是他們當下在意的事情。他們一整天下來滴水未沾，東西也沒吃幾口，而且馬洛里還感覺「高山症很明顯」。再來就是在他們下方，六名挑夫已經在雪裡相依為命了三個多小時。馬洛里決定只在峰頂待十五分鐘就走，而他也讓每一分鐘都值回票價。若以直線距離而言，他與聖母峰相隔不過十英里之遙。向西，他看見了格仲康峰與卓奧友峰，也第一次掌握了拉曲、惠勒正在那兒工作的基耶特拉克冰川，還有他腳下東邊的絨布河谷，三者成一直線之相對位置。往南，他可以看到在聖母峰西北脊之外，確實有著第二條同等巨大的山脊與其平行。這條刃脊他估計大部分都凌空超過兩萬五千英尺，且當中也存在個別的高峰，包括一座他命名為努子峰（Nuptse）的山頭格外突出。此外，這條刃脊所支撐的不是聖母峰，而是另一座巨大的山峰，「一座兇猛的岩質峰脊」，他將之命名為南峰（South Peak），也就是圖博語中的洛子峰（Lhotse）。在這兩座山脊之間，橫臥著西冰斗這座冰谷，而在洛子峰的黑色岩質山頂與聖母峰之間，則是一處視覺效果極強的鞍部——南坳。南坳也提供了一條攻頂路線，而且是「目前僅見最容易的路線」，而這日後也確實成為希拉里與丹增在一九五三年所走的登頂路線。但從一九二一年馬洛里在日嶺上的角度望去，人實在很難看出南坳本身可以怎麼上去。那兒「從東側幾乎可以確定上不去。」他會在給茹絲的信裡說。「至於能不能從西邊上去，我們也還沒研究清楚。」關於這個問題，他得更近地觀察西冰斗才能確定，而西冰斗的基底無法從日嶺看出究竟。

他將注意力轉向了東邊。也就在這個點上，隨著風暴開始聚集，他做出了一個命運般的誤判。他此時已經熟悉了聖母峰的基本結構，也肯定掌握了東北脊的構成。他的一雙眼睛，很快地以聖母峰的金字塔為起點，向下掃描到那急墜至北坳的肩部。在鞍部之外升起的是章子峰，也就是聖母峰北峰。在獨自橫在聖母峰以北的那條山脊上，也就是構成絨布河谷東側的那條山脊上，章子峰正是其最高點。而馬洛里發現這條山脊，或說這道山牆，只在一個地方存在突破口，位置大概在距離他們營地一至兩英里處，冰川的另一側偏河谷的上方，那兒有條溪流從東邊貫穿了山壁。馬洛里知道那個地點。六月二十七日，也就是在冰河上的第一天向晚，他們在返回基地營的途中撞見了那條溪谷，當時那是一條因為融雪而溪水暴漲的險地，根本沒辦法跨越過去。以當時體力透支的狀態，他們只能沿著岸邊下到溪水與冰川的匯流處，然後只見溪水消失在了冰層下方。馬洛里有意找時間再去探尋溪水的源頭，但畢竟那不是當務之急，而且以那道溪谷之窄小，看來也很難管上大用。當時的印象配合上如今他從日嶺上看到的景象，更強化了他認為自己判斷無誤的想法。只不過事實證明他錯得可以。

他會一錯再錯，還得歸咎於另外一項不夠全面的觀察。他一直心心念念想的都是北坳，是因為他始終只看到北坳有路通往聖母峰頂，由此他判定聖母峰無法從絨布河谷這一側上攻。惟從日嶺上，他能看到從章子峰的頂端，也就是北坳的北側，那兒還有第二道山脊向東而去，並在那個方向上形成了他推測是「某個連接阿龍河的無名河谷一側」。依理在這道無名河谷裡，會有另外一條冰川一邊向東流去，一邊也以頂部接到北坳他所希望到達的那一側。章子峰與其山脊似乎阻絕了任何從西或從北攻頂的路徑。而由於他無從判斷冰川是如何蜿蜒在喜馬拉雅山裡，馬洛里於是下了一個結論是要想讓攻頂聖母峰還有一線生機，他們必須放棄絨布，從東邊面對這個難題。在自信的蒙蔽下，他退下了日嶺，同時為了登頂的前景而暗自歡天喜地。霍華－貝瑞決定挺進喀爾塔的決定倒是對的。「算是福星高照吧。」馬洛里後來寫道，「風勢頂多算是微風，氣溫也很溫和，暴風雨還來不及造成任何傷害，就在不知不覺中散去。我們五點不到就與苦力們重新會合，晚上七點十五回到營地，開心地避開了走夜路下山的危險。」布洛克直到晚上七點半才歸營，是最晚的一個，原來在兩萬一千英尺的高度上，他瞥見了「一隻有著紅斑的美麗黑蝶」。

七月六日晚上，季風終於老老實實地爆發。積雪覆蓋了營地，讓登山者連著兩日都只能在帳篷裡待著，哪兒都不能去。馬洛里的精神因而消沉萎靡。他那天給茹絲的信也一如往常地始於描述山景的三言兩語。這些短短的段落已經成了口頭禪一般的例行公事，但每一次下筆都完美地反映了他的心境。「關於那座山的大致外形，」他像是第一次這麼說似地娓娓道來，「可以說首先是一個巨大的岩頂，上頭彷彿塗覆著積雪，然後能看到卓絕的峭壁……一個頂端稍鈍的岩質山峰，卻因看似永遠不融的新鮮降雪而顯露出白色——難以估計地大於也高於我在阿爾卑斯山所見過的任何山峰，那不是一個纖細的山尖，而是建構在其雄偉的刃脊上，長著巨人的四肢，素樸、嚴肅、超凡脫俗。從登山者的角度觀察它到現在，我們很難想像能有景色比其更令人震撼。」

這封大致讀來像是登山者在山間見聞的信來到尾聲，他先為正經八百的口氣道了歉，然後開始補足一些較為內心的獨白：

那我對這一切是怎麼想的呢？嗯，首先所有的力量都來自於我，而這也讓我偶爾感覺有一點氣餒，為什麼我要一個人付出這麼多……我很煩那些苦力，也很煩從基地營運送糧食與補給的問題，我受夠了各種生活上的不適，受夠了這頂伸展不開手腳的帳篷，受夠了被風吹進來的沙子，受夠了每天晚上都得想辦法把被褥調整到舒服的小問題，也受夠了每晚的寒意。這封信我動筆時，人還在岩石間的陽光裡，而如今我人坐在捲起的床褥上，腳上的羊皮靴都沒脫。以上就是我這兩個多月以來所過的日子，而前面還有漫長的高地營生活在等著我忍耐，由此我實在很期待何時能朝大吉嶺回返，很期待能把與妳的距離縮短。不過話說回來，你萬萬不要以為我鬱鬱寡歡，因為整體而言在山上的生活令人欣喜，而我的身體狀況也極好——我未曾須臾消化不良……即便最後我們沒爬上聖母峰，也一定有故事能帶走，事實上我也不太看好我們爬得上去……嗯，現在我得去寫報告給霍華－貝瑞，好明天偕這封信一起寄出去了。晚安，很愛很愛妳，別忘了我們看著同一片星星。

邊思鄉邊等待天候放晴的人，並不僅只馬洛里一人而已。在囊帕拉的冰磧上，惠勒的狀況糟到不能再糟，要知道他已經獨自跟他的挑夫們宿營了十二天。六月三十日的雨大到他們什麼事也做不了，由此他在日記裡寫道，「（我們）只能待在床上盡量找事做。」隔天七月一日，也就是加拿大的自治領日早上，他與兩名挑夫爬了幾個小時，拖著經緯儀與全套裝備通過了「軟爛到無可救藥，隨便一碰就可能會滑動且有數噸重的巨石」，來到了丘拉桑（Chorat-Sung）的肩部。時間來到中午，正當他們終於抵達一處適於做為調查三角點的位置時，天上又下起了雪，而且是「一場直到三點半才結束，宛如老天獸性大發的潮濕風雪」。但他才剛把所有的裝備收拾好，天氣卻又「奇蹟似地放晴」。接著他重整旗鼓正要進行角度的測量，另一場暴風雪又捲土重來。就這樣他徒勞無功地浪費了一整天，只能挫敗地摸黑歸營，「累到只想倒頭就睡」。

隔天他不得不讓弟兄們休息，「所以天氣想當然耳地好到不行」。隻身離營的他勘查了好幾處三角點的候選者，然後決定要繼續往冰磧上方推進。那夜下了一英尺的雪，隔天七月三日早上他醒來的第一個念頭是「完全不想拔營，而且想到要工作一整天就頭痛」。所有的烹飪都必須露天進行，而普里姆斯爐在風中硬是點不著。最終他只能湊合著吃了一頓沒有茶的早餐，然後在七點四十五分離營，於他口中的「髒冰河」（Dirty Glacier）南端的一處三角點待了一上午。他在那兒拍得了一些有用的照片，但仍受制於天候而無法在有明確位置的調查點上取得像樣的讀數。「我得有點成果！」他有點焦急地在筆下寫道。十點半前後回營之後，他靠吃了點東西振作了精神，然後在大約中午時分領著挑夫上了冰層，去建立起較高處的新營地。他們在覆蓋苔蘚的冰磧上選了一個融雪的小池邊當作新營址，距離囊帕拉僅兩英里。無液體氣壓計顯示此處的海拔是一萬八千五百英尺，而這也將惠勒的紮營高度與環境的寒冷程度都推向了新高。

隔天暴風雪來襲，限縮了他只能在營地中活動。運氣不錯的是郵件已經在前一晚送抵，所以他就趁被迫休息處理這些信件。「我的帳篷完全能讓人想起聖誕節的早上。」他說；他妻子桃莉寄來了一箱被「秋風掃落葉」般解決掉的薑餅。總是義氣十足的沃拉斯頓派來了一箱食物，都是好料的，外加一則悲傷的訊息是惠勒的勤務兵艾斯嘎・可汗不幸在六月二十七日因為傷寒不治。「可憐的傢伙，」惠勒寫道，「他很淒慘。譫妄了三天才一命嗚呼。我得替他的家眷想想辦法，搞不好我可以幫他們向政府申請到退休金。」

惠勒打算在高地營待上四天，結果一待就是八天，即便同時間季風風暴正從尼泊爾飄過來雨襲囊帕拉。七月五日，他們拂曉往山上出發，最後卻只一整天待在山肩上無所事事。返途中他們在白矇天（whiteout）[2]裡迷失了方向，只能像瞎子一樣在冰河上的冰塔與冰隙間遊蕩。等雲層好不容易散開，挑夫又為烈日所苦，因為他們粗枝大葉地沒把護目鏡戴上，好幾人因此產

2 一種白雲與白雪造成光線改變照射方式，使得陰影消失的天候現象。白矇天會使人感到為均勻一致之白色光芒籠罩，此時人體將無法辨識地平線、深度與方向。

生了雪盲。「我有點對他們失去了耐性，」惠勒寫道，「因為講過的事情他們都不做！」他威脅要扣薪水，但這麼說也沒效。更大的問題在於食物。他的運補線已經一路延伸回定日，那是二十英里的開放坦途接上八英里「瘴癘之路」，才能達到他設於囊帕拉的高地營。出於惻隱之心，他接納了一名被霍華－貝瑞從總部驅逐的人當他的僕役兼廚子：「探險隊裡的一個小王八蛋，」惠勒習慣這麼叫他，「沒救了的傢伙，煮的東西根本端不上桌。」

隔天惠勒像是轉了運。一早就雲破天開，讓他得以回到高處的肩部，並等到了「好不容易等到的光輝全景，前後大概兩三個小時」。他趁下午做了幾件事情：策畫工作、確立兩座關鍵山峰的高度與確切地理位置來當作調查工作的基準。「現在所有的東西都可以順利地與它們相互對照。」他當晚寫道，「再拿下兩處三角點，就應該夠我在此定出山口、分水嶺與半圓形冰斗的位置。分水嶺可能還有點懸念，但我想最晚明天也可以搞定。」

惟隔天早上什麼問題都沒解決。他在暴風雪中醒來後便從營地出發，硬是頂著天候在明亮的陽光下挺進，爬到了兩萬一千英尺處，那兒有個山嘴看似可以眺望東南西三個方向，只可惜四周的雲層實在太厚，所以他一直到下午四點四十五都只能枯坐。接著的兩天，他的一個個帳篷陷入霰與雪的重圍。事情開始變得一塌糊塗。「沒有人能讓一群衣不蔽體的人，」他寫道，「在一萬九千英尺高的冰川上紮營，還得忍受像現在這樣的天氣。我會需要半打普里姆斯爐跟數加侖的燃料，才能煮出他們的食物，而馬洛里跟布洛克幾乎把全部的燃料存量都拿去用了。顯然這支探險隊的裝備資源是用來攀爬聖母峰，而不是用來繪測聖母峰。」

惠勒在七月十日早上進行了最後一搏，獨自在薄霧與嚴寒中登上了另外一處三角點。「苦力一如往常得被我留下……天氣糟糕透頂。」他在紀錄裡說。「雪下了一整個下午，我的三角點觀測站整天都被包在雲裡。這是貨真價實的季風，而也是火力全開的季風……今晚的雪也還下著，而且看來沒有要停的意思。我想現在的上上策應該就是撤了吧……這天的老天爺就像猛虎出閘……寒風刺骨，暴雪讓人眼前一片模糊，潮濕的雪整夜地下，讓大衣、馬褲、綁腿與靴子全都濕透……溫度在冰點以下十度。」

在又被雪多困在帳篷裡一天之後，病倒的人已經有四個，他自己的健康狀況也每況愈下，於是惠勒終於在七月十二日向下回到比較低的營地，而在那兒等著他的是準備換班的挑夫與信件跟補給。他得知霍華－貝瑞跟赫倫為了排定於月底進行的大規模移動，先行前往了喀爾塔勘查，至於莫斯海德與沃拉斯頓則「心不甘情不願地」被留在了定日。在朋曲上游，莫斯海德與古遮．辛已經「以四分之一英寸的規格測繪了約三千平方英里的新野」，而只此一項成就就讓惠勒的挫折感無處可躲。「這簡直讓人痛心疾首，」他在筆下寫說，「如同去地獄走上一遭地爬上了那些山丘，卻什麼事也做不了，但我又能如何呢？要是在加拿大的老家，爬這點山根本算不了什麼——走兩小時又如何，根本不痛不癢，但在這禽獸一般的高度上，每趟路都像是要把人剝一層皮似的。」

他感覺人快發霉了，天氣也完全沒好起來，挑夫們則來到了精神崩潰的邊緣。此外他的錢也見底了。他只剩下最後的五十枚章噶（tanka）銀幣跟銅幣，外加一兩（srang）金幣，還有一張五盧比的鈔票，而這根本不足以支付挑夫的薪水或購買薪柴與犛牛糞。「時間持續往前在走，」他表示，「但這個國家不論去哪，距離都遠得不像話。當然，他們的季風也不是開玩笑的。」

他在往北的路上還有幾個要去嘗試的三角點，由此他回到定日已經是六天後的事情，而在定日等著他的獎勵是熱水澡，是一杯威士忌，還有睽違將近一個月，像樣點的食物。霍華－貝瑞已經從喀爾塔帶著好消息回來了，於是他們倆便熬夜到七月十八日的深夜，彼此「交換了一堆瞎話」。隔天惠勒縱情晝寢。「沒有事情得去操勞，」他寫道，「豈是一個爽字了得。」

話說當惠勒還在囊帕拉上操勞之際，馬洛里與布洛克人也在上絨布谷與天氣奮戰。七月八日和新替換的七名挑夫，他們帶著僅僅三晚的食糧，盡可能輕裝地從正面進入季風的領域，目標是快去快回，在兩天內速戰速決地讓西冰斗之謎得以解開。他們沿著冰架進入到其與西絨布冰川的交會處，接著他們沒有選擇越過冰河，而是繼續沿著冰架北邊的冰磧前進，來到了暴露在南方與太陽之中，罕見的草地與苔蘚聚集處，此處距離他們的高山營地估計有五英里。馬洛里後來表示他們幾乎是立即就意會到「我們誤判了形勢」。馬默里帳篷的帆布偏薄而且個頭不高，在好天氣裡沒問題，但在聖母峰的雪裡可說是不堪一擊。馬洛里天生對任何技術性的東西都少根筋，由此他用起普里姆斯爐可說是慘兮兮，弄得他自己跟布洛克都被煤油的煙霧弄得反胃想吐。最終沒有人睡得下去。隔天早上他們發現高聳的積雪將營地團團包圍。天氣逼著他們重新思考自己的計畫。若還是想抵達西冰斗，以有意義的方式探索西北脊與西絨布冰川上方以外有些什麼東西，他們就需要像樣一點的後勤。

雖然雪卯起來下，但在七月九日的早上，馬洛里一口氣往下回到了他們位於絨布寺不遠處的基地。他的計畫是把整個基地，包含人員與足量的補給，往上遷到就在絨布冰川鼻子下方的一個點上，由此他們未來將只要一趟路就可以到達最高的野營處，或是他如今稱為第二前進營的地方。在此同時，布洛克的任務是要返回到高地營，去把以溫珀帳篷為主的大部分設備移置到更高的營地。沒了大部分設備與補給，且如今被馬洛里稱為第一前進營的高山營地，將會根據馬洛里所言，做為「半途之家」來使用，「以我們八十呎的宏偉大帳篷來保護所有留在那兒的人」。但這項工作說起來容易，做起來並不簡單，因為如布洛克在日記裡表示：「獸性大發的天氣、冰冷的霰與降雪，還有寒風都堵在我們的面前。我們就這樣在吹雪中更換了帳篷。大衣與褲子都濕了。水積在防水的口袋裡。冷冷的夜，凌晨四點還在下雪。」

搬遷工作在四十八個小時內完成，而到了七月十日星期天的晚間，他們已經組建成了一支有模有樣的團隊，準備好要向上推進，或至少他們是這樣相信的。但那天晚上降下了他們之前從未見過的大雪，隔天早上他們根本動彈不得。挑夫點不著火，他們不得不遣人下到較低的營地去取一袋乾燥的犛牛糞。最終當天稍晚，雲層終於散開，馬洛里也第一次看到了在尼泊爾邊境上錨定了西絨布冰川頂部的山脈，其中的最高峰是將近有兩萬四千英尺高的普莫里峰。「懸著的窗簾，」他寫道，「被扯動旋轉到一邊，然後又重新闔上，最終才在起起伏伏中被整個甩開；陽光於是照了進來，映射出銳利的陰影，景物的輪廓也開始變得清晰——而我們也得以躬逢其盛地目睹了眼前的絕景。」隔著冰川在他們營地的正對面，是凌川峰這座高度來到二二〇二五英尺的連峰。冰川的頂部向西延伸出去，但同時也有一條分支往南而去，包裹住了凌川峰的側邊，將之與普莫里峰一分為二。按照地理學，西絨布冰川這條往南的分支理應與西冰斗連成一氣，或起碼與西冰斗之間只隔著一條有一定高度的鞍部。不論是哪種情形，這條分支暫時都是一個關鍵。

七月十二日，他們在早上五點四十五分滿懷著希望出發。按照馬洛里所言，興奮於可以再次走在「晴朗穹蒼下」的他們輕鬆穿過了大部分的冰川，「欣喜地想著一大半的任務，在溫暖與樂觀滿溢中升起的太陽下完成了」。然後才一這麼想，他們就扎扎實實地撞上了一堵牆，「一條白色的冰流，而其寬度窄到他們期待著可以在三十分鐘內穿過去。」他們取道一個四周有著「高聳白色冰塔與冰脊」的冰灣進入了這條冰流。但側邊的通道一條接著一條，好似怎麼也不會完。為了從迷宮中脫逃，馬洛里最終選定了一道冰牆向上挖階，而這也讓他們來到了一處向下急墜一百英尺到冰磧的絕壁頂端。惟因為已經浪費了將近三個小時，他們只能沿原路撤退；此時惡劣天候再起，他們唯一的選項只剩下提早回營，期待隔天能有比較好的運氣。

這遭遇對他們的士氣是一大打擊。他們用四個半小時，只換得了勉強算有一英里的推進。信件於當晚送至，而馬洛里則給老朋友魯伯・湯普森（Rupert Thompson）寫了封信：

> 你在我心中是一位格外有文明素養的人，由此我相信你總會有能力感同身受於像我這樣一個可憐的傢伙，怎麼會過起這些化外的生活，養成這些野蠻的習性。你搞不好還可以告訴我，我為什麼會踏上像這樣的一趟探險之旅。在此處這個荒僻的不毛之地，我們兩個——另一個人是布洛克——坐在一頂帳篷裡聽著細沙敲擊著帆布，單純地心滿意足於我們可以給妻子、朋友寫著信，交由苦力明日一早帶走……我有時候覺得這場探險從頭到尾，都是一種詐騙，只是一個人在腦充血；榮赫鵬——在英國山岳會裡被某些如簧之舌用似是而非的智慧給沖昏頭，然後就把這個東西強加到他年輕謙遜的僕人身上，讓其熱忱為他所

用。可以肯定的是，現實與這些年輕人的夢想之間存在著詭譎的差異。長久以來，夢想中那聖母峰北面的雪坡，應該要有著溫和而向人張開雙手的角度，但答案一揭曉卻是讓人為之震撼，將近一萬英尺高的峭壁。那是一面塗覆著白雪的巨大岩峰，由壯觀的刃脊構成，四周包覆著令人難以置信的坡面。不論想從任何一個方向登頂，其可能性都趨近於零，而我們現在的工作就是不斷地用明知不可為而為之的態度去碰壁，好讓全人類相信有人已經令人敬佩地嘗試了英勇之舉，但還是又一次敗下陣來。而這所謂的英勇之舉，現階段的定義是在一萬九千英尺高的營地中忍受各種不適，身邊陪伴的盡是些母語他連半個音節都聽不懂的夥伴，然後要敦促這些好夥伴能在日出前起身，接著回過頭來激勵自己，絕望地抱著虛妄的希望，希望在我們終於達到某個據點時，還能有什麼東西不被雲層遮望眼。

馬洛里一個不小心，預見到了他們下一次發動攻勢的結果。七月十三日清晨四點二十分在又一個美好的早晨離營，他們在僅僅九十分鐘內走完了冰川，期間成功避開了冰川中最凶險的地方。緊貼著冰磧的邊緣，他們穩穩地繞過凌川峰的肩部，先向西再向南，在雲層正要從尼泊爾方面襲捲而來之際回到了冰上，也因此沒有被雲朵蒙蔽掉視界裡的一切。他們繼續秉持著一個方位，像瞎子一樣摸索著前進，馬洛里可以在感覺到「張嘴的裂隙就像黯淡的迷宮陳列在四周」之際，也同時察覺到未知的峰群。九點三十分，他們來到了一處雪頂，一處他們認為是山坳的地點，但在此他們不要說想看到尼泊爾的山群或是西冰斗的谷地了，他們連彼此都看不太清楚。於是再一次，他們被迫撤退。

有三天的時間，他們留在高地營重整旗鼓。在七月十四日休息一天後，布洛克偕兩名挑夫再嘗試了一次抵達那個神祕的山坳，卻又再一次受阻於雲層而無功而返。馬洛里隔天七月十六獨自進行了攀登，他從深夜中出發爬上了他們的營地正對面，淩川連峰的一個山嘴，並在黎明時分抵達了頂端。他弄柯達相機弄得手忙腳亂，但那並不影響眼前無比燦爛的景色。他確認了一如自己所猜想，西冰斗可以沿兩條路徑而上：一條是在主絨布冰川的頂部，也就是已經他指認為洛拉的地方；至於第二條路，則是藏人所知的努拉（Nup La；努為西方之意，一如努子峰意為西方的山峰），也就是他們這一週以來找得很辛苦的目標。他在山頂待到上午七點，一共完成了一打十二片感光板（底片的前身）的曝光，然後才趕回到營地吃早餐，並訝異於放晴後的天空能顯露出何等的美景。隨著布洛克在他們的拍攝之行後稍事休息，馬洛里善用了這個舒爽的早晨跑去採集了花朵，「種類不是特別多，但當中有些飄散著可口的蜂蜜香氣，外加有種偶爾令人感到心曠神怡的藍罌粟」。

如果說歷經了這些風風雨雨讓他們學到了什麼的話，那就是每天太陽一接近天頂，天氣就百分百會變臉。因此他們要是抱著任何一絲希望，想在雲層一擁而上之前抵達努拉跟西冰斗，一行人就必須從冰上更高的位置出發。馬洛里指示隊上的希爾達去準備好十人份兩天的食糧。七月十八日星期一，也就是惠勒返回定日的同一天，馬洛里與布洛克踩著雪鞋並揹負個人裝備，在八名挑夫的陪同下出發。他們要向上到一萬八千六百英尺處建立一個臨時營。那天晚間在單薄的馬默里帳篷中，他們等待著月升。在大約凌晨三點鐘，雪地上的黑影裡，他們出發前往坳部，並熱切期待黎明升起。隨著他們接近目的地，馬洛里回憶說，「整片風景都敞開了。即便黎明尚未破曉，但聖母峰的北脊已經既清晰又明亮。我們在清晨五點抵達了努拉，那裡的景色美得出奇；我們終於得以望進對面的西冰斗，那兒在聖母峰的陰影下顯得極冷而讓人無法親近。」

歷經千辛萬苦，長途跋涉只為揭開西冰斗的神祕面紗，其廬山真面目撩起的感想卻只有失望二字。在天際線上，連綿的白色巨峰顯得十分突出，在晨間的蒼穹中光芒四射。但在諸峰的腳邊，卻是一千五百英尺的急墜，是「令人絕望的峭壁」，上頭都是冰。馬洛里端詳著整段山巔，枉然地搜尋著能向下安全抵達山谷的走法。「那同樣也讓人看不到一絲希望。」他嘆言。

但就在他與布洛克從高處判讀西冰斗冰河的輪廓時，兩人的失落很快就獲得了紓解。「我們看到了這條西邊的冰河，」馬洛里後來寫道，「我們很高興自己不用從那兒爬上去。」從他們的制高點，兩人可以直接望進掃入南坳的冰盆地與洛子、聖母兩座巔峰。洛子峰的坡面有著七十到八十度的傾角；即便時至今日，用上固定繩並藉助現代登山裝備之力，那都會是一趟得耗時三小時的嚴峻考驗。有前刺的釘鞋發明出來，得等到一九二九年，所以對馬洛里來講，要上去的唯一一條路就是走用自身的力量一步步切出來的冰階，一件幾乎是不可能的事情。而比起這個，更令人望之卻步的是西冰斗的入口處有一團凶猛的冰塊，也就是坤布冰瀑（Khumbu Icefall）。這條冰川以每天四英尺的驚人速度前進，即便說是向山下急墜兩千英尺也不為過，而這也創造出了一個由冰隙所構成，令人感覺搖搖欲墜的迷宮，跟一個個大小不輸小房子的冰塔。如此「深邃至極且支離破碎」的冰川，讓馬洛里開了眼界。就算他們能成功抵達谷底，入山之路按照布洛克所下的結論，也是「門都沒有」。

「經過七月十九日的這趟探索，」馬洛里寫道，「我們對山區這些部分的偵察算是告一段落了。」隔天夜幕降臨後，他們拔營撤退，並將補給跟裝備全數後送回位於主絨布冰川鼻頭的基地營。他們這一趟可以說成功，也可以說是失敗。如果真要爬上聖母峰，馬洛里的結論是，「路線將不會落在其巨大山脊的任何一段上。」這些山脊上有銳利的山尖與冰塔阻斷去路。那條路線也不存在於從南、從西，或從北推進的山徑上，因為這三邊都已經被探索過了，或至少馬洛里是這麼相信的。聖母峰只剩下一邊還可以寄望。「我們眼前有待解決的一大難題，是路線問題。

北坳可以從東邊抵達嗎，而我們又要如何到達東邊？」

在絨布寺附近的基地營中等待著馬洛里的，是霍華－貝瑞即將把營地遷往喀爾塔的消息。霍華－貝瑞將於七月二十三日離開定日，然後會在兩天後途經邱布，霍華－貝瑞提議他們在那裡會師。這安排讓馬洛里只有短短的五天時間可以把他的人馬帶出絨布；惟事情在命運的捉弄下，發展又脫離了他的掌控。惡劣天候覆蓋了營地兩天，又是雨又是霰；七月二十三日早上的雪，自一萬六千英尺的高度以上，都積到有一英尺深。挑夫們都累壞了，由此組織與後勤出現了一次小小的危機。在官方的探險隊記述中，馬洛里曾眾所周知地指責了隊上的希爾達是「一個靠不住的白臉騙子，其狡猾與充滿算計的惡行在敗露之前，常使得我們苦力的食糧遭到苛扣剝奪，而要說有什麼比他默認自承且無底限的無能更加令人作噁，恐怕就只剩他惡名昭彰的表裡不一了吧。」用這麼強烈的措辭來形容這個馬洛里曾親自確認過，而且職責所在，理論上曾讓探險隊在至為艱難狀況下運作過一個月的人，可以說是把話得很重。要是他真的這麼無能，何以馬洛里不早一點把他給辦了？事實上，馬洛里正在挖一個很大的坑給自己跳。

七月二十二日的夜裡，一封信從定日的大本營寄到了馬洛里手裡，內容說的是馬洛里用四分之一感光板相機（quarter plate；寬長分別為三又四分之一吋與四又四分之一吋）拍的所有照片都毀了。出於技術上砂鍋大的紕漏，他把感光板放顛倒了，而結果是致命性的打擊。「我對感光板一無所知，」他當晚在信裡對茹絲倒起內心的垃圾，「所以我所有操作都是按赫倫的指示。我為了這些照片費盡千辛萬苦；當中許多張都趁日出拍在我或任何人都恐怕不會再去第二次的地方……但儘管如此，我還是決心要盡可能去彌補……我原本以為自己在那些地點的工作已經大功告成，如今我又得拚老命回去重拍兩天。」

當然想在兩天內把失去的三十天進度補回來，是不可能的，只不過馬洛里還是十分令人稱許地盡了他的全力。布洛克在此同時也沒有閒著。在七月二十四日這個星期天，他重返主絨布冰河，一步一腳印地在整段冰河上留下了他的足跡。他如此不辭辛勞，一方面是要再一次檢視北坳，二來是要前往能俯瞰尼泊爾之盆地頭部，一了對在那兒的鞍部洛拉進行探索的夙願。他抵達一萬九千五百英尺處望進濃霧，只勉強能辨識出西冰斗腳邊那坤布冰瀑的輪廓。那一幕並不特別賞心悅目。他在霰中待了三小時，才勉強在天黑前返回到基地營。

夜裡落起了大雪，驅散了馬洛里隱隱約約想要穿越山峰來直達喀爾塔的念頭。他要是真那麼做，那趟路會非常危險，尤其在那樣的天候下。但他要是真這麼拚了，那可能的路徑只有一條。沿絨布河谷的整片山麓，自聖母峰以降至北坳，從章子峰沿著整段參差不齊的高山天際線向北而去，在這麼一大段距離裡，就單單只有一處缺口可以通向東方。馬洛里與布洛克曾經在來到冰面上的第一天，就從那山谷的狹窄開口處走過，那開口處的溪水，一道融雪形成的激流，逼著他們繞道走上了冰川。從日嶺的山頂，他們見到了溪水流域的第二面，並在那片景色前有感而發。他們在山區裡達成的成就可以說可圈可點，甚至可敬可佩，但考量到他們主要的任務是進行偵察，因此沒能探索這處舉手之勞就可以進行勘查的山勢缺口，實屬他們的一大失策，甚至可以說是一大失職。最終對馬洛里而言，這項失誤會比他把拍照搞砸要更令他顏面無光。

沒把握勘查良機的他們，選擇在七月二十五日早上拖著疲憊的身軀跟想要早點朝喀爾塔出發的心情，趕著挑夫下了絨布冰川，經過絨布寺，然後沿著山徑來到邱布。在他們從岩石與冰面下山的時候，馬洛里體驗到了一個奇特的感覺：「山谷不知怎地換了個模樣，變得比較賞心悅目。而原因我很快就發現了。山丘邊上的草兒趁著我們上山到此刻的空檔生長了出來，因此下山來的我們才能見到這片青翠的夏日綠地。」

匆忙之間揮別了山谷，使得馬洛里錯失了通往北坳的關鍵，當然也錯失了從北坳直攻聖母峰的契機。

靜謐的榮光（上冊）

馬洛里、大英帝國與聖母峰之一頁史詩

Into the Silence

The Great War, Mallory, and the Conquest of Everest

meters FM1007

作　　者　韋德・戴維斯（Wade Davis）
譯　　者　鄭煥昇
選書策畫　詹偉雄
責任編輯　謝至平
行銷企畫　陳彩玉、林詩玟、陳紫晴、葉晉源
封面設計　王志弘、徐鈺雯

發 行 人　凃玉雲
編輯總監　劉麗真
出　　版　臉譜出版
城邦文化事業股份有限公司
臺北市中山區民生東路二段141號5樓
電話：886-2-25007696 傳真：886-2-25001952
發　　行　英屬蓋曼群島商家庭傳媒股份有限公司城邦分公司
臺北市中山區民生東路二段141號11樓
客服專線：02-25007718；25007719
24小時傳真專線：02-25001990；25001991
服務時間：週一至週五上午09:30-12:00；下午13:30-17:00
劃撥帳號：19863813　戶名：書虫股份有限公司
讀者服務信箱：service@readingclub.com.tw
城邦網址：http://www.cite.com.tw
香港發行所　城邦（香港）出版集團有限公司
香港灣仔駱克道193號東超商業中心1樓
電話：852-2508623　傳真：852-25789337
電子信箱：hkcite@biznetvigator.com
新馬發行所　城邦（馬新）出版集團
Cite（M）Sdn Bhd.
41-3, Jalan Radin Anum, Bandar Baru Sri Petaling,
57000 Kuala Lumpur, Malaysia.
電話：603-90578822　傳真：603-90576622
電子信箱：cite@cite.com.my

一版一刷　2022年12月

ISBN 978-626-315-240-3（上冊紙本書）
ISBN 978-626-315-190-1（紙本套書）
ISBN 978-626-315-244-1（EPUB）

售價　NT$ 750（上下冊不分售）
（本書如有缺頁、破損、倒裝，請寄回更換）

國家圖書館出版品預行編目（CIP）資料

靜謐的榮光：馬洛里、大英帝國與聖母峰之一頁史詩／
韋德・戴維斯（Wade Davis）著；鄭煥昇譯.
－－一版.－臺北市：臉譜出版，城邦文化事業股份有限公司出版：
英屬蓋曼群島商家庭傳媒股份有限公司城邦分公司發行，2022.12
面；　公分.－（Meters；FM1007–FM1008）
譯自：Into the silence :
the great war, Mallory, and the conquest of Everest
ISBN 978-626-315-240-3（上冊：平裝）.－
ISBN 978-626-315-241-0（下冊：平裝）
1.CST: 登山 2.CST: 傳記 3.CST: 聖母峰 4.CST: 英國
784.11　　111019949